L'ASSISTANCE EN SUISSE

TOME I

L'ASSISTANCE LÉGALE
DES
INDIGENTS EN SUISSE

LES SYSTÈMES D'ASSISTANCE DE LA
CONFÉDÉRATION, DES CANTONS
ET DES GRANDES VILLES SUISSES

AVEC UNE TABLE ANALYTIQUE

PAR LE
Dr C. A. SCHMID

TRADUIT PAR
JOHN JAQUES
MEMBRE DE LA COMMISSION PERMANENTE DES INSTITUTIONS D'ASSISTANCE

ZURICH
ART. INSTITUT ORELL FUSSLI, LIBRAIRES-ÉDITEURS
1916

Dr C. A. SCHMID ET A. WILD

L'ASSISTANCE LÉGALE ET VOLONTAIRE ORGANISÉE

EN SUISSE

PUBLIÉ PAR LA COMMISSION PERMANENTE
DES INSTITUTIONS SUISSES D'ASSISTANCE
PUBLIQUE ET PRIVÉE

TRADUIT DE L'ALLEMAND

PAR

JOHN JAQUES ET PAUL MONNERAT

ZURICH
ART. INSTITUT ORELL FUSSLI, LIBRAIRES-ÉDITEURS
1916

Dʳ C. A. SCHMID

TOME I

L'ASSISTANCE LÉGALE DES INDIGENTS EN SUISSE

—

LES SYSTÈMES D'ASSISTANCE DE LA CONFÉDÉRATION, DES CANTONS ET DES GRANDES VILLES SUISSES

—

AVEC UNE TABLE ANALYTIQUE

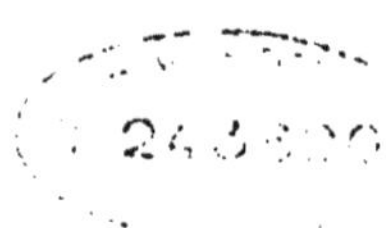

—

TRADUIT PAR JOHN JAQUES
MEMBRE DE LA COMMISSION PERMANENTE DES INSTITUTIONS D'ASSISTANCE

PRÉFACE

Publié à la demande des Conférences suisses d'assistance
cet ouvrage renferme l'exposé le plus complet qui existe de
l'assistance dans notre pays. Les auteurs ayant travaillé,
depuis des années, par la plume et par l'action, dans le
domaine de l'assistance, sont considérés comme des spécialistes d'une rare compétence. Dans le premier volume, le
Dr C. A. Schmid expose l'état de l'assistance légale en Suisse,
M. le pasteur Wild, dans le second, celui de la bienfaisance
organisée.

La signification et la portée des art. 45 et 48 de la
Constitution fédérale, les dispositions fédérales se rapportant
à l'assistance, sont traitées avec une lucidité parfaite dans
un espace réduit, la grande place étant laissée à l'exposé du
droit cantonal, le règlement et l'exercice de l'assistance restant aux cantons. Cet exposé constitue un important travail préparatoire à une législation fédérale de l'assistance,
aussi nécessaire et indispensable que peut l'être une statistique fédérale sur le même objet. Une loi fédérale d'assistance,
fondée sur la Constitution fédérale revisée, doit instaurer le
principe territorial, c'est-à-dire le système de l'assistance au
domicile remplaçant celui de l'assistance par la commune d'origine, le seul presque que nous connaissions encore en Suisse.

Le principe de l'assistance par le lieu d'origine, inauguré par la Diète de 1520, n'est plus de saison en ce siècle
d'intense migration, et il est devenu insupportable, même aux
40 % des citoyens, bourgeois des communes où ils sont
domiciliés. En considération de ce fait, quelques cantons
comme Berne et Neuchâtel ont échangé leur vieux système

contre celui de l'assistance au domicile, et d'autres se préparent
à suivre leur exemple, ainsi Zurich. Son introduction dans
certains cantons ne constitue pourtant qu'une demi mesure,
car il ne peut être question, chez eux, que du domicile de
secours des ressortissants du canton, et point du tout de celui
des étrangers à ce canton. Pour que la mesure fût complète,
il faudrait introduire le domicile de secours sur toute l'étendue de la Confédération.

La motion Lutz, dont il est question dans le corps du
volume, vise à la réglementation fédérale de l'assistance. Quel
qu'en soit le résultat final, il est désirable que plusieurs cantons encore entrent dans la voie où Berne les aura précédés,
le droit fédéral se frayant la route, — son histoire en fait foi —
par la trouée des législations cantonales les plus avancées.
Un domicile de secours fédéral doit être créé en première
ligne pour les citoyens suisses. Mais la population étrangère
est énorme dans notre pays, le 16 % du total. Pour que
le bienfait du domicile de secours lui soit accordé, il faudra
conclure avec les Etats voisins des traités de libre établissement sur la base de la réciprocité, d'après lesquels le principe
du remboursement des frais d'assistance, par le pays d'origine,
serait statué. C'est dans ce sens qu'a conclu la Conférence
réunie à Paris, en décembre 1912, pour s'occuper de l'assistance internationale. Le siècle du droit privé international
est aussi celui du droit social international (concordats concernant les assurances sociales, l'assistance aux étrangers).

Les frais d'assistance sont, en Suisse, à la charge des
communes. L'introduction du domicile de secours rendrait
cette charge plus lourde aux villes et aux contrées indus-
trielles, tout en allégeant d'une partie du fardeau les districts agricoles. L'équilibre ainsi détruit, au détriment des
premières, devrait être rétabli par l'Etat au moyen de subsides,
à moins qu'on ne préférât nationaliser tout le service d'assistance. N'oublions pas cependant que l'introduction du domicile de secours et la nationalisation de l'assistance sont deux
choses différentes qu'il importe de ne pas confondre.

Au reste, la multiplication des assurances sociales contribuera au dégrèvement général de l'assistance. Et si la législation sociale, notamment celle sur les assurances, agit efficacement contre les générateurs d'indigence (maladie, chômage, invalidité), l'hygiène de la race (eugénisme) exercée pratiquement, s'attaquera de son côté aux causes individuelles du paupérisme (ivrognerie, maladies mentales, faiblesse d'esprit et faiblesse physique).

L'insuffisance de l'assistance bourgeoise a provoqué un fort développement des œuvres de bienfaisance ; néanmoins celles-ci ne peuvent combler toutes les lacunes de l'assistance légale. Si cette dernière est souvent inhumaine et routinière, l'assistance privée souffre d'éparpillement et du manque de compétences disciplinaires. C'est pour ces raisons que les deux auteurs arrivent à une même conclusion, savoir que l'assistance de l'état sur la base territoriale est le seul système juste et raisonnable. Il est à désirer qu'un nombre toujours plus grand des tâches, assumées jusqu'ici par la bienfaisance privée, soient remplies par l'Etat et par les Communes, parce qu'ils ont infiniment plus de moyens à leur disposition et peuvent appeler à contribuer financièrement à ce service tous les citoyens en mesure de le faire.

Qu'on ne craigne pas que cette emprise de l'Etat et de la Commune diminue l'action bienfaisante des particuliers. Bien loin que le développement moderne de l'assistance tarisse les sources de la charité, celle-ci, comme le montre justement M. le pasteur Wild, à la fin de son livre, cherchera de nouvelles tâches et s'ouvrira des voies nouvelles. Son privilège demeure de faire œuvre de pionnier dans le domaine de l'humanité et de l'altruisme.

Paul Pfluger, Conseiller national.

INDEX

VII.

La pratique de l'assistance légale.

VIII.

L'ASSISTANCE PUBLIQUE EN SUISSE

(ASSISTANCE LÉGALE)

INTRODUCTION

1. Dans un pays qui manque encore d'un système complet d'assurances sociales, comme la Suisse, l'Assistance publique joue tout naturellement un rôle de plus en plus important, à mesure que s'industrialise son peuple. Les conséquences économiques fâcheuses de ce défaut d'assurances contre la maladie, les accidents, l'invalidité, le chômage, pèsent lourdement sur cette assistance légale et obligatoire, trop souvent impuissante à guérir les maux de l'indigence. En effet, la maladie, les accidents, l'invalidité, le chômage, sont — avec l'incapacité de gagner par suite de l'âge, ou les cas trop fréquents et infiniment regrettables où le chef d'une famille nombreuse lui est ravi par la mort — les causes principales de misère auxquelles l'Assistance doit remédier.

Cette assistance a donc un intérêt capital au développement des assurances sociales, grâce auxquelles sa caisse sera grandement soulagée, surtout si, comme c'est le cas le plus souvent, elle tire ses ressources de l'impôt ordinairement désagréable, et non point de fonds réunis peu à peu par les générations successives.

Au reste, elle aura toujours un domaine assez vaste. Les mailles du filet tissé par la prévoyance sociale ne peuvent être si serrées qu'elles ne livrent passage à bien des matériaux que l'assistance publique devra façonner, et il n'est pas croyable qu'on puisse jamais se passer d'elle.

L'assistance officielle a été sévèrement critiquée dans les

derniers temps. On lui a reproché notamment d'étendre son champ d'activité au lieu de travailler à se rendre inutile ; c'est-à-dire qu'elle n'agit pas préventivement, mais préfère attendre certaines éventualités pour intervenir. Cette critique est parfois justifiée, mal fondée en d'autres temps.

De par sa nature même, l'Assistance légale ne peut pas avoir la prévention pour objet. Qu'on la demande aux œuvres privées de bienfaisance, et l'on sera probablement plus près de la vérité. En revanche, on peut dire avec certitude que la société, donc l'Etat et la commune, a le devoir précis de supprimer, si possible, les causes de pauvreté en écartant les maladies sociales, d'agir ainsi préventivement sur une grande échelle, avec les moyens considérables qu'une législation nationale ramifiée peut seule créer.

On ne saurait demander de l'Assistance publique une sollicitude étendue pour les troisième et quatrième Etats, c'est-à-dire pour des couches ou des classes entières de population. Elle s'occupe des cas isolés, jamais d'une classe de gens ; sa nature s'y oppose, et le lui demander nonobstant serait injuste : elle ne le peut, même le voulût-elle. D'autre part, que les *Assurances* comme telles ne puissent empêcher la maladie, les accidents et le chômage, c'est ce qu'ont montré clairement des économistes distingués, Webb par exemple, qui préconisent plutôt une politique systématique de prévention contre les maladies sociales.

Par cette politique préventive, on se rapprocherait de la solution du vaste problème du paupérisme. Pour condition, elle aurait l'emploi des moyens puissants mis en œuvre aujourd'hui par l'Assistance, pour la conservation trop souvent des maux qu'il s'agit de guérir, et qu'il faudrait confier aux services d'hygiène publique, à l'Ecole, aux offices pour les orphelins, les aliénés, et à celui du travail.

Inspirée par l'esprit scientifique des temps modernes, armée des progrès accomplis en sciences naturelles, en médecine, en sociologie, cette politique préventive réduirait sensiblement le domaine de l'Assistance publique et le fonctionnement des œuvres de bienfaisance. Quelques-uns peuvent le regretter, mais le fait est là : nous sommes entraînés aujourd'hui dans cette direction, aux dépens de certaines branches d'activité qui alourdissent la marche de l'Assistance publique.

On voit que nous saluons comme un progrès le fait que les orphelins sont placés sous la tutelle d'un office spécial, et non plus sous celle de l'Assistance, que l'école s'occupe des écoliers et des jeunes gens, remplaçant ainsi les fonctionnaires de l'Assistance, et nous aimerions que personne ne contestât le bien fondé de cette tendance administrative à l'allégement de l'Assistance publique.

2. A l'heure où l'économie sociale est devenue si compliquée, grâce à la diversité des observations scientifiques qui sont à sa base, l'exercice de l'Assistance est devenu d'une extrême difficulté, surtout quand on lui impose — à tort, selon nous — des tâches d'ordre proprement social. De grandes administrations publiques, disposant d'un budget largement doté, peuvent avoir à leur solde les fonctionnaires spécialistes nécessaires. Des Oeuvres de bienfaisance solidement établies et bien rentées jouiront peut-être du même privilège. Les unes et les autres auront besoin de spécialistes payés convenablement pour diriger leurs travaux, encore qu'elles puissent se servir de volontaires pour les cas ordinaires d'assistés permanents, où la routine suffit. Il est possible même qu'elles tiennent à conserver et employer ces forces auxiliaires, soit qu'elles ne puissent s'en passer, soit qu'elles y soient obligées par raison politique ou par souci de popularité.

Le système d'Elberfeld, que l'on a considéré longtemps et avec raison, comme un modèle à imiter, a dû lui-même capituler. Ce qu'il y avait en lui de meilleur, la mise en valeur des auxiliaires volontaires, n'a pu tenir en face des exigences modernes et de leurs complications.

Ces aides avaient certainement des qualités personnelles éminentes, leur désintéressement était constant, et néanmoins il leur aurait fallu une telle somme de connaissances spéciales et de tels sacrifices de temps pour traiter d'une manière rationnelle certains cas d'assistance, qu'il était impossible de

les exiger d'eux : coûte que coûte, il a fallu confier l'étude
et le traitement de ces cas à des spécialistes. Aujourd'hui,
l'assistance publique ne peut plus se décharger sur les auxiliaires bénévoles d'une partie de sa tâche.

Règle générale, l'Assistance officielle ne cherche pas et
n'expérimente pas les méthodes nouvelles conformes aux données de la sociologie moderne ; elle se garde même des expériences comme du feu, se plaisant à invoquer le prétexte très
ancien, pourtant toujours nouveau et décisif, qu'elle n'a pas le
droit de faire des expériences avec l'argent des contribuables.

On légitime ainsi à tout jamais le maintien des vieux
principes et des procédés immémoriaux, ainsi que la proscrip-
tion de tout ce qui est nouveau ou mal connu.

La bienfaisance privée est peut-être plus encline aux
nouveautés ; elle montre un sens plus éveillé pour les décou-
vertes et les essais, pour les recherches de moyens meilleurs ;
et pourtant, elle aussi, a souvent fort à faire à se défendre
contre le reproche dont on l'accable d'augmenter inconsidéré-
ment ses frais généraux, un reproche qui n'est généralement
que la conséquence de préjugés enracinés.

L'idée, encore maintenant très répandue, que la pratique de l'assistance est à la portée de tous et de toutes est,
en face des faits, absolument insoutenable. Admettons qu'elle
soit partiellement vraie dans les milieux agricoles, dont les
conditions de vie simple n'ont pas encore été troublées par l'intense mouvement des cités, elle ne le sera pas ailleurs. Une
assistance faite de remèdes de bonne femme n'est plus de
mise dans les centres modernes de grande activité industrielle
et commerciale, qui se trouvent être du même coup des foyers
intenses de vie politique, de culture et de progrès sociaux.
Encore qu'elle ne soit pas un art inaccessible ni une science
secrète, elle ne suppose pas moins une somme considérable
de connaissances positives, accompagnant et conditionnant un
vouloir conscient et ferme, comme on n'en peut acquérir qu'au
prix d'une véritable éducation technique.

L'Assistance, il est vrai, doit former elle-même ses fonctionnaires et ses employés de carrière, les institutions pu-

bliques existantes ne lui offrant aucune occasion de le faire à sa place. Tout au plus peut-on dire que la préparation de l'économiste rend propre celui-ci à un emploi immédiat dans les bureaux d'assistance.

Jusqu'ici, les cours pour la formation de fonctionnaires sociologues et d'assistance sont malheureusement inconnus en Suisse ; aussi ceux des nôtres qui veulent acquérir les connaissances nécessaires se rendent-ils généralement à Francfort, dont les institutions théoriques et pratiques ont une réputation méritée.

Chez nous, la ville de Saint-Gall possède depuis peu une Commission centrale d'assistance, laquelle est organisée d'une façon remarquable et peut aujourd'hui servir de modèle. Par elle, l'Assistance officielle, c'est-à-dire l'autorité compétente de la commune d'habitants, a réussi à fédérer les nombreuses sociétés de bienfaisance de la ville, et à obtenir la collaboration effective de toutes à l'œuvre commune. Nous ne voyons pas que l'Assistance publique se montre ailleurs à la hauteur de cette tâche, qui est naturellement la sienne. Nous ne voyons pas même qu'elle en ait fait sérieusement l'essai, et si, dans certains cas, elle a consciemment laissé à la bienfaisance privée le soin de travailler à cette organisation de la charité, ce fut une faute. En effet, il n'est pas possible que l'anarchie des œuvres privées de bienfaisance s'organise elle-même. Sa jalousie née empêche tout succès, et il est incroyable qu'une de ces institutions, fût-ce la plus puissante, la mieux assise de toutes, organise les autres. Par contre, l'Assistance publique le pourrait, et conséquemment le devrait. Qu'elle le néglige ne se peut excuser. La crainte peu sincère que la source de l'altruisme en vienne à donner des eaux moins abondantes ne saurait justifier cette abstention. Le courant d'or est bien plus exposé à tarir dans le régime de l'anarchie et du chaos des œuvres privées de bienfaisance, où les dons de toutes sortes, les sacrifices de travail et de temps peuvent être consentis en pure perte, c'est-à-dire souvent en faveur d'exploiteurs habiles, simulateurs et escrocs de tout acabit, aux dépens des indigents curables.

L'intéressante initiative de la ville de Saint-Gall, qui marche ainsi à l'avant-garde sur le terrain de la charité organisée, mérite d'être applaudie sans réserve par les spécialistes de l'assistance. Elle a fourni la preuve irréfutable de l'inanité des prétextes invoqués par la soi-disant Bienfaisance publique en vue de perpétuer le règne du très commode « laissez faire, laissez passer », qui permet de distribuer sans réflexion et sans choix l'argent de l'impôt.

A mesure que se développe l'assistance dans la direction fixée par la science moderne, on voit mieux qu'un frein doit être mis à la charité privée. Aujourd'hui encore, les lois sur l'assistance stigmatisent généralement le mendiant, celui qui reçoit, et en font un délinquant. Des articles de ces lois appuyées sur des sophismes, rédigés avec astuce, s'efforcent d'atteindre celui qui s'est borné à recevoir l'aumône. Le véritable transgresseur, celui qui a sorti de sa poche la pièce de monnaie et l'a tendue, avec la traditionnelle insouciance du supérieur, non seulement n'encourt aucun blâme, mais est déclaré bienfaiteur par l'Eglise. Les œuvres de bienfaisance ont beau s'élever contre cette pratique de l'aumône, elles n'arrivent à rien. On ne peut donc attendre quelque amélioration dans ce domaine que d'une loi, inspirée par la science sociale moderne, laquelle proclame la culpabilité du donneur.

Etudier cette question et lui trouver sa solution, c'est la tâche de l'Assistance publique. Elle se lie immédiatement, et d'une façon toute logique, à son devoir d'organiser la charité en général et les sociétés de bienfaisance en tout premier lieu. C'est donc une erreur de croire que l'Assistance officielle n'a plus qu'à mourir. Bien au contraire, nombreuses sont les questions qu'elle aurait à résoudre, et, parmi celles-ci, la mise en valeur des admirables qualités féminines pour l'assistance. Au lieu de les reléguer à la salle d'attente des bonnes volontés, qu'on les mette à leur véritable place, dans la surveillance et le contrôle, dans l'enseignement et la direction de services, et l'on en verra les mervveilleux résultats.

L'emploi que l'Assistance peut faire des forces à disposition n'a rien à faire avec un féminisme sentimental et maladif. Ces forces, que leur nature féminine et leur caractère rendent propres à des tâches spécialisées, ne peuvent d'ailleurs donner leur maximum que dans la pratique. Si la bienfaisance privée, dont l'inclination pour les voies nouvelles est connue, faisait œuvre ici de pionnier, elle aurait accompli quelque chose de vraiment utile. Non seulement elle travaillerait en vue de la Bienfaisance, mais pour la culture moderne de la femme. Or, la condition, c'est que l'Assistance publique sache reconnaître la valeur de ces travaux préparatoires.

3. Aussi bien que le droit pénal, l'Assistance doit évoluer selon des principes humanitaires. Son domaine est un des rares où les cantons suisses règnent encore en souverains. Cela ne veut pas dire que nos Etats minuscules se soient consacrés avec un zèle ardent à la réalisation des améliorations exigées par la conscience scientifique moderne. Au contraire, il faut avouer qu'ils ont particulièrement négligé les services d'assistance. Les partis politiques n'ont jamais mis au premier rang de leurs revendications la revision des lois qui les régissent. Rien d'étonnant donc que nous soyons encore sous le régime de lois datant d'un demi siècle en arrière.

Au reste, il serait parfaitement injuste d'affirmer que ces vieilles lois cantonales ne valent rien. Loin de là ! Quelques-unes d'elles, comme la loi zuricoise de 1853, qui servit de modèle dans plusieurs cantons, était excellente pour l'époque, et bonne encore en quelques parties. Les instructions l'accompagnant appartiennent à la meilleure littérature sur la matière.

A cette heure pourtant, une tendance se manifeste en divers cantons à la modernisation de leurs lois d'assistance, ainsi à Schaffhouse, en Argovie, à Lucerne, à Zurich, etc. Soleure vient précisément de terminer son travail de revision. Ici et là, on est sympathique au projet d'un concordat intercantonal sur l'assistance au domicile des Confédérés appartenant à d'autres cantons. Depuis quelques années déjà, la Commission permanente des Conférences suisses d'assistance s'occupe de ce projet et ne cesse d'en entretenir la Conférence des directeurs cantonaux d'assistance.

Lorsqu'il a fallu s'occuper de la question brûlante des étrangers, de la naturalisation obligatoire et de toutes ses conséquences, on a vu les difficultés presque insurmontables qu'opposent à nos hommes d'Etat celles qui touchent à l'assistance. Tous ont dû se convaincre alors que la politique fédérale avait commis une grande faute, et d'une portée infinie, quand nos Conseils, occupés de la revision constitutionnelle, jugèrent prudent et habile d'écarter cet objet de la discussion, en renonçant par le fait à le voir figurer dans le droit fédéral.

Au moment où l'empire d'Allemagne élaborait sa loi générale sur le domicile de secours, il n'était pas nécessaire que la Suisse, imitant sa puissante voisine, se donnât une loi fédérale sur le domicile de secours. Il eût suffi, et ç'aurait été un bonheur pour notre pays, d'inscrire dans la Constitution le droit de la Confédération de légiférer sur l'Assistance publique suisse.

Sans parler des avantages que l'assistance elle-même en eût retiré, on peut dire que jamais la question des étrangers n'aurait atteint, chez nous, le degré d'acuité qu'on lui voit. Celle du droit de cité bourgeoisial serait aujourd'hui facile à résoudre, si la Confédération avait décrété le domicile de secours fédéral pour les Suisses et pour les étrangers remplaçant l'assistance par la commune d'origine.

Au reste, le système territorial viendra en son temps en Suisse, où il est au moins aussi nécessaire qu'en Allemagne, en Italie et en France. Chez nous, en effet, l'intensité du mouvement de la population a rendu illusoire l'assistance par la commune bourgeoise en lui enlevant sa justification sociale, en sorte qu'on ne sauvera pas un système voué à la mort prochaine, même si l'on supprimait aujourd'hui, pour le droit essentiel à l'assistance des nouveaux bourgeois, l'appel à la commune d'origine. Si l'on préfère encore à cette heure le système que nous combattons, c'est uniquement qu'en vertu de la loi d'inertie, qui règne en politique comme ailleurs, on aime mieux ce qui existe que ce qu'il faut péniblement créer de toutes pièces.

L'assistance, avons-nous dit, doit se développer suivant des principes humanitaires. Nous ne nous laisserons pas entraîner à discuter ici le principe de l'assistance au domicile mis en opposition à celui de l'assistance par la commune d'origine. En réalité, pour y voir un sujet de contestation, il faut déjà se faire violence, car le second ne répond plus aux exigences de l'humanité telle que nous la concevons. Ce qui est humain, c'est-à-dire conforme à la nature et à la société humaines, c'est que la commune dont on est bourgeois et celle où l'on habite, où l'on dépense sa vie avec toutes ses manifestations morales et matérielles, ne fassent qu'une seule et même chose.

Le principe immuable de la commune d'origine ne répond plus aux besoins de l'homme et de la famille qui devront émigrer, et que les forces économiques en action poussent de ci de là. Quelques cantons font maintenant des efforts pour moderniser leur droit d'assistance, en consentant au domicile de secours des concessions plus ou moins importantes. On peut certes s'en réjouir. N'oublions pas cependant que les cantons ne couvrent pas un territoire économique complet, et que leur louable initiative n'empêchera pourtant pas la revendication qui sera faite d'un droit unique pour la Suisse, droit moderne et humain, comportant le domicile de secours.

Faisons un pas de plus. Nous croyons qu'il faudra logiquement négocier avec la France, l'Italie et l'Allemagne des traités de libre établissement en faveur des indigents.

A l'heure actuelle, le 40% à peine des habitants d'une commune étant bourgeois de cette commune, nous nous voyons obligés de conclure que l'assistance bourgeoisiale est surtout faite à distance. Or, personne n'osera prétendre que, sans parler des frais élevés d'administration, ce genre d'assistance réponde aux exigences de l'humanité. Quel temps précieux perdu, même sans mauvais vouloir, et au grand dommage de tous les intéressés, avant qu'arrivent sur place les secours de la lointaine commune d'origine !

L'assistance bourgeoisiale de la ville de Zurich, où. sur 200 000 habitants, on compte à peine 20 °/₀ de bourgeois, én revanche 35 °/₀ d'étrangers, dispose d'un appareil administratif considérable pour son activité extérieure. Pourtant, l'assistance extérieure des communes zuricoises est loin d'être la plus étendue de la Suisse. Les conditions économiques relativement favorables du canton permettent de n'envoyer au dehors que le 10 °/₀ de l'argent dépensé pour cet objet. Mais « l'Assistance de la ville de Zurich » répond aux besoins d'un cinquième seulement de la population. Pour les besoins des quatre autres cinquièmes, il faut invoquer l'aide d'une foule d'institutions du dehors.

La situation est exactement la même dans la plupart des grandes communes urbaines de la Suisse.

Cette situation n'est absolument pas normale ; elle ne répond pas aux exigences biologiques, mais elle est inhérente à l'existence même de l'assistance bourgeoisiale. Or, c'est précisément cet ordre contre nature de son principe qui a provoqué le puissant développement de l'assistance libre aux habitants, laquelle tire ses ressources de tous, sans distinction, pour les distribuer aux non bourgeois. Ce curieux état de choses, c'est-à-dire la distribution de sommes recueillies chez les riches d'une commune aux non bourgeois, et aux étrangers en première ligne, a toujours paru aussi remarquable qu'incompréhensible aux écrivains spécialistes allemands.

Pourquoi donc ne tire-t-on pas de ces faits les conséquences qu'il faudrait ? Pourquoi n'a-t-on pas, dès longtemps, passé dans nos cantons à l'assistance au domicile ? L'introduction générale de cette dernière supprimerait presque entièrement l'assistance extérieure. C'est vrai, mais l'adoption du principe territorial entraînerait à sa suite des dépenses considérables dans les grandes communes urbaines, à supposer que celles-ci continuassent d'être chargées de payer les secours. Ces charges, grandissant en raison de la tendance des campagnes à se vider en faveur des villes, prendraient sans doute des proportions désastreuses, d'où l'obligation pour les communes en cause de faire usage des mesures de sûreté prévues en pareil cas. On peut croire qu'elles passeraient alors peu à peu de la méthode agréable et particulièrement aimée en Suisse de l'assistance à domicile, appelée par les Anglais *out door relief*, à la forme redoutée de l'*in door relief*, ou assistance dans l'hospice créé à la campagne. Par pure nécessité de défense, elles remplaceraient ainsi la pratique humanitaire par un système de terreur.

A première vue, on peut dire que le développement de l'assistance d'après des principes humanitaires, doit rester en deçà de certaines limites ; que l'assisté, par exemple, ne doit pas être placé dans une situation meilleure que celle de l'ouvrier modeste qui réussit encore, avec mille peines, à se passer de secours ; que plutôt devrait-il être laissé dans un état sensiblement inférieur.

Comme ailleurs pourtant, il faut se garder ici d'exagération. A la rigueur, des limites pourraient être fixées, ici ou là, dans les pays qui auraient une politique sociale préventive énergique, entre autres contre le chômage. Quand celle-ci manque, nous ne croyons pas que la tendance à laquelle nous faisons allusion soit justifiée. Et pourtant on la trouve, comme dans la législation schaffhousoise par exemple.

Pour écarter le danger d'un fardeau trop lourd aux finances communales en cas d'assistance au domicile, il faut songer à la substitution de la commune par l'Etat, soit ici par la Confédération suisse. Cette mesure pourrait seule rétablir l'équilibre menacé, et permettre le développement de l'assistance d'après des principes humanitaires ; ou, à tout le moins, d'enrayer le mouvement qui porterait à y mettre des limites trop étroites.

Le traitement auquel on soumet l'assisté doit répondre naturellement aux exigences de l'humanité. En Angleterre, on a fait une constatation intéressante, celle-ci, que le système de workhouse qui y est en vigueur livre à la misère les pauvres gens ayant encore quelque sentiment de dignité. Au reste, c'est le résultat immédiat et inéluctable de tout régime de terreur : il éloigne de l'hospice ceux qui conservent cette dignité, pour y retenir ceux-là seulement qui n'ont plus rien à perdre.

Or les plus dignes ne sont pas toujours ceux qui pourraient recouvrer leur indépendance économique par une aide vigoureuse. D'autre part, la réputation équivoque ne coïncide absolument pas avec la moins-value économique et le besoin d'assistance. Ainsi, placée sur le terrain élevé de la connaissance scientifique, l'assistance ne peut plus admettre les classifications habituelles tirées de l'ordre moral. Pour obtenir des résultats, il lui faut traiter chaque cas pour lui-même, et faire reposer son estimation sur la possibilité d'un relèvement économique, en tenant compte des qualités de cet ordre que possède le sujet ou qui lui font défaut.

L'invention de groupes de cas réunis sous une rubrique morale serait possible à la rigueur si, comme la botanique, l'assistance avait affaire à des objets et non pas à des individus et à des familles. Mais régler le traitement des cas d'assistance d'après notre estimation de la vie morale et sociale du quémandeur est positivement inexécutable, si l'on ne veut pas tomber dans l'arbitraire. En effet, découvrir sa valeur morale avec une sûreté scientifiquement suffisante n'est pas possible. Qui voudrait prendre la responsabilité de calculer, dans chaque cas d'assistance, ce qui est de la faute du défaillant ou de celle de tiers !

La multiplication et le perfectionnement des remèdes économiques pour des états de pauvreté susceptibles d'être exactement décrits, sont ce qui importe le plus après la détermination des cas. Nous supposons d'ailleurs que des erreurs graves se glisseront rarement dans le diagnostic du praticien exercé, et dans son choix des remèdes appropriés. Ce qu'on nomme opinions universelles est très propre à faire naître ces sortes d'erreurs ; elles ne sont pas autre chose que des produits de l'imagination, propres à troubler la vue. Un exemple typique de ces opinions se rencontre dans l'idée que tout assisté est un faible d'esprit ou de corps, ou une canaille, et qu'à ces titres divers il faut l'aider. Pourtant, le devoir scientifique de l'assistance semblerait plutôt lui interdire de soutenir l'incapable, c'est-à-dire de le traiter, en tant qu'objet de l'assistance, comme un être à soutenir et dont la reproduction puisse être autorisée. L'assistance devra donc demander de l'Etat et de la société que ceux-ci la soulagent du travail de conservation des éléments qu'on ne peut sauver.

Aussi longtemps que la formation de ces faibles ne sera pas enrayée par une politique sociale à courte vue, il faut mettre des remèdes spéciaux à la disposition de ceux qui seront appelés à les traiter, et qui ne doivent pas être des fonctionnaires d'assistance.

Parmi ces moyens, il faut comprendre la création d'asiles spéciaux (Relégations) dans lesquels ces incomplets seront. sans cruauté, mis à l'écart d'une façon durable.

Quant aux cas reconnus comme ressortissants vraiment à l'assistance, par l'examen psychologique tout au moins, il est bon de laisser aux essais pratiques préparatoires le soin de déterminer la marche ultérieure. L'assistance apprendra d'eux de quelle façon réagir contre les conséquences de la conduite de l'intéressé, et ce qu'il y faudra de travaux d'approche, d'argent, de surveillance. Si la réaction prouve que le *mauvais vouloir* l'emporte, la *correction* prendra la place de l'assistance et de la sollicitude.

L'assistance ne peut elle-même procéder à la correction, mais elle doit diriger l'attention de l'autorité compétente sur un meilleur et plus sage emploi des moyens de correction, faute de quoi nous verrons longtemps encore beaucoup d'argent et de temps dépensés sans résultats.

Aux éléments du travail forcé d'une maison de détention, nous devons en ajouter d'autres d'un caractère éducatif et social, ceux que comporte notamment l'instruction complémentaire professionnelle et économique.

Comme conclusion, une brève remarque sur la valeur pratique des essais de grande envergure tentés en vue de développer scientifiquement l'assistance, et de la porter à un degré plus élevé de connaissances et d'efficacité tout à la fois. On ne peut nier que de tels essais n'aient ce résultat au point de vue d'une connaissance plus approfondie du problème de la misère et du nombre limité de remèdes mis à la disposition de l'Assistance. Quant aux résultats économiques et sociaux, même quand les circonstances sont favorables, ils restent problématiques. Une analyse exacte de la fonction de l'assistance, dans ces cas-là, dévoile généralement une opération faite avec des moyens insuffisants. Le vrai moyen préventif contre le mal que l'assistance s'efforce vainement d'empêcher par ses opérations sur grande échelle, même le traitement curatif quand le mal est fait, ne se peuvent trouver que dans l'appel en temps utile aux conseils et à la colla-collaboration active des sociétés créées *ad hoc*. (Treuhandgesellschaft).*

*) L'auteur a développé ses idées sur ce point spécial dans le journal, l'*Armenpfleger*, Zurich. 1re année, N° 11, p. 81 ; et 2° année N° 5, p. 83.

II.

DROIT FÉDÉRAL

LES SOURCES.

— x —

A. Articles constitutionnels et législatifs directement applicables.

Ainsi qu'on l'a brièvement indiqué dans l'Introduction, les cantons sont souverains en matière d'assistance ; il n'y a pas — ou pas encore — d'assistance fédérale. «Les cantons jouissent de tous les droits qui n'ont pas été expressément délégués à l'autorité fédérale» (Const. féd., art. 12), disait l'Acte de Médiation du 30 Pluviôse, an XI, après l'échec de l'Etat unitaire dans ses efforts d'unification du Droit public. Il entendait aussi, naturellement, l'assistance aux pauvres.

Ni la Constitution de 1848, ni celle de 1874, ne changèrent rien au *Statu quo ante*. En revanche, les cantons essayèrent, de temps en temps, de s'entendre sur certains points prudemment choisis, et de se lier provisoirement entre eux par des concordats.

On a également souligné dans l'Introduction ce fait que l'abstention de la Confédération a été fatale. Il lui eût convenu d'exercer une action créatrice dans un domaine si important pour tout Etat civilisé.

Néanmoins, on trouve dans le Droit fédéral un certain nombre de prescriptions touchant plus ou moins directement à l'assistance, les dernières étant les plus nombreuses. Voici celles qui se rapportent directement à l'assistance, premièrement aux individus transportables, secondement aux intransportables.

1. L'art. 45 de la Constitution fédérale du 29 mai 1874 *) règle le droit individuel de libre établissement en Suisse (ne pas confondre avec le droit de séjour) et en particulier celui de l'indigent. D'après l'al. 3, l'établissement peut être retiré « à ceux qui tombent d'une manière permanente à la charge de la bienfaisance publique, et auxquels leur commune (soit leur canton d'origine) refuse une assistance suffisante après avoir été invitée officiellement à l'accorder.»

Le 4me alinéa continue : « Dans les cantons où existe l'assistance au domicile, l'autorisation de s'établir peut être subordonnée, s'il s'agit de ressortissants du canton, à la condition qu'ils soient en état de travailler et qu'ils ne soient pas tombés, à leur ancien domicile dans le canton d'origine, d'une manière permanente à la charge de la bienfaisance publique. »

Enfin le 5me déclare que « tout renvoi pour cause d'indigence (retrait d'établissement) doit être ratifié par le gouvernement du canton du domicile et communiqué préalablement au gouvernement du canton d'origine (par celui du canton du domicile).»

Cet article fut introduit dans la Constitution pour apporter quelque amélioration à la pratique scandaleuse qui s'était introduite parmi les cantons, lesquels se renvoyaient comme une balle leurs familles pauvres. Il signifie un minimum de garantie du droit de libre établissement. Mais il a une portée plus grande en ce qu'il constitue une atteinte à l'autonomie communale et marque nettement les limites que les lois cantonales peuvent mettre au libre établissement dans les communes.

La loi zuricoise de 1875 a dépassé de beaucoup la norme

---

*) L'Edition de la Const. féd. du 2 septembre 1848 étant épuisée (la Chancellerie fédérale elle-même ne la peut fournir) il ne sera pas inutile d'en citer ici l'art. 41, al. 6 ᵇ, remplacé par l'art. 45 dans la Constitution actuelle : « Peuvent être renvoyés à leur commune : . . . *b.* Par ordre des autorités de police, s'il a perdu ses droits civiques et a été légalement flétri, si sa conduite est contraire aux mœurs, s'il tombe à la charge du public, ou s'il a été souvent puni pour contravention aux lois ou règlements de police.

fédérale dans le sens de la liberté positive d'établissement.
Elle exclut le retrait du droit d'établissement reconnu par
la Constitution fédérale pour cause de pauvreté. Néanmoins
le retrait est souvent prononcé et exécuté, tant aux dépens
de citoyens zuricois que de ressortissants d'autres cantons,
par simple mesure de police, parce que la loi du canton de
Zurich a omis, ou oublié, de désigner les autorités chargées
de secourir l'indigent non rapatrié et de leur en fournir les
moyens.

L'interprétation de l'alinéa 3 de l'art. 45 donne lieu à
controverse par la faute du législateur, à qui la pratique de
l'assistance ne paraît pas avoir été familière ; autrement
il lui eut donné une teneur plus claire et meilleure.

On a donc voulu en tirer un devoir d'assistance temporaire du lieu du domicile en faveur du pauvre établi, une
sorte de domicile de secours à côté de l'assistance bourgeoisiale. C'est une erreur. L'expression de *bienfaisance publique* implique certainement l'action d'une autorité ; mais
dans le droit communal elle ne saurait être identifiée avec
l'autorité d'assistance bourgeoisiale, celle-ci ne pouvant ni
assister un non bourgeois, ni expulser un bourgeois. L'exception constituée par St-Moritz n'entre pas en ligne de compte.

Si « bienfaisance publique » ne signifie pas une autorité,
parce qu'il ne s'en trouve point dans l'endroit, et que ces
mots aient néanmoins un sens, ils ne peuvent signifier que
bienfaisance privée, volontaire, organisée dans la localité, mais
sans caractère bourgeoisial. L'expression alors est malheureuse. Si l'al. 3 de l'art. 45, d'un sens incertain, à côté
des autorités bourgeoisiales d'assistance, dont l'existence va
de soi, suppose une autre instance pour les non bourgeois,
ce que nous nommons l'Assistance aux habitants ou l'Assistance publique, il aurait dû le dire clairement.

En quelques endroits, cette Assistance publique existe
réellement, par exemple dans le Secrétariat d'assistance de
St-Gall. On ne la trouve pas à Zurich, où l'Assistance aux
habitants de la ville de Zurich n'a pas de caractère officiel ;
elle est privée, émanant d'une société de bienfaisance volon-

taire. Pas davantage à Bâle, où l'Assistance générale du canton ne peut être appelée « Assistance officielle aux habitants ».

De fait, le domicilié non bourgeois ne peut être assisté d'une manière continue et facile à contrôler que par un bureau de bienfaisance organisé au lieu du domicile. Seule cette institution peut prouver le caractère durable de l'assistance et la charge qui en résulte pour la Communauté ; seule elle peut en tirer un motif de rapatriementt ou d'expulsion.

L'al. 3 de l'art. 45 ne saurait donc obliger le lieu du domicile à une assistance provisoire, sinon là où les circonstances locales ont amené la création d'organes spéciaux. Qu'un Secrétariat d'assistance s'y rencontre, ce n'est pas à cause de l'al. 3 de l'art. 45, mais bien pour combattre la plaie de la mendicité aux portes et sur la rue. L'alinéa en question donne en ce cas à l'institution l'arme de défense nécessaire pour le rapatriement par voie de police, si la charge a pris des dimensions jugées trop onéreuses, et si la commune d'origine n'a pas accordé de secours suffisants.

L'al. 4 de l'art. 45 offre aussi une soupape de sûreté à l'assistance locale. Le retrait du domicile ne pouvant être invoqué en vertu de l'alinéa 3, l'al. 4 statue que l'autorisation d'établissement peut être liée à certaines conditions posées par le droit cantonal pour l'immigration sur son territoire.

Au reste, en dépit de la façon malheureuse dont les al. 3 et 4 furent rédigés, on ne peut tirer d'eux, arbitrairement, tout ce qui ferait plaisir. Il n'y aurait nul profit, en particulier, à vouloir en extraire un principe général de droit fédéral, d'après lequel l'établissement pourrait être refusé pour cause d'indigence. Dans l'état actuel de notre droit communal, il n'y a pas de pauvre domicilié hors de sa commune d'origine qui tombe, dès les premiers jours et d'une façon permanente, à la charge de la bienfaisance publique de son nouveau domicile. Il serait donc inutile de dire que l'établissement ne peut pas « lui être refusé » pour cause d'assistance. Si le cas se présente où l'on découvre que le nouveau domicilié avait été assisté d'une manière permanente par sa commune au précédent domicile, plainte peut être portée auprès d'elle, et suivant les cas, suivie du retrait d'établissement et du renvoi par voie de police.

En revanche, on peut faire observer qu'en vertu des art. 43 et 47 de la Constitution fédérale, les al. 3 et 4 de l'art. 45 ne sont applicables qu'aux domiciliés. Or, la loi fédérale sur le domicile et le séjour, ainsi que sur les droits civiques du Suisse en séjour, se faisant attendre, il est loisible aux cantons — avec l'assentiment du Conseil fédéral — de traiter les Suisses en séjour moins favorablement que les autres. C'est ce que Zoug fait, si Zurich s'y refuse.

D'après l'art. 45, al. 5, «tout renvoi pour cause d'indigence», c'est-à-dire pour être tombé d'une manière permanente à la charge de la bienfaisance publique dans le sens de l'art. 45, al. 3, «doit être ratifié par le gouvernement du canton du domicile et communiqué préalablement au canton d'origine». L'autorité communale (Conseil administratif, municipalité, etc.), propose à son gouvernement le renvoi par mesure de police, en s'appuyant sur le résultat négatif de ses demandes à la commune d'origine. Ou bien celle-ci, en refusant les secours, accepte le renvoi, ou, prenant les devants, sollicite elle-même le rapatriement. L'arrêté de renvoi, dont l'exécution est confiée au départament compétent (intérieur, assistance publique, etc.) est communiqué au gouvernement du canton d'origine, en même temps que la date du rapatriement, en sorte que les mesures soient prises en vue de la réception du rapatrié et de son mobilier par la police cantonale ou, éventuellement, par la police sanitaire. Ce faisant, la commune du domicile s'assure le remboursement, par les autorités du canton d'origine, des secours futurs, pour le cas où le retour ne s'effectuerait pas au temps fixé et où l'assistance devrait être continuée.

En ce qui touche les frais du rapatriement, on doit dire ce que voici. Si le canton d'origine accepte le renvoi, il doit en supporter les frais (jugement du Tribunal fédéral, 22 juillet 1881). Récemment, la Confédération a pris à sa charge les frais des transports de police, après entente intervenue le 23 juin 1909 entre les cantons et le Département fédéral de Justice et Police.

2. L'art. 48 de la Constitution fédérale et la loi du 22 juin 1875 qui en est issue, réglant ce qui concerne «les frais de maladie et de sépulture des ressortissants pauvres d'un canton tombés malades ou décédés dans un autre canton», qu'ils soient ou non domiciliés, sont d'une extrême importance pour l'assistance intercantonale. Bien plus : la loi fédérale citée et la pratique fédérale en étendent l'application au domaine international, grâce aux Conventions passées avec les grandes puissances qui nous entourent comme avec la Belgique. Les étrangers domiciliés, en séjour ou de passage, sont ainsi mis au bénéfice de ses prescriptions. Etant donnée l'énorme proportion d'étrangers en Suisse (15 à 16 %) leur importance et leurs conséquences financières, que les cantons restent seuls à sentir, sont très grandes.

C'est le Concordat de 1865, auquel 14 cantons se rallièrent à l'époque (Berne manquait à l'appel si Zurich y avait répondu), qui achemina le pays à la loi fédérale. Il s'agissait alors, il est vrai, du remboursement des frais de maladie et de sépulture d'étrangers au canton ; dans la loi, ce principe du remboursement fut simplement remplacé par celui de la gratuité, lequel, d'ailleurs, avait déjà passé dans une série de traités de la même période.

Il est à remarquer que cette loi fédérale mentionne uniquement les nécessiteux suisses malades et intransportables étrangers au canton, et qu'elle introduit pour eux l'assistance gratuite au domicile, c'est-à-dire aux frais du canton ou de la commune du domicile. Dans tous les cas où il s'agit de personnes malades «dont le retour dans leur canton d'origine ne peut s'effectuer sans préjudice pour leur santé ou pour la santé de tierces personnes». Les secours nécessaires et un traitement médical leur est assuré, ainsi qu'une sépulture décente en cas de mort (art. 53 de la Constitution fédérale). Par analogie, ces dispositions furent étendues aux étrangers.

Sous la surveillance de la Confédération, les cantons

appliquent, le mieux possible, les prescriptions légales. A eux de se procurer pour cela les ressources financières indispensables. Au reste, la pratique diffère de canton à canton. Ici, par l'organe de la pólice, ou de l'Office sanitaire, ou de l'Assistance bourgeoisiale, l'autorité communale se charge de l'assistance publique médicale, et de son administration, pour le compte de la Caisse de l'Etat (Zurich) ; là, les communes administrent et payent directement, quitte à recevoir des subsides de l'Etat, comme en Appenzell (R. I.). Ces subsides doivent être suffisants pour couvrir le total des frais non remboursés par le malade lui-même, par ses proches responsables de la dette alimentaire, par l'employeur, ou par une caisse de secours en cas de maladie. Conformément à ces dispositions, l'administration fait les démarches appropriées en vue du remboursement, démarches qui se terminent fréquemment par l'établissement d'un certificat d'indigence.*)

Dans les relations internationales, on utilise souvent en Suisse les services des Consulats généraux étrangers, qui les accordent volontiers pour cet objet.

L'assistance publique médicale ainsi ordonnée fédéralement doit empêcher les traitements inhumains auxquels peuvent être exposés des malades, même gravement atteints, comme on en a vu des exemples. Récemment, on a mis en circulation des wagons de malades fort bien aménagés, qui ont rendu possibles les transports de personnes souffrant de maladies graves. Les médecins peuvent ainsi les envoyer sans crainte à l'hôpital du canton d'origine ou aux asiles appropriés. Au reste, ces transports, fréquents aujourd'hui, des indigents transportables, ou devenus transportables, coûtent de fortes sommes sans parler des frais de la fastidieuse correspondance préalable, si souvent nécessaire avant la réception de l'ordre de rapatriement par le canton d'origine. L'introduction du système complet de l'assistance au domicile réduirait ces frais d'une façon notable.

---

*) A Genève, l'assistance publique médicale se fait directement par l'Etat, au moyen d'un service spécial placé actuellement sous la direction du Département militaire. *(Trad.)*

Dans les relations intercantonales, ces frais sont supportés par le canton récepteur, sur le terrain international, le canton expéditeur les paye jusqu'à la station de remise, à l'exclusion de la Confédération qui s'en désintéresse, puisqu'il ne s'agit pas, en l'espèce, de transports de police. Cependant, l'autorité compétente, assistance cantonale, Direction de police ou Conseil d'Etat, peut leur donner expressément ce caractère, si la conduite de l'intéressé, ou sa condition sociale, ou surtout le montant des frais d'assistance paraissent l'exiger. Il peut même arriver qu'une hospitalisation aux frais de la commune ou du canton d'origine se fasse par voie de police, accompagnée de la défense d'un retour sur le territoire du canton expéditeur sans l'autorisation préalable de l'autorité compétente. La transgression de cette défense expose le défaillant à une action judiciaire. De cette façon, on empêche les communes oublieuses de leur devoir de renvoyer les indésirables au canton expéditeur, et on arrive à proscrire ceux-ci pour un temps limité ou définitivement.

Ce moyen de défense est indispensable aux cantons dont les villes importantes possèdent une grande force d'attraction, même sur les non-valeurs qui, — à cause même de leur nullité — sont souvent expédiés vers les centres urbains. La menace d'une interdiction du territoire cantonal au défaillant est faite pour exercer une salutaire influence, et elle l'exerce en réalité.

Le transport à l'hôpital du canton d'origine se pratique quand la condition fédérale est remplie, c'est-à-dire quand le malade est transportable au témoignage du médecin. Ce transport est ajourné quand le canton d'origine garantit expressément le remboursement des frais du traitement, des soins et de l'assistance au domicile ; autrement le rapatriement s'effectue sans autre. Jusqu'au moment du transfert, ces frais sont supportés par le canton expéditeur. Le malade est-il intransportable, il reste jusqu'au bout à la charge du seul canton du domicile, et le canton d'origine est en droit de refuser toute aide financière pour les indigents de cette catégorie.

Les difficultés que présente la matière étant réelles et nombreuses, le canton de Zurich a édicté des mesures d'application à la loi fédérale de 1875, mesures qui se différencient d'une manière fort intéressante, selon qu'il s'agit d'un malade transportable jusqu'au moment où le canton d'origine en prend soin, ou d'un malade intransportable jusqu'à l'heure du transport possible. Les premières datent du 4 août 1877 ; elles interprètent d'une façon très large les prescriptions fédérales.

En conformité du § 3 de l'ordonnance relative au Concordat du 8 février 1869, elles mettent effectivement les Suisses d'autres cantons et les étrangers (Allemands, Autrichiens, Hongrois, Français, Italiens, Belges) sur le même pied que les citoyens du canton en ce qui touche la gratuité des soins, et en tant qu'un rapatriement ne se peut opérer sans entorse à l'humanité.

Les suites s'en firent sentir par une augmentation considérable des dépenses, laquelle provoqua, par contre-coup, des enquêtes importantes sur la situation nouvelle et sur les remèdes à y apporter. Ces enquêtes aboutirent en 1904 à une revision des ordonnances d'application. Il fut alors établi d'une part, que les cantons n'ont pas à faire les frais d'autres malades que des intransportables, deuxièmement que les communes, sauf la ville de Zurich, ne faisaient pour ainsi dire aucune différence entre malades transportables et intransportables en ce qui touche l'assistance, puisque les secours ne venaient des cantons d'origine que d'une manière très parcimonieuse.

Il était donc devenu nécessaire de mieux organiser l'insuffisante assistance aux habitants, de manière à obtenir, notamment, des secours en argent plus nombreux et plus importants des communes d'origine. On y arriva par l'ordonnance du 23 juin 1904, d'après laquelle la Direction de l'Assistance publique est seule compétente pour accorder ou refuser l'assistance en se basant sur les pièces justificatives et les rapports fournis par les autorités communales.

Ainsi fut unifiée la pratique, rendue conforme à la

loi, sans rupture pourtant avec les traditions d'humanité du canton. (Dr A. Bosshardt, 1904).

L'intense mouvement de population inauguré chez nous en 1870 a eu pour conséquence une assistance intercantonale très développée, sous le régime des art. 45 et 48 de la Constitution fédérale. A côté, et en complément, il a provoqué une extension merveilleuse de la bienfaisance locale organisée, dont la fonction de régulateur s'est fait sentir très heureusement, en rendant plus supportable une situation de droit vieillie et impossible. C'est un devoir de reconnaître ici, sans ergoter, la grande part qu'elle a eue à ce résultat.

Ceci nous ramène à ce que nous disions plus haut de la faute commise par la Confédération quand elle laissa l'assistance publique aux cantons, en omettant de se réserver son règlement uniforme. Nous admettons d'ailleurs que cette réglementation se serait faite assez promptement et d'une manière satisfaisante. Au lieu de cela, la Confédération se contenta de régler uniformément quelques cas exceptionnels par les articles constitutionnels 45 et 48*) et cela dans un temps où le Conseil fédéral lui-même déclarait que le passage du principe bourgeoisial au principe territorial en matière d'assistance ne pouvait être qu'une affaire de temps (1875)

On trouve aujourd'hui une masse énorme de ces cas exceptionnels, traités avec la plus grande diversité, et qui auraient grand besoin d'être réglés enfin par une bonne loi fédérale (Dr H. Anderegg 1912).

Il existe des ordonnances spéciales d'exécution de la loi fédérale de 1875 dans les cantons de Zurich, de Berne, d'Obwald, de Zoug, de St-Gall, d'Argovie et de Genève. Dans les autres, la loi d'assistance — si elle existe — lui consacre au moins un ou plusieurs articles.

La loi fédérale du 22 juin 1875 et les traités internationaux réglant ce qui se rapporte aux frais de maladie et de sépulture des ressortissants pauvres d'autres cantons ou

---

*) Le Conseiller fédéral Dubs ne voulait admettre que l'assistance libre et volontaire.

d'autres pays liés au nôtre par des traités (ou encore
des étrangers en général), sont applicables dans les cas
où les autorités communales exercent l'assistance (assistance publique médicale) directement ou par l'intermédiaire d'un bureau de bienfaisance reconnu et subventionné
par la Caisse publique, ainsi dans les cantons de Zurich, de
Berne, d'Appenzell (R. E.). L'Etat s'en charge en totalité
ou en partie dans les cantons suivants : Zurich, Berne, Lucerne
(partiellement), Bâle-Ville et Campagne, Schaffhouse, Argovie, Tessin (tolérée aux frais des communes), Vaud, Genève, Glaris (partiellement), Uri (partiellement), Grisons (partiellement), Nidwald, Thurgovie (partiellement), Appenzell
(R. I.), soit 16 cantons. Par contre, les communes ou les
districts en ont l'entière responsabilité dans les cantons de
Schwyz, d'Obwald, de Zoug, de Fribourg, d'Appenzell (R. E.),
de St-Gall, du Valais et de Neuchâtel [9].

Disons ici que l'assistance aux passants (non pas celle
en nature) est affaire cantonale à Lucerne, Glaris, Bâle-Ville
et Campagne, Grisons, Appenzell (R. I.), Soleure, Argovie,
Berne, Vaud, Genève [11] ; en revanche, affaire communale
à Schwitz, Fribourg, Appenzell (R. E.), Schaffhouse, Saint-
Gall, Thurgovie, Zurich, Uri, Zoug, Tessin, Vaud, Neuchâtel,
Obwald et Nidwald [14].

3. **Traités internationaux.** D'après l'art. 8 de la Constitution fédérale, la Confédération a seule le droit de conclure
Celle-ci a donc conclu toute une série de traités consacrés en
partie intégrante du Droit public de la Confédération Suisse.
Celle-ci a donc conclu toute une série de traités consacrés en
partie, ou exclusivement, à l'assistance internationale, ou,
plus exactement, à la réciprocité de l'assistance gratuite aux
ressortissants pauvres des Etats contractants. Ils intéressent d'ailleurs les finances cantonales et non pas celles de la
Confédération. Sous le régime de la Constitution de 1848,
il en eut été autrement. Aujourd'hui, le Conseil fédéral estime
que la Constitution de 1874 lui a donné les compétences
nécessaires dans ce domaine. L'article 48 ayant remis à la

Confédération le règlement de cet objet en ce qui touche l'assistance intercantonale, le Conseil fédéral n'a pas hésité à en étendre l'application aux relations internationales.

Les traités passés avec les quatre Etats frontières le furent sans consultation des cantons ; mais le Conseil fédéral jugea opportun d'entendre ceux-ci à l'occasion de la négociation du traité avec la Belgique, postérieur à 1895, « parce que les cantons sont les premiers chargés par un traité de cette nature, qui impose des obligations formelles.»

Les cantons ne sont pas seulement obligés, mais chargés financièrement.

En 1891, une motion Dufour, Brenner et consorts, tendant à l'octroi de subventions fédérales aux cantons trop chargés fut repoussée par l'Assemblée fédérale, sous prétexte que la souveraineté des cantons en matière d'assistance s'opposait à ce mode de faire. Cependant, la Confédération n'a pas trouvé que cette souveraineté fût un obstacle aux prescriptions édictées à diverses reprises sur l'étendue de l'assistance due aux étrangers par les cantons.

La loi du 22 juin 1875 dont nous avons parlé entra en vigueur le 1er novembre de la même année. Quinze jours auparavant, le 15 octobre 1875, le Conseil fédéral avait publié la Déclaration de réciprocité qui nous lie à l'Italie pour la gratuité des soins aux malades. Elle dispose que les ressortissants indigents des deux Etats qui auraient besoin de secours et de soins médicaux seront traités à l'égal des ressortissants de l'Etat du domicile, «jusqu'à ce que leur rapatriement puisse s'effectuer sans danger pour leur santé ou pour celle d'autres personnes.»

«Le remboursement des frais résultant de ces secours et de ces soins, ainsi que de l'inhumation des personnes secourues ne peut être réclamé aux caisses de l'Etat ou des Communes, ni aux autres caisses publiques de l'Etat auxquelles elles appartiennent.»

«Dans le cas où la personne secourue ou d'autres personnes obligées en son lieu et place, en vertu des règles du droit civil, en particulier les parents tenus à lui fournir les aliments, sont en état de supporter les frais en question, le droit de réclamer le remboursement demeure réservé.»

«Chacun des deux gouvernements contractants s'engage, sur une demande faite par voie diplomatique, à mettre à la disposition de l'autre gouvernement ses propres employés et à lui prêter l'appui admissible, aux termes de la législation du pays, afin que ceux qui ont supporté les frais soient remboursés suivant les taxes d'usage.»

Ce ne sont pas seulement les prescriptions sur l'assistance, prescriptions répétées dans tous les traités y relatifs, qui sont importantes, mais celles aussi sur le rapatriement et la réception des rapatriés. Dans le traité d'établissement du 7 décembre 1875 avec l'Autriche-Hongrie, elles sont formulées comme suit, art. 4 :

«Les ressortissants de l'un des deux Etats établis dans l'autre, et qui seraient dans le cas d'être renvoyés, par sentence légale ou d'après les lois ou règlements sur la police des mœurs et sur la mendicité, seront reçus en tout temps, eux et leurs familles, dans le pays dont ils sont originaires et où ils auront conservé leurs droits.»

Les articles correspondants sont reproduits textuellement dans les autres traités, dont voici la liste :

1. Traité d'établissement des 27 juin 1876, 30 mai 1890, 13 novembre 1909 avec l'Empire d'Allemagne.
2. Convention d'établissement entre la Suisse et l'Italie du 22 juillet 1868 et la Déclaration citée des 6 et 15 octobre 1875.
3. Traité d'établissement entre la Confédération Suisse et la monarchie Austro-Hongroise du 7 décembre 1875.
4. Le traité d'établissement du 23 février 1882 avec la France, la Convention du 27 septembre 1882 au sujet de l'assistance gratuite des aliénés et des enfants abandonnés.
5. Le traité d'établissement du 4 juin 1887 avec la Belgique et la Déclaration du 12 novembre 1896 sur l'assistance et le rapatriement des indigents des deux pays.

6. Déclaration entre la Suisse et le Portugal pour l'assistance réciproque et gratuite des malades indigents (16 mai 1898).

Pour compléter ce que nous venons de dire au sujet des traités, on nous permettra d'ajouter ce qui suit :

En tout temps, le Conseil fédéral a interprété de la façon la plus large les principes posés dans ces traités en faveur des étrangers, aux frais des cantons. Il n'a eu aucun égard au fait que l'énorme affluence des étrangers dans ces cantons constituaient pour eux, en dépit d'une réciprocité formelle, un fardeau écrasant et injuste. Nous n'avons pas appris que dans les autres pays contractants on ait interprété libéralement les traités en faveur des Suisses ; bien plutôt avons-nous entendu le contraire.

Les 147 sociétés helvétiques de bienfaisance et les Consulats suisses sont obligés de dépenser des sommes importantes pour décharger d'autant les caisses publiques des États étrangers intéressés, alors que les secours accordés par les sociétés philanthropiques étrangères en Suisse se réduisent à peu de chose. La Confédération et les cantons ont versé, en 1911, fr. 70 000 aux sociétés et établissements suisses à l'étranger, alors que les subventions reçues de leurs gouvernements respectifs par les Sociétés nationales étrangères en Suisse sont restées minimes.

Avec ses 3 700 000 habitants, dont 600 000 étrangers, la Suisse officielle dépense, bon an mal an, fr. 900 000 pour l'assistance aux étrangers, outre une somme égale provenant des particuliers.

La bienfaisance privée, très développée en Suisse, ne fait pas de différence entre les étrangers et les gens du pays ; à côté de l'assistance officielle, elle s'occupe avec activité des malades et des bien portants. Dans les pays où elle n'existe pas au même degré, où elle manque à s'exercer en faveur des indigènes, on n'en peut rien attendre pour les étrangers, malgré toutes les assurances de réciprocité. Réciprocité écrite et égalité de fait dans le traitement sont deux choses fort différentes ; la première ne peut assurer d'aucune façon un bon traitement, encore moins un traitement aussi bon. On traitera peut-être les ressortissants indigents et malades des autres Etats contractants à l'égal des enfants du pays aussi longtemps que leur rapatriement ne pourra s'opérer sans danger pour eux ; mais, d'un côté, on ne fait rien, ou peu de chose, dans les Etats étrangers, pour leurs non ressortissants en bonne santé, et de l'autre, leur renvoi se fait très promptement. Il faut ajouter que les Suisses sont reçus en tout temps et très vite chez nous, tandis que la réception de leurs ressortissants par les Etats contractants étrangers est, et demeure, extrêmement longue. De tous, l'Allemagne seule agit à peu près avec la même rapidité que la Suisse. Par contre, dans nos rapports avec la France, avec l'Italie surtout — et ceci est d'importance, car nous hébergeons des centaines de mille Français et Italiens — la diplomatie fédérale n'a pu obtenir jusqu'ici, de la part de ces pays, des délais de rapatriement acceptables et justes. Pour les cantons en cause, cela se traduit par un surcroît considérable de dépenses.

Si, pendant que les pourparlers traînaient en longueur — trois mois à une année, plus encore — le patient italien s'est guéri après nous avoir coûté une grosse somme d'argent, l'Italie refuse tout uniment de le recevoir. Est-il, pendant ce temps-là, devenu tout à fait intransportable, il reste en fin de compte à la charge du canton du domicile. Dans les deux cas, qui se présentent fréquemment, la diplomatie italienne l'emporte ; elle sait rendre parfaitement plausibles à nos représentants les difficultés intérieures s'opposant à une prompte réception.

En 1911, les cantons ont dû dépenser fr. 125 000 pour les seuls Italiens malades, et nous ne parlons que des caisses publiques*). Pendant la même période, la bienfaisance privée a certainement dépensé pour eux une somme égale. Il est à remarquer que, dans leurs pays déjà, les Italiens appren-

---

*) En 1911, le seul canton de Genève a donné fr. 65,000 pour les Italiens malades. *(Trad.)*

nent qu'elles sont les occasions et les possibilités de secours qu'ils trouveront en Suisse, et qu'ils savent parfaitement les provoquer et en profiter.

On peut rappeler à ce propos que le gouvernement italien entretient à Génève un agent d'immigration italienne, qui vient en aide à ses compatriotes résidant, en séjour ou de passage, en prenant en mains leurs intérêts, de concert avec les consulats et les organisations ouvrières italiennes. Il y avait longtemps que ce « Regio adetto all' Emigrazione italiane della Svizzera » travaillait avec ardeur, qu'il était encore inconnu des autorités fédérales !

Dans nos rapports avec la France, certains abus se font aussi gravement sentir. Dans les cantons romands spécialement, ainsi qu'à Bâle, où, suivant les instructions fédérales, l'assistance médicale aux ressortissants français ne se limite absolument pas aux soins aux aliénés et aux enfants abandonnés, l'extension de cette assistance occasionne des frais considérables (Fr. 117 000 à Genève seulement pendant l'année 1911). En effet, la réception des malades et des indigents par la France ne s'opère que difficilement. La Suisse peut demander celle des aliénés et des enfants abandonnés ; mais les réponses aux demandes de rapatriement faites par voie diplomatique se font longtemps attendre, comme de l'Italie. Ainsi, tandis que les Suisses sont prestement renvoyés de France, le rapatriement des Français se heurte toujours à de grosses difficultés, particulièrement celui des malades incurables, des invalides et des vieillards au-dessus de 70 ans, pour lesquels la loi d'assistance du 14 juillet 1905 est entrée en vigueur le 1er janvier 1907. Le gouvernement français a bien admis que cette loi est applicable aux Français en Suisse, mais leur retour est conditionné par des clauses telles que les pourparlers échouent le plus souvent. En effet, la première de ces clauses prescrit une demande personnelle du patient, adressée au Ministère français en vue de son retour en France pour y être soigné.

Quant aux secours aux nombreux Français en Suisse ayant besoin d'assistance, l'entente n'a pu se faire jusqu'ici.

En droit strict, la Suisse peut naturellement ignorer les diverses catégories de Français établis et nécessiteux, les abandonner à eux-mêmes et à la charité privée ; elle peut aussi les renvoyer tout simplement dans leur pays. Mais ces pratiques sont indignes d'un Etat moderne civilisé. Les Etats ont le devoir de créer, dans ce domaine, une assistance internationale positive. Ce devoir a été particulièrement mis en lumière par le Vme Congrès international d'assistance, dirigé en août 1910, à Copenhague, par l'ex-président Loubet ; auparavant déjà par ceux de Genève — 1896 — et de Milan — 1906 —. Le Congrès de Copenhague vota cinq vœux concernant l'assistance aux étrangers, et pria le gouvernement danois de les faire discuter dans une Conférence diplomatique dont il prendrait l'initiative.

A la fin donc de 1912, la Conférence se réunit à Paris et ses membres votèrent un protocole final qui renfermait un modèle de traité international pour l'assistance aux étrangers (3 décembre 1912).

D'après une communication de la Chancellerie fédérale, publiée le 3 mai 1913 par la *Nouvelle Gazette de Zurich*, les principes de ce traité normal seraient les suivants :

Les étrangers indigents qui ont besoin de soins médicaux ou d'assistance, que ce soit à la suite de maladie physique ou mentale, de grossesse ou d'accouchement, ou pour tout autre cause, seront traités dans chaque Etat contractant comme ses propres ressortissants, sous réserve des mesures de rapatriement. La demande de rapatriement peut être faite dans tous les cas où la cause de la détresse présente ne peut être considérée comme de nature passagère. Le transport doit néanmoins être ajourné aussi longtemps que le voyage présente quelque danger pour la santé de l'indigent ou pour celle de tierces personnes. Après quarante-cinq jours écoulés depuis le dépôt de la demande de rapatriement, si le pays d'origine n'a pas donné son approbation il est tenu de rembourser à celui du domicile le montant des frais d'entretien de l'indigent, et ceci jusqu'à l'arrivée de l'acceptation du rapatriement. En certains cas, le délai de quarante-cinq jours peut être prolongé jusqu'à soixante.

Une fois l'autorisation de rapatriement reçue, le transport de l'indigent et sa remise aux autorités de son pays peuvent avoir lieu après un nouveau délai de dix jours (est naturellement réservé le cas où des traités particuliers entre Etats auraient réduit ce délai).

Le Conseil fédéral a donné son assentiment à ces principes. Une nouvelle session de la Conférence était prévue pour le courant de 1913, ou plus tard, dans le but de fixer d'une manière définitive le texte du traité.

Chose étonnante, la communication de la Chancellerie fédérale omet ce qui intéresse le plus les spécialistes en matière d'assistance, savoir si la France et l'Italie ont souscrit, elles aussi, à ces principes. Si ces deux pays restent en dehors de l'accord désiré, celui-ci n'a plus pour nous de sens ni de but.*)

La Conférence des institutions suisses d'assistance pourrait admettre ce délai de quarante-cinq jours, puisqu'elle a déclaré acceptable un délai maximum de six à huit semaines. Au reste, on ne voit pas bien la raison d'un si long délai. En Italie, on dit par exemple que cela tient aux hésitations des communes ; cela ne devrait pourtant pas empêcher l'Etat d'avoir une sorte de Dépôt, d'où il répartirait les arrivants, expulsés et rapatriés, entre les communes chargées du soin de ces malheureux.

Ces circonstances particulières de l'assistance aux étrangers furent discutés toutes en 1906, à Zurich, par la IIme Conférence des institutions suisses d'assistance. De cette discussion sortit un Mémoire au Conseil fédéral, exposant qu'il était nécessaire :

1. Que la Confédération subventionnât les cantons chargés d'appliquer les traités conclus par elle pour régler l'assistance aux étrangers, et qui sont interprétés dans un sens

---

*) Le représentant du Conseil Fédéral à la Conférence des institutions suisses d'assurance réunie le 3 novembre 1913 à St-Gall annonça l'adhésion de l'Italie et de la France à la condition toutefois que le délai de 45 jours serait réduit à 10.

extensif par le fait que les clauses touchant l'intransportabilité sont négligées ;

2. Qu'elle obtînt de la France et de l'Italie des délais
de renvoi plus courts, quatre à huit semaines, et le remboursement des frais de l'assistance prolongée au-delà du
terme fixé.

A cette époque, vu le mauvais état de nos relations avec
l'Italie dans ce domaine, on demanda très sérieusement la
dénonciation de la Déclaration d'octobre 1875.

Au reste, le Conseil fédéral a un projet tout préparé,
daté du 1er août 1908, et qui tient compte de ces désirs
fortement motivés. Une participation du 20 % des frais
(Fr. 80 000) y est prévue. Jusqu'ici pourtant, aucun chef
du Département compétent (Justice et Police *) n'a pu se
décider de le présenter en l'appuyant.

En revanche, depuis 1908, le Conseil fédéral a noué des
négociations avec la France et l'Italie au sujet de la réduction des délais de remise. Le gouvernement italien a finalement proposé le remboursement des frais après quatre mois.
C'était insuffisant. On demandait, de notre côté, six semaines, pour aller ensuite à deux mois. L'Italie ne voulut pas
accepter ce moyen terme, et les négociations en restèrent là..

Depuis 1907, la France accepte le rapatriement de certaines personnes, dont les cas ne rentrent pas dans ceux prévus
de maladies mentales et d'enfance abandonnée, mais, généralement, après de longs pourparlers qui durent au moins cinq
mois. Partout où c'est possible, on traite les cas comme
maladies mentales, parce que les délais de rapatriement sont
alors beaucoup moins longs.

Une Conférence diplomatique comme celle que provoqua
le Congrès de Copenhague de 1910 ne pouvait changer les
traités existants, mais elle pouvait élaborer un traité type
servant de norme. S'il en existait un, le Conseil fédéral
pourrait élever ses prétentions, et, celles-ci repoussées, dénoncer les Conventions actuelles, et tout particulièrement les

---

*) Actuellement Département politique. *(Trad.)*

actes qui nous lient à l'Italie. Le traité normal prendrait alors leur place.

Le Conseil fédéral estime qu'après deux mois écoulés depuis la mise en train du rapatriement, le remboursement total des frais doit être réclamé. Cela conduirait sans doute à une réduction des délais, car les frais à rembourser à la Suisse ne sont pas inférieurs, proportionnellement, à ceux des autres pays et ne peuvent l'être. (Protocole de la Vme Conférence des Directeurs cantonaux d'assistance, Olten, 20 mai 1912).

Naturellement, les divers traités dont nous parlons diffèrent entre eux par quelques détails secondaires ; dans la pratique, ces particularités disparaissent de plus en plus. Bien mieux, les étrangers qui ne peuvent invoquer aucun traité sont mis cependant sur le même pied que les autres. C'est ainsi que les Français sont secourus, même s'ils ne sont ni des malades d'esprit, ni des enfants abandonnés. Au reste, vouloir développer ce point là nous conduirait trop loin. En revanche, il nous faut attirer l'attention sur le suivant : si, d'après les traités, on ne peut réclamer des caisses publiques le remboursement des frais d'assistance, un recours est réservé vis-à-vis des parents chargés de la dette alimentaire, et capables de payer, ou vis-à-vis des assistés eux-mêmes s'ils ont quelque avoir. Si ces ressources existent, le pays d'origine est tenu de prêter à l'Etat réclamant tout l'appui que permet la législation en vue du payement de la note des frais.

Malheureusement, la procédure n'est pas fixée, pas plus que ne sont circonscrites et définies la portée et la valeur de ce devoir international d'aide mutuelle. Si donc un ordre de payement est lancé, il n'existe aucune garantie de l'action de l'Etat obligé de prêter son appui. Représentera-t-il vraiment l'Etat demandeur, s'identifiera-t-il avec lui, conduira-t-il le procès comme le sien propre, donnera-t-il les ordres nécessaires à l'ouverture des poursuites ? Nul ne saurait le dire.

Le devoir d'aide demeure ainsi fort aléatoire, pour le malheur de nos finances, la Suisse traitant chaque année un nombre important de cas de ce genre.

En raison de la situation particulière de notre pays, qui compte 570 000 étrangers sur une population de 3 700 0000 âmes (15 %/₀ de l'ensemble) ; en raison surtout du fait que, dans nos principales villes, les étrangers forment le 35 à 40 %/₀ de la population, l'assistance internationale a pris une extension, et conséquemment atteint une portée financière, qui ne s'accorde nullement avec l'intérêt politique et économique de la Suisse. Les cantons fortement entamés par l'invasion étrangère, c'est-à-dire les villes et les cantons industriels, supportent des charges telles, par suite de l'application des traités, que l'assistance de leurs propres indigents doit naturellement en souffrir.

D'autre part, le développement des sociétés philanthropiques étrangères en Suisse est insuffisant ; ni les sociétés allemandes, qui sont les mieux organisées, ni les sociétés italiennes ne sont à la hauteur de leur tâche. L'énorme colonie française de Genève n'a pas non plus une société de secours en rapport avec son importance numérique. On trouve à Zurich un embryon de société autrichienne, dont le développement est enrayé par le fait de la faiblesse financière de la colonie austro-hongroise.

En face de l'extraordinaire extension de l'assistance aux étrangers en Suisse, on ne trouve nulle part à l'étranger une assistance pareille aux Suisses indigents, pas même en Allemagne, où l'étranger cependant peut acquérir le domicile impérial de secours. C'est que celui-ci n'est accordé qu'au cas où les autorités le trouvent bon : en tout temps l'étranger peut être repoussé comme indésirable.

*   *   *

De la nature élastique du terme *indirect*, on peut aisément conclure que les articles du droit fédéral se rapportant indirectement à l'assistance — ou qu'on peut lui appliquer —, ceux qui sont, ou peuvent devenir indirectement d'importance pour les cantons et les communes, se rencontrent en nombre beaucoup plus grand que les autres. Et comme il sera sans doute agréable aux lecteurs de ce volume d'en avoir une idée la plus étendue possible, nous nous efforcerons de les satisfaire en exposant à leur intention non seulement les articles du droit fédéral applicables à l'assistance, mais l'influence indirecte du pouvoir central dans ce domaine.

Il va de soi qu'il serait bon de pouvoir tracer ici un tableau systématique de ces choses ; mais la Confédération n'en ayant pas tiré les principes ni des vues officielles pour les exposer au pays, comme elle s'est bornée à légiférer quand le besoin s'en faisait sentir d'une manière pressante, en prenant chaque cas l'un après l'autre, il ne nous reste pas d'autre alternative que de décrire les sources du droit fédéral en matière d'assistance, en nous plaçant au point de vue chronologique. Si cette manière de procéder, qui nous paraît acceptable, ne répond pas aux exigences esthétiques ou scientifiques, au moins se montre-t-elle pratique. Grâce à elle, cet ouvrage pourra vraiment servir de guide au fonctionnaire d'assistance.

Nous traiterons brièvement en premier lieu les articles constitutionnels, les lois fédérales qui en sont sorties, les arrêtés et ordonnances appartenant au même domaine. Remarquons à ce propos que les travaux préparatoires de quelque portée font défaut. On en trouve des essais dans le dictionnaire connu de Reichesberg et dans l'œuvre excellente d'Anderegg, *Die schweizerische Philanthropie anfangs des XX. Jahrhunderts. Kanton Wallis 1908. Vorwort.*

Quant aux articles constitutionnels qui entrent en jeu dans le présent travail, ce sont les 18, 27 *bis*, 32 *bis*, 32 *ter*, 34, 34 *bis*, 44, 64 *bis* (23), 67, 68, 69 et 31 [12].*)

---

*) A la rigueur on pourrait ajouter encore l'art. 65 (peines corporelles).

Plusieurs lois d'assistance, anciennes ou vieillies, contiennent naturellement des dispositions de même nature. En voici quelques exemples :

Zurich,   1883 ;
St-Gall,   1835, art. 29, le billot ;
Thurgovie, 1861, art. 29, le billot ;
Schwitz,   1851, art. 31, la verge ;
                    art. 45, la canne ;
Appenzell (R. E.),   la règle.

En outre, l'art. 45, al. 6, de la Constitution fédérale, qui supprime les taxes de mariage et d'admission des femmes (Argovie 4, Schwitz 15, Fribourg 19).

1. L'art. 18 concerne les militaires qui, par le fait du service fédéral, perdent la vie ou voient leur santé altérée d'une manière permanente, et ont le droit, s'ils sont dans le besoin, de réclamer pour eux ou pour leur famille, des secours de la Confédération.
2. Art. 27 *bis*, subventions scolaires.
3. Art. 32 *bis* et 32 *ter*, le 10 %/$_0$ de l'alcool et l'interdiction de l'absinthe.
4. Art. 34, la protection des ouvriers de fabrique.
5. Art. 34 *bis*, assurances en cas d'accident et de maladie.
6. Art. 44, Naturalisations.
7. Art. 64 *bis*, subventions fédérales pour établissements pénitentiaires, etc. — Eventuellement en relation avec l'art. 23 (travaux publics).
8. Art. 67, extradition des accusés.
9. Art. 68, cas d'heimatlosat.
10. Art. 69, en relation avec l'art. 31, épidémies, (revisé le 4 mai 1913.

B. Indirectement applicables.

1. Articles constitutionnels et leurs dérivés.

a.

Bien que l'article 18 de la Constitution fédérale ne touche pas à l'assistance proprement dite, nous devons néanmoins le mentionner ici. Avec les articles 22 et 26 de la loi fédérale du 12 avril 1907 sur l'organisation militaire, il règle ce qui concerne l'assistance militaire, c'est-à-dire celle des familles de soldats au service fédéral tombés dans le besoin par suite de ce service.

D'après l'ordonnance fédérale du 21 janvier 1910, la femme et les enfants du soldat ont droit à l'assistance, ainsi

que certains parents qu'il soutient, ou avec lesquels il fait
ménage commun.

Dans la règle, le secours n'est accordé que s'il y a perte
effective de salaire ou de revenu et, par suite, une détresse
qu'on peut constater. Dans ce cas, le secours est de fr. 2
par jour au maximum pour un adulte et de 0,70 fr. pour un
enfant. La demande de secours, adressée en temps utile à
la Direction militaire cantonale, par l'intermédiaire du com-
mandant d'arrondissement, ou de la Police, ou de l'Assistance
publique, doit contenir des renseignements précis sur la
personne du soldat, son ordre de marche, la durée de son service, comme sur les circonstances personnelles et le revenu
des parents.

D'après la nouvelle loi militaire, les frais d'assistance
aux familles des soldats sont payés par la Confédération
(les $^3/_4$) et par le canton du domicile ($^1/_4$). Ces dispositions
constituent un grand progrès sur l'ancienne organisation militaire. Celle-ci mettait toute la charge sur « les cantons » (art.
234), et longtemps on discuta pour savoir s'il s'agissait du
canton d'origine ou de celui du domicile. En 1901, finalement, le Conseil fédéral déclara qu'il fallait entendre le dernier. Aussitôt les communes d'origine s'efforcèrent, parfois
avec succès, de se faire rembourser leurs dépenses en faveur
de familles fixées hors de leur territoire.

Le Tribunal fédéral, qui eut été appelé à décider en cas
de contestation, aurait certainement déclaré le canton du domicile responsable. Celui-ci ne pouvant faire rembourser la somme
que par la caisse d'assistance, aurait fait rentrer ainsi ces
soldats dans la catégorie des assistés. C'était inadmissible.
La Conférence des Institutions suisses d'assistance, réunie
le 17 mai 1905 à Brougg, demanda donc aux autorités fédérales de charger la Confédération du secours militaire dans son
entier.

A ce propos, on doit signaler la loi fédérale du 28 juin
1901 sur *l'assurance militaire*.

Jusqu'au jour où ils retrouvent la possibilité du travail
régulier, ou à celui d'une déclaration d'invalidité qui les met

au bénéfice d'une pension, les soldats jouissent de l'entretien et des soins gratuits dans un hôpital désigné par l'autorité militaire. S'ils sont entretenus à la maison, ils ont droit à une indemnité d'hôpital, et, après le service, pendant la durée duquel la solde du grade est payée, à une indemnité de maladie. En cas d'invalidité, une pension annuelle est prévue, remplaçant la perte ou la diminution du salaire, éventuellement comme dédommagement d'un amoindrissement des forces physiques. La loi prévoit aussi des pensions aux survivants et des indemnités en cas de mort. L'indemnité en cas de maladie peut monter à la valeur du plein salaire.

Ces secours militaires déchargent considérablement l'assistance, ou l'assurent contre des dépenses trop fortes.

D'après la loi fédérale du 28 juin 1878, art. 2, sur la taxe militaire, le citoyen qui y est soumis, et qui est assisté, peut être exonéré par l'autorité militaire du canton du domicile, à la demande ou sur présentation d'un certificat de l'Assistance publique.

b.

En vertu de la loi fédérale du 25 juin 1903, élaborée en application de l'art. 27 *bis* de la Constitution fédérale, les cantons reçoivent une subvention scolaire annuelle, c'est-à-dire une participation de la Confédération aux frais de l'Ecole primaire. Les subventions ont été calculées sur la base de 60 centimes par tête de population, plus 20 centimes de surtaxe par tête dans les cantons alpestres. Les subventions servent à la distribution du matériel scolaire, de livres et objets obligatoires d'enseignement aux écoliers indigents (distribution gratuite ou à prix réduit), à celle d'aliments et de vêtements aux écoliers pauvres ; elles sont consacrées également à l'éducation d'enfants retardés ou faibles d'esprit astreints à fréquenter l'école. En outre, la Confédération accorde des subventions pour l'instruction ménagère et professionnelle des filles (écoles ménagères, d'administration fédérale), en exécution de l'arrêté fédéral du 20 décembre 1895.

Cette aide financière de la Confédération aux écoles primaires cantonales n'est pas de mince importance, si nous nous souvenons que, d'après la sociologie moderne, l'enfant doit être le plus possible placé hors de tout contact avec l'Assistance. Rien donc de plus naturel que de mettre l'école en état de fournir elle-même à l'enfant insuffisamment nourri, mal chaussé et mal vêtu, ce qui lui est indispensable. La situation est analogue pour les enfants anormaux ou mal doués, que l'école soutiendra, et non pas la charité publique. L'intervention de la Confédération facilite l'émancipation nécessaire de cette branche de la prévoyance, soustraite ainsi à l'Assistance. Et c'est au mieux, en effet, car l'Assistance n'est pas à la hauteur de cette tâche : ses finances insuffisantes et ses remèdes inefficaces ne lui permettent pas d'agir comme il le faut en faveur de la jeunesse, tandis que l'Ecole le peut d'une façon toute simple et naturelle, et sans qu'il en rejaillisse aucune honte sur l'enfant.

c.

L'art. 32 *bis* et la loi fédérale du 29 juin 1900 sur *les boissons distillées*, ainsi que l'ordonnance d'exécution du 24 décembre 1900, sont très importants pour l'Assistance. A la conférence antialcoolique de Winterthour (1912), le Dr Franck a très heureusement signalé ce fait que, d'après de récentes enquêtes, l'alcoolisme engloutit en Allemagne le 40°/₀ des ressources budgétaires de l'Assistance.

Le monopole de la Confédération contribue dans une large mesure à protéger la force de production et la capacité de travail de la nation. Par lui, la production de l'alcool est légalement réglé. Une partie du produit du monopole revient aux cantons.

Le 10°/₀ des recettes annuelles distribué aux cantons, proportionnellement à leur population effective, doit être employé à combattre l'alcoolisme dans ses causes et dans ses effets. Avec raison, par conséquent, peut-on dire que les Assistances cantonales et communales reçoivent de la Confédération des subventions importantes.

Les cantons sont tenus de remettre chaque année au Conseil fédéral, pour les Chambres fédérales, un rapport sur l'emploi de ce 10 %, régulièrement contrôlé de cette façon. Naturellement cet argent trouve son premier emploi dans les Asiles pour le relèvement des buveurs, puis dans les colonies de travail comme celle de Herdern, près de Frauenfeld. Les sociétés d'abstinence en reçoivent aussi leur part [voir plus loin page 53].

L'art. 32 *ter* nous donna l'interdiction de l'absinthe et constitue par le fait un acte de grande portée pour la protection morale du peuple. Dans les cantons romands, en particulier, l'usage de l'absinthe se répandait d'une manière effrayante, entraînant après lui une dégénérescence sensible de la race. Cette interdiction comportant une protection efficace, travaille, en définitive, en faveur de l'Assistance, laquelle, si souvent, dut se charger pour un temps plus ou moins long des enfants et des femmes des pitoyables victimes de la liqueur verte.

d.

L'art. 34 forme la base de la future législation fédérale sur la protection ouvrière. La première loi qui en sortit fut celle du 23 mars 1877 sur *le travail dans les fabriques.* Ce sont les trois inspecteurs fédéraux qui exercent la surveillance sur l'exécution des prescriptions légales, mais leur interprétation est du ressort du Conseil fédéral.

Ces prescriptions englobent l'hygiène, les précautions contre l'incendie et les défauts de construction, puis toute la série des mesures de protection. Vient ensuite ce qui touche à la responsabilité de l'entrepreneur et à la protection de l'ouvrier contre les accidents et les maladies professionnelles. A ce propos, il convient de citer les lois fédérales des 25 avril 1881 et 26 avril 1887, ainsi que l'arrêté du Conseil fédéral du 18 janvier 1901 concernant la *responsabilité civile.* C'est là que sont fixées les règles pour l'estimation des indemnités en cas d'accident, lorsque la victime en réchappe avec une

capacité de travail réduite, ou, aux survivants, si la mort
de l'employé en a été la conséquence.

*La responsabilité des entreprises de chemins de fer et de
bateaux à vapeur* fut réglée à nouveau par la loi fédérale
du 28 mars 1905.

D'après la législation fédérale sur la responsabilité civile,
les tribunaux cantonaux compétents doivent accorder au plai-
gnant pauvre l'assistance judiciaire pour son procès. Cette
même assistance judiciaire lui est assurée si son procès est
porté devant le Tribunal fédéral (Art. 27 de la loi fédérale
de procédure du Tribunal fédéral dans les procès civils des
6 et 13 juillet 1885), et il est exonéré de l'obligation du
dépôt d'une caution et des émoluments. L'avocat est payé
par la caisse du Tribunal (l'Etat). (Droit fédéral du 22 mars
1893 art. 212).

La loi sur les fabriques interdit d'employer dans une
fabrique un enfant de moins de 14 ans. La protection de la
loi s'étend sur les femmes, et tout particulièrement sur les
femmes en couche. Des règles protectrices prescrivent les
heures de travail, les salaires, les dénonciations de contrats,
etc. Une autre loi, celle du 26 juin 1902, parle des retenues
et des amendes, qui ne peuvent être supérieures à la moitié
du salaire quotidien. En ce moment, on travaille à une revision de la loi sur les fabriques.*)

c.

Le 26 octobre 1890, le peuple suisse accorda à la Confédération les compétences nécessaires (Art. 34 *bis* de la
Const. féd.) pour introduire l'assurance en cas d'accident et
de maladie, qu'elle peut rendre obligatoire pour tous, ou pour
certaines catégories de citoyens. Par là, on faisait un pas
important sur la voie de la politique sociale, qui doit soulager
l'Assistance publique et la rendre peu à peu superflue.

Nous avons brièvement esquissé, dans l'Introduction, les

---

*) Comparer *Politisches Jahrbuch* 1913, pp. 378 et suivantes.

rapports les plus intéressants entre l'Assistance et la prévoyance sociale. Toute politique sociale étendue et vraiment bonne combat les causes du paupérisme ou arrête le développement de celui-ci. [Le 4 février 1912, le peuple accepta la loi fédérale du 13 juin 1911 sur *l'assurance en cas de maladie et d'accident*]. Les articles de cette loi sur l'assurance-maladie règlent surtout l'octroi de subventions aux caisses d'assurance existantes ou en formation, soutenues ainsi par la Confédération. La partie concernant l'assurance contre les accidents y ordonne le fonctionnement du bureau fédéral d'assurance en cas d'accident, bureau dont le siège est à Lucerne. Sont obligatoirement assurés auprès de ce bureau, les ouvriers travaillant dans les ateliers soumis à la loi fédérale sur les fabriques. (En revision.) Au reste, ce n'est pas ici le lieu de parler de cette loi plus en détail. On ne rappellera donc d'une façon spéciale que la prévoyance en faveur des femmes en couche (Art. 14), et l'assistance judiciaire gratuite.*

f.

L'art. 44 et la loi fédérale du 25 juin 1903 sur l'acquisition de la nationalité suisse ou la renonciation à cette nationalité contient, art. 10, la disposition suivante :

«Après avoir entendu le canton d'origine, le Conseil fédéral peut prononcer la réintégration gratuite des personnes suivantes dans leurs anciens droits communaux et cantonaux, pourvu qu'elles aient en Suisse leur domicile légal ; b. la veuve et la femme séparée de corps et de biens, ou divorcée, qui aurait perdu par son mariage la nationalité suisse, à condition qu'elle demande sa réintégration dans les dix ans qui suivent la rupture du mariage.»

---

*) Au titre F. de la loi fédérale du 13 juin 1911 sur les assistances en cas de maladie et d'accident, nous lisons au sujet de la procédure: « A l'égard de ces contestations, les cantons doivent pourvoir à ce que la procédure soit aussi simple et rapide que possible; ils doivent accorder au plaideur indigent, à sa requête, le bénéfice de l'assistance judiciaire ainsi que la dispense de tous dépôts, cautionnements, frais d'expertise, émoluments de justice et droits de timbre.

A comparer avec l'arrêté fédéral du 30 décembre 1903 : *Instruction sur la demande d'autorisation fédérale prévue par la loi fédérale du 25 juin 1903* (art 1), et spécialement l'art. 6.

Le Conseil fédéral a le pouvoir d'attribuer, sans compensation, à leur ancienne commune d'origine (canton d'origine), et dans des circonstances données, des citoyens ou citoyennes suisses — éventuellement accompagnées de familles nombreuses — ayant perdu leur droit de cité.

Par le fait, le devoir d'assistance est ainsi imposé, en cas d'appauvrissement, sans que la Confédération ait à verser le moindre subside. Il arrive même que des personnes déjà tombées à la charge de l'assistance soient réintégrées de cette façon.

Ce droit du Conseil fédéral de s'ingérer dans le ménage communal fait une large brèche dans l'ancienne autonomie des communes bourgeoises. On pourrait donc admettre à bon droit l'obligation de subventions fédérales dans les cas de réintégrations forcées. Naturellement, il n'est pas question d'attaquer ni peu ni prou la tendance humanitaire de cette disposition. Le renvoi de femmes d'origine suisse au pays des maris étrangers doit être évité le plus possible. La première conférence des institutions suisses d'assistance — Brougg, 17 mai 1905 — qui en discuta, décida la remise au Conseil fédéral d'un Mémoire sur cet objet, Mémoire resté sans effet jusqu'ici. A maintes reprises, des communes atteintes ainsi dans leurs intérêts recoururent aux Chambres fédérales, lesquelles, toujours, se déclarèrent incompétentes (Comp. *Armenpfleger*, IIIme année, N° 7, page 53).

Le 30 mars 1906, le Conseiller national Caflisch et 45 cosignataires déposèrent une motion invitant le Conseil fédéral à faire un rapport et des propositions sur la question de savoir si, et comment, les communes dont les intérêts sont lésés par les réintégrations devront être indemnisées par la Confédération (art. 10, al. *b* de la loi féd. du 25 juin 1903).

La motion fut votée le 26 juin 1906, dans le texte fourni par le Mémoire de la première Conférence des institutions suisses d'assistance : « Le Conseil fédéral est invité à présenter un rapport et des propositions sur la question de savoir si la Confédération ne doit pas aider financièrement les communes auxquelles incomberaient des charges d'assistance par suite de réintégrations gratuites, ordonnées par le Conseil fédéral, de femmes d'origine suisse. »

Le Conseil fédéral répondit aux Chambres, le 7 décembre 1907, qu'il ne saurait être question de charges extraordinaires d'assistance imposées aux cantons et aux communes par suite de réintégrations ordonnées par lui, et qu'il s'opposerait dès lors à toute subvention fédérale pour des raisons de principe et à cause des conséquences. Il ajoutait que la loi serait d'ailleurs appliquée avec circonspection et que toute personne qui ne présenterait pas un certificat authentique de bonne vie et mœurs serait impitoyablement refusée. Il proposait donc de ne donner aucune suite à la motion, et le Conseil national et celui des Etats lui donnèrent raison les 16 et 24 juin 1908 (voir *Armenpfleger,* IIIme année, No 11, page 86).

g.

L'art. 64 *bis* prévoyant des subventions fédérales pour la construction d'établissements pénitentiaires, de maisons de travail et de correction, constitue également un point très important pour l'Assistance.

Jusqu'au 13 novembre 1898, la Confédération ne possédait pas les compétences nécessaires pour s'immiscer dans les affaires pénales et correctionnelles des cantons. Le nouvel article constitutionnel a modifié cette situation en sa faveur. En accordant à la Confédération le droit de légiférer sur la matière, on règle du même coup la possibilité des subventions. Dès maintenant, la Confédération peut subventionner les cantons pour la création de pénitenciers, de maisons de travail et de correction, ainsi que pour les réformes à réaliser dans l'exécution des peines, et tout naturellement elle acquiert de ce fait un certain droit de contrôle.

A cela viennent s'ajouter les institutions pour la protection de l'Enfance abandonnée, pour les jeunes délinquants, pour les écoliers des classes primaires à tendances criminelles. On prévoit même qu'un jour l'Etat — Confédération et cantons — créera des établissements qui viendront grandement en aide à l'assistance, laquelle se trouve souvent dans une cruelle incertitude lorsqu'il faudrait interner des individus qu'on ne sait où placer. Cependant, il n'est pas probable que les subventions prévues à l'art. 64 *bis* soient accordées avant que la Confédération ait en mains le Code pénal fédéral et celui de procédure.

h.

L'art. 67 et la loi fédérale du 24 juillet 1852 sur *l'extradition de criminels et de prévenus* statuait que l'extradition peut être accordée même s'il n'y a pas d'obligation légale. Ainsi, par exemple, l'extradition est accordée dans les cas de négligence dans le payement de la dette alimentaire, si, par suite, l'Assistance doit intervenir. L'extradition pour les cas de poursuites correctionnelles ou de police est admise en vertu d'une entente entre différents cantons, par exemple entre Zurich et Berne en 1876, ou peut être demandée et accordée pour chaque cas particulier. On doit cela *é*galement à la loi fédérale du 22 janvier 1892 sur les extraditions demandées par l'Etranger ; l'abandon malicieux de personnes incapables de se suffire y est reconnu comme motif d'extradition, en tant que cet acte est punissable d'après le droit du canton de refuge et celui de l'Etat étranger.

i.

L'art 68 et la loi fédérale du 3 décembre 1850 ont pour but de régler les nouveaux cas *d'heimatlosat* et de supprimer ceux qui existent. La Confédération procure un droit de cité cantonal aux heimatloses, et les cantons à leur tour sont tenus de leur assurer une bourgeoisie. Une instance d'assistance y est expressément prévue. Les personnes naturalisées par force ont ainsi un recours à l'Assistance publique si elles viennent à tomber dans l'indigence. La Confédération (et le canton) subventionnent la commune, soit le fond des pauvres atteint par cette mesure.

La loi de 1850 statue que les chemineaux sans métier, les vagabonds et les mendiants seront traités et punis selon la loi du canton où ils se font arrêter, et qu'à défaut de prescriptions légales, ils seront punis d'emprisonnement ou de travail forcé. Quant aux étrangers, ils doivent être rapatriés. La même loi interdit aux colporteurs de conduire avec eux des enfants dans l'âge de l'école primaire.

Le 16 mars 1885, le Conseil fédéral édicta des prescriptions uniformes — on peut le rappeler ici — sur la teneur des actes d'origine.

Dispositions les plus importantes de la loi fédérale du 3 déc. 1850 sur l'heimatlosat dans leurs rapports avec ce qui précède.

En Suisse, on considère comme heimatlose, toute personne y résidant sans être bourgeoise d'un canton et sans droit de cité dans un pays étranger. Les heimatloses, en 1850, se différenciaient comme suit : 1º Les tolérés, c'est-à-dire ceux d'entre eux reconnus comme tels, qu'ils vécussent isolés ou en communauté ; 2º les vagabonds. Les autorités fédérales devaient procurer aux individus des deux catégories un droit de cité cantonal et une bourgeoisie communale par l'entremise du canton intéressé. Cette bourgeoisie pouvait être négligée pour les hommes au-dessus de 60 ans et pour les femmes au-dessus de 50, ainsi que pour les condamnés jusqu'à leur réhabilitation. Dans ces cas-là, néanmoins, le canton a le devoir de tolérer les personnes en cause et d'assister les indigents. Cette naturalisation n'emporte pas la jouissance des biens de bourgeoisie ; cependant le naturalisé peut acheter, pour la moitié de son prix habituel, la pleine bourgeoisie.

D'après l'art. 18, les vagabonds et mendiants sans métier

peuvent être punis selon les lois du canton où ils se trouvent, d'emprisonnement ou de travail forcé à défaut de dispositions légales. Les vagabonds étrangers seront refoulés vers leur pays d'origine.

Art. 19. — Les personnes allant d'un canton à l'autre pour exercer leur métier ou leur profession sont tenues d'avoir les papiers d'origine exigés. Il leur est interdit de conduire avec elles des enfants en âge de fréquenter les écoles, que ce soit dans le canton d'origine ou ailleurs. Les contrevenants sont punis d'amende, d'emprisonnement ou de travail forcé.

Art. 20. — *Rapatriements.* Les cantons sont tenus de veiller à ce qu'aucune personne étrangère ne reçoive un permis d'établissement ou de séjour prolongé avant d'avoir déposé des papiers offrant une sûre garantie vis-à-vis de l'Etat d'origine (de la commune) ou sans une caution de personne ou d'argent. (Dispositions légales sur la perte du droit de cité d'après les lois de l'Etat d'origine).

Art. 23. — L'inscription des enfants trouvés incombe au canton dans lequel ils furent exposés, en tant qu'un autre droit de cité ne leur peut être fourni. Ils jouissent alors de tous les droits des bourgeois. (Dans ses propositions pour la revision de l'art. 44 de la Constitution fédérale [naturalisation des étrangers], la Commission des IX a admis le principe du droit municipal au lieu de celui du droit de bourgeoisie, avec jouissance des biens de bourgeoisie).

k.

Les art. 69 et 31 et la loi fédérale du 2 juillet 1886 concernant les mesures contre « les épidémies offrant un danger général » doivent être rappelés ici. La Confédération édicte des mesures de police sanitaire contre les maladies suivantes : vérole noire, choléra asiatique, scarlatine et peste. Quand des personnes sont tombées dans le besoin par suite de ces maladies épidémiques, et doivent être secourues, la Confédération vient à leur aide en accordant des subsides. Il est bien entendu que ceux-ci ne sont versés qu'autant que les indigents n'ont aucune négligence à se reprocher, et que le besoin s'est fait sentir pour avoir observé les prescriptions officielles, désinfection, changement de logis, isolement du malade. Dans ce cas, les patients ont droit au traitement médical gratuit, et, s'il y a perte de gain, à une indemnité équivalente. La Confédération paie la moitié des dépenses incombant de ce fait aux cantons et aux communes.

Le 4 mai 1913, le peuple se prononça sur l'arrêté fédéral du 18 décembre 1912 proposant la revision des art. 69 et 31, al. 2, *lit.* d. Voici les nouveaux textes :

Art. 69. — La Confédération peut prendre, par voie législative, des mesures destinées à lutter contre les maladies transmissibles, les maladies très répandues et les maladies particulièrement dangereuses des hommes et des animaux.

Art. 31, al. 2, *lit.* d. — Les mesures de police sanitaire destinées à lutter contre les maladies transmissibles, les maladies très répandues et les maladies particulièrement dangereuses de l'homme et des animaux.

Dans la lutte contre la tuberculose, l'Assistance sera grandement soulagée, tout en déployant une activité beaucoup plus étendue, grâce à l'importance des subsides fédéraux.

2. Lois fédérales et ce qui s'y rapporte.

a.

En ce qui touche *le transport des indigents*, on peut dire ce qui suit :

Négociant avec les administrations des chemins de fer en Suisse, en Allemagne, en Autriche-Hongrie, en France et en Italie, le Conseil fédéral obtint d'elles, en 1879 déjà, pour le trafic international, le transport jusqu'à la frontière, en troisième classe à demi tarif, des indigents munis de bons de recommandation des Consulats. D'après la loi fédérale sur les douanes, leurs bagages entrent en franchise. Dans la mesure du possible, les transports d'indigents s'effectuent en troisième classe, et jouissent ainsi d'un privilège.

D'après le règlement fédéral des transports du 1er octobre 1899, les chemins de fer suisses sont tenus de faire voyager à moitié prix :

a) Les indigents du pays transportés aux frais d'une autorité, ou voyageant avec l'aide de celle-ci.

Remarquons à ce propos que le département cantonal de l'Intérieur désigne les bureaux d'assistance qui ont le droit d'établir les bons de recommandation pour les voyages à demi-tarif. Certains bureaux de bienfaisance, comme celui de la ville de Zurich, lesquels, à proprement parler, ne constituent pas des autorités d'assistance, peuvent être autorisés néanmoins à émettre les bons ;

b) les indigents du pays voyageant aux frais d'institutions privées reconnues par la direction des chemins de fer suisses, ou aidés par ces institutions ;

c) les escortes d'enfants ou d'infirmes transportés par billets d'indigents et aux frais des caisses publiques ;

d) les personnes qui conduisent des indigents dans des maisons de travail et de relèvement (asiles pour buveurs, colonies agricoles) ou qui les ramènent de ces établissements ;

e) les indigents établis en Suisse ou faisant partie de la population flottante, leur escorte, s'il y en a une, recommandée par les autorités ou les institutions compétentes du pays. Des taxes spéciales sont prévues pour le transport des malades pauvres dans les wagons sanitaires.

En vertu de l'ordonnance de transports du 7 décembre 1884, et pour des motifs d'humanité, les directions d'arrondissements postaux peuvent aussi réserver dans les diligences des places gratuites aux indigents.

Les fonctionnaires d'assistance, inspecteurs, enquêteurs, etc., ne peuvent utiliser les bons de recommandation (demi tarif, 3me classe) ; mais, depuis le 15 juillet 1907, les chemins de fer fédéraux remboursent aux cantons la moitié de l'argent dépensé par les inspecteurs d'assistance en frais de voyage. On peut regretter que cette facilité ne soit pas étendue aux inspecteurs communaux d'assistance (assistance bourgeoisiale et privée).

b.

En matière d'assistance, on peut rapprocher la franchise de port des transports par chemin de fer. La Confédération l'assure depuis 1849.

La loi postale du 25/26 avril 1884 a prévu *la franchise de port* pour «affaires de pauvres», correspondance, colis postaux jusqu'à deux kilogrammes (sans indication de valeur et sans inscription) et envois d'argent.

Depuis 1876, le Conseil fédéral accorde la franchise de port pour les envois de secours aux victimes des grandes catastrophes : incendies, inondations, éboulements.

En 1907, les autorités fédérales devaient se prononcer sur une nouvelle loi postale. On proposait de supprimer la franchise, dont on avait beaucoup abusé. La Conférence des institutions suisses siégeant à Bâle (octobre 1907), décida de remettre à la Commission du Conseil des Etats chargée d'un examen préalable un mémoire contre la suppression projetée. Les autorités officielles d'assistance ont vu néanmoins leur part considérablement réduite, pendant que les bureaux et œuvres libres de bienfaisance recevaient des estampilles de valeur tenant lieu de timbres poste, pour une somme annuelle fixée d'avance (art. 56, 57, 60 de la loi postale de 1911, et art. 145 et 150 de l'ordonnance du 15 novembre 1910).

Ce nouvel ordre de choses est si peu satisfaisant que la Conférence des Institutions suisses d'assistance réunie à Lucerne en 1912, examina s'il ne conviendrait pas d'adresser un nouveau mémoire aux autorités fédérales pour en demander la revision (voir *Armenpfleger*, Xme année, 1912—1913, No 4 et 1er janvier 1913).

c.

La loi fédérale du 22 mars 1888 concernant les agences d'émigration contient une prescription qui donne à l'Assistance une sûreté contre certains abus : les personnes désireuses de laisser derrière elle des enfants en bas âge sans l'assentiment des autorités d'assistance compétentes, ne peuvent être transportées par les agences d'émigration.

d.

On ne saurait passer sous silence la loi fédérale du 11 avril 1889 concernant *les poursuites pour dettes et la faillite*, tout particulièrement ses articles 62, 91 et 92, 163, 197, 224, 275.

D'après l'art. 62, le gouvernement cantonal peut ordonner, d'une part, avec l'assentiment du Conseil fédéral, un moratoire en faveur d'une population éprouvée par une catastrophe dont les forces naturelles seraient les agents ; de l'autre, l'insaisissabilité des secours en argent *(Armenpfleger,* III, No 3, page 20). Comp. *Code des obligations,* art. 183 (anc. No), nouv. 164 (Cession de créances).

e.

Une convention liant la Suisse et la France, l'Italie, l'Autriche-Hongrie, la Belgique et d'autres Etats, entra en vigueur le 25 mai 1899, d'après laquelle les Etats contractants garantissent aux indigents la possibilité d'engager et de poursuivre une action judiciaire. *)

f.

A côté d'un certain nombre d'autres Etats, la Suisse a fait acte d'adhésion à la Convention internationale de Paris du 18 mai 1904 concernant la Traite des blanches. Les Etats contractants, Allemagne, France, Italie, Autriche-Hongrie, Belgique, etc., se sont engagés à hospitaliser dans des asiles publics ou particuliers, ou à placer dans des familles honnêtes, jusqu'au jour du rapatriement, les victimes de l'odieux trafic. L'Etat du domicile supporte les frais du transport sur son territoire, l'Etat d'origine ceux du voyage dès sa frontière.

---

*) Convention internationale établissant les règles de droit en matière de procès civils du 7 juin 1904, soit 17 juillet 1905, entrée en vigueur le 27 avril 1909, entre l'Allemagne, l'Autriche-Hongrie, la Belgique, le Danemark, l'Espagne, la France, l'Italie, la Norvège, les Pays-Bas, la Roumanie, la Russie, la Suisse. Art. 20 et 23 du Titre IV, *Assistance légale.*

g.

La Société suisse d'utilité publique possède un fonds de secours pour aider dans les cas de dommages causés par les éléments et contre lesquels on ne peut s'assurer. Le 28 juin 1896, l'Assemblée fédérale décida de verser fr. 250 000 de la plus-value des rentes de la Confédération en 1905 au fonds inaliénable, administré par une commission spéciale.

h.

L'arrêté fédéral du 29 octobre 1909 concernant la main-d'œuvre et la recherche de places par la Confédération a une très grande importance pour l'Assistance suisse.

En 1905 déjà, on créa *les Chambres* ou *Offices de travail* chargés d'organiser le service communal des travaux publics, puis une direction centrale, avec la collaboration des Bureaux de secours aux voyageurs et passants, très intéressés au succès de cette création (depuis 1887, fédérés intercantonalement).

Cette direction centrale obtint, de l'Union des Chemins de fer Suisses, une réduction de 50% sur les taxes réglementaires en faveur des ouvriers placés au dehors par l'intermédiaire d'une Chambre de travail. Cette réduction est partie du 1er mai 1905.

D'après l'art. 3 de l'arrêté fédéral de 1909, la Confédération verse une subvention :

b) aux Chambres de travail, laquelle peut s'élever au tiers des dépenses effectives ;

c) aux fédérations cantonales pour l'assistance aux passants, soit 0,50 centimes par chaque place trouvée.

D'après l'art. 6, le Conseil fédéral est autorisé de même à subventionner les Bureaux de placement créés par les Unions professionnelles, par exemple celle des employés d'hôtel. L'arrêté est entré en vigueur le 1er mars 1910.

L'Union suisse des Chambres de travail fonctionne depuis le 1er janvier 1911. Ses règlements, approuvés par le Conseil fédéral (Département de l'Industrie), sont datés du 12 novembre 1910. Le Bureau central a son siège à Zurich.

Les Bureaux de placement de l'assistance aux passants, qui contribuent dans une si large mesure à la diminution des antiques abus de la « passade », travaillent d'accord avec l'Union des Chambres officielles de travail. C'est une mesure d'une importance capitale pour enrayer le chômage persistant, une des sources principales du paupérisme.

C'est sur cet arrêté que s'appuie le Conseil fédéral pour accorder un appui effectif aux Colonies de travail de Herdern. Dietisberg, Tannenhof,* et aux ateliers pour chômeurs à Schwamendingen, près de Zurich. La subvention unique pour la création de Herdern a été accordée en vertu de l'art. 23 de la Constitution fédérale.

Les 14 cantons et demi cantons dont les noms suivent ont adhéré aux statuts du 2 août 1911 de l'Union intercantonale des bureaux de placement et de secours aux passants :

1. Argovie ; 2. Appenzell (R. E.) ; 3. Appenzell (R. I.) ; 4. Bâle-Campagne ; 5. Berne ; 6. Glaris ; 7. Lucerne ; 8. Schaffhouse ; 9. St. Gall ; 10. Soleure ; 11. Thurgovie 12. Zoug ; 13. Zurich ; 14. Nidwald (depuis avril 1913).

Il existe une organisation officielle dans les cantons d'Argovie, Appenzell (R. E.), Bâle-Campagne, Berne, Schaffhouse, St-Gall, Thurgovie, Nidwald (8) ; ceux d'Appenzell (R. I.), Glaris, Soleure, Zoug, Zurich, se contentent de fédérations libres soutenues par les autorités cantonales.

Grâce à une ancienne fondation, l'assistance aux passants est faite à Bâle-Ville par l'Hôpital bourgeois.

Dans les cantons romands, on voit les Bureaux de police distribuer la « passade ».

L'Assistance officielle aux passants d'Obwald ne fait pas partie de l'Union. Elle a deux stations, Sarnen et Lungern.

Dans le Nidwald, c'est la Direction cantonale de Police qui s'occupe de l'Assistance aux passants.

Dans le Tessin, les commissaires de district peuvent aider les voyageurs et passants en puisant dans un fonds mis à leur disposition par l'Etat (arrêté gouvernemental du 11 octobre 1871).

---

*) et du Devens sur St-Aubin *(Trad.)*

L'Union a pour but la lutte contre la mendicité des chemineaux, et si possible son extension, puis un efficace appui aux chambres officielles de travail par l'établissement d'un réseau de stations de ravitaillement et de bureaux de placement, l'indication de travaux en cours, la pratique rationnelle de l'assistance aux passants (règlements uniformes pour les auberges ouvrières), rapports avec les institutions du même ordre à l'étranger, et par des avis aux autorités de police, si c'est nécessaire.

Aux stations qui ne peuvent être établies dans des cafés ou brasseries, l'assistance n'est accordée qu'aux passants munis de papiers réguliers d'identité, et d'un carnet de voyage qui leur est délivré sur le vu des papiers. Le carnet donne la preuve qu'ils n'ont pu trouver du travail dans la localité, que, pendant les trois derniers mois, ils ont travaillé une semaine au moins, qu'ils chôment depuis cinq jours et qu'ils possèdent des certificats de travail légalisés par la police. La nourriture consiste en une ration de soupe, du légume et du pain à midi, ou café ou soupe et pain le soir et le matin. L'alcool est interdit (9 et 10). Il y a un comité de direction et des vérificateurs des comptes indemnisés.

Les papiers d'identité valables en Suisse sont les suivants : acte d'origine, livret de voyage, passeport ; en Allemagne : acte d'origine, passeport ; en Autriche : acte d'origine, passeport, livret d'ouvrier avec passeport ; en Italie : passeport (passeport de l'étranger) ; en France : acte d'immatriculation, livret d'ouvrier avec passeport ; en Espagne : acte d'immatriculation ; en Danemark : passeport, livret d'ouvrier avec passeport ; dans tous les autres pays, passeport et visa consulaire.

Les papiers militaires n'ont aucune valeur.

*　*　*

Tableau des quinze chambres de travail suisses
en Octobre 1913.

Office	Adresse	Directeur	Téléphone
Zurich : Chambre de travail urbaine [1])	17 Stauffacherquai	E. Bohny	(p. hom. 2903 (p. fem. 8953
Winterthour : Chambre de trav. urb. [2])	2 Holderplatz	A. Zublin	N° 792
Berne : Chambre de travail urbaine .	pr. du nouv. Théâtre	H. Griessen	(p. hom. 968 (p. fem. 976
Bienne : Bureau de placement	21 Burg, chambre 1	G. Hänni	N° 756
Lucerne : Chambre de travail urbaine .	5 Bruchstrasse	J. Heim	N° 1855
Fribourg : Chambre de travail cantonale [3])	12 Av. de Pérolles	J. Zimmermann	(p. hom. 262 (p. fem. 488
Bâle : Bureau de placement officiel [4])	3 Totengässlein	H. Meyer	(p. hom. 2103 (p. fem. 1495
Liestal : Chambre de travail cantonale [5])	115 Rathausstrasse	E. Seiler	N° 197
Schaffhouse : Chambre de travail urbaine [6])	3 Schifflände	C. Bährer	N° 334
St-Gall : Chambre de travail urbaine [7])	7 St-Magniehalden	J. Studer	N° 492
Rorschach : Chambre de travail [8]) . . .	12 Mariabergstrasse	N. Engler	N° 304
Aarau : Chambre de travail cant. [9]) . .	Holzmarkt	H. Huber	Kt. Arbeits-amt
Lausanne : Office du travail	Hôtel-de-Ville	Eug. Grobéty	N° 3684
Chaux-de-Fonds : Office du travail	3 rue Lépold-Robert	Léonard Daum	N° 1231
Genève : Chambre de travail	10 rue du Temple	F. Schœfer	(p. hom. 3151 (p. fem. 2331

[1]) La Chambre de travail de la ville de Zurich (section féminine), Limmatquai N° 31, Téléphone 8953) dirige le service central des Offices de travail suisses. En sa qualité de Bureau central cantonal, l'office est en relation avec toutes les stations de l'Union cantonale des Bureau d'assistance aux passants, et avec celle de Zoug.

[2]) L'Office de travail de Winterthour exerce aussi un contrôle sur l'assistance aux passants de cette ville; il est le centre des bureaux de renseignements de ce dernier service pour les stations des districts de Winterthour et d'Andelfingen. On lui a confié en outre le service des logements pour la ville et ses environs.

[3]) L'Office de travail de Fri... ...rg a une section féminine distincte et un Home pour domestiques à la rue de l'Hôpital, N° 11.

i.

Une mention doit être faite encore spécialement du Titre X du Code fédéral des Obligations (revisé), art. 319—362, sur *le louage de service*, et en particulier de l'art 335, du 30 mars 1911, en vigueur depuis le 1er janvier 1912.

k.

Le nouveau Code civil suisse du 10 décembre 1907, en vigueur depuis le 1er janvier 1912, touche à l'assistance par un grand nombre de ses articles. Cela ne doit point étonner si l'on considère le caractère éminemment social de ce monument législatif.

C'est vrai tout spécialement des articles suivants, dont la portée est considérable dans la pratique de l'assistance, et s'étendra davantage encore à mesure que le principe territorial sera plus fréquemment appliqué :

Art. 73, al. 2 — 99 — 152 — 153 — 171 — 183— 191 — 192 — 268 — 275 — 285 — 286 — 289 295 — 307 — 308 — 311 — 315 — 319 — 330 — 333 — 370 — 374 — 376 — 378 — 406 — 715 — 716—885.

---

[4] La Chambre de travail officielle de Bâle-Ville : division des hommes, Nadelberg 11 (Téléph. 2103); division des femmes et Home pour domestiques, 3 Totengässlein (Téléph. 1495).

[5] La Chambre de travail cantonale fut créée à Liestal en février 1913. L'Office est en relation avec les stations de secours aux passants d'Arlesheim, Läufelfinge   -sach et Waldenbourg.

[6] Le Bureau officiel de placement de Schaffhouse est en relation avec les stations de secours aux passants de Neunkirch, Stein a. Rhein et Thayngen, ainsi qu'avec le Home pour jeunes filles de la Schützengraberstr. 9 à Schaffhouse.

[7] La Chambre de travail de St-Gall fait office de Bureau central cantonal de placement; elle a une section féminine au Marthaheim (Home pour domestiques), Unterstrasse 6 (Téléph. 507). La section pour hommes dirige aussi le Bureau municipal pour les logements.

[8] La Chambre de travail de Rorschach est en relation avec le Bureau des logements et l'Office pour renseignements juridiques.

[9] La Chambre de travail du canton d'Argovie (Aarau) est en relation avec les succursales de Baden, de Bremgarten, Brougg, Kulm, Lenzbourg, Lauffenbourg, Mouri, Rheinfelden, Zourzach et Zofingue.

Pour l'examen plus approfondi de ces articles, nous renvoyons le lecteur à l'excellente brochure de M. le pasteur Albert Wild : *Schweiz. Civilgesetz und Armenpflege*, Zurich 1912.

l.

L'art. 64 *bis* de la Constitution fédérale autorise la Confédération à établir pour toute la Suisse des règles uniformes de droit pénal, et les autorités fédérales sont en train d'élabor r *un Code pénal fédéral*. L'assistance est fortement intéressée à son établissement, car un sage développement des pénalités peut contribuer dans une grande mesure à empêcher la naissance de certains états fâcheux ou à la retarder dans des milieux trop favorables.

Les articles qui nous intéressent surtout dans le projet sont ceux que voici : Art. 279—261, al. 2 et 3 — 131 — —33 — 275 — 32 — 31 — 202 — 264 -- 80 — 81 — 69 — 141 — 36.

Qui veut se rendre compte de l'attitude prise par les fonctionnaires d'assistance vis-à-vis du nouveau Code pénal suisse et du projet de loi d'exécution devra consulter le très intéressant rapport de M. Seiler, avocat à Zurich, présenté le 4 novembre 1912 à la VIIme Conférence des institutions suisses d'assistance réunie à Lucerne. Ce rapport a été publié dans l'*Armenpfleger*, No du 1er janvier 1913.

m.

Loi fédérale concernant *la réorganisation de l'administration fédérale* (Message du 13 mars 1913 et délibérations de la commission du Conseil national du 5 au 8 mai 1913).

Art. 25, I. 3. La préparation et l'exécution de la loi sur le droit de cité suisse sont de la compétence du Département politique.

Art. 26, I. 4. La surveillance de l'assistance internationale est remise au Département de l'Intérieur, de même que celle des soins aux indigents d'autres cantons et de leur inhumation (loi fédérale du 22 juin 1875).

Art. 27, III. 2. Les rapatriements de Suisses et les rapports avec l'Etranger en matière d'assistance et de rapatriements, sont du domaine du Département de Justice et Police (Section de Police).

Le 6 juin 1913, la Commission permanente des Conférences des institutions suisses d'assistance publique et privée adressa aux Chambres fédérales la lettre suivante au sujet de la naturalisation des étrangers et de l'assistance dont il était question dans le projet de loi sur la réorganisation de l'administration fédérale :

« D'après le projet de loi, le Département de l'Intérieur devra s'occuper de l'assistance intercantonale, celui de Justice et Police (section de Police) des rapatriements, puis des cas d'assistance et de remise des indigents aux pays d'origine, donc de *l'assistance internationale.*

« Jusqu'en 1911, c'est au Département de Justice et Police qu'étaient confiées l'assistance intercantonale et l'assistance internationale, qui furent remises ensuite au Département de l'Intérieur. Les naturalisations restent au Département politique.

« Or, les questions de naturalisation, l'assistance intercantonale et internationale, forment un ensemble dont les éléments se tiennent, puisqu'on ne peut décider d'une naturalisation sans désigner en même temps un for d'assistance, peu importe d'ailleurs que cela se fasse en vertu de la loi sur l'heimatlosat ou par l'octroi d'un domicile de secours.

« Etant donné la solution qu'il faut trouver à la question des étrangers, il serait juste de confier la législation sur les naturalisations au Département qui s'occupera de l'assistance. En outre, le fait que les traités internationaux prévoient un traitement égal des ressortissants des Etats contractants et des citoyens suisses étrangers au canton du domicile militent également en faveur du renvoi au même Département de l'assistance intercantonale et internationale. Bien plus, il serait normal de lui confier tout ce qui se rapporte à la question des naturalisations.

« Partant de là, nous prenons la liberté de proposer que

soit l'assistance, soit la naturalisation, rentrent dans le domaine du Département de Justice et Police.

« L'augmentation menaçante de la population étrangère par suite d'une natalité beaucoup supérieure à celle que l'on constate dans la population indigène et d'une forte immigration des pays avoisinants, n'a pas seulement pour résultat un affaiblissement de notre homogénéité nationale ; elle entraîne encore une assistance internationale étendue, qui marche en constante progression à côté de l'assistance intercantonale. Cette communauté de travail dans les deux directions est importante pour la solution de la question des étrangers ; elle l'est de même pour la future unification des lois sur l'assistance et pour tout ce qui se rapporte à l'amélioration et au développement de l'assistance suisse en général. En quelque mesure organe exécutif des Conférences des directeurs cantonaux d'assistance, la Commission permanente des institutions suisses d'assistance publique et privée est bien placée pour attirer sur ce point l'attention des Chambres fédérales. En effet, grâce à sa position, elle peut suivre de très près la marche et le développement de l'assistance et de la question des étrangers.

« Il nous semble donc qu'à l'occasion de la réorganisation de l'administration fédérale il serait sage de prendre les mesures qui assureraient la permanence et l'unité de vues dans le traitement des questions d'assistance et de naturalisation, au lieu d'en disperser la matière entre trois départements.

« Reprenant notre idée de tout à l'heure, nous proposons de charger le Département de Justice et Police seul de tout ce qui concerne les naturalisations ainsi que l'assistance intercantonale et internationale, et de créer à cet effet, s'il le faut, une section spéciale dans ce département. *)

Au nom de la Commission permanente,

<table>
<tr><td>Le Secrétaire,</td><td>Le Président,</td></tr>
<tr><td>A. WILD, pasteur.</td><td>Dr C. A. SCHMID.</td></tr>
</table>

---

*) En décembre 1913, le Conseil des Etats a décidé que les naturalisations et l'assistance intercantonale ressortiraient au Département politique, les rapatriements et l'assistance internationale au Département de Justice et Police.

LA PRATIQUE FÉDÉRALE EN MATIÈRE D'ASSISTANCE

ILLUSTRÉE PAR DES EXEMPLES

(Art. 45 et 48 de la Constitution fédérale).

A. Conseil fédéral.

Conformément à la loi fédérale du 3 décembre 1850, § 7, sur *l'heimatlosat*, le Département fédéral de Justice et Police a rappelé au gouvernement du canton de Thurgovie que le Conseil fédéral ne considère pas comme étrangère une Suissesse qui aurait épousé un heimatlose. Par le fait, et suivant décision du Tribunal fédéral, (B. E. XVII, 39), elle n'a point perdu son droit de bourgeoisie. Ainsi donc, le Conseil fédéral serait forcé d'attribuer cette femme à la commune d'origine dans le cas où cette commune refuserait de la reconnaître comme bourgeoise (octobre 1900). — *Armenpfleger*, I, N° 5, page 37.

* * *

Quand des différends s'élèvent entre cantons au sujet de l'application de la loi fédérale du 22 juin 1875, le Tribunal fédéral est compétent pour trancher la difficulté (Constitution féd. art. 113, chiff. 2).

Il est vrai que le cas est rare. En revanche, le Conseil fédéral a été souvent appelé à exprimer son opinion sur tel ou tel point en litige.

D'une façon générale, il pense :

a) au point de vue international :

Que, dans la plupart des Etats européens, on applique d'une façon assez uniforme certains principes en faveur des étrangers nécessiteux établis sur leurs territoires. Les soins et les secours nécessaires seraient ainsi accordés à ces étrangers, au lieu de leur domicile, comme aux citoyens du pays, sans qu'on prétende à un remboursement des frais par l'Etat d'origine. Toutefois, l'Etat étranger n'est pas tenu d'accorder les secours en question ; bien plus, en cas de besoin permanent, il est autorisé à demander du pays d'origine soit le rapatriement de l'indigent, soit des secours suffisants.

b) au point de vue intercantonal :

Que les mêmes principes doivent être observés en faveur des citoyens suisses étrangers au canton du domicile. D'après l'art. 45 de la Constitution fédérale, une commune ne peut être tenue d'assister ou de rapatrier ses ressortissants que si leur indigence est permanente. Dans le cas contraire, c'est le canton ou la commune du domicile qui doivent pourvoir aux besoins.

Sur les autres points, la loi de 1875 est suffisamment explicite.

Notre droit intercantonal a ainsi passé peu à peu dans la pratique internationale par les traités ou la réciprocité acceptée.

Le Conseil fédéral a eu l'occasion d'exposer spécialement ce qui suit :

L'Allemagne et la Suisse ont toutes deux la coutume de renvoyer à leur commune les indigents valides quand le besoin d'assistance devient permanent. Ainsi, lorsqu'il ne s'agit pas de malades ou de gens ayant besoin de soins médicaux, mais de nécessiteux tombés à la charge de la bienfaisance publique, ceux-ci doivent être rapatriés en vertu des traités. Tout ressortissant valide d'un Etat étranger peut être expulsé et refoulé au-delà de la frontière. Chaque Etat a le droit de conduire à la frontière les étrangers sans ressources tombés à la charge de la bienfaisance publique et qui mendient. En revanche, l'Etat est tenu d'assister convenablement l'étranger appauvri habitant sur son territoire, et il ne peut procéder à l'expulsion que dans le cas où l'indigence deviendrait permanente. Néanmoins, dans les cas où il ne subsiste aucun doute sur l'obligation de l'assistance permanente future, le rapatriement de l'étranger peut être envisagé sans que cette assistance ait été accordée plus ou moins longtemps.

(Salis : *Droit fédéral suisse*, pratique fédérale du Droit public et administratif, vol. IV, page 620 et suivantes).

Armenpfleger I, N° 10, page 73.

* * *

Le Conseil fédéral a développé en outre les vues suivantes :

Croire que la Déclaration de 1875 entre l'Italie et la Suisse ne doit s'appliquer qu'aux cas graves où le malade est intransportable ne se peut soutenir. D'après le sens et la lettre même du traité, un Italien malade indigent doit être assisté dès le début de sa maladie, ce qui n'exclut pas d'ailleurs la liberté d'envisager la question de son rapatriement. *(Armenpfleger*, IV, N° 3, p. 26).

Le 7 octobre 1907, M. le Dr Leupold, adjoint du Département fédéral de Justice et Police, déclara à la Conférence des institutions suisses d'assistance publique et privée, où il représentait le Conseil fédéral, que, dans son Mémoire aux autorités, la Conférence distinguait, contrairement aux vues du Conseil fédéral, entre malades étrangers transportables et intransportables, les derniers seuls devant être l'objet de soins en Suisse. Or, d'après les traités, tous les étrangers indigents malades sont de droit soignés gratuitement. On peut faire la différence à Zurich, disait-il, à cause des charges considérables incombant à cette ville, mais elle n'est pas conforme aux traités *(Armenpfleger*, V, N° 2, p. 19).

Remarque. — On ne peut admettre la tendance du pouvoir exécutif fédéral à imposer une assistance générale des malades d'autres cantons et surtout de l'Etranger au nom du principe territorial et aux frais des cantons. On ne peut davantage accepter la tendance des cantons qui trouvent le fardeau trop lourd à s'en décharger sur la bienfaisance privée. [Comp. la brochure du Dr A. Bosshardt sur ce sujet, Zurich 1904]. *Armenpfleger*, IV, N° 3, p. 28.

Quand le Conseil fédéral déclare (Salis II, 631, p. 411) que l'art. 45, al. 3, de la Constitution fédérale, doit être interprété en ce sens que les domiciliés et les personnes en séjour qui auraient besoin d'aide seront secourus *momentanément* par la commune ou le canton du domicile, en contraste avec ce qui se passe pour les bourgeois, il a raison. S'il disait « par l'Assistance publique », il aurait tort, tout autant que s'il affirmait : par « la caisse communale. »

L'art. 45, al. 3, n'a d'application que pour l'assistance par le lieu d'origine.

Dans le domaine de celle-ci, il n'y a point de Caisse publique officielle pour les pauvres habitants, point d'autre assistance prévue que celle qui découle de l'art. 48 de la Constitution fédérale et de la loi du 22 juin 1875 en faveur des malades intransportables. Naturellement, il ne saurait être question de cela dans l'article constitutionnel 45. Le véritable sens du terme « commune » sera donc : la bienfaisance libre organisée (œuvres de bienfaisance) existant dans la commune de l'établissement. Ces œuvres de bienfaisance assistent librement les non bourgeois — subventionnées parfois par la caisse de la commune politique ou municipale — précisément parce que ces non bourgeois ne peuvent rien prétendre de l'assistance bourgeoisiale. Quand cette assistance territoriale est indûment exploitée par des non bourgeois, c'est-à-dire par des bourgeois d'une autre localité, cette assistance et les autorités de la commune politique peuvent s'en défendre par le rapatriement et par l'expulsion *(Armenpflege,* III, No 7, p. 49).

* * *

Dans les cas d'expulsion d'un chef de famille, ou d'un membre isolé de la famille, il y a lieu de peser avec soin les motifs de cette mesure. En application de l'arrêté du Conseil fédéral du 16 septembre 1870, l'effet d'une expulsion prononcée contre un époux fut étendue dans un cas spécial (1884) à la femme et aux enfants mineurs vivant avec leurs parents. (Salis II, No 436).

* * *

Les prescriptions de l'article constitutionnel 45, al. 3, ne peuvent être comprises que dans le sens d'une obligation *momentanée* de la commune ou du canton du domicile de secourir le domicilié ou la personne en séjour qui serait tombée dans le besoin (12 novembre 1878, — Salis II, No 441).

*

* *

Les autorités fédérales ont toujours maintenu le principe du libre établissement du citoyen, si bien qu'elles ne reconnaissent d'autre motif au refus d'expédition de papiers d'origine ou au retrait de ceux-ci qu'un intérêt pénal. Elles n'admettent pas qu'on puisse le faire par simple mesure de police (4 juillet 1888. — Salis, II, No 443).

*

* *

Dans un cas spécial, le gouvernement vaudois retira le permis d'établissement et ordonna l'expulsion. Le requérant demanda l'autorisation de retourner dans le canton de Vaud pour y exercer librement sa profession de lieu en lieu, sans y habiter(!). Son expulsion ayant été prononcée en vertu de l'article constitutionnel 45, il s'adressait au Conseil fédéral. Celui-ci déclara la plainte dénuée de fondement et la demande sans objet (20 janvier 1882). Il considérait effectivement que le requérant demandait le séjour et non l'établissement. Or, le droit que possède un canton de retirer, dans certains cas, l'établissement à un citoyen suisse sur son territoire, implique nécessairement celui de l'expulser de ce territoire et d'empêcher son retour. (Salis : *Droit fédéral*, 1903. — Vol. II, No 611).

B. Tribunal fédéral.

D'après un jugement du 22 juillet 1881 (B. E., VII, p. 912) et en interprétation de la loi fédérale du 22 juin 1875, laquelle ne contient pas de prescriptions claires sur le payement des frais de rapatriement d'un malade domicilié ou en séjour — hors de son canton, ce n'est pas le canton expéditeur qui doit les payer, mais celui d'origine, c'est-à-dire la commune. Par une pratique constante, les frais de rapatriement, — s'il ne s'agit pas d'une mesure de police, — sont mis à la charge du canton d'origine (soit de la commune), qui a demandé lui-même ou accordé la demande de rapatriement, pour n'avoir pas à garantir le payement des frais occasionnés au canton du domicile *(Armenpfleger I, No 4, p. 27).*

** * **

Le Tribunal fédéral a décidé (B. E. XVII, p. 39) qu'une Suissesse qui épouse un heimatlose ne perd pas son droit de bourgeoisie. *(Armenpfleger I, No 5, p. 38).*

** * **

Le 16 octobre 1903, pour trancher un différend de droit public entre les cantons de Zurich et de Berne, concernant un cas de double bourgeoisie et le partage entre les deux communes des frais d'assistance, le Tribunal fédéral débouta Zurich de sa plainte, parce qu'il n'y a pas, en droit fédéral, de texte sur lequel ce canton pût appuyer ses revendications ; qu'en outre, des considérations d'équité et d'opportunité, comme Zurich en invoquait, ne sauraient remplacer le droit positif (loi organ., art. 175, al. 2, et art. 177).

Remarque. Ce jugement a eu pour résultat un assez grand changement dans la pratique intercantonale. Depuis lors, la commune d'origine, qui est en même temps celle du domicile, doit s'efforcer de s'entendre, pour chaque cas particulier, avec l'autre commune sur le partage des frais d'assistance *(Armenpfleger I, No 6, p. 43 et I, No 8, p. 59).*

Le 16 octobre 1903, le Tribunal fédéral déclara que la commune d'origine, qui ne serait pas en même temps celle du domicile, n'a aucune obligation d'assistance vis-à-vis de ses ressortissants fixés dans un autre canton où ils auraient une seconde bourgeoisie. Cette décision a eu pour conséquence presque immédiate de faire suspendre la plupart des secours accordés jusqu'alors à ces citoyens à double bourgeoisie. Ceux-ci choisissent donc maintenant, pour y élire domicile, celui des deux cantons d'origine qui leur offre les meilleures conditions d'existence ou de secours, et l'autre canton est ainsi déchargé de l'assistance. *(Armenpfleger* II, N° 10, p. 90).

*
*   *

Quelques décisions du Tribunal fédéral ont une certaine importance pour l'interprétation rationnelle de l'art. 45, al. 3, de la Constitution fédérale. C'est à cette autorité, en effet, que les recours contre la violation des principes constitutionnels garantissant le libre établissement doivent être adressés. (Const. féd., art. 113, et loi organ., art. 189).

A l'occasion du procès Seewen contre Lucerne (B.E., vol. XXI, p. 935) le Tribunal fédéral déclara le 27 décembre 1895 :

« Il est constant que la famille fut secourue par la Société St-Vincent, et qu'elle ne tomba conséquemment pas à la charge de la bienfaisance publique.»

Lors du procès Koller contre Lucerne (B.E., Vol. XXII, p. 361), le même Tribunal déclara le 1er avril 1896 :

«Abstraction faite de savoir si l'assistance par l'œuvre libre de bienfaisance signifie une intervention de la bienfaisance publique...»

Les commentateurs de la Constitution fédérale, MM. Schollenberger et Burckhardt, expliquent l'art. 45, al. 3, d'une toute autre façon. Le premier dit que le terme bienfaisance publique signifie *autorités d'assistance publique,* le second : *finances publiques pour l'assistance.* Or, ces deux notions sont introuvables dans la locution constitutionnelle. L'interprétation du Tribunal fédéral est la seule juste et rationnelle : « la bienfaisance publique ne signifie ni la Société de St-Vincent, ni l'œuvre de bienfaisance, ni les deux réunies, mais l'ensemble de la bienfaisance de la population de la commune du domicile se manifestant dans différentes œuvres». *(Armenpfleger* III, N° 6, p. 41).

*
*   *

Le 28 septembre 1905, dans un conflit entre Zoug et St-Gall à propos d'un cas d'assistance où la Déclaration italo-suisse du 6/15 octobre 1875 trouvait son application, le Tribunal fédéral décida qu'un canton remplissant un devoir auquel tous les cantons sont obligés de par les prescriptions d'un traité international, et où, dans le cas particulier, un autre canton en aurait eu l'obligation, est en droit de réclamer de celui-ci le remboursement des frais (action de droit public volontaire). — *Armenpfleger* III, N° 5, p. 38.

*
* *

Dans une affaire Zurich contre Berne, au sujet d'un *remboursement de frais de transport*, le Tribunal fédéral prononça, le 3 mai 1912 de la façon suivante :

Pour motiver son refus, Berne avait invoqué l'Accord intercantonal du 23 juin 1909 sur les transports de police. Mais, d'après une déclaration du Département fédéral de Justice et Police, on ne pouvait appuyer un refus sur cet Accord, puisqu'il ne s'agissait pas, en l'espèce, d'un transport de police, mais de l'envoi d'un aliéné à l'asile cantonal bernois de Münsingen. Zurich avait informé Berne du rapatriement ; Berne ne répondit pas dans les délais accoutumés. Le transport n'en fut pas moins effectué. Berne alors refusa de payer. Le Tribunal fédéral admet l'acceptation tacite de Berne. Il existe un accord spécial de 1910 entre Zurich et Berne, concernant les frais d'assistance à un malade transportable. Un délai de 14 jours y est prévu pour la réponse du canton d'origine à une demande de rapatriement. Ce délai écoulé, ce canton est tenu de rembourser les frais d'assistance occasionnés à la commune du domicile par le retard de la réponse.

Le Département fédéral de Justice et Police applique comme suit cet accord de Zurich et Berne :

« Dès le quinzième jour après la demande de rapatriement adressée de Zurich, le devoir d'entretien du malade et des soins a passé de Zurich à Berne, le canton d'origine ; le rapatriement effectué plus tard par le canton du domicile ne l'a été, par celui-ci, qu'en sa qualité de représentant du canton d'origine.»

Le Tribunal fédéral admit cette interprétation, «bien que l'Accord en question ne parle pas du canton assistant». *(Verpflegungskanton)*. Berne a pris la responsabilité de son malade le 17 juin 1911, et la Direction de l'Assistance cantonale bernoise, par son silence, s'est tacitement déclarée d'accord avec la demande de rapatriement faite le 26. Zurich' s'appuyant sur ce consentement tacite de Berne a effectué le rapatriement, dont les frais sont ainsi à la charge de Berne. *(Armenpfleger* X, N° 6, p. 78 et suiv.).

*
*   *

Le 27 février 1913, le Tribunal fédéral se prononça derechef sur une question relative à l'application de l'art. 48 de la Constitution fédérale et de la loi du 22 juin 1875. à propos d'un différend entre St-Gall et Thurgovie. Il s'agissait de savoir si, en cas de maladie d'un étranger au canton, le canton du domicile ou celui du séjour temporaire doit payer les frais de secours et d'assistance médicale jusqu'au jour du rapatriement.

Un domestique appenzellois domicilié à Hauptwil (Thurgovie), fut victime d'un accident grave à Gossau (St-Gall). Sur le champ, on donna l'ordre de le transporter à l'hôpital cantonal de Saint-Gall. Or, St-Gall refusa ensuite de se charger des frais, lesquels, à son estimation, devaient être payés par le canton du domicile.

A l'unanimité, le Conseil fédéral écarta cette manière d'envisager les choses :

«Bien que la loi elle-même ne donne pas de réponse positive, claire, non susceptible de double interprétation, sur la question de savoir si le canton du domicile ou celui du séjour temporaire doit prendre la place du canton d'origine pour le payement des frais, il ressort pourtant du développement historique des termes de l'article constitutionnel fondamental, comme du sens et du but de ses prescriptions, que le devoir d'assistance, par conséquent aussi le payement des frais, incombe, sans aucun doute, au canton sur le territoire duquel l'accident ou le décès se sont produits.

*
* *

Le Conseil de la Ville de Zurich avait interdit à un citoyen du canton (Staub) le territoire de la commune. Jugeant sur un recours de droit public, le Tribunal fédéral déclara que l'interdiction ne pouvait s'étendre au séjour temporaire qui serait fait dans le but d'accomplir un travail professionnel sur le territoire de la commune ; il ne concerne que la résidence.

Dans sa séance du 25 janvier 1911, le Tribunal fédéral, IIme section, prononçant dans cette affaire, s'appuya sur les considérations suivantes. En retirant au requérant, par son arrêté du 19 septembre 1906, le permis d'établissement dans la commune de Zurich, le Conseil de la ville n'a porté aucune atteinte à la garantie de libre établissement dans le sens de l'art. 45 de la Constitution fédérale, le requérant, pendant qu'il était établi à Zurich, ayant été puni à réitérées fois pour délits graves. Il s'agit donc uniquement de savoir si, en interdisant le territoire de la commune au requérant, le Conseil de la ville n'a pas contrevenu aux prescriptions des art. 44 et 45 de la Constitution fédérale.

En se basant sur la pratique antérieure du Conseil fédéral, il faudrait répondre négativement à cette question. En effet, cette autorité a toujours déclaré qu'il est loisible aux cantons de décider jusqu'où s'étendra l'effet du retrait d'établissement, leur reconnaissant ainsi le pouvoir d'expulser et d'interdire le retour (Salis : *Droit fédéral*, II, Nos 611 et 614).

Dans son jugement sur l'affaire Bertoni contre Neuchâtel (21 septembre 1910), le Conseil fédéral avait dit : — « Sainement interprété, l'art. 45 de la Constitution fédérale doit être considéré comme ne s'appliquant qu'au séjour de quelque durée, à l'exclusion de l'arrêt momentané, du simple passage dans une localité donnée du territoire suisse ».

Le Tribunal fédéral se prononça catégoriquement contre cette déclaration, qui peut étonner venant du Conseil fédéral*): — L'expulsion absolue d'un citoyen suisse étranger au canton, affirme-t-il, est une infraction aux dispositions des art. 44 et 60 de la Constitution fédérale, même quand l'expulsé n'a aucune intention de s'établir dans le canton en cause.

D'après les considérants de ce jugement, l'art. 44 de la Constitution fédérale interdirait toute expulsion qui ne serait pas basée sur les motifs constitutionnels de refus ou de retrait d'établissement. (Art. 45).

Dans le cas Bertoni, il faut aussi maintenir fermement ce principe.

Si l'art. 45 de la Constitution fédérale reconnaît aux cantons le droit de retirer ou de refuser l'établissement en certains cas donnés, il ne leur accorde pourtant pas de ce fait celui d'interdire d'une façon absolue l'entrée sur leur territoire. «Les art. 43 et 45 à 47 montrent que l'établissement signifie plus qu'une résidence passagère ou momentanée, ou que la libre circulation. L'art. 45 suppose qu'un endroit est choisi comme lieu de séjour pour une durée relativement prolongée, et dans un but déterminé ; que des relations locales d'une certaine intensité seront nouées, et qu'il ne s'agit pas simplement d'un passage, d'un voyage, de la surveillance d'affaires occasionnelles (recherche de secours, mendicité !?)». Il s'en suit que le refus ou le retrait d'établissement dans le sens de l'art. 45 de la Constitution fédérale n'entraîne pas l'interdiction absolue d'entrer sur le territoire. Celle-ci, telle que l'a voulue la ville de Zurich, constitue aussi une infraction aux dispositions de l'art. 44, al. 1, de la Constitution fédérale, d'après lequel un canton ne peut renvoyer de son territoire un de ses ressortissants, quelle que soit d'ailleurs la forme choisie pour cette expulsion, judiciaire ou administrative. Le Concordat de 17 juin 1812, qui mettait une mesure aux bannissements de citoyens suisses, prévoyait déjà l'arrêté de police comme le jugement d'un tribunal.

* * *

____

*) Comp, page (65).

A propos d'un transport de malade du canton de Zurich à Berne, la Direction cantonale de l'Assistance publique bernoise s'éleva contre l'emploi fait par Zurich d'un wagon sanitaire spécial, prétendant que si ce moyen extraordinaire de transport est choisi, la possibilité du transport telle que la prévoit l'art. 1 de la loi fédérale du 22 juin 1875 est exclue (renvoi au canton d'origine sans préjudice pour la santé du malade ou de tierces personnes).

En sa qualité de Cour suprême, le Tribunal fédéral donna raison à Zurich contre Berne, le 26 décembre 1912. Le canton expéditeur a le droit de rapatrier le malade aussitôt que le transport ne menace pas de faire empirer son état de santé ou de mettre en danger celui de tiers. Ces conditions remplies, il n'y a rien qui s'oppose à l'emploi de moyens extraordinaires de transport. Celui de wagons sanitaires spéciaux ne peut être déclaré en principe contraire à l'esprit et à la lettre de l'art. 1 de la loi fédérale du 22 juin 1875.

Le fait qu'on emploie un wagon spécial pour le voyage n'autorise pas à conclure à l'intransportabilité du malade ; il 'ne faut pas moins avoir obtenu du médecin auparavant l'assurance que ce mode de transport ne causera aucun dommage au patient *(Armenpfleger,* X, No 12, p. 124 et 125).

*
*   *

La question de savoir si les cantons ont le droit d'imposer une taxe pour les pauvres aux domiciliés étrangers au canton, en vue de l'assistance légale aux citoyens de ce canton, est résolue affirmativement par la pratique en Thurgovie, à Saint-Gall et dans l'Obwald. Cette pratique est d'ailleurs approuvée par le Tribunal fédéral (22 mars 1900, vol. 26, p. 7 et suiv.). Le Tribunal déclare qu'il ne saurait voir une atteinte aux art. 4 et 60 de la Constitution fédérale dans l'imposition du domicilié étranger au canton, même si celui-ci n'en retire pas le bénéfice d'une assistance prolongée en cas de besoin. La Constitution fédérale considère l'assistance prolongée comme la tâche du canton d'origine (art.

45). Ainsi, quand un canton accorde, des deniers publics, une assistance prolongée à ses ressortissants seulement, à l'exclusion des domiciliés d'autres cantons, il agit conformément aux dispositions constitutionnelles des articles qui se rapportent directement à l'assistance.

Dans cette inégalité de traitement du citoyen du canton et du domicilié étranger à ce canton, il n'y a pas d'infraction au principe général de l'égalité devant la loi ou de l'égalité de traitement du citoyen du canton et du domicilié étranger, et il ne s'en suit pas qu'il doive en être ainsi pour le payement de la taxe des pauvres. On ne pourrait l'admettre que s'il y avait une corrélation juridique nécessaire et directe entre la prétention à une assistance par la Caisse publique et l'obligation du payement de la taxe. Or, ce n'est pas le cas ici. Les impôts sont une participation des membres de la communauté aux frais résultant de l'accomplissement des tâches diverses incombant à cette communauté. Celui qui sera peut-être un jour dans le cas d'être assisté par la Caisse publique n'est pas seul à avoir un intérêt à l'accomplissement de ces tâches. Tous ceux qui font partie de la communauté à un titre quelconque, par droit de naissance ou permis d'établissement, y ont le même intérêt, ne serait-ce qu'en raison de l'ordre que fait régner l'Assistance publique en réduisant ou empêchant la mendicité, les délits contre la propriété, la mauvaise hygiène populaire, etc.

On nous permettra une seule remarque. L'établissement est accordé par la commune politique ; la commune bourgeoise n'a pas voix au chapitre. Pourtant la naturalisation est rendue extrêmement difficile par cette même commune bourgeoise, qui administre seule ce domaine. En se plaçant au point de vue du droit public, la prétention de faire payer par les domiciliés la taxe pour les pauvres, en faveur des bourgeois exclusivement n'est pas soutenable, aussi longtemps que ces domiciliés n'ont aucune part à l'octroi des naturalisations et à l'assistance bourgeoisiale. La tâche publique de la communc bourgeoise n'intéresse pas la commune politique, et dès lors on est en droit de mettre en question sa nature officielle. En tout cas, l'assistance des rares bourgeois n'est pas l'affaire de la communauté, qui est la commune d'habitants où sont compris ces quelques bourgeois. (Comp. p. 266 et 267).

D'après l'art. 10 de la loi fédérale sur *l'acquisition du droit de cité suisse*, le Conseil fédéral peut ordonner la rentrée gratuite d'une Suissesse d'origine dans son ancien droit de bourgeoisie. Récemment, la question s'est posée de savoir si les nouvelles bourgeoises de cette catégorie ont droit aux répartitions communales. En 1908, le Conseil fédéral ordonna la rentrée de deux bourgeoises de Silenen (Uri). sur quoi le gouvernement cantonal déclara que la corporation d'Uri devait les faire participer aux revenus de ses fonds. La corporation recourut au Conseil fédéral et au Tribunal fédéral contre cette décision, disant que le droit de cité corporatif ne pouvait se donner que pour la corporation de commune. Le Tribunal fédéral se déclara incompétent. Le Conseil fédéral, par contre, débouta les requérants, la rentrée dans l'ancien droit de cité signifiant le retour à la situation ancienne. Or, les deux veuves avaient été bourgeoises de la corporation. (Voir *Armenpfleger* du 1er mars 1914, pp. 68, 69).

*

* *

En ce qui touche le payement de la dette alimentaire par un beau-père à l'enfant de sa femme (Art. 328 et 329 du C. C. S.), le Tribunal fédéral n'a pas encore eu l'occasion de se prononcer.

En revanche, le Tribunal fédéral a déclaré, au mois de septembre 1915, que les parents consanguins du mari sont tenus d'assister la femme de celui-ci dans le sens des art. 328 et 329 du C. C. S., non pas en qualité de *parents par alliance* de la femme, mais en celle de *parents consanguins* du mari. (*Armenpfleger*, XIII, No 3, 1. XII, 15).

IV.

LES SOCIÉTÉS SUISSES DE BIENFAISANCE A L'ÉTRANGER.

Pendant que les Sociétés philanthropiques étrangères poursuivent en Suisse une activité précaire et sans rapport avec l'importance des colonies dont elles émanent, les Sociétés suisses à l'étranger, Schweiz. Hilfsvereine, Sociétés suisses de bienfaisance, Swiss relief Society, Società svizzera di beneficenza, Societad suiza de beneficiencia, Sociedade suissa di beneficiencia sont bien organisées et relativement florissantes.

Les 148 sociétés suisses de bienfaisance à l'étranger reçoivent des subsides annuels importants de la Caisse fédérale et des gouvernements cantonaux. Outre les sociétés, il existe 12 asiles et Homes suisses, une école et 32 asiles et hôpitaux étrangers, avec lits pour des Suisses. Ces établissements sont soutenus également par notre pays. Au total, des subventions sont accordées à 193 sociétés et institutions.

La fortune des sociétés de bienfaisance se monte à Fr. 3 266 237,27, celle des établissements à Fr. 1 million 686 276,47 ; ensemble Fr. 4 952 513,74.

En 1911, les dépenses pour l'assistance se sont élevées à Fr. 656 664,63, dont 353 955,58 des Sociétés, et 302 709,05 des établissements et asiles.

Les subsides des cantons ont été de Fr. 28 570 en 1912, se répartissant comme suit :

Zurich, Fr. 3500, Berne 5000, Lucerne 1000, Uri 150, Schwitz 400, Obwald 150, Nidwald 120, Glaris 1000, Zoug 250, Fribourg 700, Soleure 700, Bâle-Ville 1200, Bâle-Campagne 500, Schaffhouse 500, Appenzell R. E. 1000, Appenzell R. I. 100, St-Gall 2000, Grisons 1200, Argovie 1200, Thurgovie 1000, Tessin 2000, Vaud 2000, Valais 500 Neuchâtel 1400, Genève 1000.

Cette même année, la Confédération versa Fr. 40 000. Confédération et cantons donnèrent ainsi Fr. 68 570. De cette somme, Fr. 41 225 furent alloués aux Sociétés de bienfaisance, Fr. 15 420 aux établissements, Fr. 11 925 enfin aux asiles et hôpitaux étrangers qui reçoivent des Suisses.

On compte en Allemagne 42 sociétés suisses de bienfaisance, 22 en France, 14 dans l'Amérique du Nord et le Canada, 14 dans l'Amérique du Sud, 11 en Italie, 8 en Russie, 7 en Autriche-Hongrie, 6 en Afrique, 4 en Angleterre et autant en Roumanie, 3 en Asie et 3 en Belgique, 2 en Hollande, en Espagne et en Australie, 1 au Mexique, au Danemark, en Portugal et en Grèce.

Les 13 Homes suisses se trouvent dans les localités suivantes :

Berlin W., Habsburger Str. 11 ; Buda-Pest, Liszt-Ferrier-tér 4 ; Hambourg, Holzdamm 53 II, St-Georg ; Leipzig, Bayersche Str., 81 III ; Londres 34 et 35 Fitzroy Square, W. ; Moscou, Boulevard de Tschisty Proud, Grand Charitonewsky Perenlok No 6 ; New-York, 35-37 West 67 th Street ; Paris, Avenue de St-Mandé 25 et rue Descombes 25, les Ternes ; Petrograde, Vassili Ostroff, 16e ligne, No 17 ; San Carlos Sud, République Argentine (Ecole suisse) ; Traiguen (Chili), « Providencia », Casilla 44 ; Vienne III, Reisnerstr. 4.

La plupart sont destinés aux femmes exclusivement.

Pour la répartition de leurs subsides, les cantons s'en remettent tous au jugement du Conseil fédéral (Département politique).

Les sociétés et établissements subventionnés sont tenus de fournir au Département politique fédéral, chaque année avant la fin de juillet, deux exemplaires dans l'une des trois langues nationales, de leurs rapports et comptes détaillés. Le Département politique, de son côté, publie tous les ans, au mois de décembre, un tableau statistique exact des sociétés et des établissements suisses de bienfaisance à l'étranger.

V.

CARACTÉRISTIQUE DU DROIT CANTONAL EN MATIÈRE D'ASSISTANCE.

L'examen et l'exposé de l'Assistance cantonale exigent ceux de travaux législatifs divers : lois d'assistance cantonales, ordonnances s'y rapportant, lois connexes. On trouve dans le nombre :

1. Les titres des lois communales touchant à ce domaine ;
2. Les arrêtés sur le travail forcé, la détention, la correction et, subsidiairement, le relèvement des buveurs ;
3. Les règlements du service des secours aux passants et des bureaux de travail qui en sont le complément ;
4. Les prescriptions touchant l'assistance judiciaire gratuite ;
5. En outre, les lois et ordonnances spéciales en nombre plus ou moins grand, suivant le degré de développement de la législation cantonale réglant l'assistance et les domaines connexes ; par exemple, la police des pauvres (Berne), les caisses de secours en cas de maladie (St-Gall), les soins aux orphelins et aux enfants malheureux pauvres (Vaud, Neuchâtel, St-Gall), l'emploi du 10 %/0 sur la vente de l'alcool (Grisons, etc.).
6. Enfin les lois d'application du Code Civil suisse, notamment dans ce qui touche à la protection des femmes et des enfants.

En revanche, dans la règle, on n'abordera pas ici les détails sur les établissements publics, cantonaux et communaux, ni sur les œuvres privées en faveur des malades pauvres, cliniques, hôpitaux, policliniques, sanatoria, bains, etc. Une fois pour toutes, nous nous en référons à l'ouvrage du pasteur Albert Wild : *Institutions et Sociétés pour la prévoyance sociale en Suisse*, Zurich 1910.

Et maintenant, quelle méthode suivre pour l'exposé des lois cantonales d'assistance, si diverses pour être l'émanation d'époques très éloignées les unes des autres par le temps et par l'esprit, surtout peut-être par les buts auxquels elles tendent ?

Nous en avons de l'année 1804 (Argovie), de 1813 (Soleure), 1825 (Argovie), 1835 (St-Gall) ; puis toute une série des années 1850 à 1860 (Schwitz, Schaffhouse, Obwald, Zurich, Grisons, Bâle-Campagne), des années 1860 à 1870 (Thurgovie, Fribourg) ; de 1880 à 1890 (Zoug, Vaud, Neuchâtel, Lucerne) ; enfin de 1897 et 1898 (Uri, Appenzell R. I., Bâle-Ville, Berne, Valais), 1903 (Tessin, Glaris), 1912 et 1913 (Nidwald, Soleure).

Naturellement, on peut arriver à comparer entre eux ces produits de l'activité législative de tout un siècle, de son aurore à son déclin, en tant que les uns et les autres se rapportent à l'assistance ; mais il faut admettre d'emblée que la valeur de cette comparaison est minime, puisque, pendant ces cent années, des changements considérables se sont opérés dans les esprits, changements qui durent exercer une influence prépondérante sur les idées des législateurs en matière d'assistance. La question sociale s'est imposée à l'attention d'une façon si tyrannique et victorieuse qu'il en est sorti tout un système, révolutionnaire et puissant, dans le monde des idées tout au moins, sinon dans celui des réalisations politiques et pratiques.

Au reste, les questions d'assistance sont et demeurent parmi les plus difficiles à résoudre, conséquemment parmi les plus négligées de nos assemblées législatives. Aujourd'hui encore l'assistance reste conservatrice, au moins dans un sens. Ainsi, dans le canton de Zurich, par exemple, où les courants modernes roulent avec une force irrésistible, la loi d'assistance date de 1853. Or, son âge vénérable

impose si peu le respect, que la pratique de l'assistance n'en
est point impressionnée dans le sens de la régression ou
de la stagnation.

Plusieurs autres «lois des pauvres» virent le jour dans
la même décade, et nous ne voudrions pas affirmer que leur
action ne se fasse sentir, en plusieurs cantons, dans un sens
réactionnaire. Au cours des ans, quelques cantons ont re-
nouvelé leurs lois d'assistance, par exemple Nidwald ; d'autres ont gardé les anciennes. Quoi qu'il en soit d'ailleurs, il
est possible d'ajuster à une loi ancienne ou vieillie une assistance moderne, surtout dans un canton qui aurait participé
peu ou prou au grand mouvement contemporain de rénova-
tion sociale.

L'esprit social nouveau a pu, chez nous, se frayer tout
d'abord un chemin dans le Code civil suisse et dans le Code
fédéral des Obligations. L'influence de cette œuvre législative se fera certainement sentir dans la revision devenue
pressante des lois sur l'assistance. C'est d'après sa norme
que les lois cantonales seront classées dorénavant en anciennes, vieillies et nouvelles. La comparaison entre toutes
ces lois deviendra presque impossible alors ; elle est encore
praticable à cette heure, en dépit de leurs âges différents
et de la diversité des conditions locales, parce qu'elles proviennent généralement de l'époque antérieure au renouveau.

On a vainement essayé de partager en romande et alé-
mane la sphère de développement et de direction des législations cantonales en matière d'assistance. Ce qui est possible,
en revanche, c'est de sérier les produits législatifs d'après
le principe de l'assistance par le lieu d'origine, celui de l'assistance au domicile, et un troisième qui réunirait les deux
premiers.

Jusqu'à un certain point, il y a là, en effet, une échelle
de développement. Toutes nos assistances cantonales repo-
saient sur la base de l'assistance par le lieu d'origine, comme
dans l'Allemagne du Sud, où la Bavière, tout récemment,
vient d'entrer dans la voie de l'assistance au domicile, ouverte dans le reste de l'empire allemand depuis 1871.

Ensuite des circonstances particulières de sa politique agraire, le canton de Berne a dû passer également au principe territorial. Neuchâtel a suivi. Appenzell (R. I.) et le Tessin ont accueilli à leur tour, dans leur assistance bourgeoisiale, des éléments du système territorial. En revanche, Appenzell (R. E.) a reculé jusqu'ici devant l'élaboration d'une loi cantonale ; mais il possède une assistance par les communes fort bien organisée d'après le principe bourgeoisial.

On peut donc comparer entre eux, avec une justice relative, les cantons qui possèdent un droit des pauvres d'après un principe unique, origine ou domicile.

Une autre question se présente ensuite, celle de la façon dont on peut exposer le Droit cantonal. Pour faciliter nos recherches, admettons qu'une loi fédérale uniforme basée sur le principe de l'assistance par le lieu d'origine est pour jamais exclue. Si l'afflux de population étrangère qui menace de submerger la Confédération continue, justifiant l'élaboration d'une loi fédérale, celle-ci ne pourra s'échafauder que sur le terrain du principe territorial.

En 1875 déjà, lorsque la loi du 22 juin sur le payement des frais d'entretien et de sépulture des malades pauvres d'autres cantons vint faire une si formidable brèche au sacro-saint principe bourgeoisial, le Conseil fédéral exprima l'avis que le passage au domicile de secours (fédéral ?) n'était plus qu'une affaire de temps. Pourtant tout est demeuré stationnaire. Quoi qu'il en soit néanmoins, il ne saurait être question d'une codification du Droit cantonal à base bourgeoisiale pour en faire la loi fédérale d'assistance. Il s'ensuit que notre seul souci doit être de décrire simplement le Droit cantonal des pauvres tel qu'il est, dans sa suite historique, et sans essayer d'une classification artificielle.

Avant d'aller plus loin, jetons sur le sujet un coup-d'œil d'ensemble, qui nous donnera le fil conducteur dont nous avons besoin dans le dédale qu'il nous faut parcourir.

Au degré de civilisation où nous sommes, dans les circonstances politiques, économiques et sociales qui en découlent et qui sont les nôtres, nous reconnaissons le fait suivant : partout où une personne isolée, une famille, ne peuvent, par suite d'une incapacité intellectuelle, physique ou technique de caractère permanent, se procurer les objets indispensables à la vie d'après les idées et les besoins de la localité, une assistance officielle doit intervenir, s'il n'y a pas de parents astreints au payement de la dette alimentaire en situation d'agir.

Chaque cas d'indigence a une double racine, l'une de nature sociale, l'autre personnelle. La valeur sociale de toute Assistance publique se mesure à ceci, qu'elle sait reconnaître l'action du milieu social dans la création ou le développement de l'état de pauvreté, au lieu d'y voir uniquement la cause personnelle, l'indignité du nécessiteux. Alors la loi admet comme valables, au nombre des causes de pauvreté indépendantes de la volonté du solliciteur, le chômage temporaire ou occasionnel et l'incapacité personnelle au travail rémunéré.

Dans la règle, l'Assistance publique doit remonter aux causes sociales et personnelles pour chaque cas particulier, c'est-à-dire chercher la raison initiale de la pauvreté, en dehors de la volonté du solliciteur, si elle existe. Les différents facteurs, une fois reconnus, on saura non pas s'il faut intervenir ou s'abstenir, mais la façon la plus efficace d'intervenir pour aider momentanément et trouver une solution radicale. Le traitement du cas particulier n'est nullement limité au don d'argent et d'objets de première nécessité ; tout acte d'assistance doit être une combinaison de secours accordés à bon escient, de directions pratiques, d'enseignement bienveillant ou sévère.

Quand on considère l'organisation et la bonne marche de nos écoles primaires, on peut à peine croire qu'une des causes de la pauvreté puisse se trouver dans les déficits de l'instruction élémentaire. Et pourtant, il faut reconnaître que nos écoles ne comptent pas assez avec la malchance économique dans la lutte pour la vie ; que l'éducation économique ou la possibilité d'appliquer l'enseignement scolaire daus la vie économique existe trop peu. La négligence dans le choix d'une profession, l'insuffisance de préparation professionnelle ont également une très grande part dans les revers qui ruinent un si grand nombre d'existences.

La question de principe une fois réglée, toute loi d'assistance doit s'occuper des points principaux suivants :

1. Détermination de l'instance de secours ;
2. Détermination des personnes ou organisations auxquelles incombent le devoir d'assistance (individus. sociétés, groupes, parents, commune, Etat, etc.), de leurs combinaisons et groupements divers ;
3. Détermination de l'étendue de l'assistance et de ses modalités. ainsi que des moyens de droit qui l'assurent ;
4. Détermination des restitutions, remboursements ;
5. Détermination des ressources financières et désignation des asiles ;
6. Détermination des moyens disciplinaires et de police, sans oublier les établissements *ad hoc*.

Toutes les lois ne suivent pas cet ordre et rien ne les oblige à le suivre.

Nous n'avons pas la prétention de placer chaque loi particulière en face de ce tableau, pour la comparer en détail à ses six articles. Nous prendrons plutôt nos lois cantonales telles qu'elles se présentent, pour en exposer les traits principaux. Mais auparavant, quelques explications d'ordre général seront utiles.

1. Les bénéficiaires des secours.

Les lois d'assistance ne reconnaissent pas de droit proprement dit aux secours des caisses publiques ; elles désignent uniquement leurs bénéficiaires, décrits d'une façon précise : familles et membres de ces familles. On peut se prévaloir de ce droit, ou de cette autorisation, en premier lieu contre la parenté (droit privé), en deuxième ligne contre les caisses officielles. Dans ce cas, c'est le droit public qui donne les sanctions. Les poursuites contre les parents sont faites par les tribunaux (éventuellement on application du Droit des pauvres), dans six cantons : Zurich, Argovie, Fribourg, Vaud, Neuchâtel et Genève ; dans les 19 autres, qui appliquent le Droit public, par la voie administrative.*)

A. Zurich, Schwitz, Obwald, Lucerne, Thurgovie, St-Gall, Schaffhouse, Grisons, Bâle-Campagne, Fribourg et Argovie (11 cantons) reconnaissent comme bénéficiaires des secours :

a) les orphelins pauvres et les enfants abandonnés ;
b) les adultes incapables de travail par suite de l'âge ou des infirmités ;
c) les malades temporaires.

B. Glaris, Zoug, Uri, Tessin, Bâle-Ville, Berne, Neuchâtel, Vaud, Valais et Genève, plus récemment Soleure et Nidwald (1912), 12 cantons au total, admettent les mêmes catégories et y ajoutent :

d) les familles ou personnes isolées capables de travailler, chômant contre leur volonté, ou tombées dans le besoin par suite de malheurs exceptionnels, comme la mort du soutien de famille.

On assure aux orphelins mis au bénéfice de l'assistance le vivre et le couvert, les vêtements, les soins en cas de maladie, y compris les traitements médicaux ; en outre, l'instruction scolaire et professionnelle nécessaire au développement corporel et intellectuel et à celui de la capacité de travail ; éventuellement, la fréquentation des écoles supérieures et même de l'Université (Bâle-Ville, St-Gall, Zurich, Genève) ; puis, last not least, une bonne éducation (parfois religieuse), sur laquelle toutes les lois d'assistance mettent l'accent, et une protection effective en tous cas jusqu'à 16 ans, sinon jusqu'à la 20me année, comme à Genève.

---

*) Cette méthode est déplorable. En ce sens qu'aucun appel ou demande de cassation au Tribunal fédéral ne sont possibles. Cette inégalité de droit devrait être écartée. (*Armenpfleger* X, N° 11, p. 114.)

L'éducation dans un milieu familial a toutes les préférences, puis vient l'asile. Naturellement, celui-ci est généralement préféré quand il s'agit de soins spéciaux à donner, comme aux enfants infirmes, sourds-muets, aveugles, épileptiques, faibles d'esprit ou idiots, etc.

A ceux qui sont en partie ou tout à fait incapables de travail, on assure à la maison ou dans des établissements *ad hoc*, le nécessaire en vivres, puis un travail en rapport avec les forces, aux fins d'empêcher une complète débilité (travail de maison, des champs ou professionnel).

Aux malades, on assure les soins médicaux et les traitements particuliers indispensables, le placement dans les établissements hospitaliers, cliniques, sanatoria pour tuberculeux, maisons de relèvement pour buveurs, asiles d'aliénés, bains, etc., séjours de convalescence.

Aux chômeurs, on assure en première ligne du travail, autant que c'est possible et que des mesures de caractère social n'ont pas été prises : secours aux chômeurs (Zurich, Bâle, Berne, St-Gall), chantiers pour chômeurs, puis fournitures de travail, machines, outils, éventuellement terrain à défricher et à cultiver.

2. Ceux qui doivent l'assistance.

D'après l'art. 328 du récent Code civil suisse, les personnes tenues d'assister les indigents sont premièrement les parents directs, ascendants et descendants, puis en ligne divergente, dans l'ordre de leurs droits de succession, les frères et sœurs, parents d'adoption, enfants d'adoption, grands parents, petits enfants, enfants reconnus ou déclarés, éventuellement grands parents d'enfants nés d'une fiancée, beau-père, fille du mari, fils de la femme. Actuellement, tous ceux-ci sont tenus de se secourir mutuellement, s'ils sont menacés de tomber dans le besoin, à défaut de cette assistance.

Le nécessiteux peut prétendre à recevoir ce qui lui est indispensable pour son entretien, et compatible avec les ressources du débiteur. Les frères et sœurs ne peuvent être recherchés que lorsqu'ils vivent dans l'aisance. L'action alimentaire est intentée par l'ayant-droit lui-même, ou, s'il est à la charge de l'Assistance officielle, par la corporation publique tenue de l'assister.

Le § 29 de la loi d'assistance du canton de Zurich délègue aux parents qui tiennent la place de l'Assistance publique des droits importants. Les compétences de cette assistance pour le contrôle et la direction de son pupille, auquel la liberté d'action est retirée, passent aux parents, qui peuvent suspendre l'assistance en cas de rébellion. Cette suspension est naturellement suivie du transfert dans un hospice de pauvres ou dans une maison de correction. La loi prévoit subsidiairement une action judiciaire après intervention de l'autorité officielle d'assistance.

Les lois cantonales peuvent encore étendre le cercle de la parenté astreinte à l'assistance. La plupart des cantons sont restés en deçà de la ligne tracée par le Code civil suisse : ils n'obligent pas les collatéraux aux secours. Valais et Obwald, en revanche, sont allés au-delà. Il n'y a d'ailleurs aucune utilité immédiate à examiner de plus près ces divergences.

b) Quand l'assistance parentale fait défaut, elle est suppléée par l'assistance publique, celle de la commune d'origine ou de la commune bourgeoise, ou encore de celle du domicile ; cette dernière, naturellement, dans les limites du domicile de secours. Dans certains cas pourtant le domicile de secours est appelé à l'assistance au dehors (Berne, Appenzell, R I.. Neuchâtel, Tessin).

La commune d'origine n'assiste pas seulement sur son territoire. Soleure, Nidwald, Genève, Bâle-Ville, Obwald, Grisons, Thurgovie, déclarent expressément assumer ce devoir, Neuchâtel le fait tacitement. Uri, Zoug, Glaris, Tessin, ainsi que St-Gall, semblent préférer le rapatriement, qu'ils accordent sous certaines conditions.

Un des caractères essentiels du Droit communal consiste en ceci que la commune d'origine suit pas à pas son ressortissant, en sorte que nul ne doit prendre sa place pour l'assistance au dehors. Mais, par la force des choses, l'assistance extérieure s'est développée de telle façon, qu'elle l'emporte aujourd'hui sur l'assistance locale. Effectivement, le nombre des bourgeois habitant leur commune est tombé parfois au 20% de la population totale, et même au-dessous. Dans le fait, le monopole de la commune d'origine en matière d'assistance a perdu tout fondement solide et toute justice. Cette assistance-là n'est plus guère à la hauteur de sa tâche, ni financièrement ni moralement, précisément parce que l'assistance à distance est sujette à caution et le devient toujours plus. Au vrai, elle n'est plus possible sans un service parfaitement organisé de coopération, de surveillance constante et de correspondance, lequel suppose un personnel fixe de fonctionnaires de carrière. Sa banqueroute est dores et déjà un fait accompli, et on ne peut la maintenir, et encore d'une façon précaire, qu'à l'aide de la bienfaisance privée et d'énormes subsides de l'Etat.

L'assistance extérieure, et particulièrement celle de canton à canton, a été soumise à une enquête approfondie de deux conférences des directeurs d'assistance en 1908 et 1909. On voulait se rendre compte des déficits qui lui sont inhérents et qu'on ne peut toujours excuser ou justifier par le manque d'argent. Aux fins d'amélioration de cette assistance intercantonale, la 3me Conférence des directeurs vota, le 27 février 1909, à Zurich, cinq principes fondamentaux que les Départements cantonaux intéressés transmirent aux Assistances officielles de Berne, Soleure, Zurich et Thurgovie.

Le troisième principe est ainsi formulé : « Le refus sans phrase d'assistance par la commune d'origine, quand le besoin est duement constaté, n'est pas admissible si la demande de secours est adressée par une localité où fonctionne, en effective coopération, une assistance régulière aux habitants. Le droit de se renseigner par des délégués sur le véritable état des choses est réservé à la commune d'origine. En revanche, les délégués en cours d'enquête ne doivent pas affecter d'ignorer l'Assistance aux habitants. »

Voici encore le cinquième principe :

« Le rappel dans la commune d'origine sera limité aux cas où celle-ci disposerait de moyens d'assistance rationnelle supérieurs à ceux du lieu du domicile. Sont réservées les mesures de police.

« Quand l'assistance au lieu du domicile, en collaboration avec l'assistance aux habitants, n'occasionne pas des frais plus élevés que l'assistance dans la commune d'origine, le rappel de l'indigent dans cette commune n'est pas admissible. »

Lucerne vient d'introduire ce principe dans son nouveau projet de loi d'assistance, § 24.

Les cantons suivants se sont déclarés d'accord avec lui, ou, tout le moins, ne l'ont pas contesté : Argovie, Appenzell, R. E., Bâle-Campagne, Bâle-Ville, Glaris, Grisons, Lucerne, Neuchâtel, Schaffhouse, Soleure, Schwitz, Tessin, Thurgovie, Zurich.

Il est de fait que, par ces mesures qu'adoptèrent les Directions d'assistance de la plupart des cantons (20), l'assistance intercantonale s'est sensiblement améliorée. Le récent rapport de l'Assistance générale de Bâle-Ville pour 1912 le reconnaît expressément. Or, grâce à ses relations intercantonales étendues, cette institution officielle possède une compétence reconnue dans tous les milieux intéressés.

Mais si nous saluons de grand cœur cette amélioration, toute à l'avantage des pauvres, celle-ci ne change rien pourtant à la vérité inébranlable de cette affirmation : le temps est passé de l'assistance au loin par la commune d'origine, assistance qui, par sa nature même, ne 'peut être accordée qu'à domicile ; elle devra laisser la place à l'assistance par le lieu de résidence *(Armenpfleger*, VIII, No 9 et 10).

Dans 14 cantons, le Droit cantonal oblige l'assistance communale bourgeoise à exercer une sorte d'assistance aux habitants, en faveur des citoyens du canton étrangers à la commune du domicile. Au reste, le droit de réclamer à la commune d'origine le remboursement des frais lui est garanti. Dans le Tessin, (Art. 11) et à Lucerne (§ 23), l'assistance

communale bourgeoise est tenue d'accorder son aide, pendant
une courte période, aux domiciliés citoyens du canton, sans
droit de recours à la commune d'origine. Naturellement, il
s'agit surtout de secours en cas de maladie (médecin des
pauvres). Le plus souvent, la loi prévoit expressément un
avis immédiat à la commune d'origine.

c. Aucun canton suisse ne possédant d'assistance d'Etat,
les caisses publiques cantonales n'interviennent qu'indirectement en faveur des nécessiteux. A Schaffhouse cependant,
on semble s'acheminer vers l'assistance directe par le canton,
et l'Hospice général de Genève peut être considéré de son
côté comme une sorte d'organe de l'Etat pour l'assistance,
sinon en droit public au moins territorialement. Plusieurs
lois des pauvres reconnaissent le devoir d'assistance de l'Etat,
par voie indirecte, en statuant des subsides réguliers aux caisses
communales d'assistance bourgeoise, ou encore des subventions
extraordinaires. A Bâle-Ville, l'Assistance générale aux habitants peut être citée comme une quasi-assistance d'Etat
avec la collaboration de la bienfaisance privée.

Des subventions importantes aux assistances communales les plus chargées, ou pour des buts définis, sont prévues
à Zurich, Lucerne, Uri, Glaris, Argovie, Thurgovie, Schaffhouse, les deux Bâle, les deux Appenzell, Grisons, Soleure,
Neuchâtel, St-Gall, éventuellement Vaud. Enfin, à l'Assistance aux habitants de Berne (17).

Dans les 8 autres cantons, la loi reste muette en ce qui
concerne les subsides de l'Etat aux Assistances communales.

Nous ne pouvons entrer ici dans les détails d'organisation
des autorités d'assistance. Il suffira de constater qu'on s'accorde généralement à désigner comme première instance de
secours, avec tous les pouvoirs que donne le droit public, l'Assistance communale, soit Conseil municipal, Comité de bienfaisance ou Commission d'assistance. En seconde ligne vient
l'autorité de district, qui fait office d'autorité de surveillance
et d'instance de recours. Tout au sommet, instance suprême
de recours et de surveillance, le Conseil d'Etat, représenté par
la Direction cantonale ou par la Commission cantonale d'assistance.

Pour le détail, nous renvoyons le lecteur à l'ouvrage spécial du Dr Karl Helbling : *Die schweizerische Armenpflege*, Zurich 1908 (Dissertation).

3. Méthodes et étendue de l'Assistance.

Nous avons brièvement rapporté plus haut (voir chiffre 1) l'essentiel de ce sujet. Quant aux détails, nous les réservons pour les exposés qui seront faits ultérieurement. Il est clair qu'ici les cantons et les communes les mieux dotés peuvent et doivent faire mieux et plus que les autres (Bâle-Ville, St-Gall. Zurich).

Pour le reste, les lois d'assistance connaissent les principaux modes suivants :

a) *L'assistance à domicile.*

L'assistance à domicile, ou au foyer familial, est la plus difficile à pratiquer, et celle qui occupe le premier rang au point de vue technique. Naturellement, sa pratique rationnelle suppose un contrôle éclairé et constant, autrement les abus nombreux sont tolérés, sinon provoqués et primés.

Ce n'est pas l'assisté seul qui est dépravé par elle, mais plus encore son entourage, tout son milieu, influencé d'une façon malheureuse et encouragé à suivre l'exemple.

La célèbre Charity's organisation society de Londres a relevé fortement l'importance de l'impression produite par l'assistance sur la couche sociale à laquelle appartient l'assisté, et le devoir de la faire entrer en ligne de compte dans les calculs aboutissant à l'octroi ou au refus des secours. C'est précisément cette considération qui a engagé le législateur, lequel n'est point un fonctionnaire d'assistance, à introduire dans les lois cantonales ces dispositions, que l'assistance ne dépassera pas ce qui est indispensable pour vivre (Zurich), que les secours en argent sont exclus (Valais), ou accordés exceptionnellement (Neuchâtel, Lucerne, Vaud), que l'assisté doit être placé dans une situation sensiblement inférieure à celle des personnes de la même classe non secourues

(Schaffhouse), que les dépenses pour l'assistance doivent rester dans les limites des ressources (Fribourg, Zoug). C'est à la même préoccupation qu'il faut attribuer les précautions exigées par les anciennes lois comme par les nouvelles (St-Gall, Nidwald) pour les secours accordés à domicile, précautions qui tendent à bannir la paresse et à pousser au travail (Bâle-Ville, Soleure, Nidwald, Glaris, St-Gall); puis l'énergie avec laquelle ces lois soulignent la nécessité de l'apprentissage et la libéralité des secours aux jeunes apprentis (Berne, Bâle-Ville, Bâle-Campagne, Glaris, Neuchâtel Genève, St-Gall).

b) Hospitalisation.

Si l'assistance à domicile est la forme la plus agréable pour les personnes économiquement dépendantes, l'hospitalisation qui attente à la liberté des individus en est la plus désagréable, sinon la plus haïe, pour celui qui en est l'objet. Pour l'administration, en revanche, elle est la plus avantageuse, parce que la plus économique et la plus simple. D'après les idées en cours en certains lieux, il y suffit d'une maison quelconque, où tout ce qui est pauvre, dans la commune ou au dehors, peut être mis pêle-mêle à l'abri du besoin. La marche d'un établissement de ce genre exige relativement aussi peu de dépenses intellectuelles et morales que d'argent. Son organisation ne comporte pas non plus de frais particuliers pour les bâtiments ni d'arrangements financiers onéreux.

Très souvent, c'est la législation sociale et les vues modernes sur le sujet qui ont exercé une influence réformatrice sur la direction des asiles de pauvres et non point les lois d'assistance, stationnaires par essence. Et pourtant, dans les cantons où ces établissements sont tenus en estime et nombreux, comme à St-Gall, Schwitz Uri, Lucerne, Zurich, en Thurgovie, à Schaffhouse, en Argovie et à Soleure, ils sont sous une surveillance supérieure, qu'on peut croire éclairée, pour tout ce qui concerne l'organisation et la marche journalière. A St-Gall, l'admission des enfants dans ces asiles est interdite.

Ailleurs, la séparation des adultes et des enfants est au moins formellement stipulée (Zurich, Berne, Lucerne, Uri, Schaffhouse, Thurgovie). Des orphelinats sont prévus expressément à St-Gall, en Appenzell (R. I.), au Nidwald et à Neuchâtel.

En ce qui touche l'assistance hors de la commune, la maison des pauvres est une création géniale. Supposons une famille émigrée dans une grande ville, où se déversent sans trève les déchets économiques de toute la région et de l'hinterland, trop souvent avec le concours sournois d'autorités locales se débarrassant ainsi des non-valeurs. En dépit de toutes les institutions sociales urbaines accordant gratuitement leurs services, cette famille doit recourir aux bureaux de bienfaisance privée ou au secrétariat d'assistance. A son tour, celui-ci fait appel à la commune d'origine. Un jour, le plus tard possible, cette commune répond par l'offre généreuse du retour : — « Nous n'envoyons pas d'argent au dehors. Que ces gens rentrent « chez eux », l'asile des pauvres leur est ouvert ! »

Quand ce ne serait que pour se débarrasser allègrement, avec quelque apparence de raison, de l'assistance au dehors, il vaudrait la peine pour l'administration d'avoir une maison des pauvres dans la commune. Il va sans dire, en effet, que la famille en cause ne retournera pas « chez elle » ; tout au plus sera-t-elle un beau jour rapatriée par la police.

On doit aux efforts des Conférences des institutions suisses d'assistance et de celles des directeurs des assistances cantonales une vigilance plus grande des instances supérieures de surveillance portant sur ce point spécial, de telle sorte que l'offre si avantageuse pour les communes de la maison des pauvres a perdu la place prépondérante qu'elle occupait dans la pratique de la bienfaisance officielle. Au temps voulu, la maison des pauvres a joué excellemment son rôle d'épouvantail et préservé les communes de dépenses peut-être trop fortes pour elles. A l'heure présente, ses jours de gloire sont passés. Les établissements spécialisés créés par l'Etat ou par les communes, ou par des groupements de communes avec l'appui de l'Etat, ceux qui doivent leur existence aux particuliers ou aux Ligues pour le Bien public, ont relégué au deuxième rang la maison des pauvres.

Partout où il faut poursuivre un but spécial de l'assistance : éducation, soins aux orphelins, traitement correctionnel, soins aux enfants mal doués, faibles d'esprit, idiots, aux épileptiques, aux infirmes, aux impotents, aux aveugles, aux sourds, aux sourds-muets, on songe à une institution *ad hoc*. Celle-ci n'est pas l'affaire d'une commune, ni de l'assistance seule ; elle doit répondre à un besoin général de la société ; son organisation et sa direction sont conséquemment en rapport avec le caractère spécifique de l'établissement, qui doit servir à améliorer, guérir, transformer, et non point à effrayer et punir.

Pour l'aide aux pensionnaires de ces asiles, édifiés par le public en général ou par les sociétés d'utilité publique, le rôle de l'Assistance officielle est réduit à celui du trésorier payeur : elle verse pour les hospitalisés indigents, orphelins et élèves, un prix de pension toujours très réduit.

c) Placement dans les familles.

Les orphelinats exigent un appareil coûteux de bâtiments. un entretien considérable, et seules les communes riches ou à ressources importantes peuvent s'en permettre le luxe (Genève, Bâle-Ville, St-Gall, etc.). Pour les enfants atteints de défauts intellectuels ou physiques, ou plus simplement de caractère, ils appartiennent naturellement à des établissements spéciaux. A côté du placement dans ces maisons, l'Assistance affectionne celui dans les familles, ordinairement à la campagne, lequel constitue un excellent moyen d'éducation pour les enfants. A ce propos, on lira avec intérêt notre exposé des soins dont l'Hospice général de Genève entoure les orphelins. La méthode en est prévue dans toutes les lois d'assistance, avec les précautions nécessaires pour assurer l'éducation, la surveillance des enfants ainsi placés, sans oublier les soins corporels.

La recherche et la surveillance des familles dont on

emprunte le foyer est la tâche de fonctionnaires spécialisés, comme à Zurich et à Berne. On leur donne le titre d'inspecteurs.

Mais on n'envoie pas uniquement des mineurs .à la campagne. Des adultes âgés ou débiles y sont aussi placés avantageusement dans des familles honnêtes. On doit recourir souvent à ce mode de faire pour une raison sans réplique : le manque de place dans les asiles où l'on ne peut hospitaliser tous les pauvres qu'il y faudrait mettre.

Pour le placement d'enfants enlevés aux familles qui ont besoin d'assistance, tout dépend du consentement des parents. A cette heure, la dissolution des familles pour des raisons de pure convenance — indépendamment des mesures tutélaires qu'on pourrait être forcé de prendre, en des circonstances que le nouveau Code civil décrit exactement, et sans l'enlèvement préalable de la puissance paternelle par la voie judiciaire, — n'est plus prévue que dans la loi lucernoise, dont le § 25, al. 4, dit : — « Le Conseil municipal (l'instance de secours par conséquent !) peut en tout temps dissoudre la famille qui a besoin de secours, et assister ses membres individuellement, suivant les besoins de chacun (âge, infirmités, capacités, etc.), ou les obliger au travail et à s'entretenir eux-mêmes.

Cette mesure draconienne a d'ailleurs disparu du projet de nouvelle loi d'assistance (mai 1912).

Dans le Nidwald, l'enlèvement des enfants par l'Assistance n'est plus possible sous le régime de la nouvelle loi, à moins que les parents ne soient d'accord. Est réservé le cas naturellement où les parents seraient déchus de leurs droits.

Une spécialité du placement dans les familles est celle qui prévoit un tour de rôle. A l'heure actuelle, heureusement, ce serait perdre son temps que d'en parler, comme aussi des « mises », qui faisait confier l'enfant au dernier et moins exigent enchérisseur.

4. Remboursements.

L'assistance de la commune (et celle de l'Etat) sur la base légale est toujours accordée sous réserve d'un rembourse-

ment éventuel, pour le cas où les circonstances de l'assisté
deviendraient favorables ; ainsi, notamment, quand un héritage lui échoit ou s'il est au bénéfice d'un retour de fortune. L'Assistance est autorisée à retenir tout ou partie
de l'héritage, jusqu'à concurrence des dépenses consenties,
mais sans tenir compte des intérêts.

Ici, les mineurs sont privilégiés, car on ne peut leur
réclamer le remboursement des dépenses faites pour eux jusqu'à
un certain âge. A Bâle-Ville, on s'est préoccupé beaucoup de
cette question des remboursements, et il existe des prescriptions
très détaillées réglant ce point.

Dans son ouvrage *Die schweizerische Armenpflege*, p. 86
à 89, le Dr Helbling donne un aperçu assez complet de la
casuistique dans ce domaine, d'après les différentes lois et
ordonnances concernant l'assistance.

Dans les comptes annuels des Assistances légales, on retrouve toujours cette rubrique dans les recettes, où elle forme
un *item* qui n'est pas à dédaigner.

5. Ressources et établissements.

Dans les cantons, la plus grande variété règne entre les
sources qui alimentent l'Assistance publique.

Le but que nous visons nous permet d'éviter ici d'entrer
dans les détails. A côté du revenu de fonds, de biens des
pauvres, nous remarquons les subsides de l'Etat provenant
du dixième de l'alcool, d'amendes, de taxes de naturalisation,
d'impôts sur le luxe, de parts des bénéfices nets des banques
cantonales, des collectes, des taxes paroissiales pour les communes, des subsides et subventions de l'Etat, des taxes, des
impôts sur les successions et les legs, des taxes de naturalisation, des biens en déshérence, des amendes, des intérêts des
biens de bourgeoisie, des impôts sur la fortune, puis des dons,
des legs, des « sachets » ou troncs d'église, etc.

Avec quelque apparence de raison on a pu dire aussi
qu'il serait facile de se procurer d'autres ressources au moyen
d'une loterie d'Etat, puisqu'on joue quand même.

La centralisation de l'Assistance faciliterait infailliblement la recherche de nouvelles ressources et en réduirait en outre considérablement les frais. L'action communale pour une administration aussi étendue et coûteuse que celle de l'Assistance publique paraît aujourd'hui hors de proportion avec les résultats, et déjà une administration cantonale pourrait certainement s'en tirer à meilleur compte. C'est dire que l'Assistance fédérale aurait plus de chances encore d'avoir une activité féconde à moins de frais.

On ne doit pas oublier que l'Assistance communale, telle que nous la connaissons, n'a qu'une compétence très limitée en ce qui concerne l'impôt. Avec le principe territorial, elle serait déjà dans une meilleure situation, surtout sous le régime du domicile fédéral de secours.

Bien que les anciennes lois se taisent là-dessus, l'Etat en première ligne, puis les communes, ont à procurer à l'Assistance les établissements indispensables. Il s'agit avant tout d'hôpitaux, de cliniques, de bains, de sanatoria, puis des asiles de vieillards, d'aveugles, de sourds muets, d'aliénés, enfin des maisons de correction et de travail forcé. Au second rang viennent se placer les orphelinats et les établissements pour l'éducation de la jeunesse pauvre.

Ces institutions diverses sont indispensables pour l'accomplissement de la tâche variée de l'Assistance des indigents. En Suisse, d'après le tableau dressé par M. le pasteur Wild, en 1910, nous avons 3700 institutions et sociétés pour la prévoyance sociale, et pourtant la place manque toujours dans les établissements consacrés aux catégories de pauvres pour lesquelles les soins sont pressants, celles en particulier de la jeunesse et des vieillards.

6. Mesures de police.

Nos lois cantonales d'assistance, les plus anciennes notamment, ne se lassent pas d'édicter des prescriptions et des mesures de police contre la misère.

Le Dr J. Räber a pu écrire un livre volumineux sur

la police de l'Assistance suisse, où il donne un excellent aperçu du fouillis de mesures bonnes et mauvaises contre la pauvreté. Vouloir faire ici la critique de cette police en général, et plus encore des ordonnances cantonales, nous mènerait beaucoup trop loin.

Le nouveau Code Civil nous donne une prise contre les fauteurs de pauvreté, et elle peut devenir très efficace dans la main d'une autorité compétente énergique.

Comme on l'a vu à Lucerne (Conférence des institutions suisses d'assistance, 4 novembre 1912 — voir *Armenpfleger* X, N° 4, p. 41 et 48), le Code pénal fédéral nous apportera une série de prescriptions d'un heureux effet et qui pourront suffire. Contre la misère dont les causes sont indépendantes de la conduite de l'indigent, l'instruction, la prévoyance, l'amélioration des conditions doivent seules être employées. Les mesures policières ne sauraient apporter là qu'un trouble nouveau. La police trouve son champ d'activité contre la mendicité et le vagabondage, à côté de la création de bureaux de secours aux passants.

En tous cas, les communes agissent sagement quand elles confient les cas pathologiques aux institutions analogues à celle de la ville de Zurich, à la Rossau, près de Mettmenstetten, au lieu de laisser leurs victimes courir en liberté après un traitement policier (comp. Dr J. Räber : *Die schweizerische Armenpolizei*, Zurich 1910).

VI.

DROIT CANTONAL

A. Assistance par le lieu d'origine.

1. Assistance publique dans le canton de Zurich.

a. Principes fondamentaux de la loi d'assistance.

Loi du 28 juin 1853 et Instructions pour les autorités d'assistance publiées par la Direction cantonale d'assistance le 24 janvier 1854.

L'assistance des indigents est tout d'abord le devoir de la famille. Parents, enfants, petits-enfants, grands parents, arrière-petits enfants, sont tenus de s'assister mutuellement selon leur pouvoir ; puis viennent les frères et les sœurs selon l'ordre de leurs droits de succession, à cette condition toutefois que cette assistance ne leur soit pas onéreuse. C'est seulement à défaut des secours de la famille que le lieu d'origine, soit la commune bourgeoise, intervient, par le moyen de l'Assistance publique, sous la surveillance du Conseil de district et du Conseil d'Etat (instances de recours).

L'assistance est accordée aux personnes qui ne peuvent satisfaire à leurs besoins les plus pressants, mais seulement si la faiblesse corporelle ou intellectuelle vient s'ajouter à leur misère. Les bourgeois pauvres du canton, domiciliés dans une autre commune que celle d'origine, sont recommandés à celle-ci pour l'assistance, en cas de besoin constaté par la commune du domicile. Si la détresse se fait sentir, cette dernière accorde des secours aux frais de la commune d'origine, jusqu'au moment où celle-ci prend en main les affaires de son ressortissant. Au reste, l'indigent n'est remis entièrement à ses soins que s'il existe pour cela des motifs légaux suffisants.

L'assistance s'étend : a) sur les orphelins pauvres et les enfants abandonnés, jusqu'au commencement de leur seizième année ; b) sur les adultes devenus incapables de gagner leur vie par suite de l'âge ou des infirmités ; c) sur les malades qui ont besoin de secours à cause de leur maladie uniquement.

Les enfants reçoivent une éducation morale et religieuse favorisant le développement de leurs facultés physiques et intellectuelles, tant à la maison qu'à l'école. Les vieillards et les infirmes doivent trouver, outre les soins que nécessite leur état, un travail en rapport avec leurs forces. Les malades sont mis au bénéfice d'un traitement médical et des soins nécessaires. Une activité personnelle de l'assisté est de rigueur.

L'assistance se donne au foyer domestique, dans une autre famille, dans des établissements convenant au but poursuivi : orphelinat, maison des pauvres, hôpital ou clinique. Si l'assisté ne peut être laissé à sa famille ou soigné dans un établissement, il est placé dans une famille étrangère. Pour les personnes sous tutelle, le placement se fait d'accord avec le tuteur.

L'Assistance publique décide de l'importance des subsides versés par chacun de ceux qui doivent les secours, en tant que l'assisté n'est pas recueilli par eux. En cas de contestation, c'est le tribunal du lieu de bourgeoisie qui tranche la question, ou celui du lieu du domicile s'il s'agit d'un étranger au canton. Si c'est l'Assistance qui porte plainte, le tribunal impose d'office les prestations ; la plainte est-elle trouvée non fondée, l'Etat paye les frais.

L'assistance est accordée année par année. Les mises aux enchères sont interdites. Les prescriptions contraires sont d'avance frappées de nullité.

L'Assistance exerce une surveillance constante sur l'assisté et sur celui qui en a le soin, par un de ses membres délégué à cet effet, et qui est chargé de présenter un rapport périodique.

L'Etat veille sur la marche des établissements communaux d'assistance. Les plans de construction et d'aménagement sont soumis au Conseil d'Etat.

Toute demande de secours doit être adressée au président de l'Assistance, lequel la présente, suivant les cas, à la procheine séance ou à une séance convoquée extraordinairement. Sont réservés les cas d'urgence, où la décision du président, secondé par un deuxième délégué, et approuvé par le directeur de l'établissement, suffit pour l'entrée du malade à l'hôpital et l'octroi des soins médicaux. Les solliciteurs doivent se présenter en personne devant l'autorité compétente. qui s'informe exactement de lui-même et de ses circonstances.

Dans le cas où l'indigent serait bourgeois de plusieurs communes, il est dressé un plan de participation de toutes. L'Assistance a le droit de se récupérer de ses dépenses sur la succession ou les revenus de l'assisté ; elle peut réclamer le remboursement de ses avances, si la situation d'une famille secourue s'est améliorée, mais sans faire état des intérêts.

Ce qui fut dépensé pour les enfants jusqu'à leur sortie de l'école primaire ne peut être réclamé qu'exceptionnellement sur le revenu possible, et avec l'approbation du Conseil de district. Les dons privés ne peuvent être retenus sans l'assentiment de l'assisté, ni soustraits des secours de l'Assistance officielle.

Ressources de la Caisse des pauvres : produit des biens des pauvres, taxes, amendes, subventions de l'Etat, taxes volontaires des paroisses, collectes, remboursements, impôts pour les pauvres, etc.

Le produit des taxes volontaires des paroisses peut servir, avec l'approbation du Conseil de district, à l'assistance de personnes qui ne sont pas bourgeoises de la commune et seraient tombées dans le besoin par suite de circonstances indépendantes de leur volonté. Ces personnes ne figurent pas ultérieurement sur la liste des assistés. Le soin de cette assistance peut être confiée à une société de bienfaisance, dont les statuts ont reçu l'approbation des autorités communales (art. 22).

Les art. 23 à 28 fixent les prestations de l'Etat. Aux

communes où l'impôt dépasse le 2 %/₀₀ de la fortune, l'Etat donne des subventions annuelles ou extraordinaires, des subsides pour la création et l'entretien d'asiles en faveur des aveugles pauvres, des sourds-muets, des aliénés, des épileptiques, des infirmes, des idiots, etc., puis d'établissements pour buveurs, fainéants et débauchés, qui doivent être soumis à un traitement correctionnel.

Les art. 29 à 43 contiennent une série de prescriptions concernant la répression de la conduite désordonnée des assistés ou de ceux qui doivent l'assistance, ou des mendiants, etc. Voici les principales :

Celui qui est capable de travailler et prétend à une assistance de la Caisse des pauvres, ou de sa famille, est tenu d'accepter le travail qui lui est imposé dans les limites de ses capacités. Il doit rendre compte, à réquisition, de son gain et de l'emploi des secours accordés par l'Assistance, ainsi qu'accepter le placement trouvé pour lui, après recherches, et suivre les ordres donnés par l'Assistance ou par les parents.

La fréquentation des cafés et le jeu lui sont interdits. Qui donne à boire ou laisse jouer un assisté est passible, après avertissement infructueux, d'une amende de fr. 5, ou de fr. 10 s'il y a récidive. L'assisté lui-même peut être privé des secours habituels, à moins que son état ou celui de parents innocents vivant à ses côtés n'exigent leur continuation. Le cas échéant, l'Assistance délègue ce même pouvoir aux parents chargés de fournir les secours. Le retrait des subsides est-il sans résultat, l'autorité d'assistance peut ordonner l'emprisonnement jusqu'à 4 jours, la préfecture jusqu'à 8 jours, et, éventuellement, le travail forcé. Ces mesures reconnues vaines, le coupable est traduit devant le juge pénal comme insoumis (2 semaines de prison au minimum).

Les parents redevables de l'assistance sont sous la juridiction de l'Assistance publique pour le traitement de leurs protégés (éducation des enfants), même quand l'aide officielle n'est pas réclamée. Les parents ou les enfants qui, par leur vie déréglée, forcent la famille à faire appel à la Caisse des pauvres, sont punis disciplinairement. L'interdiction peut suivre pour cause de prodigalité, et, s'il y a mauvais vouloir, un châtiment pour insoumission. Si le défaillant essaie de se soustraire aux ordres de l'Assistance, il s'expose au refus ou au retrait de papiers, ou encore aux poursuites de police.

La mendicité et les certificats d'indigence servant à la mendicité sont interdits (amende de Fr. 5 à 20 par la préfecture). L'art. 38 est dirigé contre les mendiants et vagabonds, contre la mendicité avec les enfants (renvoi). Les mendiants et vagabonds ressortissants du canton sont reconduits par la police, aux frais de leur commune d'origine, dans celle-ci ou au lieu de leur domicile. Les étrangers sont remis à la préfecture pour un emprisonnement de 4 à 8 jours suivi du rapatriement, avec défense de revenir sur le territoire du canton ; s'il est passé outre à cette défense, le contrevenant est traduit devant le tribunal comme insoumis, et expulsé pour trois ans du canton.

Les mendiants et vagabonds armés, munis de fausses clés, etc., les simulateurs, les porteurs de faux-papiers, sont traduits par la préfecture devant le tribunal, lequel peut frapper d'une peine de huit jours à une année d'emprisonnement. L'argent ou les valeurs trouvés sur le mendiant servent à couvrir les frais de transport et de détention. Celui qui loge le mendiant est frappé d'une amende de Fr. 5 à 10.

L'art. 44 parle du transport des malades et des infirmes. Sa rédaction n'est plus en rapport avec les conditions des voyages modernes. Même observation pour l'Ordonnance de transports du 10 février 1858, remplacée d'ailleurs par les règlements de transports de 1879 et 1881.

Les soins médicaux aux citoyens zuricois malades sont réglés par l'Ordonnance du 20 janvier 1879, laquelle assure les services de médecins des pauvres et l'hospitalisation dans les établissements cantonaux. Ici, il faut enfin citer l'ordonnance d'application de la loi fédérale de 1875.

Les dons en faveur des victimes de grandes catastrophes peuvent être recueillis, avec l'assentiment du Conseil d'Etat, par des quêtes générales et tous autres moyens fructueux (29 décembre 1881).

D'après l'art. 22, al. 3, les paroisses ont la liberté de confier à l'administration d'une société de bienfaisance, dont les statuts sont approuvés par l'Assistance publique, le produit des taxes volontaires et des taxes de paroisse. Cette société peut assister de cet argent des pauvres qui ne seraient pas ressortissants de la commune.

L'art. 27 des *Instructions* dit à ce propos :

« Si l'emploi du produit, ou d'une partie du produit des taxes de paroisse est laissé à une société privée de bienfaisance, l'Assistance publique est tenue de surveiller son activité, en sorte que les secours, répartis judicieusement, aillent uniquement à des gens vraiment dans le besoin et dignes d'intérêt ».

« Les statuts de la société doivent contenir des prescriptions qui facilitent l'examen approfondi de toute son activité par l'Assistance publique. La publication d'un rapport annuel est de rigueur. Du reste, il est de l'intérêt même de l'Assistance de favoriser la création de sociétés de ce genre, lesquelles, sous la direction de philanthropes dignes de confiance, et avec de grands sacrifices de temps et d'argent s'emploient à aider les indigents de leurs conseils et de leurs dons, à placer convenablement les adultes et surtout les enfants: Aux autorités d'assistance d'y pourvoir ! »

Les sociétés de bienfaisance privées fonctionnant comme Assistance libre ou volontaire sont toutes sous la surveillance du Département cantonal d'assistance, qui les subventionne annuellement au moyen d'un crédit spécial (actuellement Fr. 25 000) voté à cet effet.

b. Lois connexes.

Loi du 16 décembre 1912 concernant les procès civils (en vigueur depuis le 1er juillet 1913).

Assistance judiciaire, § 81 à 89.

Le Tribunal peut accorder l'Assistance judiciaire aux parties qui seraient dans l'incapacité de réunir l'argent nécessaire à la poursuite d'un procès, après avoir distrait de.. leur gain ce qui est indispensable à leur entretien et à celui do la famille. L'autorisation est donnée, après examen des pièces, si le procès n'a pas été introduit à la légère et si, d'ailleurs, son issue paraît devoir être favorable. Le Tribunal peut ordonner un accord préalable avec le solliciteur (81). Exonération des frais de tribunal, de la caution et du dépôt d'argent (82). La désignation d'un avocat d'office est faite par le président du Tribunal cantonal (83), éventuellement avant l'ouverture du procès (84). La demande peut en être faite en tout temps. En appel, l'instance supérieure décide de son propre chef (85), etc.

Si la partie assistée arrive à une meilleure situation de fortune, elle est tenue de rembourser les frais (87). Si la partie adverse n'est pas condamnée au payement d'une indemnité, la Caisse du tribunal verse elle-même de modestes honoraires à l'avocat d'office (88). Le juge de paix transmet sans frais l'affaire au tribunal (89).

Récemment, les tribunaux zuricois se sont mis à procéder énergiquement, dans le sens de l'art. 148 du Code pénal, contre les parents ou les nourriciers qui manquent gravement à leurs devoirs envers leurs propres enfants ou ceux qui leur sont confiés. Comme la loi le permet, ils condamnent à la prison combinée avec l'amende. Dernièrement, suite fut donnée à une plainte portée pour négligence dans le payement de la dette alimentaire, et auquel le défaillant avait été condamné par le tribunal *(Armenpfleger* VIII, p. 101).

Prescriptions légales sur les mesures de correction.

Loi du 16 juin 1879 concernant la création d'établissements cantonaux de correction.

L'Etat créc, suivant les besoins, des maisons de correction. Elles reçoivent : a) des adultes valides, mais paresseux ou vivant dans le désordre, assistés ou interdits ; b) des mineurs abandonnés, sous le coup d'une condamnation pénale. Les établissements communaux et privés ont droit aux subsides de l'Etat. Etablissements spéciaux pour mineurs. Séparation des sexes. Travaux agricoles et autres subsidiairement ; apprentissages professionnels.

Les adultes sont enfermés par le Conseil de district, sur la proposition du Conseil municipal de la commune d'origine ou des autorités d'assistance du lieu du domicile, lesquels, au préalable, ont averti et menacé le coupable.

Le préfet s'adresse également au Conseil de district, qui entend la personne en cause ; l'entrée dans la maison de correction peut avoir lieu aussitôt après.

Durée de la détention : une année pour la première fois, une à trois années en cas de récidive. Les autorités tutélaires décident quand il s'agit de mineurs.

Un recours peut être adressé au gouvernement dans les dix jours. Décision sur rapport de la Direction de Justice. Le Conseil de district est compétent pour décider sur l'effet suspensif du recours. La Direction de Justice peut autoriser la détention, dans un établissement zuricois, d'un étranger au canton, et qui n'y aurait pas son domicile (11).

Les Assistances communales font usage de la détention dans des cas où le tribunal devrait intervenir en vertu des art. 31, 32 et 35 de la loi d'assistance. Elles ont le droit d'y recourir à cause des subsides accordés aux établissements de cet ordre sur la dîme de l'alcool.

Quelle que soit la gravité de l'oubli des devoirs de famille, les autorités ne peuvent exercer une répression rapide. Un avertissement doit précéder ; puis il faut qu'il y ait eu des actes d'assistance officielle. Les art. 370 et 406 du Code civil, rapprochés du § 73 de la loi d'application, signifient une heureuse extension de l'état de droit en faveur des autorités d'assistance par l'office des tuteurs. Demeurent réservées vis-à-vis des droits paternels, les compétences reconnues par la loi aux autorités d'assistance en vue de faciliter la protection des enfants assistés, ou dont les parents sont secourus. Elles sont encore valables dans le cas où les parents renonceraient à l'assistance en faveur de leurs enfants, avant que ceux-ci soient élevés et formés pour la vie (droit de recours), § 57 de la loi d'application.

Si les frais résultant de l'action tutélaire et des mesures prises ne peuvent être payés par les parents, ni par l'enfant lui-même, ni par les débiteurs alimentaires ou par quelque autre (bienfaisance privée), ils le sont par la caisse des pauvres de la commune d'origine, toutes les fois que le bénéficiaire est citoyen du canton. Dès la première heure, c'est la Commune qui a la charge des soins que l'enfant réclame. s'il s'agit d'étrangers au canton, des démarches sont faites auprès de la commune responsable ; si elles restent infructueuses, le rapatriement est ordonné (66). Pour les enfants déjà secourus, ou dont la famille est assistée, l'octroi ou la suppression de l'assistance à l'enfant peuvent être prononcés par les autorités d'assistance aux termes de la loi. Ces autorités sont tenues d'informer la Chambre des orphelins des mesures prises. Ce bureau a le droit de porter plainte si les soins sont insuffisants (67).

Ordonnance du 21 octobre 1889 concernant l'internement des mineurs dans les maisons de correction.

Les établissements cantonaux de correction sont destinés à recevoir des mineurs qui, par défaut d'éducation, sont moralement déchus et restés incultes ; de les placer dans une bonne atmosphère, de les relever par l'instruction et l'habitude du travail régulier. En sont exclus : les aveugles, les sourds-muets, les déments, les idiots, les malades infectieux. L'internement ne peut être prononcé que par le tribunal et l'autorité tutélaire suprême. Il l'est par le tribunal quand il s'agit d'un délit grave accompli ou projeté ; quand le délinquant juvénile est capable de discernement. mais qu'il a été négligé. Au lieu donc d'être puni, il est interné aussitôt après la déclaration de culpabilité. L'exécution est l'affaire du préfet ou du procureur général. Le Conseil de district prononce l'internement, à la demande du procureur général, quand le discernement fait défaut ; le tribunal le fait, de son côté, après l'acquittement, à la demande du Conseil municipal, si la surveillance, les soins, l'éducation manquent, si les avertissements restent vains, si d'autres mesures semblent insuffisantes. La Direction de Justice sert d'intermédiaire entre le Conseil de district, le procureur général et le tribunal.

Le père s'élève-t-il contre les décisions de l'autorité tutélaire, on délibère en même temps sur le retrait de la puissance paternelle. La durée de l'internement est d'au moins six mois ; elle ne s'étend pas au-delà de la 20me année. Recours au gouvernement garanti (10 jours). Les frais sont prélevés sur l'avoir du détenu, ou sur celui de sa famille ; à défaut de fortune, sur la caisse du tribunal, soit sur celle des pauvres de la commune d'origine (11).

Ordonnance du 21 octobre 1889 concernant la surveillance des établissements privés de détention.

La création et l'exploitation d'établissements de ce genre sont soumises à l'autorisation du gouvernement, auquel statuts et règlements doivent être communiqués. La surveillance est effectuée par les commissions officielles de surveillance. La fermeture de ces maisons peut être ordonnée par le gouvernement, sur la proposition de la Direction des prisons (4).

Ordonnance du 24 octobre 1889 concernant l'organisation de la maison de correction de Ringwil.

La maison reçoit des garçons négligés, de 12 ans au moins, 60 au total, groupés en familles de 15 d'après l'âge et les similitudes morales. On les accoutume à la vie régulière et on s'efforce de les réformer par les moyens suivants : discipline individuelle dans l'esprit de la maison, instruction tendant à la formation de l'entendement et du caractère ; éducation religieuse ; travail suivant les capacités, et, autant que possible, apprentissage. Enseignement théorique. Travaux agricoles préférablement à tous autres (éventuellement métiers). Les évasions sont sévèrement réprimées par des punitions disciplinaires et par la prolongation jusqu'à 3 mois de séjour dans la maison (Commission de surveillance), (7). Les frais de pension se montent de Fr. 200 à 500 par an.

Si c'est la caisse des pauvres qui paie, l'Etat verse le 60°/₀ du prix minimum sur le dixième de l'alcool (subsides particuliers de l'Etat). Pécules. (Commission officielle de surveillance de 5 membres). Patronage des libérés.

L'établissement des pauvres du district Kappela reçoit. dans sa division de correction, de vieux détenus des deux sexes, de 50 ans et au-dessus. L'Etat paye 60 centimes par jour pour les citoyens du canton (Convention de 1891, mai-juin).

Ordonnance du 10 août 1893 concernant l'entretien des enfants en pension.

Les personnes qui font une affaire de la pension des enfants placés par les communes doivent avoir l'autorisation de la Direction de santé ; celle-ci l'accorde ou la refuse sur le rapport des autorités sanitaires de la localité. La concession n'est accordée qu'à des personnes non assistées, d'une conduite honorable, qu'on ne peut soupçonner de courtage galant ni d'accueil aux filles publiques. Elles doivent être exemptes de maladies dangereuses, avoir un logement répondant aux exigences de l'hygiène, qui ne soit pas dans le voisinage d'une industrie nuisible à la santé, et où il y ait un lit pour chaque pensionnaire.

Il faut avoir en outre l'assurance que la nourriture, le traitement et l'éducation, sont ce que l'on est en droit d'attendre. Fréquentation des écoles. Surveillance des autorités sanitaires et respect de ses ordres. Annonce de l'entrée et de la sortie des enfants. Soins de ménage, travaux dépassant les forces, mendicité, colportage. Traitement médical. Inspecteurs (9).

L'autorité sanitaire est tenue d'aider de ses renseignements et de ses conseils les autorités étrangères d'assistance qui voudraient placer dans la commune des enfants pauvres et des orphelins (10). Rapports annuels. Les contrevenants sont passibles d'amendes, de plainte par devant tribunal, de retrait de concession. Préfecture (médecin de district). Direction sanitaire. Conseil d'Etat.

Ordonnanc du 23 juin 1904 concernant les soins aux malades pauvres, étrangers au canton. (Loi féd. du 22 juin 1875).

L'Etat en supporte les frais, en tant que l'assisté ne peut les payer de ses propres deniers, ou qu'il n'ait rien à attendre d'une caisse maladie, ni de secours de l'employeur (Code des Obligations), ou de tiers (responsabilité civile). Est réservé le remboursement dans le cas où le malade arriverait à une situation économique meilleure, recevrait un héritage. etc. Soins dans l'hôpital cantonal, dans les infirmeries de district ou de commune. Subsides de l'Etat (Fr. 2 par jour). Les communes politiques doivent prendre les mesures nécessaires (autorités sanitaires locales). Transmission des cas à la Société de bienfaisance locale, sous la surveillance des autorités communales compétentes (5). Avis de chaque cas à la Direction cantonale d'assistance, accompagné des actes et pièces justificatives (certificat médical constatant l'intransportabilité). Autorisation du médecin des pauvres pour un laps de temps déterminé (7—8), mais sans engagement (Rabais 20%). Remise de la note des frais à la Direction d'assistance par l'entremise de la Préfecture qui a fait les démarches préliminaires, par exemple, la demande de certificat d'indigence à la commune d'origine.

NOTE I. — Après la clôture des comptes, les cas d'étrangers sont annoncés au Département fédéral de Justice et Police, lequel communique aux Etats contractants la somme totale des frais et le nombre des cas, italiens, autrichiens, allemands, français.

NOTE II. — Pour les certificats d'indigence demandés aux communes italiennes, on utilise les excellents services du Consulat général d'Italie (Prefettura, certificato di Nullatenenza).

Comparer l'Ordonnance du 4 avril 1907, concernant les service des sages-femmes, § 16. Payement des soins de la sage-femme par la caisse des pauvres de la commune d'origine pour les citoyens du canton ; par l'Etat pour les étrangers au canton (Fr. 20 à 30, taxe des pauvres).

Règlement pour l'usage des stations de Bains et des Asiles de convalescents pour les malades pauvres du canton. 8 juin 1895.

Les malades et convalescents pauvres du canton, recommandés par les hôpitaux et asiles cantonaux, par les Assistances communales et les sociétés de bienfaisance, peuvent être reçus pendant 8 ou 15 jours, parfois plus longtemps, dans les stations de bains et asiles de convalescents destinés à cela par la Direction cantonale d'assistance. L'Etat paye les frais. Les inscriptions sont reçues chaque année jusqu'au 20 mars.

Arrêté du 'Grand Conseil concernant la création d'un fonds pour l'assurance cantonale contre la vieillesse et l'invalidité, — 11 janvier 1909. — Dépôt d'une somme de Fr. 500 000 et loi du 24 septembre 1911 concernant la création d'un fonds pour l'assurance cantonale contre la vieillesse et l'invalidité.

Subside de Fr. 600 000 prélevé sur le Fonds cantonal pour les œuvres d'utilité publique. Subventions provenant des excédents de recettes du compte d'Etat et du Fonds cantonal d'utilité publique, s'il dépasse Fr. 50 000. Intérêts du Fonds, legs, dons.

REMARQUE. — D'après la loi zuricoise du 27 février 1855 sur *la naturalisation des heimatloses*, la commune réceptrice reçoit un subside de l'Etat s'élevant de Fr. 200 à 600. En outre, pendant 15 ans, l'Etat supporte la moitié des frais d'assistance pour les naturalisés de cette catégorie.

c. Le régime de l'assistance dans la ville de Zurich.

A. Assistance aux bourgeois.

(Selnaustr. 18, Zurich I).

L'assistance immédiate des bourgeois pauvres, qu'ils habitent la ville ou au dehors, qu'ils aient ou non un domicile fixe, qu'ils soient dans leur famille ou placés loin d'elle,

incombe à l'*Assistance aux pauvres de la ville de Zurich*,
soit à une commission de 11 membres ayant à sa tête le
président du Bureau des tutelles et de l'assistance, et à
laquelle on adjoint 10 citoyens choisis par la section bourgeoise (75) du Conseil général de la ville.

Comme jadis à Bâle (jusqu'en 1908), les bourgeois dans
l'indigence momentanée étaient secourus par le Bureau de
bienfaisance, ainsi cette catégorie de personnes l'était à
Zurich, jusqu'à la fin de 1911, par la bienfaisance privée.
On voulait éviter que les bourgeois secourus temporairement
vissent leurs noms imprimés sur le tableau des assistés. Naturellement, l'Assistance bourgeoisiale donnait au Bureau de
bienfaisance pour ce service une subvention annuelle de Fr.
25 000. Mais la revision constitutionnelle du 29 janvier
1911 ayant limité le retrait du droit de suffrage aux seuls
assistés permanents tombés dans l'indigence par leur faute,
l'Assistance aux bourgeois ayant en même temps renoncé
à l'impression du tableau des assistés, rien n'empêchait que
celle-ci n'accordât enfin aux bourgeois temporairement gênés
une assistance adéquate, comme aux assistés permanents.

Conformément à l'ordonnance du 19 décembre 1908, l'Assistance nomme des commissions de quartier pour s'occuper
des pauvres habitant la ville et qui n'auraient pas été enlevés
à leur famille. Ces commissions comptent 7 à 13 membres, dont deux à quatre dames. A l'heure actuelle, il y
en a sept.

Chaque commissaire reçoit en partage six familles au
plus à patronner. Les Commissions ont les compétences nécessaires pour reviser annuellement les listes d'assistés permanents, pour accorder des suppléments occasionnels aux
subsides réguliers et aider momentanément, jusqu'à concurrence de Fr. 250 dans une année pour une personne isolée,
Fr. 400 pour une famille. Pour tous les autres cas, elles
se bornent à des propositions au Bureau d'assistance.

Les présidents des Commissions de quartier, qui sont
d'habitude membres du Bureau de l'assistance aux bourgeois, peuvent accorder, sur la proposition du membre pro-

tecteur, des petits secours au montant total de Fr. 100 pas an et par cas.

Les membres protecteurs doivent s'intéresser à la marche générale des familles commises à leurs soins, surveiller attentivement la façon dont on traite et élève les enfants, recevoir les demandes d'aide et les transmettre, avec leur préavis, proposer les mesures spéciales qu'impose la situation, remettre les secours. Dans les cas urgents, ils sont autorisés à donner un secours provisoire jusqu'à Fr. 20.

Pour agir directement, l'Assistance bourgeoise élit dans son sein les commissions que voici : d'assistance, d'examen des comptes et du rapport annuels, de surveillance de l'Hospice de la ville (Pflegeanstalt)), d'inspection ; en outre, celle pour la fondation Meyer, et une autre pour gérer le fonds des legs en faveur de l'hôpital de la ville. Dans chacune des trois dernières, deux places sont réservées aux dames.

La commission d'assistance a les mêmes compétences que les commissions de quartier, mais pour les pauvres domiciliés au dehors et pour les hospitalisés. La commission des comptes surveille la comptabilité et la caisse, vérifie les projets budgétaires, les comptes et les rapports annuels. La commission d'inspection suit la marche des hospices et l'activité des inspecteurs-enquêteurs, pendant que la commission des asiles surveille la direction et la marche de l'Hospice de la ville à Uster, l'établissement pour jeunes filles moralement en danger, celui pour le relèvement des buveurs, les divers asiles de Blumenau, Steg-Fischental, celui pour vagabonds et déchus à la Rossau, près de Mettmenstetten.

L'Assistance bourgeoise urbaine se réserve tous les cas administratifs d'une nature générale, l'octroi du premier secours de caractère permanent, celui de secours occasionnels dépassant les compétences des commissions, les décisions pour les cas d'hospitalisation, de placement dans les asiles de buveurs, de pauvres, de correction et de travail, dans les colonies de travail, etc.

Le président est compétent pour les secours urgents

jusqu'à Fr. 250 en faveur de personnes assistées déjà ;
pour un séjour temporaire dans les hôpitaux, les stations
de bains, les sanatoria, les maisons de convalescents, des
assistés de toutes les catégories ; pour l'exécution des propositions des inspecteurs aux fins d'hospitalisation dans des
des établissements privés et pour la fixation des conditions ;
pour le traitement auquel doivent être soumis les vagabonds,
mendiants, sans asile, gens ramenés par la police, etc. ; pour
les menaces d'arrestation, l'établissement des certificats d'indigence exigés en cas de procès, les patentes de colportage,
les frais de patente d'invention, etc.

Les membres de l'autorité d'assistance, comme ceux des
commissions, ont des fonctions honorifiques selon le système d'Elberfeld. En revanche, on leur accorde un jeton
de présence pour les séances, et une modeste rétribution pour
les voyages d'inspection d'une journée au moins.

Le personnel comprend 3 secrétaires, 2 inspecteurs, 1
caissier-comptable et les commis en nombre nécessaire.

Les secrétaires rédigent les procès-verbaux de l'Assistance et des commissions, assurent l'exécution des dispositions prises et des décisions, en particulier pour les remboursements et les subsides des parents, correspondent, éta-
blissent les certificats, informent les établissements publics
des entrées de pensionnaires, rédigent le rapport annuel, ran-
gent les archives, etc.

Les inspecteurs cherchent des familles et des asiles privés
où l'on puisse placer des enfants et des adultes, des maisons
ou ateliers d'apprentissage, visitent régulièrement les assistés placés au-dehors dans les familles, écrivent des rapports
sur les changements proposés en vue d'améliorer la situation
des assistés, s'il y a des sujets de plainte contre la famille
qui les nourrit. Ils cherchent à provoquer des explications
entre assistés et nourriciers s'il y a conflit et plainte, à réduire
les malentendus par leur action personnelle sur les lieux
mêmes.

Pour chaque assisté, il y a une feuille de comptes et
un dossier tenu à jour par le secrétariat.

Toute demande d'un premier secours se fait par écrit ou verbalement au secrétariat. Si le solliciteur demeure dans la ville, le secrétaire, ou l'inspecteur, remplit une feuille de renseignements après l'avoir entendu et s'être enquis soigneusement de ses circonstances particulières ; il y joint son préavis. Le questionnaire est transmis pour nouvelle enquête, rapport et propositions, à un patron désigné à cet effet, ou au commissaire compétent du quartier. Le dossier est soumis ensuite à qui de droit pour la décision. Les demandes de solliciteurs déjà secourus sont présentées au commissaire protecteur, qui leur fait suivre la filière, après examen de la situation, en l'accompagnant d'un rapport et de propositions. Dans les cas difficiles, le secrétariat, ou l'inspectorat, est chargé d'une enquête supplémentaire.

Le protecteur écrit chaque année, en se servant d'un formulaire spécial, un rapport tendant à la continuation ou au changement de l'assistance pour les personnes qui ne sont pas secourues d'une façon régulière. Ce rapport numéroté est annexé au dossier, avec tous les documents concernant le cas particulier.

Voici encore, brièvement énumérés, les établissements dirigés par l'Assistance bourgeoise, ou mis à sa disposition.

L'asile «Waid», à la Rossau-Mettmenstetten, pour les hommes valides de tout âge, qui, par suite de faiblesse de caractère, ne travaillent que d'une façon intermittente, tombent ainsi à la charge de l'Assistance, mais dont l'état ne justifierait pourtant pas le placement dans un asile d'aliénés, ni un internement correctionnel (travaux agricoles).

L'asile pour jeunes filles moralement exposées au Heimgarten, près de Bülach.

L'asile des vieillards pour bourgeois de la ville, au Rosengarten, Uster.

L'asile pour buveurs des deux sexes à la Blumenau, Steg-Fischenthal.

Deux places gratuites dans l'asile de malades de Neumünster (incurables, Rehalp).

Dans la ville de Zurich I, l'Hospice de St-Léonard, 80 places, construit dans une situation dominante sur la terrasse du Polytechnicum. Selon le règlement du 23 novembre 1893, art. 1, il offre l'hospitalité à des personnes âgées, honorables, dans une situation économique difficile, bourgeoises de l'ancienne ville. L'établissement donne le logis ; pour l'entretien et les soins, chacun paye, suivant ses moyens, jusqu'à 1,20 fr. par semaine. Le pensionnaire apporte son linge et ses meubles et pourvoit à leur entretien (une chambre chauffable et propre). La surveillance de l'Hospice est exercée par la direction de l'administration bourgeoisiale (commission administrative, administrateur).

Enfin, dans l'ancienne Schipfe (4 Fortunagasse), la maison d'arrêts urbaine et asile bourgeois pour insubordonnés et gens sans asile, bourgeois de la ville.

B. Assistance aux habitants.

(Niederdorfstrasse 29—31, Zurich I).

La centralisation des sociétés philanthropiques de Zurich eut pour conséquence la création de *l'Assistance libre aux habitants pauvres de la ville de Zurich*. Son Bureau devait secourir les habitants indigents et les malades pauvres, dont l'assistance incombe à la commune politique pour répondre aux exigences des traités internationaux et de la loi fédérale de 1875 ; il prenait en outre la charge des secours à la population flottante et aux passants, puis l'assistance cantonale aux habitants pauvres et malades, en lieu et place de l'Assistance bourgeoise, conformément à l'art. 10 de la loi cantonale. Tout ce travail lui était confié par le Conseil administratif de la Ville de Zurich et son arrêté du 4 janvier 1896, basé lui-même sur l'ordonnance municipale du 29 juin 1892*), art. 100, *lit.* i. Cette autorité assurait à la nouvelle institution, par le fait semi officielle, une subvention annuelle importante. Avec son secrétariat et toute son organisation

---

*) Nouvelle ordonnance municipale de 1907, art. 90, lit. K.

fonctionnelle, l'Assistance aux habitants offre une grande analogie avec « l'Assistance générale » de Bâle. Son caractère de demi officialité s'accentua encore par la reconnaissance de l'institution comme intermédiaire pour l'assistance inter-cantonale et internationale, à la demande de la Direction cantonale d'assistance en 1896. La conséquence, c'est que le Bureau joue, entre les habitants assistés de la ville et l'Etat, auquel revient le soin de leur assistance, le même rôle que celui de la préfecture dans le reste du district.

Le 1er septembre 1902, à propos d'un conflit de com-pétences, la Direction cantonale le déclara d'une façon explicite, par circulaire aux Assistances bourgeoises légales, et en prit occasion pour leur dire que cette Assistance aux habitants exerce les fonctions officielles exigées par l'art. 10 de la loi cantonale pour l'assistance au lieu du domicile.

L'Assistance libre aux pauvres habitants est ainsi devenue l'Assistance aux habitants de la ville de Zurich. En cette qualité, elle sert d'intermédiaire entre les citoyens d'autres communes, ou les étrangers domiciliés à Zurich, et leurs lieux d'origine, spécialement pour les secours d'un caractère permanent par des protecteurs volontaires organisés suivant le modèle d'Elberfeld. Néanmoins, la part la plus importante de l'assistance reste entre les mains d'un fonctionnaire supérieur de carrière et des secrétaires. Il y a un bureau particulier pour l'assistance aux habitants en application des traités et des prescriptions fédérales. A quelque distance du siège central se fait l'assistance aux passants et à la population flottante ; celle en nature et l'asile pour la nuit sont assurés par l'auberge ouvrière (Herberge zur Heimat). Le Home urbain en faveur de la jeunesse est utilisé pour les enfants assistés provisoirement, et jusqu'à leur placement définitif ou à leur rapatriement.

Le bureau de l'assistance médicale paye, des deniers de l'Etat, après visa de la Direction cantonale et dépôt d'un certificat d'indigence, les restitutions, les frais d'accouchement, de soins à domicile, d'hospitalisation, des notes de médecin, médicaments et appareils sanitaires inclus, les frais de transport et de rapatriement. C'est une commission de surveillance de 7 membres qui décide au sujet des rapatriements proposés pour cause de retard à la coopération du lieu d'origine, si d'ailleurs des motifs d'ordre moral s'y ajoutent. Cette commission se réunit chaque semaine, principalement pour s'occuper des affaires de ce genre, qu'elle solutionne après audition des rapports et propositions du secrétaire.

C. Les soins aux malades.

En connexion avec l'Assistance aux habitants, il faut citer la Policlinique, le Dispensaire gratuit d'accouchements pour la ville et le Home juvénile urbain.

Conformément à l'Arrêté municipal du 5 juin 1898. la ville se charge, pour le moment, du surcroît des frais occasionnés par l'extension du service des médecins de la Policlinique aux quartiers suburbains (y compris les médicaments). Des médecins privés sont désignés pour visiter, contre de modestes honoraires payés par la ville, les malades qui ne peuvent aller à la Policlinique, fournir ou ordonner les médicaments nécessaires.

Les médecins de la Policlinique stationnés dans les arrondissements urbains, 3 à 8, sont obligés, par décision du 31 mars 1909, à une réception quotidienne d'une heure et demie. Dès que le crédit voté pour ce service menacera de dépasser Fr. 40 000, la question de sa continuation sera soumise derechef à la commune.

Le 22 avril 1911, la Ville conclut avec le canton une convention réglant l'extension de la clinique pour femmes. Elle peut prétendre dès lors, dans la Section générale, à la place nécessaire pour 2000 naissances annuellement. Pour les soins aux femmes enceintes et en couches, la ville paye les taxes inscrites au tableau cantonal, plus 1 fr. par adulte et par jour. La taxe et le supplément ne doivent pas dépasser · moyenne de 70 °/₀ des frais quotidiens. L'Etat désigne la catégorie de personnes qui sont soignées à ses frais. Seules les femmes qui présentent le certificat d'un médecin officiel ont droit aux secours gratuits pour l'accouchement dans la Maternité. Si ce certificat fait défaut, comme dans certains cas d'urgence, la Direction de la Maternité avise le Bureau sanitaire urbain, lorsque l'accouchée prétend à la gratuité des soins aux frais de la ville. (20 décembre 1911).

Ont droit au traitement gratuit aux frais de la ville, à la Maternité cantonale ou à domicile, les personnes en état de grossesse avancée, celles qui vont accoucher et les accouchées ; en outre, les femmes qui, après le 5me mois de grossesse, souffrent d'une couche prématurée ou des suites d'une fausse-couche. Il y a d'ailleurs des conditions :

1o) La femme doit être établie dans la ville depuis une année au moins, sans interruption ;

2o) la famille n'avoir point de fortune, et un revenu de Fr. 2000 au plus.

Exceptionnellement, la gratuité peut être accordée dans certains cas où le revenu est un peu plus élevé et où il y aurait quelque argent, mais où elle serait néanmoins justifiée par les circonstances particulières : famille nombreuse, maladies fréquentes, long chômage indépendant de la volonté, etc., circonstances que la Direction de la Santé publique apprécie. Sont exclues les personnes longtemps assistées des deniers publics.

Dans la règle, la ville paye les soins pendant sept jours avant l'accouchement ; elle réserve les cas pathologiques exigeant un traitement prolongé. Les accouchements à domicile lui coûtent Fr. 25 ; dans les cas pathologiques, elle paye en outre le médecin et les remèdes suivant le tarif cantonal. Qui prétend faire usage des facilités accordées par la ville doit s'annoncer au médecin officiel, en tous cas quinze jours au moins avant le terme présumé. Pour cela, on se sert d'un formulaire qui rend les solliciteuses attentives aux suites qu'aurait un abus reconnu dans la demande de gratuité (10 février 1892).

Le *Home juvénile urbain*, Florhofgasse 5—7, Zurich I, a pour but de recevoir des nourrissons, des enfants trop jeunes pour fréquenter les écoles ou en âge de scolarité, des adolescents des deux sexes, abandonnés, sans ressources, conséquemment en danger, jusqu'au moment de leur retour au foyer familial ou de leur placement définitif. On s'occupe ici. en première ligne, des enfants dont le bien moral et physique est compromis. La nationalité et la confession religieuse n'y jouent aucun rôle. La direction et l'administration du Home sont entre les mains de l'Ecole suisse de garde-malades (Zurich 7), qui lui fournit le nombre de sœurs nécessaire à la bonne marche de la maison, ainsi que le personnel domestique, etc. La ville paye le déficit, 10 férier 1912 (subvention de l'Etat). Commission de surveillance. Le contrôle est exercé par le Bureau de la protection de l'enfance (Direction des écoles).

2. Lucerne.

a. Principes fondamentaux de la loi.

La loi lucernoise d'assistance est datée du 21 novembre 1889 ; elle est entrée en vigueur le 1er janvier 1891, abrogeant de ce fait l'ancienne loi du 5 décembre 1856. L'actuelle fut élaborée en application de l'art. 100 de la Constitution cantonale. En voici les principales dispositions.

Organisation de l'assistance. L'Assistance publique partage avec les œuvres de bienfaisance la tâche de secourir les pauvres.

I. Assistance publique (§§ 2 à 4). Les Conseils municipaux. les préfets et le Conseil d'Etat sont les organes attitrés de l'Assistance publique. Le dernier exerce le contrôle supérieur. Le Conseil municipal veille à la satisfaction raisonnable des besoins physiques et moraux des pauvres ; il recherche et combat les causes d'indigence, administre les biens de charité, exerce la police des pauvres (commissions).

Le préfet contrôle l'activité des Conseils municipaux et veille spécialement à la protection de l'enfance. Tous les deux ans, il réunit les délégués des conseils de commune pour entendre des rapports sur les questions d'assistance et les discuter avec eux. Chaque année, il expose, dans un mémoire au gouvernement, la situation de l'assistance dans son district.

Plusieurs communes peuvent s'unir, avec l'autorisation du Conseil d'Etat, pour une administration unique de leurs multiples Assistances. La création de nouvelles circonscriptions d'assistance et la dissolution d'anciennes sont réglées par une loi.

2. *Bienfaisance privée* (§§ 5 à 8). Ses organes sont les œuvres et sociétés de bienfaisance, pour une ou plusieurs communes. Leurs règlements sont approuvés par le Conseil d'Etat. Si les comptes sont rendus publics, les autorités d'assistance doivent attribuer à la Société de bienfaisance le produit des fonds de charité, ainsi que la moitié du $7\,^0/_0$ de la dîme ou du capital décimable. L'action simultanée des Assistances publique et privée se fait après entente, et se continue à la faveur d'un fréquent échange de renseignements. Les autorités sont tenues d'encourager la création de sociétés de bienfaisance.

Devoir d'assistance (§§ 9 à 21). Les indigents n'ont pas un droit juridique à l'assistance, en dehors de la responsabilité obligatoire de l'employeur et de la responsabilité civile. L'assistance par la famille est réduite à l'indispensable. La limite des subsides de parents, fixée au $10\,^0/_{00}$ de la fortune et au $3\,^0/_0$ du gain personnel, n'est plus valable dans les relations d'époux et d'enfants à parents. S'il y a plusieurs débiteurs, on fait entre eux une répartition proportionnelle des charges. C'est le Conseil municipal qui fixe les quotités. Il procède d'abord à l'amiable, puis par des mesures de rigueur, et enfin par l'office de la Police si parents ou enfants sont rénitents.

Les §§ 11 à 21 entrent dans des détails circonstanciés sur les obligations réciproques des époux, des parents et des enfants, des grands parents et des petits enfants. Le § 15 est particulièrement intéressant :

« Une mère de famille dans l'aisance vient-t-elle à se

remarier et à changer, par le fait, de bourgeoisie, elle peut être obligée de laisser en dépôt, dans la commune de son premier mari, une somme de Fr. 2000 par enfant, jusqu'à la majorité de ceux-ci, en vue d'assurer leur entretien. La même disposition est applicable à la mère d'un enfant naturel ».

Assistance par la commune. — Si l'assistance familiale fait défaut, la commune bourgeoise du domicile prend à sa charge, pendant vingt jours au plus dans une année, le traitement médical, les soins et l'entretien des habitants pauvres et malades, puis les frais d'inhumation, sans droit de recours auprès de la commune d'origine. Le remboursement peut être exigé, en revanche, des parents et débiteurs alimentaires, en vertu des dispositions du droit privé. Loi fédérale du 22 juin 1875. Secours aux passants en faveur des compagnons pauvres en voyage.

Le devoir d'assistance de la commune d'origine s'étend aux orphelins et aux enfants trouvés, sans ressources, aux enfants abandonnés ou à ceux qui furent enlevés à leurs parents pour cause de négligence, et jusqu'à la fin de leur seizième année, aux adultes dénués, incapables de subvenir, en tout ou en partie, à leur entretien, par suite de l'âge ou des infirmités (soins, occupations, secours en argent). « Le Conseil municipal (!) peut, en tout temps (!), disperser une famille qui tombe à la charge de l'Assistance ». Malades pauvres (traitement médical et soins).

Les Assistances communales ont à leur disposition les ressources suivantes : Taxes de naturalisation, moitié des successions en déshérence, donations, moitié du 7 % du dixième de l'alcool, etc., centimes additionnels, remboursements, subsides des parents, intérêts des biens des pauvres, impôt communal d'assistance, amendes, subsides de l'Etat, etc.

§ 27 à 29, *Dispositions financières.* — Participation de l'Etat. L'Etat participe directement à l'assistance par des subsides appropriés aux communes obérées. Les Communes subventionnées peuvent être placées sous régie(!). L'Etat

paye les médecins des pauvres, les frais des mesures de
police sanitaire (loi fédérale du 2 juillet 1886), ceux du
refoulement des mendiants, verse des subsides aux caisses
de secours en cas de maladie et de décès (Caisses communales
obligatoires de secours en cas de maladie).

L'Etat subventionne les établissements dont voici la liste
(aide indirecte à l'Assistance) : Asile d'aliénés de St-Urbain,
asile de sourds-muets, asile Rathausen pour enfants pauvres, maisons de travail forcé. La loi prévoit la création
d'un hôpital cantonal, d'hospices de district pour enfants
pauvres, d'un asile d'aveugles, d'un autre pour idiots, d'une
maison de correction pour dévoyés, d'une colonie de travail, éventuellement d'hospices de pauvres pour groupes de
communes. Création de fédérations de sociétés de bienfaisance.

Caisse cantonale d'assistance (§ 32, al. 3). — L'assistance
et les soins aux indigents se pratiquent par la recherche
de travail, l'hospitalisation, les engagements, le payement de
pensions. Secours en combustibles, denrées alimentaires, vêtements, argent, prêt de terrain, don d'outils, traitement médical, selon décision du Conseil municipal.

Les § 35 à 46 décrivent en détail chacun des quatre
modes d'assistance. Les enfants doivent être séparés des
adultes. Les enfants en pension demeurent sous le contrôle
de la préfecture. Les mises aux enchères sont interdites.
Les secours en argent sont exceptionnels. Tout médecin
patenté est tenu d'accepter un appel comme médecin de
l'Assistance.

Les § 47 à 54 énumèrent toutes les dispositions pour
les remboursements et restitutions. Le Conseil municipal est
autorisé à exiger le remboursement des secours de l'assisté
arrivant à l'aisance par suite d'héritage, de hasards heureux,
de gain supérieur. Les mineurs ne peuvent être recherchés
que pour ce qui fut dépensé en leur faveur. Les héritages
ne sont pas payés avant le règlement de la dette !

Mesures de police. — Peines : avertissements, menaces, retrait de l'assistance, prison, 8 jours au maximum. Peines de police contre la mendicité. Les assistés, les débiteurs alimentaires et les nourriciers en défaut sont punis, éventuellement par internement dans une maison de travail forcé.

Les prescriptions de police remplissant les §§ 55 à 73 sont d'une ébouriffante multiplicité. Les autorités et les fonctionnaires qui agissent contrairement à la loi tombent sous le coup des §§ 169 et 170 des dispositions de police de la loi pénale. Les recours au gouvernement doivent lui être présentés dans les 20 jours.

b. Lois connexes.

Loi d'application du Code civil suisse du 21 mars 1911. §§ 37 et 38 (frais de la protection de l'Enfance) : « Si les subsides des débiteurs alimentaires (Code civil suisse, 328) ne suffisent pas à couvrir les frais d'entretien des enfants enlevés à leurs parents, le solde est couvert conformément aux instructions de la loi sur l'éducation des enfants et de celle d'assistance ». Commissions pour la protection de l'enfance et Inspectorats, Code civil suisse, § 283, al. 9.

Loi du 7 mars 1910 concernant le traitement des buveurs (Comp. avec Bâle, St-Gall et Vaud). — Les habitants du canton adonnés à la boisson peuvent être internés dans un asile de buveurs (1), si le Conseil municipal du lieu du domicile le décide, en s'appuyant sur un préavis médical, à la demande du buveur lui-même, de ses parents ou de son tuteur, ou encore de sa propre initiative après enquête. Recours au Conseil d'Etat dans les 10 jours (3). Durée : 6 mois au minimum, une année au plus ; en cas de récidive, jusqu'à 2 années (4). Libération anticipée ; prolongation (4). Les frais sont payés par le patient ou ses parents ; à la rigueur, par la commune du domicile (5), mais, s'il s'agit d'étrangers au canton, dans le cas seulement où le patient serait établi dans cette commune depuis un an au moins. La commune d'origine est tenue de payer une somme égale à celle que verso la commune du domicile ; elle risque autrement de voir le permis d'établissement retiré à son ressortissant et celui-ci tomber entièrement à sa charge (5). L'Etat rembourse aux communes de un à deux tiers des frais d'internement (6). Dans les cas d'insubordination ou de fuite, le coupable est placé par le gouvernement dans une maison de travail forcé (7).

Organisation de l'Assistance publique médicale dans le canton de Lucerne.

Bien que n'ayant pas de grande ville comme Bâle ou Genève, le canton de Lucerne a établi son assistance médicale aux habitants sur une base extrêmement large, celle du principe territorial. Les prescriptions légales suivantes servent de fondement à cette intéressante organisation.

Ordonnance du 15 novembre 1893 concernant le traitement médical des malades pauvres (§ 46 de la loi d'assistance du 21 novembre 1889). Le canton est divisé en arrondissements sanitaires. Pour chacun, le Conseil de santé désigne un médecin de l'assistance et son suppléant, tous deux pour une année, après laquelle leur remplacement se fait. Les médecins désignés n'ont pas la liberté de refuser leur nomination (publication dans la *Feuille cantonale officielle*). Le Conseil de santé peut autoriser le traitement dans une clinique privée ou par un spécialiste. Si le malade est transportable, les opérations chirurgicales graves se font dans l'hospice de pauvres indiqué par le Conseil de santé. Les frais de transport et de soins pendant les 20 premiers jours sont à la charge de la commune du domicile (§ 23 de la loi d'assistance). Pour les frais subséquents, la commune d'origine doit y pourvoir. L'Etat paye le tiers des frais quand le traitement se fait à l'hôpital. Les communes sont responsables de l'établissement immédiat des certificats nécessaires. En cas de refus ou d'urgence, le Département compétent prend les mesures indispensables. Tarif des visites du médecin des pauvres (7). Contrôle (8). Bandages herniaires, lunettes, membres artificiels, appareils quelconques relevant

la valeur économique du malade, sont à la charge de la
commune d'origine (9). Payement annuel pour les traitements médicaux dans les établissements hospitaliers (10).
Droit des pauvres au traitement du médecin de l'assistance
sur présentation d'un certificat officiel valable pour une
année. Ces certificats doivent être établis sans retard par les
communes (11). Les malades des asiles et ceux commis aux
soins d'un spécialiste, ne ressortissent pas au médecin d'arrondissement. Coopération avec l'administrateur de la Bourse
des pauvres (Waisenvogt). S'il est prob?le que la durée du
traitement dépassera 20 jours, on doit aviser la commune
d'origine (le Waisenvogt) (13). Mesures de contrôle (14 à
19). L'ensemble de la pratique d'assistance aux malades est
soumis à la surveillance du Conseil de santé et au contrôle
suprême du Conseil d'Etat (instance de plainte), § 20. A la
demande du Département de l'Intérieur (des communes), le
médecin des pauvres est tenu d'assister le préfet dans ses
enquêtes sur les établissements d'assistance de l'arrondissement, de faire rapport et de formuler des propositions (21).

*Ordonnance du 14 octobre 1903 concernant les soins
aux pauvres habitants malades et leur inhumation* (§ 23
de la loi d'assistance).

La commune est tenue d'accorder ses soins aux habitants
qui ont leur domicile régulier sur son territoire, comme aux
personnes en séjour prolongé ou temporaire. Le domicile
légal équivaut au dépôt de papiers d'origine. Le domicile
de fait est constitué par le séjour prolongé sans dépôt de
papiers. Le séjour temporaire est celui des artisans, compagnons, ouvriers, employés (d'hôtel !), puis des chemineaux,
mendiants, vagabonds.

L'assistance aux malades est due en première ligne aux
personnes pourvues du domicile légal. La commune bourgeoise du lieu du domicile se charge des soins aux femmes en
couches et aux nouveaux-nés, comme du payement de la
sage-femme. Dans les familles, l'assistance est due à chacun
de ses membres individuellement (4). Les soins aux per-

sonnes arrêtées par mesure de police sont assurés par l'Etat (5). Les communes qui ont des établissements de l'Etat dans leurs limites, n'ont pas d'obligations envers les pensionnaires bourgeois d'autres communes (5).

L'obligation d'assistance de la commune du domicile s'étend aux citoyens du canton pour une durée de 20 jours pendant l'année civile ; pour les étrangers au canton, aussi longtemps qu'on ne peut effectuer leur transport sans danger pour eux-mêmes ou pour des tiers (loi fédérale de 1875), ou encore jusqu'à la guérison si l'on ne peut compter sur les secours efficaces du lieu d'origine. Le délai prend fin au jour où la commune d'origine a été informée, et où elle assume la responsabilité des soins. Le 1er janvier, on recommence une nouvelle période de 20 jours si la maladie n'est pas à son terme (6). Le traitement d'un spécialiste est-il nécessaire, la commune bourgeoise du domicile doit déposer une garantie de 20 jours pour les citoyens du canton, du traitement complet si le malade est étranger au canton, sans ressources quelconques, et où l'assistance fait défaut par ailleurs.

La commune du domicile n'a pas d'obligations vis-à-vis des citoyens d'autres cantons dans les cas suivants :

a) Si l'employeur remplit son devoir selon le Cot ʾ fédéral des Obligations (anc. art. 341 ou 335 nouv.) ; s'il y manque, la commune du domicile doit intervenir :

1o pendant 20 jours, si l'employeur ne fait rien ;

2o pendant le temps d'attente jusqu'à concurrence de 20 jours s'il fait traîner les choses en longueur. La Commune a un droit de recours contre l'employeur ;

b) Quand les parents, les sociétés privées de bienfaisance, les caisses maladie, font ce qui est nécessaire pendant 20 jours au moins.

Les mêmes prescriptions sont valables pour les étrangers au canton (8).

La commune d'origine ne rembourse pas à celle du

domicile les dépenses des 20 jours. Les frais en faveur de l'étranger au canton (Suisse ou ressortissant d'un pays avec lequel nous sommes liés par traité) sont entièrement à la charge de la commune du domicile, laquelle a un droit de recours contre les parents ou contre le patient lui-même. En revanche, c'est la commune d'origine qui doit payer les frais pour un malade fortuitement en séjour dans une commune étrangère, y compris ceux de transport (9). Le refoulement des malades pauvres en vue d'éviter l'obligation des soins et de l'entretien n'est pas admis : le Conseil d'Etat est compétent en ce qui touche aux soins par le lieu d'origine (10). Compétences de l'administration de la Bourse des pauvres (Waisenvogt), agissant de concert avec le médecin de l'Assistance ; fixation du tarif des frais ; avis à la commune d'origine (11 et 12). Les décisions de la Bourse des pauvres sont valables aussi longtemps que la commune d'origine n'a pas pris effectivement en main le traitement du malade. Compte modéré des frais. Le Conseil d'Etat règle les contestations (13). Si la Bourse des pauvres de la commune d'origine n'a pas pris le soin du malade au jour où cesse l'obligation de la Commune du domicile, celle-ci continue le traitement aux frais de la première, autant que c'est nécessaire (14). La commune bourgeoise du domicile prend à sa charge l'inhumation des habitants décédés (sauf celle des pensionnaires d'hospice), §§ 15 et 16. Les frais afférents ne sont pas remboursés par la commune d'origine. Recours (Droit privé). Avis par l'administrateur de la Bourse des pauvres ('senvogt).

La commune bourgeoise du domicile ne garantit pas le payement si l'avis n'a pas été donné. La demande du certificat d'indigence et du remboursement des frais incombe au Département cantonal de l'Intérieur (des communes).

· *Obligations de la caisse cantonale d'assistance* (Règlement du 24 octobre 1890). — Création des établissements sous-désignés, au fur et à mesure des ressources. I. a) Hôpital cantonal ou infirmeries de district ; b) maisons d'éducation pour enfants pauvres ; c) asile des aveugles ; d) asile pour idiots ; e) maison de correction pour dévoyés ; f) colonies de travail. II Entretien et exploitation de ces établissements. III. Subsides aux communes obérées. IV Honoraires des médecins de l'assistance. V La moitié des frais en cas d'épidémie (loi fédérale de 1886) ; le solde après versement du subside fédéral restant à la charge des communes. VI Subventions aux caisses d'assurances contre la vieillesse, la maladie et la mort (7).

Ordonnance du 16 mai 1863 concernant les maisons de pauvres et de correction.

Les maisons de pauvres reçoivent : des enfants légitimes et illégitimes dénués, au-dessous de 14 ans, qui ne peuvent être soignés à moins de frais chez des parents ou des bourgeois de la commune ; personnes de tout âge ayant besoin d'assistance par suite de maladie ou d'infirmité, en tant que les secours hors de l'asile ne paraissent pas mieux indiqués. Le Conseil municipal décide des admissions (Recours au gouvernement). On y enferme en outre les assistés et les nécessiteux qui ont encouru un châtiment, les mendiants après jugement, les personnes que leur paresse met à la charge de la commune et qui ont été condamnées par le tribunal de police.

Loi du 4 mars 1885 sur la création d'une maison de travail forcé pour le canton de Lucerne (en vigueur depuis le 14 avril 1885).

Décret du 24 novembre 1886 concernant la création d'un établissement cantonal de travail forcé au Sedelhof, près de Lucerne.

Décret du 31 mai 1893 concernant l'agrandissement de l'établissement de travail forcé.

Décret du 18 janvier 1888 concernant l'organisation de l'établissement de travail forcé au Sedelhof, près de Lucerne.

Règlement de l'économie et de la comptabilité de l'établissement de travail forcé (23 janvier 1888).

Ordre intérieur et journalier de l'établissement de travail forcé (23 janvier 1888) ; *ordinaire* du même établissement (9 mai 1896).

Règlement du 10 novembre 1900 pour la commission de surveillance de l'établissement de travail forcé au Sedelhof.

Règlement du 31 décembre 1900 concernant la comptabilité de l'établissement de travail forcé.

Règlement du 19 octobre 1903 pour le personnel de surveillance et de service de l'établissement de travail forcé, Sedel-Sedelhof.

De ces nombreuses publications, on peut tirer ce qui suit d'essentiel :

L'établissement est destiné aux personnes valides, que leur paresse et le désordre de leur vie ont éloignées du travail. Il doit les amener à une existence d'ordre et de labeur régulier par un travail forcé et une discipline régénératrice. Il reçoit : a) des personnes sous tutelle ou soumises à la puissance paternelle, que les admonestations des parents, des tuteurs, des autorités de surveillance, ainsi que les mesures disciplinaires mises en œuvre ne peuvent ramener au droit chemin ; b) des parents qui abandonnent méchamment leurs enfants, ou qui les jettent dans un état de complet dénuement par leur vie de paresse et de désordre, obligeant ainsi la parenté, la commune et l'Etat à une intervention coûteuse. Ceux qui refusent obstinément les subsides qui sont imposés dans les limites de leurs forces pour l'entretien des leurs ; c) des parents ou nourriciers qui, en dépit des avertissements, ne remplissent pas leurs devoirs envers les enfants, les négligent, les poussent au vol, à la mendicité, à la révolte, ou ne les répriment pas s'ils s'adonnent à ces mauvaises pratiques. ou encore les empêchent de fréquenter l'école ; d) des personnes adonnées d'une façon permanente à la paresse, à l'ivrognerie ou à tel autre vice qui les empêche de travailler et les fait tomber à la charge de l'Assistance, ou dont la conduite cause un scandale public ; en outre celles qui, d'après la loi d'assistance, devraient être livrées aux autorités de répression et au Conseil d'Etat pour traitement ultérieur ; e) enfin les professionnels de la mendicité qui tombent, ou qui menacent de tomber à la charge du public.

Ne sont pas admis : les enfants au-dessous de 17 ans, les aliénés, les sourds-muets, les malades et les gens incapables de travailler, les femmes enceintes, les personnes au-dessus de 60 ans. L'admission a lieu sur la proposition de parents, de parents nourriciers, de tuteurs, d'autorités tutélaires, d'assistance et de police. La demande doit être basée sur des rapports et déclarations remis à la préfecture par les communes d'origine ou de domicile. Le préfet interroge la personne en cause, étudie les actes, les fait compléter s'il le juge à propos ou si l'accusé le demande. Le dossier est transmis au gouvernement avec le préavis du préfet. Dans les cas urgents, la préfecture est autorisée à prendre une décision provisoire, dont il donne avis au gouvernement (6). Sur la proposition du Département de Justice, le Conseil d'Etat prononce sur les admissions et les libérations. Durée : la première fois jusqu'à une année ; en cas de récidive, jusqu'à deux ans. Une prolongation motivée par la mauvaise conduite du détenu peut être décidée par le gouvernement, comme aussi la libération anticipée, éventuellement conditionnelle, sous la surveillance de la police. La libération a lieu en tous cas si le détenu se montre absolument incapable de travailler (8). Travaux d'agriculture, éventuellement métiers. Prix de pension pour les communes : Fr. 150 par an au maximum ; exceptionnellement gratuité. Surveillance du gouvernement. Commission de surveillance présidée par le chef du Département (5 membres).

L'établissement du Seehof est destiné aux femmes.

La direction de l'établissement est confiée à un administrateur qui fournit caution.

Dans la mesure du possible, l'établissement doit subvenir à ses frais par le produit du sol, du travail et des pensions. Un solde passif, s'il se présente fortuitement, est couvert par la Caisse de l'Etat.

Les principales occupations des internés sont fournies par les travaux agricoles, forestiers, d'extraction du gravier, d'endiguement.

Les artisans sont occupés le plus possible dans leur métier (réparations de vêtements et de bâtiments). Une part de salaire, 5 à 10 centimes par jour suivant la diligence au travail, est placée à la caisse d'épargne comme garantie de dégats possibles, et remise au détenu à sa sortie (au tuteur, etc.).

Prescriptions disciplinaires, peines, prolongation de la détention ; poursuites de police en cas de fuite.

Le directeur et le chapelain de l'établissement assistent aux séances trimestielles de la commission de surveillance, dans la règle avec voix consultative. Le secrétariat de la Commission est confié au secrétaire de la Direction de justice. La commission donne aussi son préavis sur les deman·des de libération conditionnelle. Les employés doivent se distinguer par leur propreté et leur urbanité, se montrer déférents vis-à-vis de leurs supérieurs, bons camarades pour leurs égaux, justes et impartiaux pour leurs subordonnés. Ils doivent parler aux détenus en termes polis.

La direction du ménage de l'établissement Seehof est confiée à une maîtresse supérieure assistée de l'économe. Préparation de graviers ; travaux d'endiguement. Assurance contre les accidents et responsabilité civile en faveur du personnel. aux frais de l'établissement.

3. Uri.

a. Principes fondamentaux de la loi d'assistance.

Loi d'assistance du canton d'Uri, 2 mai 1897, en application de l'art. 9 de la Constitution cantonale. Entrée en vigueur le 1er janvier 1898. — En voici les traits principaux :

Dispositions générales. — Les communes bourgeoises, la corporation d'Urseren, ont le devoir d'assister leurs ressortissants en cas de besoin, sous le contrôle et avec la coopération de l'Etat. Peuvent s'adresser à l'Assistance légale : les indigents qui, par défaut de forces physiques ou intellectuelles, sont incapables de subvenir à leurs besoins ; les familles ou personnes capables, il est vrai, de travailler, mais qui manquent néanmoins, à certains moments, du nécessaire. 1. Orphelins sans fortune, enfants abandonnés, ou autres enlevés à leurs parents pauvres coupables de les négliger. 2. Adultes sans fortune qui, par suite de maladie congénitale incurable, de caducité, de troubles intellectuels, ne peuvent gagner leur vie. 3. Malades temporaires. 4. Familles ou personnes qui, par suite d'accident ou d'insuffisance de gain, ne peuvent subvenir à leurs besoins, et qui ne sont pas soutenues comme il le faudrait par la bienfaisance privée. Tous d'ailleurs sous la présomption d'un effort personnel visible. L'assistance ne peut être exigée par la voie des tribunaux. Obligations conventionnelles. Jugement de fondations, sociétés, corporations, obligations de l'employeur, responsabilité civile (§ 9 identique aux dispositions de la loi lucernoise). Insaisissabilité (loi fédérale sur les poursuites et la faillite, art. 92, al. 9). Assistance médicale intercommunale en faveur des citoyens du canton ; recours à la commune d'origine sous condition d'un avis immédiat (Zurich, § 10). Les ascendants, descendants, frères et sœurs, sont tenus de se secourir réciproquement sous menace de peines correctionnelles sévères, et indépendamment du lieu de leur résidence. La fixation des secours est de la compétence des conseils municipaux. Le tour de rôle est prévu. Les §§ 10 et 11 statuent sur le devoir du remboursement et le droit de l'exiger. Ces dispositions rentrent dans le domaine du droit public et ne sont pas soumises à la prescription. Les mêmes dispositions sont valables pour les parents légalement obligés aux secours. Pour les enfants assistés, le père et la mère seuls répondent, ou à défaut leurs successions. Les modes d'assistance sont réglés en détail par les art. 12 à 21 : éducation et soin des enfants, de la jeunesse ; cas de maladie, traitement médical ; secours aux pauvres par le moyen du placement dans les familles, dans les asiles ; admission dans l'établissement cantonal d'éducation, dans l'hôpital cantonal, etc. ; assistance dans la famille ; secours en argent là seulement où l'on est sûr de leur bon emploi ; travail personnel de l'assisté. § 16. On ne peut enlever les enfants de parents honorables qui, malgré leurs efforts, ne parviennent pas à entretenir la famille, sans leur consentement formel ; en revanche, l'enlèvement est possible dans les cas de négligence constatée. § 17. Si des bourgeois domiciliés hors du canton sollicitent des secours, ceux-ci ne sont accordés au lieu de leur résidence qu'aux personnes dont l'indigence est constatée officiellement, et à la condition que l'on soit assuré d'un emploi des secours conforme aux directions de l'Assistance publique (coopération morale). Si pour des raisons financières d'assistance ou d'éducation, le rapatriement d'une famille ou d'une personne paraît indiqué, l'envoi d'argent au dehors peut être refusé (Recours au gouvernement). Les revenus de corporation en faveur des personnes secourues d'une façon permanente, ou des pensionnaires d'un établissement, peuvent être touchés par l'Assistance pour les employer au mieux des intérêts des bénéficiaires. Encouragements à la création de sociétés de bienfaisance pour des buts spéciaux d'assistance. Apprentissages professionnels des plus aptes suivant les ressources, et sans préjudice des cas de secours urgents. Les art. 22 à 27 règlent l'assistance aux étrangers au canton, en application de la loi fédérale de 1875. Le gouvernement reçoit la demande et l'Assistance du domicile supporte les frais (toléré). L'Etat rembourse la totalité des dépenses pour les passants, spécialement aux communes obérées.

Administration de l'Assistance dans les communes. — Les demandes de secours sont adressées au président de la commission d'assistance, qui les transmet à celle-ci après un examen approfondi. Dans les cas urgents, le président est autorisé à prendre une décision, quitte à la faire ratifier dans la première séance (Recours dans les 14 jours).

Ressources. — Intérêts et revenus des biens des pauvres, subsides de l'Etat, parts de successions, taxes de danse, subsides des parents et remboursements, offrandes, présents, collectes, legs, dispositions testamentaires, libre pâture, impôts (art. 38 de la Constitution cantonale) payés par tous les habitants, taxes de naturalisation. Les biens des pauvres sont inaliénables (Lucerne § 29). Contrôle de l'Assistance sur l'asile des pauvres et l'hôpital, hygiène, séparation des sexes, de la jeunesse et des adultes, sanctions gouvernementales. Surveillance et contrôle des pauvres assistés, mandats spéciaux à des membres de l'Assistance et à des tuteurs. Réduction des prix de pension, renvoi au procureur général. Enlèvement de pensionnaires (décision du gouvernement), Art. 36. Les enfants protégés par l'Assistance sont soumis aux prescriptions de la loi sur les tutelles lorsque l'assistance a pris fin. Bureaux des orphelins, directeurs. Les enfants moralement exposés sont confiés à des familles ou à des asiles. Art. 37. En vue d'une demande de secours, les autorités d'assistance ont le droit d'établir des certificats d'indigence pour les nécessiteux (non pas pour les mendiants ; l'emploi de ces certificats pour la mendicité est interdit).

Contrôle supérieur et subsides de l'Etat. — D'après l'art. 62, lettre *d* de la Constitution cantonale, le Conseil d'Etat exerce la surveillance supérieure sur l'Assistance ; il fait office d'instance de recours et reçoit les plaintes ; il donne aux autorités d'assistance des instructions obligatoires, reçoit des rapports, ordonne des inspections, verse, en application de l'art. 9 de la Constitution, des subsides aux Assistances, à répartir au prorata du nombre des bourgeois (Fr. 12 000 par an au minimum). Maison de travail forcé, asile d'aliénés incurables. L'Etat paye aux communes le 50 % des frais pour un interné dans la maison de travail forcé. Subventions uniques de Fr. 500 à 2500 aux hospices de pauvres.

Police. — Art. 43 à 51. Réduction et suppression des secours, en tenant compte des besoins des membres innocents de la famille ; arrêts de police (24 à 48 heures) ; signalement à la Direction de Police ; assignation par devant le procureur général des assistés permanents qui font un mauvais usage des secours, de ceux qui auraient vendu où mis en gage des objets confiés à leurs soins, qui se mettent en état de rébellion, ou auraient une conduite inconvenante vis-à-vis des autorités d'assistance, des piliers de cabarets, des joueurs (loi sur les auberges, art. 18 et 24, lit. *f*. (Communication des noms aux aubergistes). Surveillance de ceux qui exposent eux-mêmes et les leurs à l'indigence, avertissements accompagnés de menaces d'interdiction. Interdiction par le gouvernement des auberges et de l'alcool aux buveurs invétérés. Internement dans les maisons de travail forcé, sous approbation du gouvernement, d'assistés valides ou d'autres personnes qui, par suite de fainéantise, risquent de tomber dans l'indigence et négligent leurs devoirs de famille. Mesures contre les pères et mères et contre les parents nourriciers après signalement au procureur général. Les collectes sont interdites sans l'autorisation du gouvernement ; la mendicité, l'établissement de certificats servant à la mendicité sont absolument interdits. Rapatriement, arrêts, dénonciation au procureur général. Les importunités de gens du pays peuvent être punies d'amende (de Fr. 1 à 10). Médecins des pauvres et Assistance de l'Etat. Entretien des voyageurs (hôpital pour étrangers).

b. Lois connexes.

Décret concernant l'introduction d'un droit de bourgeoisie fixe, en vue de régler la question de l'assistance, en application du principe fondamental du 7 mai 1882. Décision de la Landsgemeinde du 6 mai 1883.

Le § 1, à la place d'un droit de bourgeoisie susceptible de transfert après 15 ans de domicile ou de séjour hors de la commune (loi du 4 avril 1855), introduit un droit fixe, immuable.

§ 2. Les familles, ou les personnes isolées qui, au témoignage du registre des bourgeois, ont eu leur résidence sans interruption dans une autre commune que celle d'origine, ou y ont exercé une profession ou un métier en leur nom propre, restent bourgeois de leur commune d'origine.

§ 3. Celui qui fut secouru pendant les 15 dernières années, par une assistance de commune, devient bourgeois de cette commune. Exception est faite toutefois en faveur des personnes qui ont reçu les pommes de terre pour semences, distribuées comme telles aux communes par l'Assistance du district.

§ 4. Ceux qui, par jugement de tribunal, ont été attribués pour l'assistance à une autre commune que celle de leur domicile, sont bourgeois de la commune désignée comme ayant le devoir d'assistance.

§ 5. Les conventions et accords volontaires entre communes pour régler le devoir d'assistance demeurent en vigueur.

§ 6. Dans le district d'Urseren, qui forme une seule commune pour l'assistance, la situation reste inchangée.

Ordonnance d'exécution de la loi sur l'introduction d'un droit de bourgeoisie fixe (28 décembre 1883).

§ 3. A l'occasion de l'établissement du rôle des bourgeois, chaque commune doit dresser le tableau de tous les citoyens du canton ayant chez elle leur domicile régulier, et qu'elle refuse néanmoins de reconnaître comme bourgeois. Sur ce tableau doivent figurer également les noms des personnes qui, à la vérité, ont quitté le territoire de la commune, mais qui en reçurent pourtant des actes d'origine ou d'autres papiers suivant les dispositions du § 4 de la loi du 4 avril 1855 sur l'établissement des citoyens du canton. Un extrait de ce tableau est remis ensuite à la commune d'origine, vraie ou supposée, et si celle-ci refuse à son tour l'inscription au rôle de ses bourgeois, connaissance en est donnée au gouvernement qui, après examen des objections présentées, attribue les personnes en cause à l'une des communes. Cette attribution laisse pourtant à la commune désignée le droit de rechercher si une autre ne devrait pas reconnaître comme bourgeois celui qu'elle-même refuse d'inscrire ; mais cette recherche doit être entreprise dans les trois mois qui suivent l'annonce de la décision gouvernementale, sous peine de perte de ce droit.

§ 4. Si quelqu'un acquit dans les 15 dernières années le droit de bourgeoisie dans le district d'Uri, et qu'avant la fin

de ces 15 années comptées du jour de l'acquisition de la
bourgeoisie, il soit tombé à la charge de l'Assistance publique, la moitié des taxes payées pour l'acquisition de la
bourgeoisie du district doit être consacrée aux secours. C'est
après cela seulement que la commune d'origine intervient.

§ 5. L'établissement d'actes d'origine, ou l'autorisation
pour l'établissement d'autres papiers, doivent provenir de la
commune d'origine, ce qui entraîne l'abrogation du § 4
de la loi du 4 avril 1855 sur l'établissement des citoyens
du canton.

Loi d'application du Code civil suisse (7 mai 1911).

§ 36. Le placement devenu nécessaire des enfants visés
par les articles 284 et 285 du Code civil suisse se fait,
par l'autorité tutélaire compétente, dans de bonnes familles
ou dans des établissements appropriés. S'il s'agit d'enfants
de citoyens du canton, elle entend au préalable les observations
ou les desiderata de l'Assistance de la commune d'origine.
L'entretien des enfants de citoyens du canton doit être payé
par l'Assistance de la commune d'origine, s'il ne peut l'être
sur l'avoir des parents ou sur celui des enfants, sous réserve
toutefois des subsides de la parenté. Pour les enfants des
étrangers au canton, c'est la commune du domicile qui en a
provisoirement la charge.

§ 37. Les droits reconnus aux autorités d'assistance pour
la protection des enfants l'emportent sur la puissance paternelle, si les enfants ou les parents sont assistés, même
dans le cas où les parents renonceraient à l'assistance avant
l'achèvement de l'éducation de leurs enfants (droit de recours
à l'instance supérieure d'assistance).

4. Schwitz.

a. Principes fondamentaux de la loi d'assistance.

L'ordonnance d'assistance du canton de Schwitz, datée
du 12 février 1851 est en vigueur depuis le 24 février 1851.

Une *Instruction* y fut ajoutée le 5 avril de la même année pour l'enseignement des Assistances, des fonctionnaires et des commissaires ou patrons. (Zurich en publia une semblable en 1853).

Du devoir et des limites de l'assistance. — La condition en est l'indigence, c'est-à-dire l'impuissance à se nourrir et, d'une façon générale, à se procurer les objets nécessaires à la vie.

Le devoir embrasse : 1. les besoins physiques et intellectuels des orphelins pauvres jusqu'à leur 16me année, ainsi que les besoins temporaires d'enfants momentanément dénués. 2. l'entretien de celui qui est devenu inapte au travail par suite de l'âge ou des infirmités. 3. les soins médicaux aux malades et aliénés indigents et leur entretien. Est réservée l'action plus étendue des fondations de charité. A défaut de parents responsables en situation d'aider, la commune d'origine est chargée de l'assistance, éventuellement suppléée par le district, pour lequel le devoir d'entretien se réduit au strict nécessaire. La commune du domicile doit faire l'avance des secours urgents aux bourgeois d'autres communes, dans les moments de détresse, sur le compte de la commune d'origine.

§ 12. Le fait qu'un citoyen du canton a été secouru temporairement par une société libre de bienfaisance, publique ou privée, dans la commune de son domicile, ne suffit pas pour le faire considérer par celle-ci comme tombée à sa charge. »

Biens des pauvres et remboursements. — Les biens des pauvres sont inaliénables. Pour les augmenter, on a les dons, les amendes, les dépôts des personnes hospitalisées, les remboursements (capitaux) ; autrefois les taxes de mariage supprimées par l'art 54 de la Constitution fédérale. Ressources de l'Assistance, intérêts, collectes, revenu des biens communaux des pauvres, subsides communaux, impôt communal sur la fortune. Les assistés qui arrivent à l'aisance sont tenus au remboursement des secours, en tant au moins que la possibilité d'une vie décente ne leur est pas ôtée par là.

Les mineurs, jusqu'au début de leur seizième année, sont exceptés (autorisation du gouvernement). L'Assistance et la parenté ont les mêmes droits sur la succession que les autres créanciers, pour les secours accordés en vertu de la loi. Les certificats d'indigence pour l'obtention de l'assistance judiciaire ne font pas inscrire le bénéficiaire au rôle des assistés (Uri, art. 37).

Mesures de police, — §§ 24 à 49. *De la mendicité.* — La mendicité, spécialement celle des enfants, est interdite, mais le donateur est considéré, lui aussi, comme coupable (26). La première fois, un avertissement est donné au contrevenant ; s'il y a récidive, il est frappé par le Conseil municipal d'une amende de 1 à 5 fr., qui peut être doublée si la leçon n'a pas servi (27). Les largesses en cas de mort, soit à la maison, soit à l'église, considérées comme incitation à la mendicité, sont interdites. En revanche, les dons des survivants sont inscrits au livre des procès-verbaux de l'Assistance. L'établissement de lettres de mendicité* est interdit sous menace de châtiment, ainsi que l'hospitalité aux mendiants ; amende de Fr. 2 à 10, doublée en cas de récidive. Les enfants rencontrés mendiant, si c'est une récidive, sont enfermés jusqu'à deux jours au pain et à l'eau, ou châtié par les verges (noté à titre de curiosité dans l'histoire de la civilisation). Mesures du président de la commune contre les mendiants et les assistés : remontrances et avertissements ; arrêts dans la maison des pauvres jusqu'à 6 jours. Emprisonnement par ordre de la préfecture. Mendiants étrangers et vagabonds, mendicité qualifiée, action pénale (36). Les mères d'enfants naturels, les parents et les enfants menant une vie dissolue et qui tombent à la charge de l'Assistance, sont consignés dans la commune et peuvent être enfermés dans la maison des pauvres (44). L'intervention fâcheuse de parents dans le placement de leurs enfants est punie de prison (4 jours). Défense de fréquenter l'auberge et de jouer un jeu d'argent. Peines contre les débiteurs ali-

---

*) Certificat d'indigence pour la mendicité.

mentaires défaillants (8 jours de prison par arrêt du tribunal de district). Garde de police communal (49).

Administration de l'Assistance. — Autorités : Conseil municipal, soit l'Assistance communale, Conseil d'Etat. Compétences financières et obligations. Le Conseil municipal charge une commission de 5 membres du service spécial de l'Assistance. Recours au Conseil municipal et au Conseil d'Etat, qui exerce le contrôle supérieur sur l'administration de l'Assistance. Maisons des pauvres et autres établissements d'assistance (maisons de correction).

L'*Instruction* doit être, selon le § 64 de l'Ordonnance, une sorte de règle pour l'Assistance et ses organes. — § 19. Appel aux dames pour l'exercice de certains devoirs d'assistance. Le trésorier est un fonctionnaire. Protecteurs ou patrons : « Leur premier soin doit être d'apprendre à connaître l'individualité de l'indigent, son caractère et ses capacités, ses circonstances particulières, ses besoins et ses aspirations. Ils doivent chercher à gagner sa confiance par une attitude amicale, à connaître les causes de sa pauvreté et, si possible, à les écarter. »

Visites à domicile. Conseils et directions. Surveillance des apprentissages, efforts pour procurer du travail. Les protecteurs doivent s'efforcer de remplir promptement et soigneusement les tâches spéciales qui leur sont confiées par l'Assistance (41).

b. Lois connexes.

Loi du 27 septembre 1896 sur la création d'un établissement de travail forcé pour le canton de Schwitz.

L'établissement est situé à Kaltbach (Schwitz). On s'est servi, pour l'édifier, des terrains du pénitencier. Il y a de la place pour 50 personnes au moins ; divisions pour les deux sexes. On y reçoit des gens valides, mais paresseux et dissolus, qui doivent être ramenés à des habitudes d'ordre et d'activité par un travail assidu et une discipline sévère. Peuvent y être enfermés : des personnes sous tutelle ou sou-

mises à la puissance paternelle qui se mettent, d'une façon
constante, en état de rébellion ; des parents qui abandonnent
méchamment leurs enfants ou qui les plongent dans le dénuement, obligeant ainsi l'Assistance d'intervenir ; ceux qui, malgré le pouvoir qu'ils en auraient, refusent obstinément de les
entretenir, des parents ou parents nourriciers négligeant leurs
devoirs, qui excitent leurs enfants au vol, à la mendicité, aux
allures effrontées, ou n'en répriment pas les tendances ; des
fainéants, des ivrognes, des gens dissolus qui deviennent, par
leur faute, des chômeurs habituels et des quémandeurs, ou
qui causent, par leur conduite, un scandale public ; les mendiants professionnels qui tombent à la charge de la bienfaisance publique ou menacent d'y tomber.

Sont exclus : les enfants au-dessous de 16 ans, les aliénés, les imbéciles, les sourds-muets, les malades, les invalides,
les femmes enceintes, les personnes au-dessus de 65 ans.
L'entrée a lieu à la demande du Conseil municipal, des parents, des nourriciers, du tuteur (Bureau des orphelins).
La préfecture fait une enquête et soumet le cas au Conseil
d'Etat avec ses propositions. S'il y a urgence, l'internement provisoire est prévu ; le gouvernement décide en dernier ressort. Internement jusqu'à une année ; en cas de
récidive jusqu'à deux ans. Durée minimum : deux mois.
Prolongation ou réduction de peine par le gouvernement (9).

Les hommes travaillent aux champs ou sur les routes ;
les travaux de ménage forment la principale occupation des
femmes. Subsides du dixième de l'alcool. Prix de la pension pour les communes : Fr. 150 au plus ; éventuellement
et exceptionnellement le gouvernement accorde la gratuité
(Règlement du 16 mai 1902). La surveillance est exercée
par le Département de Justice au moyen d'une commission
spéciale. (Règlement du 10 septembre 1902).

Loi d'application du Code civil suisse (29 novembre
1910). — § 48. Si les frais d'entretien prévus par l'art.
283, al. 5 du Code civil pour un enfant ne peuvent être
payés par la famille ni par d'autres, et que l'enfant soit ressortissant du canton de Schwitz, c'est l'Assistance publique

do la commune d'origine qui en a la charge. La commune
prend dès lors la responsabilité et le soin du placement. Si
l'enfant n'est pas Schwitzois, on fait les démarches nécessaires
pour obtenir les secours de la commune d'origine. Celle-ci
les refuse-t-elle, et d'autres moyens de payer les frais de
placement font-ils défaut, l'enfant est reconduit à son lieu
d'origine. — § 49. Les mesures en faveur d'enfants déjà
secourus, ou dont la famille est cliente de l'Assistance, peuvent être prises par les autorités conformément aux prescriptions légales sur l'Assistance (Comp. avec Zurich).

5. Obwald.

a. Principes fondamentaux de la loi d'assistance,

votée par la Landsgemeinde du 26 octobre 1851.

L'assistance se fait par la commune d'origine, sur son
territoire et au dehors. Sont considérés comme pauvres à
secourir : les orphelins sans fortune jusqu'à leur 16mo année,
ainsi que les enfants abandonnés ou négligés, les malades
sans ressources, les gens inaptes au travail, les vieillards sans
moyens d'existence.

L'assistance a pour objet de donner une bonne éducation aux enfants, le traitement médical et les soins aux malades, aux vieillards ce qui leur est nécessaire.

Recettes. — Revenu des biens des pauvres, dons, amendes, taxes, remboursements, impôts pour les pauvres. L'article 12 règle les devoirs d'assistance de la parenté (Recours
au gouvernement).

Les autorités d'assistance et leurs devoirs. — La direction de l'Assistance incombe au Conseil municipal, qui
peut confier à une commission l'exécution de ses décisions,
mais garde la responsabilité. Un bourgeois de la commune
qui, par légèreté, mauvaise administration ou prodigalité,
risque de ruiner son foyer s'attire les remontrances du Conseil ; si celles-ci demeurent infructueuses, l'interdiction suit.
Le fonds des pauvres ne doit pas être diminué.

Devoirs des assistés. — Obligation du travail et soumission aux ordres de l'autorité d'assistance. Les paresseux ne sont pas secourus, bien plutôt s'exposent-ils aux mesures de correction. Interdiction des dépenses de luxe, d'auberge et de jeu. Dénonciation au Conseil municipal. Agent de police communal. Punition de l'aubergiste (loi sur les auberges, art. 36 ; Schwitz, § 45).

Remboursements. — Comme à Schwitz. La limite inférieure est fixée à la 16me année. Art. 22 : Ceux qui furent assistés avant leur 16me année ne peuvent être tenus à restitution durant leur vie que s'ils font un héritage, et encore avec l'approbation du gouvernement. Pas de privilège pour les créances sur les successions. Au reste, le devoir de restitution a tous les caractères du Droit public et n'est pas soumis aux délais de prescription du Droit des obligations (29 avril 1883).

Police. — La mendicité est interdite. Remontrances par le maire. Citation devant le Conseil municipal. Renvoi au gouvernement pour châtiment (Direction de police). Punition des parents en défaut (comme Schwitz §§ 25 à 43). Art. 25 : contrôle du gouvernement. Compétences vis-à-vis des communes tenues à lui faire rapport.

6. Nidwald.

a. Constitution cantonale.

On peut citer brièvement les articles suivants de la Constitution cantonale du 27 avril 1913 :

Art. 6. L'Etat veille à ce que l'assistance judiciaire soit accordée en cas de besoin. — Art. 32. Les communes sont chargés de l'assistance par l'intermédiaire d'une commission des pauvres. L'Etat accorde des subventions pour des buts spéciaux aux communes obérées. La loi fixe les détails. — Art. 41. Sont privés du droit de suffrage : c. Les assistés secourus eux-mêmes ou dans leur famille, d'une façon constante par la caisse des pauvres. — Art. 65. Une commission de 3 membres pour l'assistance et les tutelles fait office de conseil de surveillance, conformément aux dispositions de la loi d'assistance. — Art. 92 à 94. Les assistances bourgeoises communales. — Art. 93. Toutes les personnes possédant le droit à l'assistance bourgeoise dans l'arrondissement d'assistance correspondant ont le droit d'être secourues par la Commission des pauvres. — Art. 94. Impôts des pauvres ou impôts directs des citoyens du Nidwald payés par l'entremise de la commune du domicile à celle d'origine. — Art. 95. Conseil d'assistance qui en dirige le dicastère dans la commune.

b. Principes fondamentaux de la loi d'assistance.

La nouvelle loi d'assistance pour le canton d'Unterwald (Nidwald).

votée par la haute Landsgemeinde à Wyl sur Aa, le 28 avril 1912 (remplaçant celle du 30 avril 1882).

Les communes assistent les indigents par l'entremise de la commission des pauvres (art. 27 de la Constitution cantonale). Ont droit aux secours tous les bourgeois de l'arrondissement d'assistance, comme les bourgeois de corporations, les bourgeois de communes sans droits de corporation qui sont, légalement ou par naturalisation, en possession du droit de bourgeoisie et d'assistance (art. 83 de la Constitution cantonale). Les citoyens ayant double bourgeoisie sont secourus au lieu de leur domicile aux frais des deux communes. Le devoir d'assistance des parents passe en première ligne ; la commune ne vient qu'après (Code civil suisse, 328—329). L'Etat accorde des subsides aux communes obérées. Le gouvernement fixe les subsides de la parenté, sur le préavis du Conseil municipal et les propositions de la Commission des pauvres. Sa décision est exécutoire au même titre qu'un jugement de tribunal (poursuites). A défaut de secours des parents, les personnes suivantes ont un droit légal à l'assis-

tance communale : 1. Indigents qui, par manque de forces
physiques ou intellectuelles, sont incapables de gagner leur
vie. 2. Familles et personnes nécessiteuses qui, bien qu'aptes au travail, n'ont pas un gain suffisant pour leurs premiers besoins. En d'autres termes, les orphelins dénués ou
les enfants abandonnés et sans ressources, comme aussi ceux
qui furent enlevés à leurs parents pauvres, coupables de négliger le développement moral et les soins corporels de leurs
rejetons (Code civil 275, 283—285, et loi d'application,
§§ 33 à 38).

2. Les adultes indigents qui, par suite de maladie congénitale, incurable, mentale, ou de caducité, sont dans l'incapacité de gagner leur vie. — 3. Les malades sans moyens
d'existence, les accouchées qui, ensuite de maladie ou de
leurs couches, sont momentanément dans le besoin. — 4.
Les familles ou personnes isolées qui, à la suite d'accident ou
de gain trop minime, sont temporairement incapables de
se suffire et ne sont pas secourues d'une manière satisfaisante par la bienfaisance privée. L'Assistance leur fournit
uniquement les choses indispensables à la vie. Pour les
mineurs, cependant, elle doit avoir égard aux nécessités de
leur développement physique et intellectuel.

L'assisté est tenu à l'activité la plus grande possible ;
il doit dépenser son gain et les secours accordés d'une façon
judicieuse et selon les indications de l'autorité d'assistance.
Arrive-t-il à l'aisance, il rembourse les sommes dépensées
pour lui (les intérêts ne sont pas comptés) ; le remboursement se fait de même si, en cas de mort, il y a une succession. L'administration n'est pas seule à avoir un droit
à la restitution, la parenté le possède également. Néanmoins,
on ne peut réclamer d'un assisté le remboursement des secours
qui lui furent accordés avant sa 16me année .La part de
jouissance des corporations, d'un assisté permanent, chez lui
ou dans un asile, peut être touchée par l'administration des
pauvres et employée au mieux en faveur du bénéficiaire. Les
habitants d'un arrondissement d'assistance ayant le droit
de suffrage forment la commune d'assistance, laquelle nomme

la commission administrative (un président et quatre à huit
membres) pour une période de 3 ans, puis une commission
de vérificateurs des comptes ; elle donne ses instructions à l'administration des biens des pauvres, examine les comptes,
décrète l'impôt d'assistance, approuve l'achat et la vente
des biens-fonds, etc. L'administration des pauvres surveille la
marche du service de l'assistance et les établissements hospitaliers, administre la fortune, procède aux enquêtes sur les
circonstances particulières des assistés, en rend compte, donne
son avis sur la proposition d'impôt et sur d'autres propositions (interdiction des auberges, suspension du droit actif de
bourgeoisie), ordonne les peines disciplinaires. Des séances
ordinaires mensuelles sont prévues. L'administration veille
à la bonne éducation des enfants et à leur fréquentation des
écoles ; à ce que le travail qui leur est demandé ne dépasse pas
leurs forces, et qu'ils aient une nourriture et des vêtements
convenables. Les adultes caducs doivent être occupés le mieux
possible, tenus sous surveillance et protégés. Dans les cas
de maladie, ainsi que pour les accouchées, on accorde le
secours médical et les soins appropriés en temps utile. Le
nécessaire en aliments, vêtements, logis et traitement médical
sont mis à la portée des dénués. Les assistés sont entretenus dans les asiles des pauvres, dans des établissements
privés ou publics de bienfaisance, dans des maisons d'éducation ou de braves familles, chez des maîtres d'apprentissage, ou encore dans leur propre famille avec des secours
en argent. Les dissolus, les paresseux, les dangereux qui
ne conviendraient pas aux asiles doivent être placés dans les
maisons de relèvement ou de travail forcé. L'administration
choisit le mode d'assistance le plus recommandable en tenant
compte des dangers d'abus (en nature, espèces ou travail).
On n'enlève pas leurs enfants aux parents honnêtes offrant
des garanties de bonne éducation sans leur consentement
formel.

Pour les familles moralement ruinées, le Conseil municipal
peut les confier à l'autorité d'assistance après avoir fait
enlever aux parents la puissance paternelle. Cette autorité

devient tutrice et entretient les membres isolés, ou la famille en corps, en obligeant les valides au travail et à l'apport de leur gain. « Des personnes isolées ou des familles avec un très modeste avoir, qui tomberont inévitablement et prochainement à la charge de la caisse des pauvres, peuvent être remises, avec leur assentiment, à la commission d'assistance », qui prend en main l'administration du petit bien. Le président de l'assistance reçoit les demandes de secours qui lui sont adressées par les bourgeois et les non bourgeois. Pour les premiers, il s'informe et dépose son rapport à la prochaine séance ; dans les cas urgents, il établit des bons pour l'hôpital ou des denrées, ou accorde un secours en argent, quitte à en donner raison aux membres de la commission. Il surveille toute l'assistance de son arrondissement. Quant aux non bourgeois, après une enquête sur les circonstances du solliciteur, il envoie une demande de secours à la commune d'origine, si elle est justifiée.

Par l'intermédiaire du gouvernement et de la commission d'assistance et des tutelles, l'Etat exerce le contrôle suprême sur l'ensemble de l'assistance. La commission surveille spécialement les établissements, qu'elle inspecte chaque année. Le gouvernement décide dans les cas d'étrangers. L'Etat forme un fonds cantonal d'assistance au moyen de la subvention votée chaque année par le Grand Conseil, des taxes de mutations et d'héritages, du produit des forêts affecté à cet objet, des intérêts du fonds des pauvres. Il en tire des subsides pour les communes d'assistance frappées d'un impôt dépassant le $0,60\,^0/_{00}$ de la fortune, pour aider au placement des mauvais éléments dans les maisons de travail forcé, à celui des faibles d'esprit, des sourds-muets, des aveugles, des épileptiques, des enfants et des adultes négligés ou atteints de manies criminelles ; ces subsides servent en outre pour les aliénés, pour des traitements médicaux coûteux, des opérations, des achats de membres artificiels, etc. La commission dresse le plan de répartition pour le Conseil d'Etat et le Grand Conseil, sur la base des renseignements fournis chaque année par les communes pour le 1er mars.

Les Ressources de la commune sont constituées par les revenus des biens des pauvres, des capitaux, des fondations, le produit des restitutions, des dons, des legs, des impôts, d'autres choses encore, comme les subsides de l'Etat, une part des taxes sur les héritages et les mutations ($2\,{}^0/_{00}$). Aucun fonds des pauvres ne peut être entamé sans l'autorisation du gouvernement. D'après l'art. 24 de la Constitution cantonale, tous les habitants et les corporations sont soumis à l'impôt des pauvres : «Toute commune d'assistance verse le produit de l'impôt des pauvres payé par les bourgeois d'autres communes du Nidwald à la Bourse des pauvres de la commune d'origine des dits bourgeois. Aucune commune ne peut exiger de celle du domicile le produit d'un impôt plus fort que celui payé sur son propre territoire au taux fixé par elle». (Art. 84 de la Constitution cantonale). Les règlements par compensation des comptes détaillés sont prévus par les §§ 33 et 34. Les impôts des pauvres et taxes sur les héritages, legs et mutations en souffrance ne sont pas au bénéfice de la prescription.

Celui qui expose lui-même et sa famille à la pauvreté est tout d'abord averti par l'administration d'assistance. L'avertissement reste-t-il infructueux, l'interdiction est proposée, à la commune d'origine s'il s'agit de personnes étrangères (art. 378 du Code civil suisse). La fainéantise, le vagabondage, la légèreté de gens valides, l'oubli des devoirs de famille menaçant d'entraîner la ruine de celle-ci, exposent le coupable à un sérieux avertissement. La commune du domicile secourt directement ses propres ressortissants ; elle recommande les étrangers à leur commune d'origine pour l'assistance nécessaire. L'autorité du lieu d'origine propose au gouvernement les mesures que comporte le cas (asile de buveurs, maison de travail) pour 3 mois à 2 ans, pour une période double s'il y a récidive (recours au Tribunal cantonal). Celui qui, par sa propre faute, tombe dans la misère, est frappé par le gouvernement, sur la proposition de l'Assistance, de suspension de ses droits actifs de citoyens et d'interdiction des auberges (recours au Tribunal cantonal). A l'assisté permanent, on enlève son droit de suffrage (art. 34 de la Constitution cantonale). La Direction de police retire leurs papiers à ceux qui, menacés d'internement dans un établissement, tentent de s'y soustraire (poursuites de police). Les personnes citées et qui font défaut s'exposent à être punies comme insoumises.

Les peines applicables aux assistés sont les suivantes : internement, cessation d'assistance (en tenant compte de la situation des membres innocents de la famille), arrêts de police forcés jusqu'à 8 jours en cas de récidive, de départ injustifié de l'asile, de menaces, d'attitude frondeuse, de provocation au désordre dans l'établissement, de dissipation des secours. Dans les cas les plus graves, on fait intervenir les peines correctionnelles. Le président peut faire enfermer jusqu'à 3 jours les hospitalisés. Aux peines énumérées ci-haut, il faut ajouter l'interdiction des auberges et de la danse, des dépenses de luxe et du jeu. Les aubergistes et les marchands en défaut sont punissables. Les infractions à l'interdiction des auberges doivent être signalées au gouvernement. Les personnes qui doivent assister les leurs et refusent obstinément les subsides fixés sont traduits en police correctionnelle.

La mendicité sous toutes ses formes est sévèrement interdite ; les parents et les nourriciers sont responsables pour les enfants et les pensionnaires. L'établissement de lettres de mendicité est prohibée sous peine d'amende de Fr. 5 à 20, prononcée par le gouvernement. Les §§ 46 et 47 traitent des premiers secours aux domiciliés non bourgeois d'une commune par le président, lequel en informe sur le champ la commune d'origine tenue d'intervenir sans retard.

Le § 48 concerne l'assistance intercantonale et internationale, soit l'assistance aux habitants. C'est l'Etat qui s'occupe des rentrées. Le président de l'Assistance fait vendre les effets que pourraient laisser des trépassés. L'Etat soutient de toutes ses forces les œuvres, sociétés, tentatives de la bienfaisance privée, qui auraient pour but de combattre la misère dans ses causes (§ 50). — Dans les asiles, les enfants sont séparés des adultes. Les enfants confiés à l'Assistance sont sous la protection de la commune d'origine, éventuellement des autorités tutélaires, jusqu'à leur majorité. Au plus tard à la fin de leur 13me année, et jusqu'à leur 16me année au moins, les enfants sont placés dans la règle auprès de bonnes familles, où ils font l'apprentissage des travaux du ménage et des champs (contrats écrits). Maîtres professionnels habiles (contrats d'apprentissage).

c. Lois connexes.

Loi d'application du Code civil suisse, 30 avril 1911.

§ 36. Dans les cas prévus par les art. 275, 383 à 385, l'administration des pauvres de la commune d'origine doit être informée des mesures provisoires du Conseil municipal. — § '38. Dans ceux de l'art. 275, al. 2, du Code civil, si les frais ne peuvent être payés par des gens sans ressources, et que les parents n'aient reçu jusqu'alors aucune assistance, ces frais sont supportés à parts égales par la commune d'origine et le canton. Dans les autres cas où l'on ne peut rien attendre de nulle part, et s'il s'agit de citoyens du canton, c'est la Bourse des pauvres de la commune d'origine qui paye. Pour les enfants non ressortissants du Nidwald, on tente les démarches appropriées pour obtenir ce payement du lieu d'origine. Celui-ci refuse-t-il, et aucun remboursement ne peut-il être espéré d'aucun côté, on procède au rapatriement de l'enfant (recours au gouvernement dans les 21 jours).

7. Glaris.

a. Principes fondamentaux de la loi d'assstance.

Loi concernant l'assistance, votée par la Landsgemeinde du 3 mai 1903, remplaçant l'ancienne loi de 1870, revisée le 9 mai 1886, en vigueur depuis le 1er janvier 1904.

Droit à l'assistance. — Les citoyens du canton dont l'énumération suit peuvent prétendre aux secours : les orphelins pauvres, les enfants abandonnés et dénués, les enfants de parents pauvres négligés, moralement en danger ou infirmes, jusqu'à leur 16me année révolue ; les adultes pauvres qui, ensuite de maladie, d'infirmités ou d'autres causes, sont hors d'état de subvenir à leurs besoins, ou qui sollicitent de l'aide pour le rétablissement de leur santé et de leurs facultés de travail.

Le devoir d'assistance incombe en premier lieu à la famille, puis à l'arrondissement d'assistance, sous la surveillance et avec la coopération de l'Etat. Doubles bourgeoisies (§ 2). Devoir d'assistance de la parenté (§ 3). Les quotités sont fixées par l'autorité d'assistance ; droit de recours au gouvernement (§ 4). Commune d'assistance, organes, compétences. La commune d'assistance se compose des habitants d'un arrondissement d'assistance possédant le droit de suffrage, et bourgeois en même temps. Les communes d'assistance existant à cette heure ne peuvent être modifiées sans l'approbation de l'Etat (art. 80 et 81 de la Constitution cantonale). La commune d'assistance élit pour 3 ans la Commission de secours (5 membres) et l'administrateur des biens des pauvres (cahier des charges).

Ressources : intérêts, produit des fondations, impôt des pauvres, restitutions, subsides de corporations, cotisations des paroisses, subsides de l'Etat, taxes sur les héritages, impôt sur la fortune jusqu'à 1 $^0/_{00}$, ou sur le revenu (§ 10). Imposition des citoyens du canton, domiciliés sur son territoire. Couverture du déficit (50 $^0/_0$ par la caisse de l'Etat). Subsides aux établissements philanthropiques (§ 13).

Devoirs de l'Assistance. — Administration des biens des pauvres, perception des impôts, octroi des secours, rapports avec la bienfaisance privée. Les orphelins doivent être placés dans des asiles ou dans des familles recommandables. Les enfants négligés, moralement en danger, enlevés à leurs parents, sont confiés à des maisons de relèvement ou à des familles. Les enfants retardés, capables ou incapables de développement, sont soumis à un traitement approprié à leur état. Après la 16ᵐᵉ année révolue et à la libération du patronage absolu, la surveillance de l'assistance persiste en vue de l'apprentissage professionnel. Contrats d'apprentissage, subsides à des enfants de familles indigentes. Les vieillards et les caducs sont soignés dans des asiles ou dans des familles. Les isolés et les familles qui seraient, il est vrai, en état de travailler, mais non de gagner suffisamment pour leur entretien, sont aidés par l'assistance, exceptionnellement, temporairement, ou d'une façon permanente, suivant son jugement. Précautions contre les abus (22). Les malades et les accouchées sans ressources reçoivent les soins nécessaires (Hôpital cantonal). Asile d'aliénés. Cures de bains dans des établissements thermaux avec l'aide de l'assistance. Les gens valides, chômeurs involontaires, reçoivent des secours jusqu'à ce que, par leurs recherches ou avec l'aide des autorités, ils aient retrouvé une occupation rémunératrice. Assistance suspendue pour qui n'accepte pas le travail offert (26). L'Assistance décide de l'envoi de secours au dehors ou du rappel au pays (recours au gouvernement, Direction des tutelles et de l'Assistance). Assistance au lieu du domicile en cas d'urgence, sous réserve du remboursement par la commune d'origine immédiatement informée (28). Le président de l'Assistance reçoit les demandes et ordonne les mesures provisoires. Le commissaire remet les secours. Contrôle supérieur de l'Etat par l'organe de la Direction des tutelles et de l'Assistance (34). Cas de recours (35). Subsides de l'Etat aux communes d'assistance (la moitié des frais d'entretien dans les maisons des pauvres de Glaris, Næfels et Ennenda ; la moitié également des frais dans les établissements de travail forcé, de travail et de relèvement de buveurs, de cures d'air et de bains, etc., dans les maisons d'éducation et de relèvement, les asiles d'aliénés, de malades et de vieillards, si d'ailleurs la commune est imposée pour les pauvres au maximum prévu par la loi. Dans les cas contraires, l'Etat paye un tiers seulement. Contribution aux frais de placement d'enfants et d'adultes chez des particuliers, placement suppléant celui dans les asiles, grâce à une taxe

spéciale dont le maximum est fixé à 1 $^o/_{oo}$. L'Etat paye les
frais en totalité pour les gens en séjour, aux deux tiers
pour les domiciliés (loi fédérale de 1875), puis les déficits des
communes d'assistance. Il verse des subsides volontaires aux
communes qui manquent du nécessaire pour l'assistance de
leurs pauvres (37). Le gouvernement peut aussi subventionner des institutions et établissements d'utilité publique, en tant
que ceux-ci facilitent et soulagent l'Assistance légale.

Devoirs des assistés et mesures de police. — §§ 40 à
52. L'assisté est tenu de travailler selon ses forces, de rendre compte de son gain et de l'emploi des secours, de se
soumettre aux directions de l'Assistance. Restitution des
secours reçus après la 16me année (capitalisation, 41). L'assisté ne peut ni exploiter une auberge, ni vendre des alcools
(42). Défense de mendier (ordonnance sur la mendicité
dans les rues). Retrait de l'assistance comme châtiment
(43). Quêtes et lettres de sollicitation *) interdits sous peine
d'amende (Fr. 5 à 20). Avertissements à ceux qui, par
leur conduite légère et inconsidérée, risquent de tomber dans
la misère. Interdiction. Retrait de la puissance paternelle
par action judiciaire si les enfants sont abandonnés et si les
parents s'opposent aux mesures de sauvetage. Comme suite,
soins par l'Assistance, d'accord avec le tuteur, et fixation des
subsides paternels (Recours au gouvernement). Les droits
actifs du citoyen sont suspendus pour qui, par sa propre
faute, tombe à la charge de l'Assistance, et aussi longtemps
que dure cet état (46). Internement dans une maison de travail
forcé de ceux qui, méprisant les avertissements et oublieux
de leurs devoirs, risquent de choir dans la misère ou sont
déjà à la charge de la Bienfaisance publique. Recours au
tribunal de police. Compétences du président. Action sommaire. Durée : 3 mois à 2 ans, doublés en cas de récidive. —
Les buveurs invétérés sont d'abord avertis, puis un jugement
de police leur interdit l'entrée des auberges ; publication dans
la *Feuille officielle*. Amende de Fr. 14 prononcée contre

---

*) Certificats d'indigence servant à la mendicité.

celui qui a donné à boire, contre l'intermédiaire, ou contre le buveur. Internement dans un asile de relèvement, et, s'il y a contestation, par le tribunal de police pour 3 mois à une année. Si le concubinat menace l'Assistance de charges nouvelles, il est dissout par celle-ci, sous menace de renvoi devant le tribunal pour désobéissance, et condamnation au travail forcé. Refus de papiers et action de police (51). La résistance et le défaut de comparution en cas de citation sont considérés comme infraction aux lois et punis par le tribunal de police. — Les §§ 53 à 58 peuvent être qualifiés de loi d'application de la loi fédérale de 1875 concernant les soins aux malades ressortissants d'autres cantons. Le § 57 statue l'intervention de l'Assistance du domicile auprès de l'instance du lieu d'origine, par voie de correspondance, en vue de l'octroi de secours par la commune d'origine.

b. Lois connexes.

Loi d'application du Code civil suisse, 7 mai 1911. — § 43. Les droits des autorités d'assistance sur les enfants protégés par elles en vertu des §§ 17 à 19 de la loi d'assistance. et dont les parents sont assistés, restent entiers, même si la puissance paternelle n'a pas été enlevée aux dits parents. même si ceux-ci déclarent renoncer à l'assistance pour leurs enfants avant que leur instruction scolaire et professionnelle soit à son terme. Recours (Comp. Uri, § 37).

8. Zoug.

a. Principes fondamentaux de la loi d'assistance.

Loi du 8 novembre 1880 sur l'assistance, remplaçant l'ordonnance du 13 novembre 1845 sur *la mendicité dans les rues et la distribution d'aumônes.*

Devoirs et ressources de l'Assistance. — Par égard pour l'humanité et pour maintenir l'ordre public, les communes bourgeoises sont tenues de soutenir, suivant leurs ressources, leurs communiers tombés dans la misère et inaptes à une activité rémunératrice. Sont réservées l'assistance par les sociétés de bienfaisance et celle du lieu du domicile. L'assistance au dehors est laissée au jugement de l'autorité compétente.

Ressources. — Intérêts, dons, amendes, remboursements, legs, taxes de naturalisation, impôts directs.

Peuvent prétendre à l'assistance. — Les orphelins sans ressources, les enfants que leurs parents sont incapables d'entretenir et qui ne sont pas soutenus suffisamment par la bienfaisance privée. Les inaptes au travail par suite d'âge, d'infirmité, de maladie, de troubles mentaux, demeurés sans ressources, les familles privées momentanément de leurs revenus ensuite de circonstances malheureuses. Malades (traitement médical, médecin des pauvres).

L'administration est confiée au Conseil de bourgeoisie pour les bourgeois, au Conseil de commune pour les domiciliés et les gens en séjour, au Conseil d'Etat. Le contrôle sur les asiles et sur les fonds est exercé par le Conseil municipal. Encouragements à la fondation de sociétés philanthropiques. Rapports. La fortune est inaliénable. Le Conseil d'Etat exerce la surveillance suprême. Instances de recours. Délai de huit jours. Compétences de l'administration des pauvres. — § 10. Les familles indigentes peuvent être secourues à leur foyer, mais aussi disloquées, et leurs membres placés ou hospitalisés. Internement et travail forcé en cas de vie dissolue, etc. — Placement d'assistés dans la maison des pauvres (12). Interdiction de la fréquentation des auberges et du jeu prononcée par le gouvernement. Mesures de l'administration des asiles, devoir d'obéissance de l'assisté (14). Perception des revenus des corporations. Remboursement des secours accordés après la 15me année révolue. Assistance par la parenté.

Instances. — Administration de l'Assistance, gouvernement. Réduction des secours (17).

Droit. — Les certificats d'indigence délivrés par le Conseil municipal ne font pas inscrire le bénéficiaire au nombre des assistés et n'ont aucune influence sur l'exercice du droit de suffrage (18). Les secours ne peuvent être saisis (20).

b. Lois connexes.

Loi d'application du Code civil suisse, 17 août 1911. — § 137. Si les frais occasionnés par les mesures de protection en faveur des enfants ne peuvent être payés par les parents, ni par une fortune personnelle de l'enfant, ni par la parenté (Code civil suisse 328—329), ils le sont : a) par la Bourse des pauvres de la commune d'origine pour les enfants de citoyens du canton ; b) par la commune du domicile pour les autres enfants si l'on ne peut rien attendre du lieu d'origine. En cas de conflit, le gouvernement décide.

Loi du 18 mars 1897 sur l'assistance judiciaire. — Art. 7 de la Constitution cantonale.

Celui qui ne peut payer les frais d'un procès civil, ni soutenir l'accusation, ni se porter partie civile dans une affaire pénale, ou encore, d'une manière générale, faire valoir ses droits devant les tribunaux sans priver les siens du nécessaire, peut demander l'assistance judiciaire dans les limites fixées par la loi, sous réserve des prescriptions fédérales touchant la responsabilité civile. La demande en est faite par écrit à la Direction cantonale de police, ou verbalement au protocole (certificat d'indigence de la commune d'origine ou du domicile). La Direction de police étudie la demande au point de vue juridique et prend les mesures provisoires utiles pour la défense des intérêts du solliciteur. La partie adverse est invitée à faire entendre ses arguments. Les déclarations de l'un et de l'autre ne font pas fonction de preuves au procès. La Direction de police nomme un défenseur, pris parmi les avocats établis dans le canton, pour les affaires de la compétence du juge de paix, à condition toutefois que le solliciteur ne soit pas apte à conduire lui-même son procès. En matière pénale, la demande est adressée à l'autorité compétente pour informer.

En cas d'emprisonnement, un défenseur est toujours désigné à la demande du détenu. Les requêtes pour la gratuité d'une procédure sont adressées au président du tribunal cantonal. L'avocat désigné prend immédiatement les mesures indispensables. Droit de se récuser pour motifs importants ou parce que le procès ne paraît pas soutenable. Un rapport sur ce point doit être déposé dans les cinq jours. Le défenseur endosse la responsabilité de la conduite du procès dans tous ses détails. La partie qui ne peut aller au-delà du payement des débours de l'avocat et de ses honoraires est exonérée du cautionnement, des émoluments de justice, des frais de timbres. Tous les frais de justice de paix, taxes d'huissier, jetons de témoins, dédommagements pour expertise, sont payés par l'Etat à la partie, soit à son avocat. Le Tribunal fixe le montant des frais à payer par la partie condamnée et celui qui incombe à l'Etat (compte détaillé). Le défenseur, tout en ayant égard aux désirs légitimes de la partie, doit éviter les frais inutiles. Il décide sur les moyens de preuves, sur les exposés de fait et de droit, de même que sur la conduite de l'action. L'Etat ne verse rien pour les frais de la partie adverse. L'exécution du jugement se fait par les soins de l'avocat de la partie. Le payement des frais ordonné par le juge, sert à couvrir les déboursés de l'Etat. La Direction de police décide si les avantages de fortune attribués par jugement à la partie seront mis à contribution pour le payement des frais. La partie parvenue plus tard à la fortune, ou à un revenu plus élevé, est tenue au remboursement des avances. Celui qui aurait fourni des données fausses en vue d'obtenir la gratuité est puni par le retrait de cette gratuité, sans préjudice des poursuites intentées contre lui pour tromperie. Recours à la Direction de Justice contre les décisions de la Direction de police, et à celle-ci contre les agissements de l'avocat (16).

La loi du 20 novembre 1876 concernant les communes du canton de Zoug était soumise à revision au moment où ces lignes furent écrites (novembre 1913). Le rapport de la commission du Conseil cantonal était déjà déposé.

§ 74. Les communes bourgeoises comprennent tous les bourgeois d'une commune, quel que soit le lieu de leur domicile. Ce sont des corporations de droit public, propriétaires des biens de bourgeoisie, en particulier des fonds communaux des pauvres. — § 77. Les communes bourgeoises s'occupent : .... 2. de l'administration spéciale de l'assistance. comme :

a) l'approbation des budgets et des comptes de l'Assistance ; l'administration de la Bourse des pauvres et des fondations ou propriétés affectées au service de l'assistance ; b) la votation de l'impôt des pauvres ; c) l'approbation de constructions ou d'acquisitions pour des buts d'assistance ; d) l'approbation de ventes, achats, échanges de propriétés qui ont servi ou serviront à l'assistance ; e) l'approbation d'emprunts ; f. la votation de règlements sur l'assistance dans les limites de la loi ; l'octroi de pleins pouvoirs devant servir pour les procès concernant l'assistance.

§ 78. La comptabilité de l'administration communale doit être séparée de celle de l'Assistance.

§ 79. L'administration des fonds et fondations d'un caractère purement bourgeoisial est exercée par le Conseil de bourgeoisie, auquel est confiée également la direction de l'assistance et des soins aux orphelins bourgeois.

§ 80. Le Conseil de bourgeoisie établit les actes d'origine et les certificats d'indigences des communiers bourgeois.

§ 104. Les impôts des pauvres sont perçus par la commune bourgeoise d'après le principe territorial. Tout habitant d'une commune zougoise y exerçant une activité rémunératrice est tenu de payer l'impôt des pauvres ; les citoyens du canton domiciliés dans une localité du dehors où ils seraient exonérés d'une taxe de cette nature sont également tenus à son payement à leur commune d'origine. «Dans les communes, le nombre des bourgeois et le capital imposable sont en régression. Les charges de l'Assistance qui ont augmenté beaucoup sous l'influence de vues nouvelles sur la vie, sont supportées par un nombre restreint de citoyens. On

«comprend donc le désir d'un allégement et d'une intervention
de l'Etat. La situation des communes bourgeoises a grandement besoin d'une amélioration.»

La question d'une transformation de l'Assistance a été
mise sur le tapis par une motion que le D\u{r} Muller, président
du tribunal, a déposée le 13 février 1913 devant le Conseil
cantonal, et qui peut se résumer ainsi : toute l'Assistance
bourgeoisiale ne devrait-elle point être transférée à la commune d'habitants ? D'après le protocole du Conseil d'Etat,
21 juillet 1913, une proposition lui faisant suite fut votée
en ces termes : «Le Conseil d'Etat est chargé d'étudier si
et comment l'assistance dans son ensemble, et le service des
tutelles, peuvent être transférés à la Commune politique, et
de faire rapport sur cet objet.»

La Direction de l'intérieur (des communes) constate que
les charges de l'Assistance des communes bourgeoises deviennent toujours plus lourdes et que le moment semble venu où
le fardeau devrait être placé sur des épaules plus larges,
c'est-à-dire sur celles des communes d'habitants. Qu'un dédommagement soit offert à celles-ci paraît du reste naturel ;
les fonds et les propriétés des communes bourgeoises devraient
passer aux communes politiques. Une autre idée fut préco-
nisée, celle d'une extension de la taxe pour les pauvres à
tous les habitants des communes ; on réaliserait ainsi le
principe territorial, non dans l'assistance, mais dans l'impôt,
ce qui est exprimé dans le § 104 cité plus haut.

La Direction de l'Intérieur appuyerait une revision de la
loi sur l'Assistance dans ce sens que l'Etat, subventionnant les
communes bourgeoises d'assistance, consacrerait à l'assistance
une partie du produit de l'impôt. Par là serait indirectement
atteint le but visé par la motion Muller : que chaque personne
imposable contribue aux frais de l'assistance par son obole.

Une amélioration de l'assistance et des finances du canton de Zoug ne pourra se réaliser sans une revision constitutionnelle. Cela n'exclut pas d'ailleurs l'étude de la question
d'un transfert de l'assistance à l'Etat, ou de la centralisation,
après sécularisation, des Bourses communales des pauvres.

9. Fribourg.

a. Principes fondamentaux.

Loi du 17 novembre 1869 sur l'assistance et la mendicité, en vigueur depuis le 1er janvier 1870, élaborée dans le but de «préciser les devoirs de la société civile à l'égard des indigents, prévenir les conséquences fâcheuses de la charité légale et consacrer en faveur de l'assistance, même officielle, l'esprit de liberté, de spontanéité et de christianisme qui doit la caractériser.»

«Les indigents n'ont pas un droit à l'assistance de leur commune ou de leur paroisse. Toutefois, les communes sont chargées, par mesure d'humanité et d'ordre public, de pourvoir aux besoins extraordinaires et urgents de leurs bourgeois, au moyen des revenus de leurs fonds des pauvres ou de commune, et au cas d'insuffisance de ces revenus et de la charité privée, au moyen des ressources extraordinaires prévues par la présente loi... soit directement, soit par l'intermédiaire des sociétés de bienfaisance, soit en s'associant par paroisses (Art. 1—4).»

Par secours extraordinaires et urgents, la loi entend les secours à donner aux catégories suivantes : a) les enfants orphelins ou privés de parents capables de les entretenir ; b) les personnes dénuées de ressources qui, par suite d'infirmités de corps ou d'esprit, sont hors d'état de travailler et qui n'ont pu trouver un accueil gratuit dans un hospice ou autre établissement charitable ; c) les vieillards infirmes et sans famille en état de les entretenir ; d) et e) l'assistance médicale aux habitants dans le sens de la loi fédérale de 1875, le service des sépultures et des transports des mendiants (5). Devoir d'assistance des parents ; décision par le juge en cas de contestation (7).

Administration. — Le Conseil communal reste seul chargé de l'administration du fonds des pauvres : Il pourvoit lui-même à la distribution des secours, ou par une commission

spéciale. Dans le premier cas, il peut appeler le ministre
du culte de la localité dans son sein, avec voix délibérative
(comp. Bâle-Campagne et Argovie). Si les secours sont distribués par paroisse, le curé ou le pasteur fait nécessairement
partie de la commission d'assistance ou du Conseil paroissial remplissant ces fonctions. Si la commune remet à une
société de bienfaisance le soin de faire la distribution des
secours même officiels (art. 5), les décisions et règlements
relatifs à cette assistance sont soumis à la ratification du
Conseil d'Etat (Département de l'Intérieur), (12). Le préfet veille à ce que les communes observent les différentes
dispositions de la loi (15). Il est aussi l'instance de recours.
— Art. 16. « Lorsque l'indigent secouru dans les cas prévus
aux articles 2 à 5 de la loi appartient à différentes communes du canton, la commune de son domicile ou celle à laquelle il s'adresse en premier lieu fixe provisoirement le
chiffre des secours et en donne immédiatement avis au préfet du district. Celui-ci pourvoit à ce que chaque commune
y contribue dans une proportion équitable. A cet effet, il peut
correspondre avec les préfets d'autres districts où se trouvent
des communes intéressées. Il fixe la part contributive de
chaque commune dans les quinze jours qui suivent le premier avis. Les frais antérieurs de 15 jours à l'avis donné
au préfet demeurent à la charge exclusive de la commune
qui a accordé les secours.»

Fonds des pauvres. — Les ressources ordinaires des fonds
des pauvres se composent des rentes d'hospice, des rentes
des fondations spéciales, des amendes et autres revenus ad-
jugés par la loi, des taxes d'auberge, des successions, des remboursements, des taxes de bourgeoisie et de naturalisation, des
donations et legs, des jouissances des biens communaux.

Ressources extraordinaires. — Versements de la caisse
communale, collecte à l'église paroissiale, quêtes à domicile. — Art. 40. «Afin de faciliter aux communes la tran-
sition de l'entretien obligatoire des indigents à l'entretien
libre et de leur permettre de liquider les charges qui leur

incombent actuellement pour l'assistance de leurs ressortissants, le Conseil d'Etat est autorisé à accorder, pendant la période de cinq années dès la promulgation de la présente loi, la perception d'une cotisation extraordinaire de commune». Art. 42. «Après le terme de cinq ans, ces cotisations extraordinaires seront supprimées. Le Conseil d'Etat pourra néanmoins prendre en considération les besoins généraux d'une commune, lorsqu'il sera appelé à sanctionner un impôt ordinaire de commune et de paroisse. La loi prévoit la constitution d'associations d'assistance de communes ou paroisses pour l'établissement d'un orphelinat, d'un hôpital ou d'une maison de travail; leurs statuts organiques sont soumis à la ratification du Conseil d'Etat. L'assemblée générale des délégués des communes intéressées peut décréter la perception de centimes additionnels durant une série d'années consécutives (sanction du Grand Conseil).

Police des pauvres et dispositions pénales, art. 29—30. Sont punis de la maison de correction pendant trois mois au plus, de l'interdiction des auberges pendant trois ans au moins, peines auxquelles peut être ajoutée la confination dans la commune pendant un terme qui n'excèdera pas six ans: celui qui s'adonne au jeu, à l'ivrognerie ou à l'oisiveté, au point de rendre indispensables les secours d'une administration publique pour lui ou pour les siens; celui qui, recevant un secours d'un fonds public des pauvres, se refuse à faire un travail proportionné à ses forces. Seront punis d'un emprisonnement au pain et à l'eau, ou au régime ordinaire, de un à quinze jours: ceux qui n'emploient pas conformément à leur destination les secours accordés; ceux qui, étant assistés, ne cultivent pas et n'utilisent pas convenablement leur héritage, le terrain communal ou tout autre accordé à titre de secours; les jeunes gens qui, placés en apprentissage par une administration, quittent leur maître ou donnent lieu à des plaintes fondées. En cas de récidive, les peines indiquées plus haut sont applicables.

La mendicité et le vagabondage sont interdits sous peine

d'emprisonnement jusqu'à trois jours, ou de citaation devant le tribunal d'arrondissement. Les parents sont responsables des enfants. La mendicité persistante est punie d'internement dans une maison de travail jusqu'à trente jours. La peine est doublée pour la mendicité hors de la commune du domicile. Si les sollicitations sont accompagnées de menaces, si le mendiant était porteur d'armes, s'il y a eu simulation, s'il emploie des enfants à la mendicité ou n'en détourne pas les personnes de sa maison (dans ce cas, si le délinquant a été puni au moins deux fois pour le même délit au cours des deux dernières années, il est puni d'internement dans une maison de correction ou d'emprisonnement jusqu'à deux mois. Est considéré comme vagabond et puni de trois mois de détention dans la maison de correction ou d'emprisonnement : celui qui, sans métier et sans moyens de subsistance, parcourt le canton, celui qui, dans le cours d'une année, a été surpris trois fois au moins mendiant. Si le mendiant s'introduit sans permission dans les maisons, il peut être condamné à un emprisonnement de huit jours à deux mois. Si le mendiant est étranger au canton, il est traité suivant les prescriptions de la loi fédérale sur l'heimatlosat. Les parents qui menaçent d'abandonner leurs enfants non élevés dans le cas où ceux-ci ne seraient pas admis à l'assistance sont punis d'emprisonnement jusqu'à huit jours. Celui qui néglige son devoir d'assistance envers des tiers est puni d'emprisonnement de 10 à 30 jours, ou de réclusion à la maison de correction jusqu'à un an (31). Celui qui, par suite d'inconduite, se met hors d'état de satisfaire à ses devoirs d'assistance est puni au maximum d'une année de maison de correction, ou d'un emprisonnement de trois mois et, en outre, de l'interdiction des auberges pour un terme de trois à quatre ans. Le juge peut le priver de l'exercice de ses droits politiques pendant une année à deux ans. Les particuliers et les fonctionnaires qui délivrent des certificats d'indigence servant à faire des quêtes, sont passibles d'une amende de Fr. 2 à 10, réduite de moitié pour les premiers. Les certificats sont détruits.

b. Lois connexes.

Loi du 24 novembre 1869 concernant les institutions hospitalières.

L'Etat se réserve un droit de haute surveillance sur ces institutions(3). Sont comptés comme établissements de charité destinés au soulagement des malades et des infirmes : les hôpitaux de district, les hôpitaux de commune ou ceux fondés par la charité privée, ainsi que les ambulances et les salles d'urgence ; l'hôpital cantonal ; l'hospice des aliénés ; l'hospice des incurables (4). Ces établissements sont alimentés par les revenus des fondations ; par une contribution annuelle de toutes les communes du district, à raison de Fr. 1 par 20 âmes de population ; par les dons, legs et collectes à domicile ou dans les églises ; par la journée d'hôpital à payer par les familles, les bienfaiteurs ou la commune ; enfin, en cas de besoin, par la perception de centimes additionnels à l'impôt de l'Etat dans tout le distrit (décrétée par l'Assemblée générale des délégués des communes) (10). L'hôpital cantonal est spécialement réservé aux malades pauvres des contrées où n'existe aucune institution hospitalière (12). Un hospice d'aliénés est créé à Marsens pour les pauvres aliénés de tout le canton.

Loi du 18 mai 1899 en complément du Code pénal, visant à la *création d'une colonie agricole au Grand-Marais.*

Si le juge trouve que l'origine d'un délit doit être cherchée dans l'abus des liqueurs fortes, l'ivrognerie habituelle, la paresse, il peut condamner le délinquant à une peine additionnelle ou unique d'une année à cinq ans de réclusion à la Colonie agricole. Les cas de crime caractérisé sont exclus de cette disposition (1). Libération conditionnelle (§ 3). L'interné est obligé au travail (§ 2). La colonie agricole se trouve à Bellechasse, dans les Grands-Maràis.

10. Soleure.

La loi d'assistance du canton de Soleure est le plus jeune des produits similaires des cantons suisses. Elle fut votée par le Grand Conseil le 15 février 1912, acceptée par le peuple le 17 novembre de la même année, et elle est en vigueur depuis le 1er janvier 1913. Le droit cantonal connaissait, il est vrai, certaines précisions pour le service des pauvres dans les quatre maximes fondamentales du 17 décembre 1813, dans les §§ 31 à 33 de la loi du 28 octobre 1871 sur les communes, conjointement avec les articles 68 et 69 de la Constitution cantonale du 23 octobre 1887 réglant les dispositions de l'assistance. Il manquait pourtant une loi cohérente et détaillée sur l'assistance aux indigents. Des essais de législation cantonale, tentés en 1880 et 1881 déjà, échouèrent devant le Grand Conseil. Un règlement de l'assistance dans le sens d'une participation financière plus large des autorités centrales, conséquemment d'un contrôle plus sévère sur la pratique communale, était devenu absolument nécessaire. Bien que le Grand Conseil ne fermât pas les yeux sur le fait que l'avenir est au principe territorial, il refusa cependant de partir de là, estimant avec raison qu'il appartient à la Confédération de faire prévaloir dans tout le pays le domicile de secours. Néanmoins la nouvelle loi a prévu le ralliement à un concordat éventuel en vue d'une amélioration de l'assistance intercantonale (§ 42). Le canton de Soleure mène ainsi de front l'assistance par la commune d'origine aux bourgeois de cette commune, et celle aux étrangers au canton par la commune politique (assistance des habitants), dans le sens de la loi fédérale de 1875 et des traités. L'intervention financière de l'Etat a pour condition des charges plus fortes sur les habitants imposables, mais aussi des compétences plus étendues du gouvernement pour le contrôle de l'assistance: le Conseil d'Etat ne joue plus le rôle unique d'instance de recours contre les décisions d'organes inférieurs ; il a le droit aujourd'hui d'intervenir de son propre mouvement.

Par les principes fondamentaux de la nouvelle loi, 'Soleure a pris rang parmi les cantons qui rendent hommage aux idées modernes dans le domaine de l'assistance. En voici le résumé :

Les communes bourgeoises doivent secourir leurs ressortissants indigents, que ceux-ci soient domiciliés sur leur territoire, ailleurs dans le canton, ou au dehors. Dans les cas de double bourgeoisie, c'est la commune bourgeoise du domicile qui intervient, ou éventuellement celle des communes d'origine où le solliciteur ou ses parents habitèrent en dernier lieu (art. 22 du Code civil suisse). L'Assistance bourgeoise de la commune du domicile accorde les premiers secours en cas de besoin et en informe la commune d'origine. L'autorité compétente de celle-ci peut alors prendre en main les intérêts de l'indigent, tout en remboursant l'argent dépensé jusque là. En principe, le refus d'assistance au dehors n'est pas admissible ; l'assistance extérieure se fait après enquête par les délégués de la commune, et avec l'aide des autorités d'assistance du domicile. Le rapatriement ne peut être demandé que pour cause d'abus, ou si l'assistance du lieu d'origine est meilleure et d'un prix moins élevé. Il n'est pas acceptable « si par là l'indigent est enlevé au cercle de parents ou de bienfaiteurs qui lui donnent une aide particielle, ou s'il lui faut renoncer à un travail en rapport avec ses facultés et son développement, même si ce travail est insuffisant pour le faire vivre. » Ces dispositions sont en parfait accord avec les déclarations de la IVme Conférence des directeurs cantonaux d'assistance réunie à Zurich en 1911, déclarations votées sur la proposition de la Commission permanente des institutions suisses d'assistance publique et privée, dans le but de poser les principes de l'assistance intercantonale.

Les dispositions citées, celles en particulier concernant les rapatriements (§ 6), rendent possible le séjour d'assistés dans les villes, avec l'appui de communes rurales, lesquelles montrent ordinairement une faible compréhension des circonstances et des besoins de leurs ressortissants expatriés. En cas de refus d'assistance de leur part, le préfet, puis le Conseil d'Etat, peuvent intervenir. En ce qui touche les secours aux mineurs, les dispositions suivantes sont applicables : les jeunes gens au-dessous de 16 ans, ou d'autres qui, pour raisons majeures, devraient être aidés jusqu'à leur majorité, sont entretenus et élevés au compte de la commune bourgoise s'ils sont orphelins et dénués de ressources, ou si leurs parents sont eux-mêmes indigents, ou encore dans les cas de renvoi à l'Assistance par les autorités tutélaires en vertu des art. 283 à 285 du Code civil suisse. A la demande de l'Assistance, les sociétés pour l'éducation des pauvres remplissent sous leur responsabilité, et avec les subventions de l'Etat (prélevées sur le dixième de l'alcool), un rôle assez semblable à celui des commissions genevoise et saint-galloise pour la protection des mineurs. Ces sociétés se chargent dans la règle du tiers des frais. Les enfants sont placés dans des familles, sinon dans des établissements soutenus et contrôlés par l'Etat. Le gouvernement peut nommer des inspecteurs pour la surveillance de ce service. L'Etat accorde des subsides pour les soins aux sourds-muets, aveugles, épileptiques, idiots, mineurs pauvres, ainsi qu'aux maisons de correction et de relèvement.

L'assistance aux adultes est organisée comme suit : les communes doivent intervenir quand leurs ressortissants sont temporairement ou d'une façon durable, hors d'état de gagner leur vie, par suite de maladie, de vieillesse, d'invalidité ou de chômage ; s'ils sont tombés, sans leur faute, dans un dénuement tel qu'ils sont obligés de vendre, en vue de subsister, les propriétés ou objets qui leur seraient nécessaires pour travailler. Les secours peuvent être distribués en bons de denrées, en vêtements, garanties de loyer ou d'hôpital, en argent, sous forme d'hospitalisation dans les asiles fondés ou à créer par les communes ou par l'Etat, et dont la direction est sous le contrôle du gouvernement. Celui-ci peut accorder des subsides extraordinaires pour des cures de sanatoria de divers ordres. Outre le produit des fonds communaux des pauvres et d'autres fonds, des ressources peuvent être obtenues par les répartitions aux bourgeois et par un impôt spécial sur les bourgeois habitant leur commune d'origine ; cependant l'Etat verse une subvention où l'impôt constituerait une charge relativement trop lourde. La loi prévoit pour chaque commune bourgeoise une commission d'assis-

tance où des femmes peuvent siéger. Cette commission se
constitue elle-même et nomme un directeur, des patrons et
des dames patronnesses. Dans les petites communes, l'assistance peut être confiée au Conseil municipal ou au bureau
des orphelins. Le directeur (éventuellement le président)
surveille l'administration des secours et fait des propositions,
procède aux enquêtes permettant de présenter à la commission
les demandes ou les observations sur l'octroi et l'emploi des
secours ; il établit les bons, accorde de petits secours en
argent, quitte à les faire ratifier, fait la correspondance
(secrétaire), établit les mandats sur la caisse des pauvres
(caissier), exécute les décisions de la commission. Celle-ci
décide en matière d'assistance, établit le budget et vérifie les
comptes, conclut des arrangements avec les établissements,
place les jeunes gens, ordonne les enquêtes pour les cas d'assistance au dehors, décide en ce qui concerne les rapatriements
ou les premiers secours en cas d'urgence en faveur de ressortissants d'autres communes du canton, réclame les subsides pour l'assistance aux parents (Code civil, 328 et suiv.).

L'Assistance officielle a le devoir précis de travailler
d'accord, et d'une manière rationnelle, avec la bienfaisance
privée (30). Le Conseil d'Etat a la haute surveillance sur
l'ensemble de l'assistance, dont la direction dépend du Département cantonal de l'Assistance publique, lequel peut avoir
un fonctionnaire spécial pour ce dicastère, et employer les
inspecteurs déjà mentionnés des sociétés pour l'éducation
de la jeunesse à d'autres services du même ordre. Instance
de recours, le Conseil d'Etat prononce sur les mesures con-
testées des Assistances communales, comme dans les cas de
conflit entre celles-ci et d'autres autorités communales. Les
négligences de fonctionnaires ou d'autorités d'assistance sont
passibles d'une amende jusqu'à Fr. 50.

Les §§ 34 à 41 contiennent ce qu'on peut appeler mesures
d'application de la loi fédérale de 1875 et des traités concernant l'Assistance publique médicale aux étrangers et aux
Suisses d'autres cantons, assistance confiée à la commune
politique, laquelle prélève un impôt pour faire face aux charges

qui lui incombent de ce chef. Elle organise une Assistance locale sous forme de société, à moins qu'elle ne laisse à l'Assistance bourgeoise le soin d'y pourvoir spécialement. Dans ce cas, elle en informe le Conseil d'Etat.

Le gouvernement accorde des subsides particuliers quand la commune politique entretient un bureau gratuit de travail à côté de l'assistance aux passants.

Le Conseil d'Etat fait enfermer dans une maison de correction, pour trois mois à deux ans et aux frais de la commune, les fainéants et les vauriens ; les ivrognes sont internés dans un asile pour le relèvement des buveurs, auxquels on accorde des subsides prélevés sur le dixième de l'alcool. La loi prévoit l'adoption d'autres mesures de police par le Grand Conseil, comme l'amende et la prison. Les sociétés privées qui englobent les étrangers dans leur champ d'activité ou s'occupent avec compétence des pauvres honteux sont subventionnées par l'Etat, si d'ailleurs elles publient un rapport et des comptes annuels. Des centimes additionnels sont perçus par l'Etat (un onzième) pour servir à l'application de la loi d'assistance. S'il reste un solde disponible du produit net de la dîme pour les pauvres, le Grand Conseil en dispose (jusqu'à $1/7$) pour le fonds cantonal d'assurance contre la vieillesse et l'invalidité, ou pour le fonds cantonal d'assistance, dans lequel tombent en outre les taxes cantonales de naturalisation et d'établissement, les restitutions, les amendes, les dons et les subsides extraordinaires de l'Etat.

Faisant suite à ce qui précède, remarquons que dans les contestations au sujet des pensions alimentaires (art. 328 du Code civil suisse), le préfet décide en première instance, administrativement. Dans le canton de Soleure, le système des mesures de police paraît peu développé ; mais on y fait usage des art. 370 et 406 du Code civil suisse pour sévir contre les fainéants, les vicieux, contre ceux qui oublient leurs devoirs d'assistés ou de parents astreints au payement de la dette alimentaire. Le retrait de la puissance paternelle s'y pratique par le ministère des autorités tutélaires, sous la présidence du préfet.

Dans les cas de déchéance paternelle, si les parents ne versent pas les subsides auxquels ils sont astreints pour l'entretien et l'éducation de leurs enfants, la commune peut les traduire devant le juge pénal. Celui-ci s'informe si les défaillants ont payé déjà une somme correspondant à leurs revenus et à leurs besoins, et s'ils ne l'ont pas fait, il les condamne à un emprisonnement ne dépassant pas deux mois. Il y ajoute parfois l'interdiction des auberges pendant deux années au plus. Un jugement de cette nature ne peut être prononcé plus d'une fois au cours d'une année. Comme à Zurich, en Argovie ou à Schaffhouse, Soleure a désigné quelques catégories de fonctionnaires qui, d'office, dénoncent les cas parvenus à leur connaissance ; ce sont la police, le procureur général, les régents, les médecins, etc. Les autorités tutélaires ont aussi le droit d'ordonner des visites d'inspection, d'avertir les parents défaillants et de les déférer au juge pénal. Pour établir les faits, les autorités tutélaires doivent si possible s'assurer le concours de médecins, d'ecclésiastiques, de régents, de membres des sociétés pour la protection de l'enfance. Les personnes exerçant la puissance paternelle sont entendues avant que des mesures de rigueur soient prises. L'Office d'Etat civil est tenu d'informer immédiatement les autorités tutélaires des naissances illégitimes, afin qu'elles puissent sans retard prendre les mesures nécessaires de protection. Dans les recherches en paternité, Soleure admet la promesse solennelle et le serment, même si la demande n'a pas été faite conformément aux prescriptions, ou si, dans la plainte, figurent d'autres allégations que dans la demande. Cependant, il y faut des motifs jugés suffisants.

Le canton de Soleure possède une maison de correction pour hommes au Schachen, près de Deitingen, fondée en 1885. D'après la loi du 2 février 1884 sur la création d'un établissement de travail forcé, on peut y interner : des personnes valides, au-dessus de 18 ans, qui mènent une vie dissolue et, par ce fait, tombent ou menacent de tomber avec ceux dont ils ont également le soin, à la charge de la bienfaisance publique ou à celle de leur parenté. Cette dernière

est autorisée à demander l'internement. L'entrée et la sortie
de l'établissement sont décidées par le Conseil d'Etat sur rapport du préfet. Durée maximale de l'internement, une année ;
en cas de récidive, deux ans. L'agriculture forme l'occupation
principale de la maison (100 poses, 35 détenus). Subsides de
l'Etat. Les femmes sont envoyées dans des établissements
similaires d'autres cantons ou dans le pénitencier cantonal
(art. 46 de la loi d'assistance).

Les stations de secours aux passants sont au nombre de
cinq, entretenues par la société cantonale d'utilité publique,
celles de Granges, Soleure, Balstal, Olten et Breitenbach.
Le canton les subventionne.

11. Bâle-Ville.

a. Principes fondamentaux de la loi d'assistance.

La loi du 25 novembre 1897 publiée en exécution de
l'art. 16 de la Constitution cantonale du 2 décembre 1889,
fut considérablement améliorée par la loi additionnelle du
9 juillet 1904. Gráce à celle-ci, l'assistance est devenue
l'affaire de la commune bourgeoise et de la bienfaisance
privée, avec la coopération et sous la surveillance de l'Etat
(Département de l'Intérieur). Comme organes exécutifs, nous
avons d'un côté l'Assistance bourgeoise, de l'autre l'Assistance
générale pour les non bourgeois. Les règlements d'assistance
de la commune bourgeoise sont soumis à l'approbation du gouvernement. L'Etat supporte les frais de l'Assistance publique
médicale, pratiquée en conformité de la loi fédérale de 1875
et des traités internationaux ; puis ceux de secours et d'ins-
tallations pour la population flottante et les passants. Le
§ 8 est important : Les communes bourgeoises de Bâle-Ville.
Richen et Bettingen (le Petit Huningue fait partie de l'agglomération urbaine depuis le 1er janvier 1908) doivent assister leurs ressortissants ou les secourir d'une manière appropriée, s'ils rentrent dans les catégories suivantes : 1. Enfants
abandonnés ou négligés, jusqu'à leur 16me année révolue ;

la prolongation des secours (apprentissage professionnel, etc.) dépend des autorités ; 2. adultes incapables de gagner leur vie, que ce soit par suite de faiblesse intellectuelle ou physique, ou de vieillesse ; 3. familles dans le besoin. Sont obligés au remboursement, selon leur pouvoir, à la commune ou aux parents qui donnèrent les secours, les assistés qui arrivent à une situation sensiblement meilleure, ou qui, à leur mort, laissent une succession, les enfants, les parents, les petits enfants, les grands parents, les arrières petits enfants, en dernier lieu les frères et les sœurs. S'il y a conflit, le gouvernement décide, sur le rapport du Département de l'Intérieur, rédigé d'après les dépositions écrites des intéressés (commune, parenté, assistés).

Les ressources de l'Assistance bourgeoise sont tirées du produit du fonds des pauvres, des dons et legs qui sont capitalisés. Les dons dépassant Fr. 1000 sont employés, sauf indication précise du donateur, à la constitution d'un fonds inaliénable des pauvres. La part de la bourgeoisie au revenu de la fondation Merian sert à couvrir les déficits d'exploitation des établissements urbains d'assistance ; si elle ne suffit pas, on prend la part de la commune d'habitants. Dans les communes suburbaines, le produit des biens de bourgeoisie est mis à contribution, puis l'Etat intervient par ses subsides. Un impôt sur les successions est prévu en faveur de la Bourse des pauvres (26 octobre 1885).

L'Assistance générale (§ 16) a pour tâche de secourir les indigents domiciliés qui, par suite de maladie, de gain insuffisant, de chômage immérité, sont momentanément dans le besoin. Les secours sont accordés en supposant que les autorités du lieu d'origine participeront aux secours ; cet espoir est-il trompé, les fonctionnaires de l'Assistance générale peuvent cesser tout genre de secours. L'ancienne règle légale de deux ans de séjour a été finalement supprimée en 1911, vu qu'elle favorisait beaucoup la mendicité. Le rapporteur de l'Assistance générale s'exprime en ces termes sur ce point et sur d'autres qui furent touchés par la revision : — « Celui qui veut se mêler d'écrire l'histoire de l'Assistance générale de Bâle doit envisager l'année 1911 comme d'importance capitale pour cette institution. Un projet d'amendement à la loi d'assistance, soigneusement étudié et élaboré, y fut adopté le 26 janvier par le Grand Conseil, sans opposition et sans changement. L'amendement est basé sur la revision partielle du 9 juin 1904, qui rendit possible le développement du Secrétariat de l'Assistance générale. En 1870, celle-ci avait été organisée sur le modèle d'Elberfeld. Ce système rendit des services signalés pendant plusieurs décades, soit jusqu'au jour où l'énorme accroissement de la population ouvrière, conséquence du développement industriel, provoqua une extension du paupérisme à un degré jusqu'alors inconnu. Il fallut transformer les méthodes. Il n'était plus possible, effectivement, d'enrôler un nombre suffisant de travailleurs bénévoles expérimentés. Néanmoins le système d'Elberfeld fut encore maintenu pour les cas plus rares et plus faciles à traiter d'assistance permanente, où les connaissances professionnelles sont moins nécessaires. A Zurich, l'Assistance libre avait passé par les mêmes changements en 1895. Les cas les plus nombreux, ceux des assistés temporaires, furent attribués aux fonctionnaires du Secrétariat. Cette mesure constitue la la partie la plus importante et la plus féconde de la nouvelle loi. Une autre modification heureuse est celle de la suppression des délais de séjour. Ces délais, qui excluaient toute action de l'Assistance générale avant deux ans révolus de domicile à Bâle, avaient pour conséquence directe les nombreuses sollicitations des pauvres à la bienfaisance privée, aux ecclésiastiques, aux sociétés libres, donc une recrudescence fort désagréable de la mendicité. Ce n'était pourtant pas le pire. Le plus honteux, c'était de voir des familles nécessiteuses, chargées d'enfants, obligées pendant deux années, de mener une vie misérable au grand dommage des malheureux enfants. Interdire de laisser souffrir des indigents, même si leur séjour n'a été que de quelques mois, ou de quelques semaines, c'est une pensée humanitaire au premier chef. L'accroissement exagéré de dépenses que l'on craignait à la suite de l'introduction de cette mesure ne se produisit pas, précisément parce que le Secrétariat dépistait aisément les paresseux, les parasites de toute sorte, et procédait énergiquement contre eux, par le rapatriement s'il le fallait. A Bâle, comme à Genève, il arrive fréquemment que des indigents sont simplement expédiés vers la ville des contrées avoisinantes, en bonne partie étrangères. L'Assistance générale doit parer au danger et, au nom de la ville, prendre les mesures indispensables de défense. Elle y procède en demandant au lieu d'origine les secours nécessaires pour le plus grand nombre des nouveaux arrivés. En cas de refus, elle demande le rapatriement. Ceci suppose qu'Assistance et Police travaillent d'accord et sont prêtes à se soutenir réciproquement. Le troisième changement introduit par la loi est une conséquence des deux autres. Les nouvelles demandes de secours ne sont plus adressées aux commissaires volontaires de district (que l'on trouve dans tous les quartiers), mais au Secrétariat, Heuberg 6. Les 112 commissaires bénévoles n'ont plus à s'orienter dans le dédale des circonstances particulières des familles sollicitant un premier secours, à s'informer sur les causes de leur misère, à invoquer l'aide des autorités d'assistance du lieu d'origine, bref à prendre toutes les mesures que comporte le traitement rationnel du cas ; c'est devenu l'affaire du fonctionnaire. En revanche, d'après le nouveau droit, le chef du bureau, l'inspecteur, ou un secrétaire, prend part aux séances de l'assemblée des commissaires dans un des 12 districts, avec voix consultative, pour rapporter sur les nouveaux cas.

L'Assistance générale peut ainsi secourir sans retard les domiciliés d'autres cantons et de l'étranger, soit dans la ville, soit dans les communes suburbaines. Elle aide entre autres par des recommandations aux directions de travaux publics, par du travail dans les établissements *ad hoc* ou au dehors, par des dons de combustible, de pommes de terre, de soupes, de vêtements, d'argent, par des pensions de malades, des séjours de campagne pour convalescents, des cures de bain, des appareils orthopédiques (sur certificat de la policlinique et recommandation de la Direction cantonale).

L'Assistance générale a un droit égal à celui de l'Assistance bourgeoise aux remboursements.

Ressources. — Cotisations de ses membres, dons, legs,
remboursements, subsides de l'Etat jusqu'à concurrence du
tiers des dépenses de l'année, prélèvements sur le fonds
de réserve formé par les soldes actifs des comptes, versement
de l'Etat égal au déficit après ce prélèvement. Les subsides
ordinaires et extraordinaires de l'Etat sont pris sur la part
de la commune d'habitants du produit de la Fondation Chr.
Merian. En ce qui touche aux dons et legs, les règles établies
pour l'Assistance bourgeoise sont également applicables ici. Les
organes légaux de l'Assistance générale sont les commissaires
d'assistance, les commissaires de district ; la commission directrice de 9 membres, qui exerce la surveillance, établit le
règlement, publie le rapport annuel et les comptes, et peut
nommer des sous-commissions spéciales pour des affaires
déterminées (exceptionnellement secours, rapatriements) ; l'assemblée générale qui vote les statuts, nomme 5 membres de la
commission directrice (les 4 autres sont désignés par le Conseil
d'Etat), discute les propositions, le rapport et les comptes,
qui sont soumis ensuite à l'approbation du Conseil d'Etat ;
enfin le Secrétariat. Ce dernier, le plus important des organes, soigne les dossiers des anciens et des nouveaux cas,
assure la correspondance, la tenue des livres et celle de la
caisse, donne des conseils et des renseignements en matière
d'assistance, sollicite et transmet les secours du lieu d'origine,
aide de sa propre autorité dans les cas de détresse temporaire,
et avec les commissaires de quartier dans les cas d'indigence
permanente. Le Secrétariat se compose de l'Inspecteur, de
deux secrétaires, d'une assistante (inspectrice), de trois informateurs (enquêteurs), du personnel de la caisse et de la comptabilité. Le Secrétariat est nommé pour 6 ans, comme la
commission directrice. Les statuts règlent l'organisation de
l'Assistance générale dans les détails, délimitent les compétences des organes et sont soumis à l'approbation du Conseil
d'Etat. Tout habitant du canton s'engageant à verser une

cotisation de Fr. 3 au minimum, peut devenir membre de l'Assistance. L'assemblée générale décide à la majorité des voix. Les commissaires d'assistance sont élus par la Commission centrale sur la proposition de l'Assistance du quartier. Tout habitant du canton est tenu d'en accepter les fonctions une fois au moins pour une période de trois ans, si d'ailleurs il n'a pas dépassé 60 ans ou ne peut invoquer quelque motif suffisant pour décliner une élection. En cas de refus non motivé, la Commission centrale peut frapper le rénitent d'une amende de Fr. 200. Les femmes sont éligibles également si la Commission le juge bon. L'inspecteur et les secrétaires sont choisis par la Commission centrale, qui établit le cahier des charges. Le traitement de l'inspecteur est de Fr. 5000 à 6000, celui des secrétaires de Fr. 4000 à 5000, etc. Des pensions de retraite sont prévues pour eux comme pour les fonctionnaires et employés de l'Etat (22 octobre 1888). Auxiliaires.

Observons que l'Assistance générale du canton de Bâle est une institution officielle, une création de l'Etat. Par l'art. 30 de la loi, est autorisé à confier à la Société de Bienfaisance cette Assistance générale officielle, dont la marche est réglée en détail par la loi, et sous certaines conditions de nature financière et juridique. De fait, c'est ainsi que les choses se sont passées.

Le titre IV de la loi d'assistance de l'Etat de Bâle-Ville dispose de l'assistance aux vieillards établis (art. 31 à 34). L'Etat se charge des domiciliés besogneux ayant atteint 60 ans, qui, depuis leur vingtième année, ont habité le canton, et y ont travaillé pendant 25 ans, dont 5 années, d'une manière ininterrompue, avant le dépôt de la demande. Ils doivent jouir d'une bonne réputation. Le gouvernement peut faire des exceptions. Dans ce domaine, le devoir de remboursement existe et la participation du lieu d'origine aux frais d'entretien exigée : La commission qui dirige ce service est formée de 4 membres de la Commission centrale nommés par le gouvernement (§ 26). L'assistance est accordée sous forme d'hospitalisation dans un asile, ou encore en secours

à domicile. Dans ce dernier cas, la Commission centrale accorde
des subsides mensuels jusqu'à concurrence de Fr. 25, selon
les facultés de travail et les conditions de vie. Un travail
en rapport avec les forces est prévu. Sur la proposition de la
commission, le Conseil d'Etat peut accorder une pension supérieure à 25 fr. Les organes de l'Assistance générale colla-
borent à la surveillance sur les assistés.

Voilà certes un traitement humain des Suisses d'autres
cantons et des étrangers ! En se ralliant au projet de concordat
intercantonal sorti des délibérations de la Vme Conférence
des Directeurs cantonaux de l'Assistance et de la Commission
permanente des institutions suisses d'assistance, Bâle-Ville
se verra forcément allégée de ses charges, le § 1 statuant
que la participation du canton de l'établissement à l'assistance à domicile des indigents transportables d'autres cantons
concordataires sera de 20 % lorsqu'il y a une année à
10 ans de séjour, 40 % pour 11 à 20 ans, 60 % au-delà
de 20 années. Le canton d'origine est tenu de payer le
reste *). Ainsi le budget de l'Assistance officielle n'en peut
être mis plus lourdement à contribution, Bâle ayant déjà
dépassé de beaucoup, en nombre de cas, les participations
proposées. Les étrangers au canton entretenus à domicile ou
dans l'Hôpital bourgeois de Bâle, ne veulent rien savoir
de la maison des pauvres de leur lieu d'origine, cette maison
jouissant généralement, à tort ou à raison, d'une fort mauvaise réputation.

Quelques mots encore pour compléter ce qui précède.
Le Secrétariat est chargé de s'occuper des cas où la commune
d'origine ne donne que des secours insuffisants ou trop irré-
guliers ; de ceux où il faut une surveillance et des soins d'ordre
spécial ; des cas nouveaux ; des personnes auxquelles on ne
délivre des secours qu'en hiver ; de celles de nationalité
française et italienne ; des solliciteurs qui reçoivent des sub-

---

*) Un nouveau projet prévoit le partage égal entre la commune du
domicile et celle d'origine *(Trad.)*.

sides extraordinaires de la commission centrale à cause de leur situation particulièrement difficile et qui sont placés dans des établissements privés aux frais de l'Etat.

b. Lois connexes.

Bâle ne possède pas d'organisation de *l'assistance judiciaire gratuite*, si l'on ne veut pas regarder comme telle les audiences régulières et gratuites du président du tribunal.

Les *secours aux passants* ne sont pas l'objet d'une réglementation ; les prescriptions prévues au § 6 de la loi n'ont jamais été publiées. Cette assistance est faite par le Département de Police pour la ville et les deux communes suburbaines.

Loi du 21 février 1901 et du 27 avril 1911 *concernant le traitement des ivrognes.*

Les bourgeois du canton et les domiciliés qui, par leur ivrognerie, deviennent incapables de diriger leurs affaires, exposant eux-mêmes et les leurs à l'indigence, mettant en danger la santé et la vie des tiers ou provoquant un scandale public, peuvent être placés, de gré ou de force, dans un établissement pour le relèvement des buveurs, par le gouvernement et sur la proposition du Département de police. La commune d'origine en est informée. Les parents, les autorités tutélaires, les tribunaux, les conseils de bourgeoisie et de la commune politique ont le pouvoir de proposer l'internement. Certificat médical. L'internement a lieu dans la règle pour une année. Prolongation jusqu'à 2 ans, et en cas de rechute jusqu'à 3 années. Subsides de la commune d'origine. Le buveur résiste-t-il ou s'enfuit-il de l'asile, il peut être transféré dans une maison de correction (§ 8). Pour les indigents, la moitié des frais est prélevée sur le dixième de l'alcool, le solde étant payé par la commune d'origine. Remboursement selon les dispositions de la loi d'assistance, §§ 9 à 13.

Loi du 27 avril 1911 (11 février 1854) *concernant le placement dans les maisons de correction et de relèvement.* — Les adultes qui, par suite de paresse ou de fainéantise, tombent à la charge de leur famille ou de la bienfaisance publique, ceux qui se soustraient à leurs devoirs de famille, causent un scandale public ou compromettent la sûreté publique par leur dérèglement, leurs mauvaises mœurs ou leur ivrognerie, peuvent être mis dans des maisons de correction ou de relèvement. Les citoyens du canton y sont placés sur la proposition du Département de Police, à la demande de l'intéressé lui-même ou de sa parenté, du tuteur, du tribunal, du Conseil de bourgeoisie ou du Conseil de commune, après enquête et interrogatoire, pour six mois ou une année. En cas de récidive, l'internement peut être de trois années (5). Pour les étrangers au canton, la pension est payée par le lieu d'origine, à la rigueur, par celui du domicile (7). Les étrangers sont internés de même s'ils ont été condamnés à réitérées fois par le Tribunal de Police et que le pays d'origine n'intervienne pas. Les mineurs ou les interdits sont placés par l'autorité tutélaire ; le lieu d'origine paye la pension par l'intermédiaire du gouvernement (8a). C'est le Département de Police qui exécute la sentence (établissements de Bâle ou d'ailleurs). La commune bourgeoise garantit le payement de la pension pour les adultes, l'autorité tutélaire pour les mineurs, à son défaut la commune bourgeoise. Devoir de restitution (11). Pour les étrangers au canton, l'Etat garantit le payement des frais, en tant que la commune d'origine n'y pourvoit pas. Le remboursement peut être réclamé des membres de la famille civilement responsables. La loi n'est applicable qu'aux personnes âgées d'au moins 18 ans.

c. L'assistance générale.

L'Assistance générale, Heuberg 6, est une institution d'Etat, dont l'existence est basée sur le Titre III de la loi d'assistance du 25 novembre 1897, 9 juin 1904, 26 janvier 1911. Elle s'occupe des personnes établies, pendant que l'assistance à la population flottante est confiée à la police. L'incompétence de celle-ci étant manifeste et reconnue, on peut supposer que c'est pour un temps limité, et que cette branche d'activité passera tôt ou tard à l'Assistance générale.

Des règlements des 25—29 avril 1911 nous extrayons ce qui suit. La haute surveillance est exercée par le Département de l'Intérieur et la surveillance immédiate par la commission directrice, laquelle désigne le président, le vice-président et l'administrateur des biens pour une période de trois années ; elle nomme en outre des commissions pour l'asile du Silberberg et pour les soupes populaires. Un bureau composé du président et de deux membres, auxquels l'inspecteur est adjoint avec voix consultative, classe les cas en permanents et temporaires, renvoie les premiers aux assistances de district, les seconds au Secrétariat. Pour ceux-ci, il mesure les secours jusqu'à Fr. 100 ; pour les premiers, il décide de la cessation des secours, ou des subsides extraordinaires aux personnes qui n'ont pas droit aux soins gratuits de la Policlinique. Il agit encore comme instance de recours contre les dispositions du Secrétariat. Les commissaires des quartiers et des communes suburbaines, élus par la Commission centrale, forment les Assistances des districts. Celles-ci nomment leurs bureaux et se réunissent tous les trois mois. C'est un secrétaire qui rapporte sur les nouveaux cas d'assistance permanente. Un commissaire ne peut s'occuper de plus de six cas, sauf autorisation spéciale. On a prévu des séances des présidents, des Assistances de quartier convoquées par la Commission centrale, qui peut aussi inviter à ses propres séances tel ou tel de ces présidents. L'assistance permanente se perd par abandon du territoire cantonal ; elle reprend son cours par un nouvel établissement sur ce territoire. D'une façon générale, une vie désordonnée la fait suspendre ; en principe, elle n'est votée que pour une année et renouvelable.

Toutes les demandes de secours sont adressées au Secrétariat, qui établit les faits et les consigne dans le dossier *ad hoc*. Le secrétaire, ou le commissaire qui s'est occupé

d'un cas, y inscrivent les secours accordés sur une feuille
spéciale où l'assisté donne quittance. S'il y a changement de
domicile, le dossier est remis au Secrétariat. L'Assistance
de quartier accorde les secours permanents, le Secrétariat les
temporaires. Celui-ci intervient également dans les cas d'urgence et sollicite les secours des autorités compétentes du
lieu d'origine. Les indigents de plus de 60 ans, chômeurs,
sont dirigés vers l'asile du Silberberg. De décembre à février, on donne des bons de bois et de charbon (4 bons de
25 kilogs par mois) ; on continue en mars pour les malades
et les vieillards de plus de 65 ans. Des bons de pommes
de terre sont accordés dans la mesure de 5 kilog. par semaine
et par personne, ainsi que des bons de soupe de 7 décilitres
par personne. Le Secrétariat répond aux demandes de vêtements. Les secours en argent sont prévus. Sous réserve
de l'approbation de l'Assistance de quartier, le commissaire
peut donner Fr. 30 par trimestre ; les secours plus importants doivent être autorisés par la commission centrale. Le
Secrétariat peut aller jusqu'à Fr. 50. Toute assistance régulière suppose une coopération du lieu d'origine.

La maison de travail du Silberberg reçoit des indigents
ayant 20 années de domicile dans la ville et 60 ans révolus ;
l'admission est précédée d'une enquête approfondie. La maison délivre aussi du travail à domicile, mais seulement à
des personnes ayant au moins 40 ans. Comme travaux, on
a le cardage du crin animal et végétal et de la laine, le
triage de cafés, d'amandes, d'oignons, la décortication des noix
le dévidage du coton, de la soie, les ourlets des mouchoirs
de toilette, le tricotage, etc. Pour les travaux à domicile, elle
offre la couture et le tricotage. Chaque année, il y a une
vente d'hiver des objets confectionnés par les ouvrières à
domicile, et qui ont un écoulement assuré.

Les *Soupes populaires* ont huit cuisines. La soupe est
vendue à 10 centimes les 7 décilitres, ou donnée contre des
bons. Les écoles s'y fournissent. En 1911—1912, le débit
a été de 103 328 portions, et pour les écoles, de 185 511.

L'Assistance accorde en outre la nourriture pour les

malades, des séjours de campagne, des cures de convalescence, des membres artificiels, sur le vu d'un bon de la Policlinique remis à l'inspecteur. Les subsides aux clients de la Policlinique ne doivent pas dépasser Fr. 60 pour un séjour de campagne, et Fr. 70 pour une cure de bains (coopération du lieu d'origine). Cependant on admet les exceptions. Les notes de sage-femme peuvent être payées par le Département Sanitaire sur la proposition de l'inspecteur. Celui-ci donne également des billets de chemin de fer.

L'horaire officiel est en vigueur pour les fonctionnaires et employés de l'Assistance générale. Le bureau est ouvert de 8 heures à midi et de 2 h. à 6 heures, le samedi de 2 à 5 heures. Les fonctionnaires doivent tout leur temps à l'institution. L'inspecteur et les secrétaires sont sur le même pied et se représentent réciproquement ; ils ont droit à des vacances annuelles de quatre semaines et sont d'ailleurs soumis au Statut des fonctionnaires du 5 juillet 1909. Les remplacements et les cas de maladie sont réglés par la Commission centrale. L'inspecteur, ou premier secrétaire, est le directeur. Il représente l'Assistance au dehors et exerce la haute surveillance ; il est l'intermédiaire entre l'Assistance et la Commission centrale dont il tient les procès-verbaux. C'est lui qui s'occupe des pensions des vieillards établis, des renseignements, des séjours de campagne et des cures de bain, des voyages et transports, qui a le contrôle des assistances permanentes et représente le point de vue du Secrétariat auprès des Assistances de quartier. Il préside les séances des secrétaires. Le deuxième secrétaire traite les cas temporaires des Suisses d'autres cantons, le troisième secrétaire ceux des étrangers ; c'est ce dernier qui dirige le service d'information. A côté du caissier, des enquêteurs et des commis, nous remarquons une assistante. « Elle distribue les secours pour les cas qui ont besoin d'une surveillance et de soins spéciaux. D'accord avec l'inspecteur et les secrétaires, elle prend les mesures de nature pédagogique et, si c'est nécessaire, fait aussi un service d'enquêtes » (§ 8).

d. Commission centrale.

Commission centrale pour l'assistance et la prévoyance sociale.

Extrait des règlements. — § 1. Dans la séance du 29 avril 1913, les autorités, sociétés de bienfaisance et de prévoyance, établissements de Bâle-Ville dont l'énumération suit, se sont unis pour fonder une Commission centrale : Assistance générale, Assistance bourgeoise, orphelinat bourgeois, société allemande de secours, société féminine pour le relèvement de la moralité, société philanthropique française, Bureau de prévoyance, société Pestalozzi, Dispensaire antituberculeux, société de St-Vincent-de-Paul. Bureau : MM. Keller, inspecteur, Frey, directeur de l'orphelinat, Schär, du Bureau de prévoyance. — § 2. Elle vise à centraliser l'assistance et la prévoyance sociale et à les faire exercer avec soin, sous un contrôle sévère ; elle discute toutes les questions se rapportant à cet objet. La Commission est composée des représentants des membres collectifs (au moins un par membre). — § 3. L'indépendance des membres est respectée ; ils ne s'engagent qu'à suivre le mieux possible les directions de la Commission centrale. — § 4. La Commission centrale se réunit dans la règle une fois par mois : a. pour entendre les vœux, propositions et communications des membres ; b. pour étudier les cas spéciaux que l'on a soumis préalablement aux membres ; c. pour examiner les questions générales et les projets d'entreprises communes. — § 6. Agrandissement de la Commission, qui se constitue elle-même. — § 7. Les frais généraux sont supportés en commun. — § 8. Modifications aux règlements votées à la majorité des membres présents. (Comp., p. 218).

e. L'assistance publique médicale.

Policlinique.

Le fondement de l'Assistance publique médicale de Bâle-Ville se trouve dans la loi du 7 février 1890 concernant la création d'une Policlinique générale. Cette assistance est fort bien organisée, la situation de Bâle, défavorable à certains égards, présentant des avantages, comme la possibilité d'une centralisation organique intelligente.

La Policlinique générale a pour but, abstraction faite de l'Enseignement universitaire, d'accorder un traitement médical gratuit aux malades nécessiteux ; elle dépend du Département sanitaire. Les habitants des catégories suivantes ont droit aux soins de la Policlinique, à cette condition qu'ils aient un séjour minimum immédiat de 6 mois dans le canton : 1. Célibataires, veufs et divorcés sans enfants, dont le revenu annuel ne dépasse pas Fr. 800 ; 2. Mariés, veufs, divorcés avec jeunes enfants, dont le revenu annuel ne dépasse pas Fr. 1200. Sont réservées les dispositions du Code des Obligations, de la responsabilité civile et de l'assurance obligatoire en cas de maladie (13 octobre 1890).

L'ordonnance des 3 décembre 1890 et 23 novembre 1910 règle ce qui concerne l'établissement du certificat donnant droit à la Policlinique. Le certificat est inscrit sur un livret, où figurent l'état civil de l'ayant-droit et celui des membres de sa famille. Pour la ville, il est établi par le Bureau de contrôle, pour les communes de Bettingen et de Riehen par les Conseils de commune d'après les registres de taxation. Il donne droit aussi au traitement dans les cliniques spéciales et doit être produit à chaque visite. Il est valable pendant deux années et soumis ensuite à revision par le Bureau des contributions. On y inscrit les changements survenus dans la composition de la famille. Si le droit de jouissance cesse, ou s'il y a départ, le livret est rendu au Secrétariat communal (Bureau de contrôle). La Policlinique assure le traitement médical dans les cas de clinique médicale, chirurgicale et gynécologique par des consultations aux heures fixées ou par des visites à domicile, les médicaments et les objets de pansement gratuits, les bains et secours divers, les soins dans un hôpital pendant 13 semaines, et s'il le faut, jusqu'à 26 semaines. Elle reçoit dans l'asile d'aliénés pendant 26 semaines au maximum, si l'admission est nécessaire et possible. D'autres que les indigents peuvent être traités aux heures de consultation, mais sans garantie de soins prolongés. La ville est divisée en sept arrondissements, chacun d'eux servi par un médecin de l'Assistance; Riehen en a deux. Voici la liste des Policliniques: Policlinique générale, 1 Hebelstrasse, pour les maladies de tous genres (6 ½ heures à 9); 2. Policlinique chirurgicale, 3 Spitalstrasse (de 8 à 10 heures), 3. Policlinique gynécologique, 81. Johanniterstrasse (10 à 11 h. et de 1 ½ à 2 ½ h.); 4. Policlinique de l'hôpital ophtalmique, Mittlerestrasse 91 (9 à 11 h.); 5. Clinique infantile Römergasse (10 à 11 h.); 6. Policlinique otolaryngologique, Spitalstrasse 3 (de 4 à 6 h.); 7. Policlinique ophtamologique du Dr E. Wölfflin, Hebelstrasse 1; 8. Policlinique dermatologique de l'hôpital bourgeois, Spitalstrasse 3 (8 à 9 h.); 9. Home pour les nourrissons, Hardstrasse 87, (consultations pour les mères et les enfants, lundi, mercredi et vendredi, depuis 3 heures; 10. Policlinique dentaire, Hebelstrasse 1 (lundi, mardi, mercredi, vendredi de 7 ½ à 8 ½ h.) Dispensaire antituberculeux. *Hôpitaux:* hôpital bourgeois, maternité, hospice Friedmatt, hôpital ophtalmique, hôpital d'enfants, hôpital israélite, home pour nourrissons, maison des diaconesses de Riehen, infirmeries pour enfants à Langenbruck, infirmerie de Davos.

f. L'Assistance bourgeoise de la ville de Bâle.

A. Bureau d'assistance.

Selon le règlement du 15 novembre 1898, l'Assistance bourgeoise a pour but d'aider, dans le sens du § 8 de la loi, les adultes célibataires, mariés, veufs ou divorcés sans enfants, qui seraient hors d'état de subvenir à leurs besoins, en tant qu'ils ne remplissent pas les conditions pour être admis à l'hôpital bourgeois. Les familles chargées d'enfants en bas âge ayant besoin de secours réguliers ne sont pas aidées par l'Assistance bourgeoise, mais par l'orphelinat bourgeois (§ 1 b du règlement du 15 novembre 1898). La direction du Bureau d'assistance est confiée à une commission de 7 membres, sous la surveillance du Conseil de bourgeoisie (38 membres, comité de 7 membres). L'administrateur est l'organe exécutif de la Commission.

Ressources. — Revenus des fonds, moitié des quêtes d'église (l'autre moitié est versée à l'Assistance générale), dons et legs, remboursements, part des taxes de naturalisation, couverture du déficit d'après le § 14 de la loi d'assistance, part des taxes sur les chiens, sur les patentes de musiciens ambulants, autorisations de concert, danses, etc. Les secours sont votés par la Commission. Eventuellement, certaines affaires sont confiées à des membres isolés de la commission (surveillance de la comptabilité, rapport, comptes annuels). La procédure pour l'octroi des secours est particulièrement importante. Les demandes motivées sont adressées à l'administration. Celle-ci inscrit sur un formulaire tous les éléments de fait. Le questionnaire et le règlement sont signés par le solliciteur. Les possibilités de gain de celui-ci et des membres de sa famille sont prises en considération. L'activité personnelle du nécessiteux doit être favorisée et excitée, si possible en donnant l'occasion de travailler. Une conduite immorale ou légère, la mendicité ou la paresse font, dans la règle, exclure de l'assistance. Le Bureau ne paye pas des dettes contractées en dehors de sa garantie. Si c'est possible, des gages sont pris du remboursement ultérieur des secours accordés. La parenté est tenue au remboursement. Si les circonstances s'améliorent, l'assistance est réduite ou supprimée. Les secours en argent ou en nature sont délivrés comme suit : a. subsides hebdomadaires ; b. subsides trimestriels, spécialement pour les loyers ; c. secours extraordinaires, c'est-à-dire accordés dans des moments d'extrême nécessité. Les secours en nature consistent en bons de vêtements, de chaussures, de soupe, de lait, de pain, de pommes de terre et de bois, en séjours de campagne, cures de bains, appareils orthopédiques, séjours dans les hôpitaux suivant certificat médical.

L'hôpital bourgeois, qui sert d'hôpital cantonal, reçoit gratuitement, en première ligne, les bourgeois de Bâle incapables de payer, qui ne sont pas membres d'une caisse-maladie, et n'ont pas droit à la Policlinique, soit qu'ils habitent au-dehors ou que la Policlinique ait déjà donné ses soins pendant six mois. En tant qu'hôpital cantonal, l'hôpital doit en outre recevoir les domiciliés, même s'ils n'ont pas six mois de séjour, ou s'ils ont joui déjà des six mois légaux de traitement de la Policlinique. L'établissement n'est tenu au traitement gratuit, en exécution de la loi de 1875 et des traités, qu'autant que le malade est intransportable. Au reste, il ne fait pas un usage bien rigoureux de son droit de refus ; celui-ci n'est guère appliqué que dans les cas où la maladie doit se prolonger indéfiniment, et tout à fait exceptionnellement quand il s'agit d'une famille établie depuis longtemps à Bâle. Grâce à la Fondation Adolf Merian, des domiciliés indigents et malades qui devraient être rapatriés peuvent être gardés en traitement.

B. Bureau des orphelins.

On lui demande : a. de placer dans l'orphelinat ou ailleurs les enfants de bourgeois devenus orphelins, ou que leurs parents ne peuvent ni nourrir ni élever, et d'en faire des membres utiles de la société et de la commune ; b. d'assister par des secours en argent les familles bourgeoises chargées de jeunes enfants, qu'une gêne constante les empêche de nourrir suffisamment et d'élever. Dans la règle, l'assistance dure jusqu'à la seizième année ; s'il faut aller au-delà, la décision en est prise par le Bureau, après enquête pour chaque cas particulier. Les adultes dont les enfants sont commis aux soins du Bureau des orphelins reçoivent aussi de lui les secours nécessaires, jusqu'à la sortie du dernier de leurs enfants, si d'ailleurs ils ne peuvent subvenir à leurs besoins par suite de vieillesse, d'infirmités ou d'insuffisance de gain. Les secours subséquents sont délivrés par le Bureau d'assistance. Les enfants sont placés à l'orphelinat, dans des maisons d'éducation ou chez des particuliers, éventuellement laissés dans leur propre famille, laquelle reçoit alors un subside.

Des principes vraiment humanitaires sont à la base de ce service d'assistance et d'éducation. Le Bureau intervient à la demande des parents ou des tuteurs qui, tant que dure l'assistance, abdiquent tous leurs droits en sa faveur.

Ressources. — Revenus de la fortune, payement des parents, subsides, intérêts de la fortune des pupilles, part des quêtes d'église fixée par l'Etat et le Conseil de bourgeoisie, dons et legs. La haute direction est confiée à un inspectorat dépendant du Conseil de bourgeoisie et qui, dirigeant l ensemble de l'administration, décide de l'admission des enfants dans les asiles ou chez les particuliers. Le directeur (Hausvater) de l'orphelinat, nommé pour six ans par l'inspectorat, et qui doit être qualifié tout à la fois pour l'administration et pour l'éducation des enfants, s'engage à surveiller les familles assistées dans le but de leur permettre d'élever elles-mêmes leurs enfants, puis les enfants qui furent commis à ses soins ; à contrôler la fréquentation des écoles et les conditions morales et religieuses des élèves et des enfants placés au-dehors ; à veiller à la bonne tenue des locaux, conjointement avec la directrice. A côté du directeur et de la directrice, on trouve l'économe qui tient la comptabilité, le médecin, le chapelain qui seconde le directeur, cinq instituteurs et cinq aides, puis tout un personnel : portier, artisans, ouvrières et domestiques.

Nous laissons de côté le règlement d'ordre intérieur pour ajouter que les prescriptions minutieuses sur les soins corporels, l'éducation morale et religieuse, la discipline, les châtiments, manifestent hautement la sollicitude du législateur pour le bien des élèves. Dans la règle, ceux-ci restent sous la garde du Bureau jusqu'à leur confirmation, où ils passent aux soins d'un tuteur qui les suit pendant leur apprentissage ou leur service dans les maisons particulières. Pour le choix d'une profession, on a égard aux goûts et aux capacités de l'enfant, ainsi qu'aux indications des parents interrogés par les directeurs. Les jeunes filles apprennent en première ligne les travaux de maison. Le tuteur dresse le contrat d'apprentissage, d'accord avec le directeur. Les frais de l'apprentissage sont payés par les gages ou les salaires, par des fondations spéciales, des subsides de parents et de bienfaiteurs, ou encore par la fortune de l'enfant si elle dépasse Fr. 1000.

A la fin de 1911, le Bureau soutenait 660 enfants et 113 adultes à Bâle, dont 35 dans d'autres cantons et 11 à l'étranger. A la fin de la même année, il y avait à l'orphelinat 84 garçons et 65 filles de 105 familles différentes. On comptait alors 99 garçons et 31 filles placés en apprentissage chez 32 maîtres exerçant 9 métiers différents. On avait placé 48 enfants dans des asiles du dehors et 151 enfants dans des familles hors de Bâle. Enfants assistés 807, adultes 141, adultes hospitalisés 7, soit au total 1548 personnes au 31 décembre 1911.

12. Bâle-Campagne.

a. Principes fondamentaux de la loi d'assistance.

Loi d'assistance du 7 novembre 1859 et ordonnance d'application du 6 octobre 1860 (en exécution de la Constitution du 23 décembre 1850) .

Assistance. — Une commission d'assistance de 3 à 5 membres, dont un représentant au moins du Conseil municipal, est nommée pour 3 ans dans chaque commune par l'assemblée des habitants. Le boursier des pauvres n'est pas nécessairement membre de la commission. Le pasteur de la paroisse fait partie d'office de la commission avec voix consultative. La commission s'intéresse au bien moral et matériel des indigents, recherche les causes de leur pauvreté, les moyens de la combattre et de l'écarter. Ceux-là seuls parmi les communiers ont un droit à l'assistance qui non seulement manquent des moyens de satisfaire à leurs besoins, mais encore des forces corporelles et intellectuelles nécessaires pour se les procurer. Ce sont conséquemment : a. les orphelins pauvres et les enfants abandonnés, jusqu'à leur seizième année révolue ; b. les adultes indigents et incapables de travail par suite d'âge ou d'infirmités ; c. les indigents temporaires, qui le sont devenus par suite de maladie. Les enfants doivent recevoir une bonne éducation, les vieillards les soins nécessaires et du travail, les malades le traitement médical et les secours indispensables.

L'assistance est avant tout un devoir de famille. Si une demande d'interdiction concernant un futur candidat à l'assistance est rejetée, la parenté est libérée de son devoir d'assistance (§ 5). Si la parenté n'offre pas de garanties suffisantes pour les soins à donner aux leurs, la commission place ceux-ci en d'autres mains, aux frais de la famille, dont elle fixe les subsides (parents déchus de leurs droits paternels). A défaut d'assistance familiale, la commune d'origine prend la place. Pour les citoyens nécessiteux du canton, la commune du domicile les recommande à celle d'origine ; les premiers secours sont pourtant donnés par elle, sur le compte de la commune d'origine, sous réserve de l'avis immédiat et de l'assurance du remboursement (rapatriement), § 8. — Compétences du président (9). Distribution des secours. Placement dans les familles ou les asiles. Le but moral de l'assistance ne doit jamais être subordonné au but économique. Asiles communaux avec autorisation du gouvernement. Remboursements (successions, héritages). Dons.

Ressources. — Revenus des biens des pauvres, taxes, amendes, remboursements, dons, legs, impôts, subsides communaux extraordinaires, avec l'approbation du gouvernement. Revenus des fondations. Les biens des pauvres sont inaliénables, sauf autorisation du gouvernement. L'Etat soutient des sociétés de bienfaisance par des subsides en rapport avec leur activité (15). [Empêchements aux mariages conclus à la légère (16—17), supprimés par la loi fédérale du 24 décembre 1874 sur l'Etat civil et le mariage, et par le Code civil suisse]. Mendicité [*Police des pauvres* § 18 à 32]. — La mendicité est interdite ; interdit également l'établissement de certificats permettant des sollicitations (Fr. 5 à 10). Le gouvernement peut autoriser les collectes (18). Les vagabonds et mendiants reçoivent un avertissement du Conseil de

commune à la demande de la commission d'assistance, puis
sont emprisonnés ou expulsés. Si ce sont gens en séjour ou
domiciliés, l'autorisation de résider peut leur être retirée
par le gouvernement à la demande de la commune. Les ressortissants du canton sont reconduits à leur commune, et enfermés en cas de récidive. Les étrangers sont expulsés
sans forme de procès, à moins qu'on ne les enferme au
préalable pendant 4 à 8 jours. Défense de revenir dans le
canton, avec inscription sur les papiers. En cas de contravention, le défaillant est traduit devant le tribunal pour être
condamné à un emprisonnement qui peut aller à 8 semaines, et à l'expulsion du canton et de la Confédération pour
une période ne dépassant pas 3 années. Héberger les mendiants rend passible d'une amende de Fr. 5 à 10 Fr. Les
enfants ou les parents qui, par leur conduite déréglée, mettent
les leurs dans la nécessité de solliciter les secours de leur
parenté ou de la commune, sont d'abord admonestés, puis
enfermés jusqu'à 8 jours, traduits devant le préfet (8 semaines de détention aux frais de l'Etat), enfin internés dans
une maison de correction par la commune, avec l'approbation du gouvernement (23).

Les parents auxquels on a retiré la garde de leurs enfants peuvent être forcés à un travail qui leur fasse gagner
les subsides exigés d'eux. Défense de sortir de la commune
et retrait des papiers à ceux qui tenteraient de se soustraire
par la fuite à leur devoir d'assistance. Les enfants indis-
ciplinés placés par la commune et qui réussiraient à se
sauver sont recherchés par la police sur l'ordre du préfet, qui peut éventuellement faire enfermer le coupable jusqu'à 10 jours. En revanche, ceux d'entre eux qui auraient
à formuler des plaintes fondées sont placés immédiatement
dans un milieu plus convenable (28). Changements dans
les secours, placements, travail, emploi du revenu. Interdiction de l'auberge et du jeu ; amendes prononcées contre
ceux qui manquent au devoir d'assistance : « La Commission
d'assistance peut accorder les mêmes pouvoirs aux personnes
qui donnent les secours » (31). Comparer Zurich (29).

Le retrait de l'assistance est-il infructueux ou impossible, la commission agit suivant les dispositions du § 23. Le Conseil d'Etat est instance de recours pour toutes les contestations en matière d'assistance ; en cas d'urgence, le préfet ordonne les mesures provisoires. La moitié des amendes est versée au dénonciateur, l'autre moitié à la caisse des pauvres du domicile.

Dispositions les plus remarquables de l'ordonnance d'exécution. — § 3, al. 3 : « En cas de besoin, l'Assistance officielle ne doit pas hésiter à faire appel à la bienfaisance privée. En tout cas, elle doit s'efforcer, d'un côté, de renforcer de plus en plus la bienfaisance privée, de l'autre d'empêcher qu'on abuse d'elle ou qu'elle-même se laisse entraîner sur un terrain où elle entraverait l'action de l'Assistance légale et, pour une raison quelconque, cesserait d'être efficace. » — § 8. Il est interdit de placer les enfants, en particulier ceux d'âge moyen, dans les maisons communales de pauvres, sous la surveillance de personnes qui en seraient les pensionnaires ; interdit également de les placer dans les familles au moins offrant ». « Il faut veiller à ce que les garçons pauvres apprennent l'agriculture, ou le tissage des rubans, ou un métier quelconque ; pour les filles, qu'elles deviennent habiles dans les travaux du ménage et du sexe, ou qu'elles apprennent un bon métier ». « L'Assistance doit exercer son action non seulement pour l'élaboration des contrats d'apprentissage (loi sur les tutelles du 28 février 1853, § 49) et pour le payement des annuités, mais encore pour la surveillance et la direction des apprentis ». — § 11c.

L'Assistance veille à ce que les gens âgés et infirmes soient placés le moins souvent possible dans les familles à tour de rôle, tant par égard pour l'état fréquemment lamentable de ces pupilles, que pour les familles elles-mêmes, auxquelles il faut éviter un ennui et un fardeau particulièrement lourd. — § 11 f. Comme des expériences nombreuses ont montré les désavantages physiques et moraux du placement des pauvres dans les maisons communales, notamment quand il s'agit de familles entières, « le gouvernement n'accordera plus la permission d'ouvrir de nouveaux asiles que sous des conditions sévères.

« Si la commune a déjà une maison des pauvres, la commission d'assistance doit exercer sur elle une surveillance particulière, et comme cette institution atteint rarement son but, l'Assistance travaillera à la faire supprimer ». — § 14°. « Aussi longtemps que les parents vivent dans les liens du mariage, et sous le régime de la communauté des biens, ils sont tenus à l'assistance des enfants d'un des époux comme de ceux issus de leur mariage ; les enfants de la première catégorie, de leur côté, ont la même obligation vis-à-vis des parents. » — § 17. L'Assistance est tenue de prendre soin, si c'est nécessaire, des personnes temporairement dans le besoin, ainsi par exemple si leur fortune n'était pas réalisable à l'heure de la détresse.

b. Lois connexes.

Loi du 22 novembre 1853 sur *le placement des enfants abandonnés,* §§ 1—9 (en application d'une partie du § 23 de la Constitution) ; abrogée par la loi d'application du Code civil suisse (§ 136). D'après cette loi, les parents et nourriciers qui entraînent les enfants à la mendicité négligent d'une façon flagrante leurs devoirs d'éducateurs, de telle sorte que ces enfants en pâtissent dans leur corps et leur esprit, perdent tout droit vis-à-vis d'eux. Avec l'autorisation du gouvernement, la commune d'origine, d'accord avec l'autorité scolaire, peut confier les enfants ainsi négligés à une société pour l'éducation des pauvres, ou à une institution privée reconnue par l'Etat, aux frais des parents tout d'abord, de la caisse des pauvres en seconde ligne, dans la mesure où la société d'éducation ou l'institution de bienfaisance le demanderaient. Si les parents, quoique valides, refusent de payer, ils peuvent être mis en demeure de travailler pour la commune jusqu'à concurrence de leurs prestations. — Mesures de police contre les récalcitrants (emprisonnement jusqu'à

10 jours). Peine correctionnelle contre les parents qui, de leur propre chef, interviendraient contre les décisions prises en faveur de leurs enfants.

Loi d'application du Code civil suisse du 30 mai 1911. § 36. -- Le placement d'enfants prévu par les art. 284 et 285 du Code civil doit être fait par les soins des autorités tutélaires dans des familles ou des institutions appropriées. S'il s'agit d'enfants de citoyens du canton, l'Assistance de la commune d'origine doit être entendue tout d'abord. Les frais seront payés, si les parents ou les enfants eux-mêmes n'y peuvent pourvoir, avec l'aide de la société pour l'éducation des pauvres ou d'autres sociétés de bienfaisance : a. par la Bourse des pauvres de la commune d'origine pour les enfants de ressortissants du canton ; b. par la commune d'habitants du domicile, $1/3$, et par l'Etat, $2/3$, pour les autres, en tant qu'il faille renoncer à rien obtenir du lieu d'origine. Recours au gouvernement.

Loi du 17 avril 1876 concernant l'administration du pénitencier. — Dans les locaux destinés spécialement aux personnes condamnées à l'emprisonnement, on enferme aussi celles qui ont été soumises au régime du travail forcé par les communes, avec l'approbation du gouvernement, pour paresse, mendicité, négligence des devoirs de famille (§ 23 de la loi d'assistance du 7 novembre 1859). Pour cette catégorie de prisonniers, le règlement d'ordre intérieur contient des prescriptions spéciales (§ 1).

Loi du 19 février 1912 concernant les secours aux passants et les bureaux de travail. — L'assistance aux passants et voyageurs est obligatoire et liée à l'activité des bureaux de travail. La station cantonale centrale se trouve à Liestal. Les stations du bas canton peuvent être aussi reliées directement au Bureau de travail central de Bâle-Ville. Déduction faite du subside fédéral (loi fédérale du 29 octobre 1909 : 0,50 centimes pour chaque place fournie, plus le tiers des frais généraux des bureaux de travail), les frais sont supportés par l'Etat et les communes au prorata de la population. La surveillance est confiée à la Direction de Police et à une commission spéciale.

Loi du 20 février 1905 sur la procédure. Droit des pauvres. — §§ 71 à 75. Les personnes domiciliées dans le canton qui, par suite de leur indigence, seraient hors d'état de payer les frais d'un procès civil, peuvent demander l'assistance judiciaire à l'ouverture du procès (certificat d'indigence). Pour qu'elle soit accordée, la cause doit se présenter dès l'abord comme sérieusement fondée. Pour les personnes domiciliées au - dehors, elle n'est donnée que s'il y a réciprocité (sont réservés 6/1 loi fédérale 1881, AH et EH). L'Assistance judiciaire peut être retirée en tout temps, si les considérations qui la firent accorder ne sont plus justes. La partie assistée est exonérée des frais du procès et du dépôt de la caution. Si elle est déboutée, on ne peut exiger d'elle le payement d'aucune taxe, ni d'aucun émolument. Dans les cas où, par jugement ou arrangement, elle recevrait une somme lui permettant de payer les frais, elle est tenue d'en verser le montant. L'octroi de l'assistance judiciaire n'a pas d'influence sur l'obligation de restitution des frais de la partie adverse victorieuse, si le jugement du tribunal les fait supporter par la partie assistée. Sont compétents pour octroyer l'assistance judiciaire, dans les limites de leurs compétences respectives : a. le juge de paix (Fr. 10), le président du tribunal de district (Fr. 50) et le tribunal de district (Fr. 200), le président du tribunal cantonal en appel. La partie adverse peut attaquer la décision de l'instance par devant le tribunal cantonal (73). Les frais du juge de paix lui sont remboursés par la caisse du district, sur le compte de la partie déboutée. Si ces frais sont mis plus tard à la charge du défendeur, la chancellerie du district veille à leur recouvrement. Dans les cas où l'aide d'un avocat paraît justifié et nécessaire, elle est accordée sous les mêmes présomptions et aux mêmes conditions que l'autre assistance, sauf dans les contestations de la compétence du juge de paix et du président du tribunal de district. A la demande qui lui en est faite, le président du tribunal cantonal désigne

un avocat, parmi tous ceux inscrits au barreau, pour conduire le procès contre payement d'honoraires modérés fixés
par le tribunal. L'Etat a droit au remboursement si, pendant les dix années qui suivent, l'assisté a vu sa situation
s'améliorer de telle façon que la restitution de l'avance faite
ne le mette pas dans la gêne (76).

13. Schaffhouse.

a. Principes fondamentaux de la loi sur les communes et l'assistance.

Loi sur les communes. — La loi d'assistance du 14 mars
1851 fut remplacée, en ses points essentiels, par les articles
147 à 162 de la loi sur les communes du 14 septembre 1892.
D'après la Constitution cantonale du 24 mars 1876, art. 55,
l'Assistance publique est du ressort des communes et, subsidiairement, de l'Etat. L'art. 98 de cette constitution stipule
que la commune bourgeoise s'occupe de l'assistance, dans les
limites fixées par la loi. Les communes sont autorisées
à percevoir un impôt en cas de besoin. La commune bourgeoise
constitue un fonds des pauvres en rapport avec les circonstances locales et prend possession des fondations de caractère
purement bourgeoisial. Le fonds bourgeoisial des pauvres
est formé premièrement par le fonds communal attribué au
même objet, et complété, s'il le faut, par une portion de la
fortune communale. Le Conseil de bourgeoisie dirige l'Assistance de la commune bourgeoise. Il désigne dans son sein un
directeur de l'Assistance. La commune bourgeoise n'est pas
autorisée à percevoir un impôt des pauvres aussi longtemps
que les bourgeois jouissent de répartitions.

Assistance. — C'est la commune politique qui pourvoit
à l'assistance médicale aux habitants, ordonnée par la loi
fédérale de 1875 et par les traités, ainsi qu'à l'assistance
temporaire des citoyens du canton non bourgeois, sous réserve
d'avis à la commune d'origine et de remboursement. Dans
les cas de double bourgeoisie, les frais sont partagés entre

les deux communes. Locaux des communes d'habitants pour les pauvres et pour les cas d'urgence. Tous les bourgeois domiciliés dans la commune d'origine sont imposables. Caisses-maladie obligatoires, à tout le moins pour les gens en séjour, éventuellement pour les personnes établies (155). Infirmeries. Haute surveillance de l'Etat sur l'assistance. Coopération de l'Etat à l'assistance : a. pour le traitement approprié et l'entretien des aliénés, épileptiques, faibles d'esprit, malades et nécessiteux par suite d'âge ou d'infirmités ; b. pour l'éducation des aveugles, sourds-muets, idiots, dans des établissements spéciaux ; c. pour les orphelins ; d. pour les jeunes délinquants, les enfants abandonnés, les adultes paresseux, vicieux, internés dans les maisons de correction et de relèvement. L'Etat crée à cet effet les établissements nécessaires, dans la mesure des moyens à sa disposition. Il subventionne encore des établissements analogues fondés en dehors de lui, ou les communes qui ont de leurs ressortissants à interner, et pour une somme égale à celle que verse la commune. Eventuellement, le gouvernement peut décharger encore plus les communes obérées. L'Etat qui crée un fonds cantonal d'assistance prend sur lui : a. les frais de l'assistance aux voyageurs et passants ; b. les frais de l'assistance intercantonale aux habitants. Il décide de l'emploi de la dîme de l'alcool.

Loi du 14 mars 1851 sur l'assistance pour le canton de Schaffhouse.

Autorités. — Les Conseils municipaux constituent la première instance de secours des communes. Les autorités ecclésiastiques donnent avis des cas d'assistance aux Conseils municipaux. Compétences pénales de 4 fois 24 heures. Compétences de l'assemblée de commune en matière de dépenses extraordinaires pour l'assistance. Deuxième instance : le Petit Conseil. — Les conseils municipaux jugent de toutes les demandes de secours, du retrait d'assistance, de la dispersion éventuelle des familles. Les demandes de secours sont adressées d'abord au Conseil de paroisse, qui les transmet au Conseil municipal avec son préavis. Le premier s'occupe plus particulièrement des pauvres moralement en danger et des enfants placés par ses soins. Haute surveillance du gouvernement.

Assistance. — L'assistance est en premier lieu du ressort de la famille. Le Conseil municipal décide en première instance de l'importance des secours. La commune d'origine vient en second rang. Impôt communal (14).

Conditions de l'assistance. — « Le devoir d'assistance n'existe, vis-à-vis des enfants, des malades, des vieillards et des infirmes, que si les choses nécessaires à la vie manquent en totalité ou en partie, en même temps que les forces intellectuelles et physiques nécessaires pour les acquérir. Les fainéants et les vicieux capables de travailler n'ont aucun droit à l'assistance » (16).

Instructions pour l'assistance. — « A moins que l'indigence ne soit la conséquence de l'âge ou de la maladie, l'adulte nécessiteux doit être moins bien partagé qu'un ouvrier non assisté » (18). Interdiction de l'auberge. « Avant qu'une personne signalée comme délinquante ait été l'objet d'un jugement, les autorités ecclésiastiques et communales ne peuvent cesser leur assistance » (20). « Aucun enfant assisté tenu de fréquenter l'école, ne peut se placer ou entrer en apprentissage sans l'assentiment des autorités d'assistance, ni, d'une manière générale, se soustraire à leur influence » (26). Les personnes hospitalisées dans un asile font exception à la règle que tout assisté a le droit de renoncer à l'assistance quand il le veut ; elles ne peuvent sortir de l'asile qu'avec l'assentiment du Conseil municipal (29). « A l'exception des cas stipulés aux §§ 20, 26 et 29, tout assisté a le droit de renoncer à l'assistance quand il le veut » (21). Devoir de remboursement (limite d'âge, 13 ans). L'assistance est considérée comme un prêt (22). L'autorité locale d'assistance peut retirer leurs enfants à des personnes n'ayant pas besoin d'assistance, mais qui, de notoriété publique, les négligent physiquement et moralement, même après un avertissement sévère (23). Mendicité, éducation des enfants, asiles de pauvres (pas d'enfants auprès des adultes) (27). Surveillance du Petit Conseil. Dispersion des familles par le Conseil municipal (30). Internement des paresseux dans les maisons de correction (31). Les parents dont les enfants sont assistés doivent être considérés eux-mêmes comme assistés (32).

b. Lois connexes.

Il n'y a pas de prescriptions spéciales pour *le placement dans les maisons de correction :* les conseils de commune ont le droit de décider, le recours au gouvernement étant d'ailleurs réservé. D'habitude, les frais se répartissent entre la commune et l'Etat.

Règlement du 24 juin 1889 *pour les stations de secours aux pauvres voyageurs et passants.* Il y a des stations à Neunkirch, Schaffhouse, Thayngen et Stein. La Direction de Police exerce la haute surveillance.

Projet de loi du 6 février 1908 *sur l'assistance judiciaire dans les procès civils,* déposé devant le Grand Conseil.

Le principe de la libre pratique du barreau régnant à Schaffhouse, les avocats ne peuvent être obligés à plaider pour les indigents. Ainsi l'institution de l'assistance judiciaire doit être introduite, ou plutôt étendue au-delà des limites fixées par l'ordonnance du 30 novembre 1887 (responsabilité civile), aux fins de permettre à une personne dépourvue de moyens de revendiquer devant le tribunal la reconnaissance de ses droits en matière civile. Nous trouvons dans le règlement de procédure du 25 juin 1869 les prescriptions suivantes : — § 157. Celui qui, par un certificat officiel, prouve qu'il est assisté, ou dans une situation telle que son revenu ne suffit pas à payer les frais d'un procès après avoir réservé ce qui est absolument nécessaire à son entretien et à celui de sa famille, peut demander au tribunal l'assistance judiciaire. Cette faveur est accordée aux personnes domiciliées hors du canton s'il y a réciprocité.

Dans la nouvelle loi, on voudrait éviter les termes blessants d'*assisté* et de *nécessiteux*. On propose donc de dire : « Celui qui n'est pas en situation de revendiquer son droit en matière civile devant un tribunal du canton de Schaffhouse, sans réduire dans une trop grande mesure ce qui est nécessaire à sa vie et à celle des siens », etc. (1) — § 158. « Le tribunal a le droit d'étudier, avant toute décision, les revendications de la partie qui réclame l'assistance judiciaire, et si elles ne sont pas fondées de refuser cette assistance » (exonération des frais). — § 160. Le devoir de remboursement est prescrit si l'issue du procès, ou tel autre événement favorable, conduit la partie à la fortune.

14. Appenzell (R.-E.).

Jusqu'ici, le canton d'Appenzell (R.-E.) n'a point de loi des pauvres, et néanmoins il possède une Assistance communale fort bien ordonnée, fonctionnant d'une manière qui la rend à peu près indépendante de toute action gouvernementale. Cette assistance n'est pas la seule ; dans toutes les communes il y a une bienfaisance organisée privée très prospère, dont les premiers éléments existaient dès l'année 1850.

La constitution de 1876, dans son article 15, et la constitution revisée du 26 avril 1908, art. 25, disent : « Chaque commune doit secourir ses ressortissants dans le besoin, qu'ils soient domiciliés sur son territoire ou au-dehors. Si les revenus des biens des pauvres ne suffisent pas, la commune doit y pourvoir. Les Assistances légales sont tenues de s'entr'aider en surveillant et contrôlant les pauvres domiciliés sur leur territoire, et en fournissant les renseignements qui leur sont demandés. En cas d'urgence, elles doivent ordonner les mesures d'assistance nécessaires aux frais de la commune d'origine qu'elles avisent aussitôt. En cas de contestation, le Conseil d'Etat prononce en dernier ressort. L'Etat a un droit de haute surveillance sur l'ensemble de l'Assistance. Quant au reste, une loi le règlera. »

D'après l'art. 20, toute Suissesse habitant le canton et

possédant ses droits de citoyenne est éligible dans les autorités scolaires et d'assistance. Après cinq ans d'établissement dans une commune, tout citoyen du canton peut revendiquer sans autre la bourgeoisie de cette commune. Les communes obérées reçoivent de l'Etat une subvention en rapport avec leur situation. Cette subvention ne doit pourtant pas dépasser le produit d'un impôt du $^1/_2\,^0/_{00}$ sur les terres. L'assistance publique ou bourgeoisiale s'exerce principalement par les hospitalisations. Des 20 communes du canton, 11 possèdent des asiles de pauvres et des orphelinats séparés, placés sous une surveillance spéciale ; 7 ont des établissements pour adultes et enfants mélangés, ce que l'on ne saurait approuver. Il faudrait leur préférer en tout état de cause le placement dans les familles, facile à faire dans le canton même. L'internement de personnes sous discipline dans la même maison que d'autres qui ne sont qu'indigentes doit être également réprouvé, quelque favorable que puisse être, au point de vue financier, l'administration de ces établissements « tout y va ». On assure qu'en Appenzell certaines peines disciplinaires moyenâgeuses, comme le carcan, sont encore en usage. En revanche, il faut reconnaître que le gouvernement s'est exprimé, à propos des principes énoncés par la Conférence des Directeurs cantonaux d'assistance, d'une manière qui indique clairement que la pratique appenzelloise est tout à fait humanitaire (art. 52, al. 6 de la Constitution).

Loi d'application du Code civil (30 avril 1911). — Art. 32. Si, au sens de l'art 31, un enfant doit être placé, et que ni les parents ni l'enfant ne puissent payer les frais, c'est la commune compétente pour la tutelle qui les supporte, sous réserve du recours aux débiteurs alimentaires.

D'après l'art. 58 de la Constitution, l'assistance judiciaire est garantie (comp. Schaffhouse), et l'art. 70 statue que la loi en ordonnera les détails.

Règlement pour la maison de travail forcé et de correction à Gmünden, près de Teufen (20 novembre 1902). L'établissement a pour but d'obliger au travail et, si possi-

ble, de ramener à une vie régulière les personnes valides s'a-
donnant au vice et à la paresse, qui tombent ainsi à la
charge de la commune ou doivent être placées sous surveillance, qui ne remplissent pas leurs obligations de famille ou
provoquent le désordre dans les maisons de pauvres (1).
En principe, l'établissement doit pourvoir à ses frais. Le
gouvernement décide des admissions : pour le travail forcé,
sur la proposition de la commune chargée de l'assistance
ou de la surveillance. Avant de déposer la demande, le Conseil de commune, s'il s'agit d'un citoyen du canton, cite le
coupable devant l'autorité en corps ou devant une commission,
qui l'entend et le censure s'il y a lieu. Copie du procès-
verbal est envoyée au Conseil d'Etat. C'est seulement au cas
où l'avertissement resterait sans effet que l'internement est
proposé. Exceptionnellement, on peut prononcer provisoirement l'internement contre un citoyen du canton absent sur
le simple rapport du conseil de commune. Le gouvernement décide alors d'une manière définitive après avoir
fait entendre l'accusé par un membre de la commission
de surveillance. Pour l'internement d'un citoyen suisse
étranger au canton, l'assentiment du canton d'origine
doit être demandé (18). Les sourds-muets, les imbéciles, les aliénés, les personnes atteintes de maladies contagieuses ou qui ont besoin de soins médicaux ininterrom-
pus, sont exclus, ainsi que, dans la règle, les personnes
au-dessous de 18 ans. La durée de l'internement est de
6 mois au moins et de 2 ans au plus ; elle est prolongée
en cas de récidive. Le Conseil d'Etat a un droit de dispense
(21). Sur la proposition de la Commission de surveillance
ayant égard à la bonne conduite du coupable, le gouvernement
peut abréger la détention. Les libérés conditionnels doivent
avoir pendant deux ans une conduite sans reproche pour que
le reste de la peine leur soit définitivement remis. Si la
conduite du détenu dans l'établissement est mauvaise, le
Conseil d'Etat peut prolonger la durée de la peine. Il doit y
avoir au moins 6 mois entre la fin d'une détention et le
commencement d'une nouvelle (23). Le maximum des frais

de pension est fixé à Fr. 100 pour un citoyen du canton, à Fr. 200 pour un étranger. Bon travail et bonne conduite peuvent faire réduire cette somme de moitié (25). Le gouvernement fixe la subvention de l'Etat. Dans l'établissement, on s'applique aux travaux agricoles, industriels et de métiers. La direction doit procurer à chaque détenu un travail en rapport avec ses forces et ses capacités. Le détenu doit obéir aux ordres donnés, travailler avec assiduité dans la mesure de ses forces, ne pas distraire ses camarades, ne pas laisser son travail sans ordre ou sans permission. Les personnes en traitement sont tenues au travail avec l'assentiment du médecin (33). Le travail mal fait est retouché par le défaillant, et dans les heures de liberté s'il y a mis un mauvais vouloir évident. Séparation des sexes. S'il y a évasion, la Direction cantonale de police est chargée de l'arrestation.

Loi concernant les secours aux passants et les bureaux de travail (votée par la Landsgemeinde du 30 avril 1911). Ordonnance du Conseil cantonal du 24 novembre 1911.

L'assistance aux passants et les bureaux de travail dépendent du canton et des communes. Les frais en sont couverts par les subsides des communes au prorata de leur population, par les subventions de l'Etat au montant du $30\,^0/_0$ des débours, par le subside fédéral. Le Conseil d'Etat exerce la haute surveillance. Commissions administratives d'arrondissement, formées de deux délégués de chaque commune. Comité directeur. Direction cantonale. Le passant est traité comme un ouvrier à la recherche de travail. Les bureaux procurent aussi du travail à ceux qui n'ont pas bénéficié des secours en nature. Ces secours ne sont accordés qu'aux voyageurs auxquels on ne peut procurer du travail dans la localité ou dans le voisinage, qui sont renvoyés à la station de secours, qui donnent des excuses jugées suffisantes pour n'avoir pas commencé le travail proposé, qui ne peuvent être hébergés dans la localité où on les envoya et qui sont sans ressources. Les gens reconnus comme paresseux sont désignés à la Direction cantonale pour être signalés aux contrôles, éventuellement aux *Avis officiels* de l'Union inter-cantonale. Exclusion de l'assistance aux passants (§§ 7 à 9 de l'ordonnance).

D'après le règlement cantonal du 18 novembre 1912, en vigueur depuis le 1er janvier 1913, les stations suivantes sont en activité : *District antérieur :* Heiden (Heiden, Grub, Wolfhalden, Lutzenberg, Walzenhausen et Reute ; *district du centre :* Speicher et Bühler (Trogen, Speicher, Rehetobel, Wald, Teufen, Bühler, Gais) ; *district postérieur :* Hérisau et Urnaesch (Hérisau, Schwellbrunn, Schœnengrund, Urnaesch, Waldstatt, Hundwil, Stein). Aucun secours n'est accordé aux gens ivres, à ceux qui, sans motif suffisant, refusent le travail offert, qui ne peuvent produire le *Livret de voyage*, qui parcourent le pays en sachant d'avance que nul travail ne peut leur être proposé dans tel ou tel endroit, ou encore qui ont plus de Fr. 10 dans leur bourse (2). Dans la règle, un voyageur revenant à la même station avant que six mois soient écoulés, ne reçoivent qu'un dîner, ou une couchée avec souper et déjeûner (3). Relations avec St-Gall et Rorschach (7). Règlement des auberges ouvrières.

L'activité des bureaux de travail doit être absolument impartiale. En cas d'arrêt de travail, grève, lock-out, les contrôles doivent maintenir l'activité des bureaux, mais en donnant aux voyageurs tous les renseignements utiles sur les conditions du conflit (6).

15. Saint-Gall.

a. Principes fondamentaux de la loi d'assistance.

Loi d'assistance, publiée le 26 février 1835, en vigueur depuis le 30 avril 1835.

Autorités d'assistance : 1. Municipalité ; 2. Conseil administratif de la commune politique.

Assistance. — But : Soulager la misère ; mettre les indigents en état de gagner leur vie en tout ou partie, et les empêcher ainsi de tomber à la charge d'autrui. Sont seuls secourus : a. les nécessiteux incapables de travail, mineurs, vieillards, malades incurables, esprits faibles ; b. ceux qui sont momentanément ou partiellement impropres au travail rémunérateur, enfants qui peuvent déjà travailler quelque peu, infirmes, vieillards. Les valides, les vicieux, les paresseux n'ont aucun droit aux secours. L'assistance est limitée aux citoyens de la localité domiciliés sur le territoire de la commune. On ne peut refuser d'envoyer des secours au dehors, si les frais ne sont pas plus élevés qu'ils ne le seraient dans la commune. Le placement dans un asile est réservé. Secours d'urgence aux bourgeois d'autres communes du canton, sous condition d'avis à la commune d'origine et de remboursement par celle-ci (15). L'assistance aux habitants est d'ailleurs une affaire de police (Municipalité). L'autorité compétente nomme une commission et un ou plusieurs fonctionnaires d'assistance pour distribuer les secours, surveiller, conseiller, morigéner et renseigner l'autorité. La Commission ou les fonctionnaires peuvent recevoir des pleins pouvoirs. Emprisonnement jusqu'à 4 jours des assistés défaillants. Les plaintes sur le refus ou les réductions de secours sont adressés au préfet, qui les transmet au Conseil d'Etat.

Ressources. — Legs, dons, intérêts, subsides de la caisse communale, impôts. Devoir d'assistance de la parenté (26). Instance de recours : le Conseil administratif de la commune politique.

Police. — Art. 27 : « Les parents qui reçoivent pour eux-mêmes les répartitions communales ou un secours annuel de la municipalité, ou encore une assistance quelconque, et qui laissent leurs enfants tomber à la charge de la commune, peuvent être privés de ces revenus ou secours en faveur de leurs enfants. » Le jeu et la fréquentation des auberges sont interdits à tout assisté (emprisonnement jusqu'à 3 jours par la municipalité). Les assistés qui mendient ou vagabondent sont admonestés, puis enfermés pour un à 4 jours, ou internés dans une maison de pauvres. Pour les

filles-mères, si leurs enfants doivent être assistés, elles sont
astreintes au travail ou placées dans une maison de pauvres. Il en va de même pour les parents coupables de négliger leurs enfants (absence de l'école, abandon, amendes, retrait de la puissance paternelle) Au reste, la police des pauvres
est de la compétence de la municipalité. La sollicitation de
secours obtenus par ruse et pour échapper à l'obligation du
travail est punie.

Devoir de remboursement (32), En cas d'héritage, de
donation, de gain heureux ; droit de récupération sur les
successions.

b. Lois connexes.

Loi sur la police d'assistance du 7 juin 1877. — L'assistance est payée par la caisse de police, ainsi que l'assistance
intercommunale aux citoyens du canton, celle aux étrangers au canton et les transports d'indigents.

*Loi du 12 novembre 1852 sur l'assistance aux bourgeois
de plusieurs communes.* — Celui qui est bourgeois de
plusieurs communes a le droit de se faire assister par celle
où il a élu domicile. D'après la loi sur l'assistance, l'indigent n'est secouru que par la commune à laquelle il veut
s'adresser. Le devoir d'assistance des autres communes dépend d'une décision du Conseil d'Etat ou d'une entente préalable.

Loi du 19 novembre 1867 sur les transports d'indigents. Ordonnance d'exécution du 1er avril 1868 (comp. *Règlement
pour les transports d'indigents* du 28 août 1899).

Frais de sépulture pour les pauvres. — Ordonnance du
12 août 1853. Si la succession d'une personne décédée ne
couvre pas les frais d'inhumation, la caisse de police ou
la Bourse des pauvres de la commune d'origine pourvoient
à ce qu'elle ait une sépulture décente dont elles payent les
frais. Dans ce cas, on n'accorde aucun subside pour la place,
la sonnerie des cloches, le drap mortuaire, les fonctions
ecclésiastiques, etc.

Loi du 15 mars 1906 en complément de celle sur les sépultures. — Art. 4 : les frais pour l'exposition du corps, les avis officiels, le cercueil, la mise en bière, le transport au cimetière, la fosse et la pierre indicatrice sont supportés par la commune politique du domicile du défunt ou du lieu où le corps fut trouvé. L'Etat paye Fr. 15 par sépulture.

Loi du 1er mars 1848 sur la Caisse cantonale de secours. Secours aux habitants du canton tombés dans le besoin à la suite de dommages contre lesquels on ne peut s'assurer, catastrophes (éventuellement dommages causés par la grêle). Collectes de bienfaisance après le Jeûne fédéral. Toutes les autres collectes sont interdites, sauf autorisation du Conseil d'Etat. Ordonnance du 31 mai 1872 sur la procédure pour les demandes d'assistance de la caisse cantonale de secours.

Ordonnance pour l'établissement de bains réservé aux indigents à Pfäffers (20 mai 1867). — Tout indigent trouve accès à l'établissement s'il peut produire un certificat de pauvreté, celui d'un médecin patenté, et verser une somme de Fr. 20. — *Circulaire du Département de l'Intérieur* (26 avril 1899. — Les inscriptions pour les bains de Pfäffers, Fideris, Baden, Rheinfelden, Schinznach, se font directement (certificats d'indigence et médical, garantie de payement). Prix pour le logement, l'entretien, les soins, bains, linge, traitement médical et médicaments : Baden, Fr. 2,30 ; Rheinfelden, Fr. 2.50 ; Schinznach, Fr. 2.40 (Pas de subvention de l'Etat).

Aliénés indigents. Arrêtés du 3 avril 1857 et du 21 février 1870. — Un subside annuel de Fr. 2000, prélevé sur les intérêts du fonds des aliénés, est versé pour l'assistance aux aliénés indigents des communes pauvres. Ces malades sont placés, le plus tôt possible, dans l'asile de St. Pirmensberg, et les communes reçoivent pour eux, ultérieurement, de nouveaux subsides pris sur la dîme de l'alcool.

Loi concernant les soins aux enfants pauvres et aux orphelins (18 novembre 1896), art. 14 de la Constitution cantonale du 16 novembre 1890. — « Les enfants et orphelins

assistés officiellement sont placés chez des particuliers de
même confession, offrant des garanties de vie de famille régulière, de soins et de bonne éducation, ou dans des asiles
spéciaux». Le placement dans des établissements réservés
aux adultes n'est autorisé qu'exceptionnellement et pour six
semaines au plus (1). Les enfants qui ne sont pas susceptibles d'éducation et ne sauraient être placés ni dans une
famille, ni dans un asile, peuvent l'être d'une façon durable dans une maison pour adultes (2).

Le même traitement est assuré aux enfants de parents
assistés, à qui on ne peut les laisser avec confiance (retrait
de la puissance paternelle). Commission spéciale, commissaires
et dames patronesses pour la surveillance. La mise aux
enchères est interdite (5). Subsides de l'Etat pour l'entretien
des enfants dans les établissements communaux, jusqu'au
40 % des frais (pris sur les intérêts du capital du couvent sécularisé de Pfaeffers).

Assistance aux passants. — Loi du 20 novembre 1889.
Ordonnance d'application du 24 mai 1890 (subsides de l'Etat).
Distribution de nourriture et de bons de couchée à l'exclusion d'argent. En outre, offre de travail. Auberges ouvrières
(même à prix d'argent, les auberges ne peuvent verser des
alcools). Celui qui, sans motif valable, refuse le travail
offert, perd tout droit aux secours. L'assistance n'est d'ailleurs accordée qu'aux voyageurs pourvus de papiers d'identité
reconnus valables et du livret de voyage, qui donnent la
preuve d'un travail accompli au cours des trois derniers
mois, et d'un chômage depuis cinq jours au moins. Pas
de secours aux gens ivres. Les voyageurs dépourvus de papiers
suffisants sont livrés à la police. Il est loisible d'imposer
un travail de deux heures pour chaque secours accordé.

*Loi sur la création de caisses de secours en cas de
maladie pour les non bourgeois* (19 janvier 1885). Chaque
commune est tenue de créer une caisse de secours en cas de
maladie, obligatoire pour les non bourgeois. Les membres
de sociétés mutuelles de secours peuvent être dispensés. Les

secours en cas de maladie sont donnés en nature dans la mesure des besoins (soins, gardes, traitement médical). Versement hebdomadaire des membres (20 ou 25 cent.). L'employeur est responsable pour ses employés. Trois mois de secours pendant l'année en cas de maladie. La caisse de police paye les déficits. Subventions de l'Etat pour les infirmeries communales (25 %).

Loi du 19 mai 1894 sur *l'assurance contre les suites du chômage.* — Droit des communes à l'introduction d'une assurance obligatoire contre le chômage. L'entrée est obligatoire pour les salariés du sexe masculin, dont le gain moyen n'est pas supérieur à Fr. 5 par jour. Statuts approuvés par l'Etat. Versements hebdomadaires, 0,30 fr. L'entrée en jouissance ne commence qu'après six mois de versements hebdomadaires. Chômage contre la volonté de l'homme. Indemnités, Fr. 1 par jour. Cinq jours de chômage dans les trois mois ne sont pas pris en considération. Indemnité pendant 60 jours au plus dans l'année. Chambres de travail. Subsides de la commune politique, fr. 2 au plus par membre et par année. Subsides de l'Etat. Mesures de discipline en cas d'abus.

Loi du 4 juin 1872 sur *l'internement des fainéants et des déréglés dans les maisons de correction. Ordonnance d'application* du 21 août 1872. — Les personnes valides âgées de plus de 16 ans, livrées à la fainéantise et à une vie déréglée qui : a. menacent de tomber à la charge de l'Assistance publique, sont assistés ou laissent tomber leur famille aux soins de l'Assistance, troublent l'ordre et la discipline au foyer ; b. qui menacent la sûreté publique, compromettent le bien-être de leur famille d'une façon appréciable et durable, s'ils s'opposent obstinément aux mesures de relèvement de la famille et des autorités, peuvent être internés dans une maison de correction. Durée de la détention : 3 mois à 2 ans, en cas de récidive jusqu'à 3 ans. Sont compétents : la municipalité (conseil administratif) de la commune d'origine ou la municipalité de la commune du domicile ; recours au gouvernement d'ailleurs réservé. Etablissement de l'Etat à Bitzi, près de Mosnang. L'internement des personnes désignées plus haut a pour but de les soumettre à un travail régulier et ininterrompu, et de les habituer à une vie active et morale. Les personnes au-dessous de 17 ans sont exclues, ainsi que les aliénés, les sourds-muets, les idiots, les femmes enceintes. .

Loi du 21 mai 1891 sur *le placement des buveurs*. — Les personnes se livrant à la boisson peuvent être placées dans les asiles pour le relèvement des buveurs. Durée : 9 à 18 mois, plus longtemps en cas de rechute. L'internement a' lieu : a. à la demande du défaillant ; b. sur la déclaration de la municipalité du lieu du domicile (avec l'approbation de 'l'Assistance, si celle-ci doit donner sa garantie) ; par décision de la municipalité ou sur la proposition d'une autre autorité, des parents ou d'un tuteur, produisant le certificat du médecin officiel. Le Conseil d'Etat, qui peut aussi donner l'ordre d'internement, ratifie la décision dans tous les autres cas. Contributions de l'Etat. Pendant la cure, le patient est mis sous tutelle, une mesure qui peut être ordonnée auparavant déjà sur le vu d'un certificat médical attestant l'affaiblissement de la volonté par suite d'alcoolisme.

Loi d'application du code civil (16 mai 1911). — Art. 85. Les frais d'entretien des enfants placés en vertu des art. 284 et 285 du Code civil sont payés par la commune d'origine, avec l'aide de l'Etat, quand ni les parents ni l'enfant ne peuvent y pourvoir. Le devoir d'assistance de la parenté est réservé. Commission pour la protection des mineurs, (art. 76 à 82).

La loi du 27 février 1912, art. 1 à 6, sur la *Justice pénale*, prévoit les tribunaux pour l'enfance (de la 14e à la 17e année, art. 10). Interdiction de la publicité et dessaisissement d'autres juridictions. L'entrée des parents, tuteurs et membres de la commission pour la protection des mineurs peut être autorisée par le président (art. 110). L'art. 24 du code pénal (4 janvier 1886) a été modifié comme suit le 27 février 1912 : Le tribunal ne peut condamner pour délit ou crime un enfant de moins de 14 ans. Le jeune délinquant est livré aux parents ou aux autorités tutélaires pour être châtié ou soumis à d'autres mesures de caractère éducatif. Par arrêté gouvernemental, l'enfant peut aussi être interné dans une maison de correction pour une à quatre années. La même manière de procéder est admise pour les adolescents de 14 à 17 ans ; dans les cas graves, emprisonnement jusqu'à 3 années. Si les enfants au-dessous de 17 ans montrent des tares intellectuelles ou physiques, un traitement médical est de rigueur, etc.

Le canton de Saint-Gall possède un fonds pour la future *assurance contre l'invalidité et la vieillesse* (loi du 1er décembre 1909) [comp. *Armenpfleger* VI, No 5], puis un *fonds cantonal des pauvres* (loi du 1er décembre 1909) qui sert à subventionner les caisses de secours pour les Suisses à l'étranger et les communes très obérées.

La loi du 31 mai 1900 sur la *Justice civile* règle, dans ses art. 99 à 104, *l'assistance judiciaire.*

Art. 99. Celui qui peut prouver par un certificat de la municipalité de son domicile que ses moyens ne suffisent pas à soutenir un procès sans faire souffrir lui-même et les siens, peut demander l'assistance judiciaire (même mesure en faveur des étrangers, s'il y a réciprocité). Art. 100. La préfecture est compétente en première instance. Interrogatoire. Département de Justice, Art. 101. Si la plainte du demandeur ne paraît pas infondée de prime abord, le Département de Justice accorde l'assistance et désigne un avocat pour la conduite ultérieure du procès, d'après la liste des avocats patentés, et en tenant compte des désirs de la partie à assister (tarif spécial modéré). L'avocat doit faire rapport sur le bien ou le mal fondé de la plainte du demandeur. C'est après cela seulement que le Département prend une décision définitive sur l'octroi ou le refus de l'assistance judiciaire.

Il est loisible à l'autorité de demander en tout temps des renseignements et de retirer l'assistance. Si l'on va en appel, une nouvelle demande doit être faite. Exonération des frais de témoins et d'expertises (104). Toutefois le

devoir de remboursement existe pour la partie qui arrive
à l'aisance. Si la partie assistée l'emporte, ses frais sont
payés par la partie adverse. La part d'indemnité à l'assisté correspondant aux frais d'avocat est versée dans la caisse
de l'Etat, et doit entrer en ligne de compte pour le prononcé
de la sentence. Si la partie assistée est déboutée, les frais
extrajudiciaires sont mis à sa charge et non pas à celle de
l'Etat (104).

En 1902, la loi du 4 avril 1860 sur la *protection des
détenus libérés* fut revisée ; la nouvelle loi du 18 novembre
1902 est entré en vigueur le 29 décembre. Art. 1. Le but
de la Protection est de favoriser après la libération du détenu
le travail de relèvement commencé pendant la détention.
Elle agit par des conseils et par des actes. Elle soutient
en outre tout ce qui est tenté en vue de prévenir les délits.
Art. 2. Elle étend son action sur tous les prisonniers libérés :
libérés conditionnels des diverses catégories ; libérés du pénitencier cantonal habitant le canton et libres de la surveillance de police ; détenus de tous les établissements ayant
besoin de protection amicale et qui la réclament. Elle surveille
en outre les ex-pensionnaires des maisons de relèvement pour
qui on la sollicite ; les citoyens du canton libérés d'établissements du dehors, rentrés dans leur canton et recommandés
à sa bienveillance ; les condamnés à une peine conditionnelle.
Art. 3. Elle exerce dans la règle son action pendant 6 mois
au moins et 3 ans au plus ; pour les libérés conditionnels,
jusqu'au moment où la libération devient définitive. —
Art. 4. Sur la proposition des organes de la Protection, les
autorités tutélaires peuvent prendre, vis-à-vis des surveillés,
des mesures analogues à celles ordonnées vis-à-vis des Suisses
sous tutelle en ce qui touche l'administration des biens et la
liberté personnelle. — Art. 5. Les communes sont tenues
d'accorder le permis d'établissement aux surveillés suisses
placés sur leur territoire par mesure de protection. Les
autorités de surveillance ont le droit d'interdire le séjour
d'une commune déterminée pendant la période de protection.
Art. 6. Les fonctions de surveillance sont exercées par

une commission que nomme le Conseil d'Etat ; le directeur et les chapelains du pénitencier en font partie d'office (rapport annuel au gouvernement). — Art. 7. L'Etat administre la fortune de la *Société Saint-Galloise pour la protection des détenus libérés* de la manière suivante, conformément aux statuts de la fondation : les intérêts sont employés pour le travail direct de la Société. Le reliquat est versé à la colonie agricole de Herdern, à la maison de correction pour garçons à Oberuzwil, et à un établissement analogue de filles. Art. 8. L'exécution de la loi est confiée au Conseil d'Etat.

De *l'ordonnance d'application* du 17 février 1903 nous extrayons ce qui suit : La commission dont la durée du mandat est la même que celle du Conseil d'Etat, se compose de six membres nommés par celui-ci, du directeur et des deux chapelains du pénitencier. Dans la règle, elle est présidée par le Conseiller d'Etat dont le dicastère l'inclut. L'élection du secrétaire soldé dépend de la Commission. L'administration des biens est dirigée par le Département des finances avec une comptabilité distincte. Le nombre des séances dépend du chiffre des affaires. Quatre semaines avant la libération du détenu, la direction remet à la Commission un rapport final sur le prisonnier (d'après le formulaire de l'Union des Sociétés pour le patronage des détenus libérés). Des rapports analogues doivent être demandés par les autorités et les établissements sur les autres détenus et libérés des maisons de relèvement qui seront soumis à la surveillance. La Commission choisit pour chaque protégé un patron ou une dame patronesse, qu'elle met au courant ; elle décide en outre de l'emploi du pécule et de l'assistance ultérieure. Les municipalités sont tenues d'agir de concert avec la commission pour la désignation des patrons. Aucun papier d'identité n'est remis au libéré sans l'assentiment du protecteur. L'assistance consiste en viatique et vêtements. Quand la protection cesse, le pécule est délivré. Dans la règle, aucune assistance n'est plus accordée au libéré hors de protection. Rapport annuel et reddition des comptes. Le patron cherche un travail qui convienne à son protégé ; il adresse les demandes de secours à la commission. Celle-ci doit être informée si le protégé refuse d'obéir ou s'il s'enfuit, s'il se montre indigne de l'intérêt qu'on lui témoigne ou s'il rentre en conflit avec la justice.

Pour les libérés conditionnels, le patron veille spécialement à la stricte observation des conditions posées à la libération avant le temps. Il informe sans retard la commission des défaillances de son protégé, et lui remet en tout état de cause un rapport annuel sur sa conduite. Les patrons qui ne se montrent pas à la hauteur de leur tâche sont congédiés ou remplacés.

Le Département de Police rapporte chaque année au Grand Conseil sur l'exécution de la loi. Du rapport de 1912, nous extrayons ce qui suit : L'activité de la Commission s'est déployée avant tout dans la recherche de patrons qualifiés, capables de procurer du travail à leurs protégés, puis dans la distribution de vêtements et de chaussures. Elle a donné des secours en argent aux moments de grande détresse, des viatiques permettant aux libérés de chercher du travail au dehors. La Commission surveillait 49 personnes au commencement de 1912. Pendant les mois qui suivirent, 41 vinrent s'y ajouter, soit au total 90, dont 19 libérés et 71 condamnés à une peine conditionnelle. Les rapports patronaux furent présentés suivant l'ordre ; la plupart étaient favorables : 19 des protégés purent être libérés de la surveillance ; 2 sont retombés. Le fonds de patronage s'élève à Fr. 119 518,40. Les intérêts ont été de Fr. 5143, répartis de la façon suivante : Secours, Fr. 526,60, subside pour le nouvel asile de libérés sur le Hafnersberg-Winkeln, Fr. 1000 ; Oberuzwil. Fr. 1500 ; Herdern, Fr. 1000 au fonds de l'Asile pour jeunes filles abandonnées.

c. Institutions d'assistance de la ville de Saint-Gall.

A. L'assistance bourgeoise.
(d'après le Dr Bodemer).

1. *Hôpital bourgeois* (malades et pensionnaires). Cet établissement monumental reçoit des pauvres, des malades

et des pensionnaires. Les bourgeois malades, domiciliés dans la ville ou au-dehors, y reçoivent accueil si des soins appropriés leur font défaut ailleurs. La section des pensionnaires offre aux bourgeois et bourgeoises honorables, sans fortune, le moyen d'organiser les années qui leur restent d'une agréable façon, en versant une modeste somme. La commune bourgeoise supporte une partie des frais. La fondation Halden facilite aux candidats le versement de la somme d'achat.

2. *Le Home bourgeois*, fondé en 1904, est une extension de la maison des pensionnaires pour bourgeois des deux sexes jouissant d'un revenu, à qui la tenue d'une maison n'est plus guère possible. L'entrée peut être temporaire (au moins 6 mois) ou à vie.

3. *Asile de pauvres et maison de travail pour femmes*.

L'hôpital bourgeois assure également un asile aux bourgeoises qui ne sont plus en état de se procurer par elles-mêmes les ressources nécessaires à la vie. Ce sont surtout des personnes âgées, isolées, mais aussi de plus jeunes, affligées d'infirmités intellectuelles ou physiques. Quant à celles qui se sont dévoyées par suite de paresse ou de vices, qui, dénuées de tout et vagabondant, furent renvoyées à leur commune, elles sont placées de gré ou de force dans la maison de travail. Les deux établissements sont bien distincts l'un de l'autre, ils n'en sont pas moins, encore aujourd'hui, réunis sous un même toit. Ici les femmes s'adonnent à toutes sortes de travaux en rapport avec leurs forces sous la direction de surveillantes, et contribuent ainsi en quelque mesure à leur entretien. Les plus jeunes se rendent utiles à la cuisine pour la préparation des légumes ; elles nettoyent les chambres, les corridors et les escaliers, ou sont occupées, dans les ateliers, à la couture, au tricotage ou aux raccommodages ; les vieilles femmes en revanche ne sont astreintes qu'à de légers travaux.

4. *Asiles de pauvres et maison de travail du Kappelhof*. Le nouvel établissement ouvert en août 1909 à Kronbuhl a une superficie de 60 poses de bonne terre. Elle est réser-

vée aux hommes et reçoit premièrement des bourgeois de la ville, âgés et pauvres, tombés dans l'indigence par leur faute ou celle des événements, et qui y trouvent asile. On cherche à éveiller chez eux des sentiments d'espoir et conséquemment à combattre l'accablement qui s'emparerait d'eux à ne se voir que comme de pitoyables épaves. Le travail agricole y contribue dans une large mesure et a des effets excellents.

La maison de travail de son côté est réservée aux jeunes hommes qui ne réussissent pas à gagner leur vie. À ceux-ci viennent s'ajouter les élèves des orphelinats congédiés parce qu'ils ont atteint la limite d'âge, mais qui ne sont pas encore assez développés intellectuellement et physiquement pour apprendre un métier et être lancés à la conquête du pain. Le travail principal consiste dans la culture des terrains appartenant au domaine, mais on met l'accent avant tout sur l'éducation morale des individus. L'action pédagogique combinée avec une surveillance stricte et bienveillante à la fois doit les élever et les rendre capables de s'assurer l'indépendance. Sans user de violence, on arrive à leur rendre sensible ce fait que le travail procure à l'homme le succès dans la société. La maison possède des ateliers pour divers métiers. L'ouvrier professionnel y trouve généralement le travail qui lui convient. 50 places.

L'orphelinat du Gutannersberg. Dans le domaine des soins aux orphelins, les établissements saint-gallois sont également dignes d'étude. C'est en avril 1891 que le nouvel asile fut ouvert. Un joli jardin s'étend sur le devant de la façade principale ; tout autour de vastes places de jeu. La maison reçoit les enfants trop jeunes pour fréquenter les écoles, et dès l'âge le plus tendre. Ces petits sont confiés à la sollicitude des sœurs. L'établissement peut recevoir 30 enfants, 12 nourrissons et 18 de 2 à 6 ans. 120 places sont réservées aux enfants et adolescents de 6 à 16 ans, garçons et filles, qui trouvent dans l'asile l'instruction et l'éducation familiale. Dès l'âge de 17 à 18 ans, c'est-à-

dire après leur sortie de l'école réale urbaine, la plupart des
filles et tous les garçons entrent en apprentissage. On a
pourtant prévu que les sujets capables suivront leurs études
dans les écoles moyennes et même à l'université. Quelle que
soit la décision, les élèves restent à la charge de l'orphelinat
jusqu'à ce qu'ils puissent voler de leurs propres ailes. L'établissement veille donc sur ses pupilles dès la naissance jusqu'à l'heure où ils deviennent indépendants par le travail.
Naturellement leur vie se déroulera jusque là dans les cadres
d'une forte discipline. Les enfants abandonnés et vicieux
n'ont pas accès à l'orphelinat : il existe pour eux des maisons
spéciales.

L'école de l'asile permet d'exercer sur les élèves une heureuse influence, comme d'ailleurs les travaux agricoles, ceux
de la laiterie et d'arboriculture, qui constituent un sérieux
avantage que nombre d'éducateurs du dehors envient à l'orphelinat. L'école comprend les six classes primaires. Après
les avoir franchies, les élèves les plus capables passent à
l'école réale ou au collège cantonal, pendant que les plus
faibles poursuivent leur instruction dans la succursale de
l'orphelinat, le Sommerli, à Straubenzell.

6. *Le Sommerli* (succursale de l'orphelinat). — Cet
établissement a pour but de développer les élèves restés faibles intellectuellement ou physiquement pour une raison quelconque, et qui ont besoin d'être traités individuellement. L'a-
sile a donc pour tâche d'appliquer le traitement approprié
aux divers genres de faiblesse qui se peuvent rencontrer.
On conçoit donc que le nombre des élèves ne peut être que
restreint. Le développement des forces corporelles est favorisé par le travail manuel (école de perfectionnement). Arboriculture et maraîchage, apiculture, agriculture ; 15 poses
de terre. Depuis l'ouverture de l'asile en 1873 et jusqu'à
la fin de 1910, la maison avait reçu 158 garçons et 20
filles. On ne peut méconnaître les excellents services rendus par le Sommerli aux enfants de bourgeois maltraités
par la nature.

B. L'Assistance aux non bourgeois.

Dans le canton de Saint-Gall, ville et campagne, l'assistance extrabourgeoisiale dépend de la commune, en tant au moins qu'il s'agit de l'assistance de police. D'autre part, il existe aussi des caisses d'assurance obligatoire contre la maladie contribuant à alléger les finances publiques. Dans la ville de Saint-Gall, l'administration de l'assistance extra-bourgeoisiale est confiée à un dicastère du Conseil municipal de la commune politique, sous la direction du chef de l'Assistance et des tutelles. Le *Secrétariat d'assistance* de la ville de Saint-Gall s'occupe de l'assistance de police et particulièrement de sa branche principale : les secours aux habitants malades. Les prescriptions fondamentales de ce service se trouvent dans l'ordonnance municipale du 27 décembre 1900, *L'Administration de l'assistance*, §§ 67 à 75.

Le secrétaire est chargé de solutionner les cas urgents d'assistance et tous ceux de maladie ; il correspond avec les communes du dehors pour en obtenir des secours, et avec les établissements et asiles divers pour l'hospitalisation d'habitants dans le dénuement. A chaque séance du Bureau des orphelins, il expose les nouveaux cas et rapporte sur les solutions intervenues depuis la dernière séance ; il rassemble les documents nécessaires pour le rapatriement de personnes et de familles sans moyens d'existence, ressortissants d'autres communes et de l'étranger. Il tient registre de tous les indigents qui lui sont signalés par des sociétés ou des particuliers, et donne à ceux-ci, ainsi qu'aux autorités, des renseignements sûrs au sujet de la situation des habitants pauvres de la ville, en y ajoutant son préavis sur la façon d'accueillir leurs demandes. Il transmet à qui de droit les secours occasionnels ou réguliers. Dans le cas de renvoi à la commune d'origine, il fournit le rapatrié de ce qui lui est indispensable, remet les billets de demi tarif et donne connaissance, en temps utile, aux autorités d'assistance et de police des mesures prises. Il tient la caisse d'assistance et, avec l'autorisation du président, peut fournir des subsides occasionnels dé-

passant Fr. 10 ; il paye les notes des sages femmes, des
hôpitaux et des médecins. Il donne aux voyageurs et passants des billets de transport, des bons pour les auberges ou-
ouvrières et pour l'hôpital. C'est à lui qu'incombe le soin de
payer les indemnités militaires, d'établir les certificats d'indigence (assistance judiciaire, etc.), de rédiger les procès-
verbaux de la commission d'assistance et de la commission.
centrale de secours.

C. Commission centrale d'assistance urbaine
des communes réunies.

(Gross-St-Gallen).

Depuis 1908, la commune de Saint-Gall possède, conjointement avec les communes suburbaines de Tablat et de
Straubenzell, une institution que toutes les villes peuvent lui
envier, la commission centrale d'assistance urbaine. En 1911,
la commission permanente des institutions suisses d'assistance prit connaissance de cette remarquable organisation
et, dans un mémoire approprié, la donna en exemple à
l'Union des villes suisses.

Des statuts du 1er mars 1911, nous extrayons ce qui.
suit : Les sociétés de bienfaisance, les institutions et établissements s'unissent dans le but d'avoir une assistance-
centralisée et mieux contrôlée, de développer cette assistance.
d'une façon rationnelle pour la rendre plus efficace, d'élire
une commission centrale formée par les délégués des organisations particulières, sous la présidence du directeur des tutelles et de l'assistance. Les membres de la commission municipale d'assistance, le secrétaire d'assistance de la ville, le
directeur de la chambre urbaine de travail et des logements,
font partie d'office de cette commission. L'indépendance
des membres fédérés demeure garantie ; on demande d'eux.
cependant de se conformer aux décisions de la commission
centrale dont ils auront reconnu le bien fondé, lans l'inté--
rêt même de leur propre activité et pour soutenir les efforts.

des autres membres. La commission centrale se réunit dans
la règle tous les trois mois, pour entendre les communications
du Bureau et discuter les questions d'intérêt général et les
propositions ou vœux des membres. Des séances extraordinaires peuvent aussi être convoquées à la demande d'une
ou de plusieurs sociétés pour l'examen de cas urgents. Chaque membre de la Fédération désigne deux délégués au moins à
la commission centrale. Le secrétariat d'assistance de la
ville de Saint-Gall fonctionne comme Office central, tient
registre en cette qualité de toutes les personnes secourues
régulièrement ou occasionnellement par les sociétés, donne
les renseignements recueillis à ceux qui les demandent, et
s'en procurent de nouveaux par ses enquêteurs. Si, de ses
notes, l'Office central acquiert la certitude que des assistés
sont secourus de divers côtés, ou le sont indûment, il en
avise par circulaire les membres de la Fédération. Il en
est de même pour tout ce qui justifierait le retrait ou la
réduction des secours ou toute autre mesure énergique de
défense contre un abus quelconque. Un tableau spécial est
dressé des mendiants et des cas où l'indignité des solliciteurs
est manifeste. Des copies en sont périodiquement fournies
aux sociétés. De leur côté, celles-ci donnent régulièrement
connaissance à l'Office central, d'après un formulaire spécial
de leurs nouveaux cas d'assistance régulière ou occasionnelle.
Elles annoncent en outre tous les cas où la solution définitive
peut se trouver dans la dispersion de la famille, le rapatriement ou l'expulsion. On est attentif avant tout aux soins
à donner à la jeunesse. C'est le secrétariat qui assure les
rapports avec les autorités d'assistance et de police.

Les sociétés exposent également à l'Office central les
cas qui ne sauraient être solutionnés par leurs propres
moyens, et pour lesquels on sollicite le concours d'autres
forces. Le secrétariat étudie les rapports, puis il s'adresse aux
associations fédérées qui seraient en mesure de fournir ce qu'il
faut pour obtenir un résultat favorable. C'est souvent la
société qui a fait la demande que l'on charge du traitement
du cas.

Voici la liste des institutions fédérées :

A. 21 organisations urbaines : Direction des tutelles et de l'assistance (4 délégués), Société de secours (3), Société évangélique (2), Société de Saint-Othmar (3), Société Saint-Vincent de Paul (3), Société des dames de l'église catholique chrétienne (2), loge Concordia (2), Société allemande de bienfaisance (2), Association féminine pour les pauvres et les malades (2), Union pour la protection des enfants et des femmes (3), établissement pour les soins aux tuberculeux (2), home pour les nourrissons (2), Société pour les soins aux aveugles (2), Bureau du travail et des logements(1), Société catholique pour la protection des jeunes filles (2), Bureau des tutelles (3), Société pour le relèvement de la moralité (2), Société contre les abus ، la mendicité (2), Société d'utilité publique (2), Société pour les femmes en couches (2).

B. Organisations de Straubenzell (6) :

Commission municipale d'assistance, Commission scolaire pour les enfants pauvres, Société libre pour les soins aux malades, Société de Saint-Martin, Société libre de bienfaisance, Société Saint-Vincent de Paul.

C. Organisations de Tablat (4) :

Commission municipale d'assistance, Société des dames protestantes pour les pauvres et les malades, société Saint-Vincent, Société libre de bienfaisance.

Par l'adhésion des organisations suburbaines, la centralisation justifiée de la bienfaisance privée dans ces localités est devenue superflue: Si l'on se souvient que la réunion politique des communes de l'agglomération est proche, on comprendra que la Commission centrale agrandie peut remplir une mission des plus utiles en préparant dans son sein, par des discussions générales. le développement futur de l'Assistance des communes réunies.

Comme il ressort de cet exposé, la Commission centrale des institutions adhérentes des communes réunies compte 60 membres, dont une cinquantaine en moyenne assistent aux séances. La Commission ne réunit pas seulement les représentants des organisations de bienfaisance pure, mais ceux aussi d'autres ayant un caractère public de politique sociale. Elle est devenue ainsi un appareil compliqué, aux fonctions multiples, et la majorité de ses membres ne saurait s'intéresser de la même façon à tous les problèmes qu'elle soulève et discute. C'est pourquoi l'étude approfondie des cas d'assistance par une commission réduite est très désirable, nous dirions indispensable, pour les sociétés qui s'occupent avant tout d'assistance pure. Pour répondre à ce besoin, une sous commission est entrée récemment en fonction.

En vue d'orienter nos lecteurs dans le travail de la Commission centrale, nous reproduisons ci-dessous quelques extraits des procès-verbaux de ses séances, procès-verbaux qui sont envoyés chaque fois à tous les membres fédérés. Parmi les tractanda de la Commission, nous remarquons les suivants :

Prolongation de cures de tuberculeux, secours militaires, cadeaux de nouvel-an, rapatriements, expulsions, cures d'hôpital, examen de situations compliquées de familles indigentes, mesures en faveur de victimes du chômage, cures de convalescence, retrait d'assistance, traitement de déserteurs allemands, soins aux enfants, autorisation d'assistance médicale, logement des classes pauvres, bourses scolaires, mendicité, asile pour tuberculeux, tenue du ménage, etc.

On peut dire, en résumé, que la Commission centrale et l'Office central de renseignements (secrétariat d'assistance) fonctionnent excellemment et remplissent leur but. La création d'Offices centraux pour l'assistance et la bienfaisance, en d'autres termes, l'union et le travail méthodique et coordonné des organisations diverses émanées de l'activité publique et privée dans le domaine de l'assistance et de la bienfaisance, sont devenus indispensables dans les grandes localités, en raison de l'énorme développement et de l'incroyable diversité de toute l'œuvre charitable.

Du point de vue d'une assistance rationnelle comportant des secours suffisants, mais contrôlés, aux vrais nécessiteux, d'une mise en garde contre la mendicité et l'exploitation systématique de la bienfaisance, d'une démoralisation possible de l'assisté par la multiplicité de secours provenant de personnes qui s'ignorent mutuellement, la centralisation est absolument nécessaire. La question est ouverte et sa réponse à portée : la commune, consciente de l'importance des intérêts publics en jeu, est compétente pour préparer le terrain à une entente et opérer la jonction par une série de mesures législatives et administratives appropriées. Sans contredit, les institutions de bienfaisance qui reçoivent, ou aspirent à recevoir, des subventions publiques, peuvent être astreintes à une entente et au travail coordonné ; mais l'initiative doit partir de l'Assistance publique ou légale, car les sociétés privées étant sur un pied d'égalité, il n'y a pas de raison pour qu'elles viennent se ranger sans autre sous le drapeau de l'une d'elles. La Commission centrale saint-galloise n'est pas seulement un office central de renseignements, mais bien une véritable union des forces de même nature ou de caractère rapproché. Elle a été imitée à Rorschach, et elle devrait l'être partout où il existe une grande multiplicité d'organisations visant au bien-être social. Dernièrement, le projet d'une Commission centrale a aussi trouvé sa réalisation à Bâle-ville (comp. le XVme rapport annuel de l'Assistance générale de Bâle pour 1912, p. 7 et 8). Le rapporteur de l'Assistance générale écrit à ce propos : « Le plus grand nombre des familles immigrées dans le besoin ou tout à fait misérables proviennent des faubourgs, où elles ont habité plus ou moins longtemps. Il en va d'ailleurs de même à Zurich, au dire des statistiques. Ces gens sont naturellement connus déjà des institutions charitables de la ville par leurs sollicitations antérieures. Nous avons aussi la preuve que souvent ceux qui viennent d'au delà les frontières du pays y furent incités, même par les autorités d'assistance de localités étrangères, qui payent les frais de déplacement de familles devenues pour elles un fardeau trop lourd. Une famille récemment échouée au secrétariat (de Bâle), avoua naïvement que l'autorité allemande qui

l'expatriait lui avait recommandé de ne pas s'adresser tout
de suite à l'Assistance générale bâloise, mais plutôt à la
société de St-Vincent, à celle des dames catholiques, ou à
la société Pestalozzi. On voulait éviter ainsi que l'Assistance
publique ne vînt en contact avec cette famille, et qu'ayant
fait son enquête, elle n'adressât une demande de secours à
l'Assistance de la commune d'origine.»

Ces faits sont bien propres à montrer la nécessité d'une
Commission centrale embrassant l'œuvre entière d'assistance
et de prévoyance de la ville. Elle permet de porter à la
connaissance des sociétés diverses, représentées dans la Commission, toutes les demandes de secours parvenues à l'une
ou à l'autre d'entre elles. On peut ainsi mettre des bornes
à l'éparpillement malheureux qui se manifeste dans le domaine de la charité, aider efficacement en revanche, par
un effort commun, de braves familles dans le besoin, para-
lyser les mauvais éléments par l'arrêt de toute assistance,
les éloigner, s'il le faut, par une demande commune d'expulsion
ou de rapatriement adressée aux autorités de police, obliger
les communes rénitentes à une assistance convenable ou à
la pleine responsabilité de leurs ressortissants nécessiteux.

A Zurich, les études entreprises en 1910 par la Société
de secours aux habitants pour la création d'une Commission
centrale, ont conduit à la fondation d'un office central de
renseignements pour l'assistance et la prévoyance sociale,
dont l'activité est expressément limitée aux fonctions de
conseiller et d'informateur. Cette intéressante institution,
bien que créée sous l'impulsion de Saint-Gall, ne peut pourtant
rentrer dans la catégorie des commissions centrales. En effet,
la prépondérance acquise par la Société libre de secours
aux habitants, dont le caractère privé est d'ailleurs depuis
longtemps entamé, effraye les petites institutions, qui crai-
gnent de perdre au contact toute leur indépendance. Or, sans
celle-ci, le but poursuivi par la création d'une Commission
centrale serait absolument manqué.

A Genève, par contre, il se pourrait fort bien que le
service de renseignements fondé en 1904 par le Bureau de

bienfaisance se transformât avec le temps en une commission centrale. Des Offices centraux sont également en projet à Berne et à Schaffhouse (novembre 1913). Depuis décembre 1913, Fribourg en possède un.

16. Grisons.

a. Principes fondamentaux de la loi d'assistance.

Ordonnance d'assistance du canton des Grisons (1er juillet 1857), *avec adjonctions et amendements.*

Assistance. Dispositions générales. Chaque commune doit veiller à ce que ses ressortissants qui seraient hors d'état de subvenir à leurs propres besoins ou à ceux des leurs soient secourus d'une façon convenable, qu'ils habitent sur le territoire de la commune ou au-dehors. Doubles bourgeoisies. Devoir temporaire d'assistance. Décision du Petit Conseil (gouvernement). Il faut considérer comme ayant besoin d'assistance celui qui, d'une façon durable ou passagère, se trouve empêché de subvenir à ses besoins : vieillard, infirme, malade pauvre, orphelin ou enfant négligé de parents nécessiteux.

Les pauvres d'autres communes du canton, intransportables ou tombés subitement dans le besoin, sont secourus provisoirement par les autorités du domicile. Avis en est donné à la commune d'origine, qui rembourse les frais. Ordonnance d'assistance. — § 5. Fonds des pauvres, leur conservation et leur accroissement. Si le fonds fait défaut, ou s'il est insuffisant, la commune fournit ce qui manque au moyen de subventions, de collectes, de subsides des parents. L'Etat n'intervient qu'après, en levant un impôt volontaire pour les pauvres. Devoir de remboursement des assistés (7). Commission communale d'assistance (3 membres). A côté de l'administration financière, cette commission exerce la surveillance sur les établissements des pauvres, des orphelins et des malades. Dans tous les cas où la nomination d'un tuteur ou d'un curateur est nécessaire, elle en fait la proposition. Elle aide les pauvres à obtenir leur part légale des répartitions communales, dont elle surveille l'emploi, que, le cas échéant, elle peut spécifier. Elle cherche un travail rémunérateur à ceux qui n'en trouvent point, dénonce au contraire les paresseux pour être traités selon les rigueurs de la loi. Elle voit ceux qui sont incapables de travailler pour leur accorder une assistance. Elle leur désigne des protecteurs, hommes ou femmes, ou confie leur surveillance à une société de bienfaisance. Elle veille à ce que les aumônes des habitants de la commune soient distribuées aux pauvres honteux plutôt qu'aux indignes, ainsi qu'au bon emploi des secours accordés aux domiciliés par leurs communes d'origine.

Autorités d'assistance des districts. Conseil de district. tribunal de district, préfecture, commission d'assistance de district. Les gens en séjour ou établis sont assistés par la commune du domicile, jusqu'au jour où ils peuvent être transportés. L'Etat supporte les frais de secours aux étrangers, avec droit de recours à la commune d'origine. Par le terme *étrangers* on entend les étrangers de passage.

Devoirs des autorités d'assistance de district: elles contrôlent l'activité des commissions communales d'assistance, secourent les pauvres que leur commune n'est pas en état d'assister, ou qu'elle (ou la commune de résidence) refuse, momentanément et sans raison valable, d'assister. Dans ce dernier cas, rapport est fait au gouvernement. Elles présentent des rapports sur l'état général de l'assistance.

Haute surveillance de l'Etat: Subventions aux communes obérées, envoi d'instructions formelles et obligatoires à celles qui se montrent rénitentes ou n'accordent que des secours insuffisants (mesures de répression!). Subsides aux enfants indigents de communes pauvres pour l'apprentissage d'un métier, aux aliénés dénués de ressources pour leur hospitalisation. Surveillance de la maison cantonale de correction à Realta et à l'asile qui lui est adjoint pour les aliénés incurables. Octroi de secours puisés à la Caisse cantonale d'assistance. Subventions de la Caisse cantonale à l'Assistance publique. Collectes en cas de catastrophe.

Police des pauvres. — Défense de mendier. Rapatriements et transports d'indigents. Peine correctionnelle aux mendiants rencontrés trois fois hors de leur commune demandant l'aumône bien que valides. « Compagnons en voyage (Schwabengänger) âgés de moins de 14 ans, et ceux qui n'ont pas dans leur poche Fr. 5 au moins, doivent être refoulés vers leur commune d'origine, laquelle n'est pas autorisée à leur délivrer des papiers d'identité » (23). L'établissement de lettres de mendicité est interdite (Fr. 5 à 20 d'amende). Les vicieux, les paresseux, les prodigues, que leur pratique mène à la ruine, sont envoyés à Realta s'ils ne veulent pas travailler dans leur commune. La même mesure est prise contre les assistés indignes, qui retombent dans leurs excès après avoir été avertis, et enfermés pendant un à deux jours. Les enfants négligés par leurs parents sont retirés à ceux-ci et placés.

Les art. 29 à 44 règlent ce qui concerne les maisons de correction de Realta (en vigueur depuis le 1er janvier 1907). Cet établissement a pour but de rendre ses pensionnaires capables de se diriger et de s'entretenir, de faire d'eux conséquemment des membres utiles de leur famille et de leur commune ; à tout le moins, s'ils se montrent incorrigibles, de les tenir à l'écart. Il reçoit les adultes valides s'adonnant aux excès, les paresseux, les alcooliques, les condamnés en correctionnelle.

b. Lois connexes.

Ordonnance du 24 mai 1910 relative à l'emploi de la dîme de l'alcool. — Art. 1. Conformément aux instructions de l'art. 32 bis, al. 4, de la Constitution fédérale, et de la loi fédérale du 29 juin 1900 sur les boissons distillées, le canton des Grisons consacre le 10 % des sommes reçues pour sa part du monopole de l'alcool à combattre l'alcoolisme dans ses causes et dans ses effets.

Art. 2. Le produit de la dîme de l'alcool doit être employé comme suit :

a) 25 % pour l'asile d'aliénés de Waldhaus ;

b) 20 % pour la guérison de buveurs indigents placés dans les maisons de relèvement et de correction, pour des subventions aux restaurants populaires sans alcool et aux sociétés antialcooliques.

c) 50 % pour la protection et l'entretien d'enfants d'alcooliques, ou d'enfants délaissés ou faibles d'esprit de parents pauvres ;

d) 5 % pour favoriser l'éducation populaire et la connaissance de l'économie domestique.

Art. 3. Le Petit Conseil est chargé de l'exécution de la présente ordonnance.

Dispositions de l'ordonnance de procédure civile en matière d'assistance judiciaire. — Art. 52. L'assistance judiciaire est accordée sur le vu d'un certificat établi par les autorités de la commune d'origine. Ce certificat doit aboutir à des conclusions positives et se rapporter au procès en vue ; il doit en outre indiquer ou que le demandeur est assisté, ou, qu'après avoir fourni aux besoins impérieux de lui-même et des siens, il est dans l'impossibilité de subvenir aux frais du procès. Art. 53. Ce certificat d'indigence ne devrait pourtant pas être fourni dans les cas où le caprice seul est à la base de l'action, ou si celle-ci n'a pas de fondement solide. Ainsi l'autorité communale a pour devoir d'examiner chaque fois le bien fondé du procès.

Art. 54. Le recours au Petit Conseil est autorisé contre la décision de l'autorité communale entraînant le refus de l'assistance judiciaire, toutefois sans assurance de succès.

Art. 55. La partie qui produit le certificat est exonérée des émoluments de justice et débours auprès de toutes les instances. Cependant, si elle arrive plus tard à l'aisance, elle est tenue au remboursement.

Art. 56. Si celui qui jouit de l'assistance judiciaire semble avoir besoin d'un avocat, la commune d'origine qui le demande en désigne un à ses frais. Si elle-même est partie au procès, l'avocat est désigné par le Petit Conseil aux frais de la commune.

Art. 57. Les principes de la loi d'assistance se rapportant à l'assistance judiciaire sont applicables à tous les citoyens suisses et aux ressortissants de pays étrangers qui assurent la réciprocité. Les dispositions de l'ordonnance d'application de l'art. 6 de la loi fédérale du 26 avril 1887 demeurent réservées en ce qui touche l'assistance dans les cas de responsabilité civile. (Voir Bâle-Campagne).

17. Argovie.

1. Principes fondamentaux de la loi sur l'assistance communale aux pauvres du 17 mai 1804.

« Nous, président et Conseils du canton d'Argovie, à tous faisons savoir que nous fixons comme suit les principes et dispositions qui seront observés dans l'exercice de la bienfaisance publique en faveur de nos concitoyens tombés dans la misère par suite de malheurs ou d'infirmités physiques ».

Extraits : Tout citoyen du canton tombé dans la pauvreté peut demander assistance à sa commune (société de participation aux biens de commune ou des pauvres, avec obligation de secours mutuels aux indigents), laquelle peut répondre en puisant aux revenus de fondations, aux subventions *ad hoc* de l'Etat, au Fonds cantonal (à développer) d'assistance aux pauvres (2). La commune doit pourvoir à l'assistance de ses ressortissants pauvres, soit par les revenus du fonds des pauvres, soit, s'ils font défaut, par les subsides des bourgeois (impôts) (9). Devoir de remboursement (11). Les collectes dans un but d'assistance sont interdites aux étrangers et aux indigènes sans une autorisation du gouvernement (13). Collectes officielles (14). L'assistance immédiate de l'Etat n'est permise que si les moyens manquent à la Commune (15). Commission cantonale d'assistance (22).

Règlement d'assistance communale du 25 janvier 1822. — Le Conseil municipal administre les biens des pauvres. Pour le détail, il s'en remet à un fonctionnaire. Collabora-

tion du pasteur ou du curé (2). Recettes des biens des pauvres :
la moitié des taxes de naturalisation ; le 5% de la dîme
de rachat, legs et dons ; revenus à capitaliser, intérêts du
fonds des pauvres, amendes ; revenu du fermage des terres
communales ; remboursements, impôt paroissial, dons volontaires en nature, subsides des biens communaux, revenus
de fondations ; impôt sur les chiens.

Administration (11 à 34). Assistance. But. — Toute
assistance doit viser à écarter les causes de la misère, à
réveiller l'activité de l'indigent et à le mettre ainsi en état
de se suffire par son propre travail ; non pas, conséquemment,
à l'entretenir dans la mendicité et dans la paresse qui en est la
compagne inévitable (1804). L'assistance de foyer à foyer
(tour de rôle) est interdite comme une faute, pénible aux communiers, dure pour les pauvres dont elle détruit le dernier sentiment d'honneur (37). L'Assistance doit mettre au
premier rang l'instruction des enfants, procurer du travail
aux valides, entretenir les vieillards et les incomplets. Rien
ne doit être donné sans but précis et sans contrôle. Les solliciteurs doivent se présenter personnellement devant les autorités d'assistance. Si des parents assistés laissent mendier
leurs enfants, les secours sont supprimés (40). Enfants illégitimes, dette alimentaire (41). L'Etat n'assiste que ceux
qui sont déjà secourus par leur commune. Inspecteurs des
pauvres. Direction de l'Intérieur. Subsides de l'Etat pour
la naturalisation d'enfants trouvés (s'ils atteignent la majorité), Fr. 300 à 800 pour le fonds des pauvres de la
commune intéressée (22 décembre 1827, § 8).

8. Lois diverses.

Loi d'application du Code civil du 27 mars 1911. § 51.
Si ni les parents, ni l'enfant lui-même, ni la parenté responsables ne peuvent payer les frais d'entretien de l'enfant, c'est
la commune d'origine qui doit y pourvoir.

Loi du 19 février 1868 sur la *création d'une maison
de travail forcé, et ordonnance d'application*. — La maison

de travail forcé de Lenzbourg reçoit : 1. Les époux, pères et
mères qui, par suite de vie dépravée ou d'abandon malicieux,
jettent leur famille (enfants naturels) dans la misère ou les
y conduisent forcément, provoquant ainsi l'intervention des
parents ou de l'Assistance publique ; 2. Ceux qui se livrent
à la paresse ou au vagabondage, ou qui mènent une vie dissolue au risque de les faire tomber, avec leur famille, à la
charge de leur parenté ou de la Bienfaisance publique ; 3.
Ceux qui s'adonnent à la mendicité, à la paresse, au vice,
ou qui n'emploient pas pour l'usage fixé les secours reçus
de l'Assistance, ou encore qui se soustraient à l'effort nécessaire pour l'apprentissage possible d'un métier. — Sont
exclus : les enfants au-dessous de 16 ans, les aliénés, les imbéciles, les sourds-muets, les malades, les incapables de travail, les femmes enceintes, les personnes au-dessus de 60 ans.
— Peuvent demander l'internement : les autorités d'assistance,
les conseils municipaux, les conseils de paroisse, les parents et
tuteurs, après avertissements demeurés infructueux. La demande est remise aux autorités de district pour enquête et
rapport, puis à la Direction de l'intérieur, qui la transmet
avec le préavis du procureur général au tribunal de district
de la commune d'origine. Les tribunaux de district fixent
pour chaque cas la durée de la détention (6 à 18 mois pour
la première condamnation, 1 à 3 ans en cas de récidive).

Secours aux passants et Bureaux de travail. — Loi du
21 août 1895 concernant les secours aux passants nécessiteux
et ordonnance d'exécution du Conseil d'Etat (14 février 1896).
Ordonnance relative aux Bureaux officiels de travail (23 septembre 1911).

Dans le but de mettre un frein au vagabondage et à la
mendicité itinérante, on doit ouvrir des auberges ouvrières,
obligatoirement subventionnées, et qui offrent un logis et des
repas simples aux pauvres voyageurs. Les secours en argent
sont exclus. La commune paye le 90 % des frais, l'Etat le
reste. Contrôle de la Direction de l'Intérieur et des commissions cantonales de surveillance et d'exploitation. La Chambre de travail fonctionne gratuitement à Aarau, en connexion

avec les succursales de district, aux fins de régulariser l'offre et la demande de travail dans les limites du marché. L'Etat paye le 30 % des frais. Des bureaux de travail et de placement sont adjoints aux stations de secours aux passants. Tout assisté est tenu de fournir un travail correspondant à l'assistance reçue, sans toutefois que les ouvriers de la localité aient à pâtir d'une concurrence. (§ 4 de la loi).

18. Thurgovie.

a. Principes fondamentaux de la loi d'assistance.

Loi du 15 avril 1861 sur l'assistance aux pauvres. —

L'assistance aux indigents est avant tout un devoir de la famille. Pourtant la parenté ne peut être tenue d'aider qu'autant que l'accomplissement de ce devoir ne constitue pas une charge trop onéreuse (5). Le Conseil de paroisse en décide, ainsi que de l'importance des secours ; il exécute lui-même ses décisions. Si la famille ne peut pourvoir à l'assistance, c'est la paroisse du lieu d'origine qui la supplée. Doubles bourgeoisies (entente). La direction de l'assistance dans toutes ses branches est affaire confessionnelle et dépend entièrement de la paroisse (9). L'Assistance s'occupe : a. des orphelins pauvres et des enfants abandonnés jusqu'à la 16me année révolue ; b. des adultes incapables de travail ou dans le besoin par suite de maladie ; c. des inhumations d'assistés. — Education des enfants. Soins aux personnes caduques et recherche de travail. Traitements et soins médicaux. Les domiciliés pauvres et malades sont aidés aux frais de la commune d'origine, mise au courant de la situation et qui doit prendre la suite. Dans le cas où la commune d'origine pourvoit aux besoins de son ressortissant, celui-ci ne peut être expulsé, sauf pour un motif légal autre que l'indigence (11). Placement dans les asiles ou les familles. Les mises aux enchères et l'assistance par tour de rôle sont interdits (13). Les asiles de pauvres sont étroitement surveillés par le gouvernement. Séparation des sexes, des enfants et des adultes, travail (14).

Ressources. — (Taxes de mariage). Entrées de jouissance aux fonds paroissiaux des pauvres, legs, dons, subventions de l'Etat, recettes spéciales, impôt paroissial, intérêts du fonds des pauvres, subsides de parents. Le fonds des pauvres est inaliénable. Impôts permettant à la paroisse de payer la moitié du déficit annuel, l'autre moitié étant versée par la commune d'habitants. Le Conseil de district contrôle l'assistance de son district. Il décide de l'importance des subsides des parents, arbitre en cas de démêlés entre les communes, ordonne la dispersion des membres d'une famille (12). Il entend les plaintes des assistés, décide dans les cas de remboursement. Le Conseil d'Etat exerce la haute surveillance et remplit l'office d'instance supérieure de recours. Droit de l'Assistance au remboursement jusqu'à la 16me année révolue (24). *Subsides de l'Etat* pour cures de bains et d'air, pris des intérêts du Fonds cantonal des pauvres.

Mendicité interdite, ainsi que la musique sur la rue aux époques de Noël et de Nouvel-An, les quêtes personnelles de Nouvel-An, celles de la moisson et au décès, les certificats de mendicité (27). Rapatriement, avertissement de la police ; en cas de récidive, emprisonnement (2 jours). 6 jours de corvée, 14 jours de billot (voir Constitution fédérale, art. 65). Les enfants rencontrés mendiant sont reconduits à leurs parents par la police (emprisonnement jusqu'à 2 jours) Les parents qui encouragent leurs enfants à mendier ou qui ne les empêchent pas de le faire sont punis eux-mêmes comme mendiants (30—31). Le mendiant étranger et celui qui l'héberge sont punis (32—33). Lettres de mendicité (34). La patente est retirée au colporteur qui profite de son métier pour quémander, et qui est puni comme mendiant (29, 32, 34). Les assistés en défaut en ce qui concerne leur revenu, l'emploi des secours et de leur salaire, sont punis par le retrait de l'assistance, l'emprisonnement jusqu'à 2 jours (éventuellement

8 jours par la préfecture), la peine du bloc jusqu'à 14 jours, ou la corvée sur les routes (35). Sur la proposition de la paroisse, le gouvernement prononce l'internement dans une maison de correction des libertins et des paresseux (36). Interdiction de la fréquentation des auberges (37). Les aubergistes sont rendus responsables et mis à l'amende (37). Peines pour ceux qui se soustraient au payement alimentaire (35). S'ils prennent la fuite, ils sont recherchés par la police (37).

Ordonnance d'exécution du 11 décembre 1861. — § 5. Si, dans un ménage mixte, la femme a besoin d'assistance, les secours sont accordés par la paroisse à laquelle appartient le mari. Il en est de même dans le cas d'enfants ne suivant pas la confession de leur père. Néanmoins, il est loisible à celui-ci d'acquérir par achat un droit de part pour ses enfants au fonds des pauvres de la paroisse de leur confession.

Remarque à propos de la loi d'assistance confessionnelle du canton de Thurgovie, en ce qui regarde les mariages mixtes et les enfants qui ne sont pas de la confession de leur père (ordonnance d'exécution du Conseil d'Etat) :

Les veuves et les divorcées qui ont vécu en mariage mixte sont soumises à l'impôt des pauvres dès après la dissolution du mariage et, en cas d'indigence, sont secourues par la paroisse de leur propre confession.

Le devoir d'assistance envers un indigent qui se serait retiré de l'Eglise catholique ou de l'Eglise évangélique officielles incombe à la paroisse de naissance du lieu d'origine. En ce qui concerne les Israélites, leurs pauvres sont assistés par les autorités civiles de la commune d'origine. Les taxes de naturalisation payées par les Israélites ne sont pas versées à un fonds confessionnel d'assistance, mais à la caisse communale des habitants, comme d'ailleurs les sommes produites par leurs impositions pour les pauvres.

b. Lois connexes.

Loi d'application du Code civil (25 avril 1911). — § 64. L'autorité tutélaire peut désigner le directeur de l'Assistance ou tout autre membre des autorités d'assistance pour remplir l'office de tuteur des citoyens du canton interdits et assistés, qui n'habiteraient pas leur commune d'origine, mais seraient pourtant domiciliés dans le canton de Thurgovie (Code civil suisse, 376). La curatelle des enfants naturels peut lui être confiée également (311).

Loi du 21 novembre 1898 *réglant la gratuité des inhumations. Ordonnance d'exécution* du 9 avril 1899. — Toutes les inhumations se font gratuitement, par les soins du Conseil administratif de la commune municipale. Les incinérations sont autorisées aux frais des familles. Les frais de sépulture sont payés à la commune où le défunt avait son domicile. L'Etat et la commune municipale versent chacun la moitié de la somme totale.

Le projet de loi du 23 novembre 1909 *sur l'internement des buveurs* a été rejeté par le peuple le 20 février 1910.

Loi d'application des secours aux passants (21 novembre 1894), acceptée par le peuple le 3 février 1895. — Dès le 1er janvier 1895, toutes les communes municipales sont tenues de s'associer à l'Union pour les secours aux passants et voyageurs pauvres. La subvention des communes est fixée par le Comité cantonal en tenant compte de la population, de la fortune imposable et de la situation particulière de chaque commune (Recours au gouvernement. L'Etat contribue au payement des frais par une subvention annuelle (inscrite chaque fois au budget par le Grand Conseil).

Loi du 13 décembre 1849 *concernant la création d'une maison de correction* et *Règlement* du 11 février 1881 *pour la maison de correction de Kalchrain*. — La maison de correction est installée dans le couvent désaffecté de Kalchrain. Il a pour but de recevoir les hommes et les femmes valides qui mènent une vie licencieuse et de paresse et risquent ainsi de tomber à la charge de leur commune d'origine, de les soumettre à un travail obligatoire et de les amener par ce moyen, si possible, à une existence régulière. Le gouvernement décide de la détention et de sa durée, puis du

subside de la commune. L'internement se fait à la demande
de l'autorité paroissiale, laquelle doit avoir auparavant tancé
la personne en cause. Durée : 2 mois à 2 ans. On ne reçoit
pas les jeunes gens au-dessous de 16 ans. Le travail agricole
prévaut ; éventuellement, exercice de divers métiers.

19. Vaud.

a. Principes fondamentaux de la loi d'assistance.

Loi du 24 août 1888 *sur l'assistance des pauvres et
l'éducation des enfants malheureux et abandonnés*, en application des art. 94 et 97 de la Constitution cantonale.

Dispositions générales. — L'assistance légale s'exerce,
sous la haute surveillance et le contrôle de l'Etat, en faveur
des Vaudois qui se trouvent dans les conditions suivantes :

a) Les orphelins pauvres et les enfants que leurs parents
abandonnent, négligent, ou dont ils ne peuvent prendre soin ;
b) Les indigents que l'âge, la maladie ou les infirmités
rendent incapables de travailler ;
c) Les personnes que des circonstances indépendantes de
leur volonté réduisent à l'indigence et qui ont besoin
de secours momentanés.

L'assistance ne peut être réclamée par la voie judiciaire.
A moins d'impossibilité constatée, l'assistance a lieu au foyer
domestique, ou dans d'autres familles, ou dans des établissements affectés à ce but.

L'assistance a pour but la bonne éducation des enfants
et leur instruction professionnelle ; le soin des malades et des
convalescents, l'entretien des vieillards et des infirmes, avec
les soins appropriés à leur état ; la fourniture de travail à
ceux qui en manquent et de secours aux indigents.

*Devoirs de la famille, de la commune d'origine et de
l'Etat.* — L'assistance est due réciproquement par les membres
de la famille, dans la proportion des besoins et des ressources.

En cas de contestation, il y a jugement civil (5 à 7). A défaut des parents, la commune d'origine et l'Etat interviennent (8). Doubles bourgeoisies. En cas d'urgence ou de contestation, la commune pourvoit à l'assistance avec droit d'action en remboursement contre les parents en défaut (10). L'assistance n'est accordée qu'aux personnes incapables par elles-mêmes ou par le moyen des parents de subvenir à leur entretien, sauf quand il s'agit de jeunes gens dont il faut faciliter l'instruction ou l'apprentissage (11). Devoir de remboursement (12). L'assistance aux pauvres étrangers au canton s'exerce conformément à la loi fédérale et aux traités par les communes. Toutefois, les prestations sont supportées par l'Etat. L'entretien des indigents en passage incombe aux communes. L'Etat fonde ou soutient les institutions de bienfaisance ; il peut encourager, au moyen de subsides, les institutions privées qui secondent ou soulagent l'Assistance publique (contre les abus) (14).

Organisation. — Autorités d'assistance : municipalités, préfets, département de l'intérieur, Conseil d'Etat. Instances (15 à 18). Les Conseils de paroisse s'occupent des pauvres et des malades, conformément à la loi ecclésiastique (20).

Ressources. — Les prestations des parents ; les revenus des bourses des pauvres, des communes, des paroisses et des confréries ; les dotations spéciales affectées aux hospices, à l'institution des incurables, y compris une somme annuelle répartie entre les institutions poursuivant un but de charité et de bienfaisance dans le canton ; les subsides des communes et des confréries ; le produit des troncs des pauvres et des collectes ; les remboursements ; les dons, legs et héritages ; les subsides de l'Etat (21).

Soins à l'enfance. — L'Etat protège les enfants malheureux et abandonnés au moyen d'une institution officielle «en faveur de l'enfance malheureuse et abandonnée». Cette institution a pour devoir d'entretenir et d'élever ces enfants jusqu'à l'âge de 16 ans et, s'il y a lieu, jusqu'à la fin de leur apprentissage. Une dotation spéciale lui est affectée ; elle se compose du produit de la dîme de l'alcool, d'une allocation budgétaire annuelle d'au moins Fr. 30 000 ; des héritages, legs et donations ; des remboursements opérés par d'anciens élèves ; du revenu du Fonds Jules-Auguste Chappuis. Les biens qui le constituent sont distincts de ceux de l'Etat et ne peuvent être détournés de leur destination. Le Conseil d'Etat peut ordonner des collectes et des souscriptions dont le produit est appliqué aux dépenses courantes. Les communes contribuent, proportionnellement à leurs moyens, aux frais d'entretien de leurs ressortissants pauvres (tarif). L'Etat place les enfants dans des familles honorables ou dans des établissements officiels ou privés, en leur assurant une bonne instruction primaire et plus tard une éducation professionnelle convenable. Les familles sont soumises préalablement à une enquête attentive. Le chef de famille reçoit une indemnité lui permettant de remplir ses obligations (31). Pour le choix de l'établissement, il est tenu compte du sexe, de l'âge, de la confession, du domicile, du but à atteindre pour son développement, ainsi que du degré d'abandon dans lequel se trouve l'enfant. L'Etat protège les enfants contre les parents dénaturés, qui les maltraitent, les excitent à mendier ou à compromettre leur moralité, ou négligent d'une manière grave leur éducation. Les autorités communales, scolaires et tutélaires, les conseils de paroisse et les pasteurs sont tenus de dénoncer au préfet les faits de nature à motiver l'application des lois. Le préfet informe le Département de l'Intérieur en donnant son préavis ; s'il y a lieu, le département transmet les dénonciations au juge de paix (36). Le juge de paix procède à une enquête, entend les dénoncés, les proches parents, témoins et experts, et soumet son enquête au ministère public pour préavis. La déchéance de l'autorité paternelle est communiquée au département de l'Intérieur par la Justice de paix. Recours au Tribunal cantonal (38). En cas d'urgence, le juge de paix peut ordonner que les enfants seront immédiatement soustraits à l'autorité de leurs parents (39). Il communique son ordonnance à ceux-ci et au Département, qui pourvoit en dernière analyse au placement de l'enfant. La Justice de paix lui nomme un tuteur (42). La réhabilitation des parents dépend de la Justice de paix, qui décide également si les enfants peuvent leur être rendus.

Malades, vieillards, infirmes et incurables. — Etablissements officiels :

Hôpital cantonal, Asile d'aliénés du Bois de Cery, Bains de Lavey, infirmerie de Romainmôtier.

L'Etat soutient les infirmeries locales (48).

Secours momentanés. — Les nécessiteux ayant besoin de secours momentanés sont secourus, dans la règle, par le travail que les communes et l'Etat cherchent constamment à procurer. Les récalcitrants sont passibles de peines (Code civil, art. 144). Si le travail fait défaut, l'indigent peut être secouru en nature (49 et 50).

Dispositions pénales. — Le vagabondage et la mendicité sont interdits. Renvoi à la commune d'origine. Les étrangers au canton sont expulsés par les soins du préfet (53). Les personnes ayant autorité sur l'enfant sont responsables de ses actes de mendicité. Celui qui abandonne sa famille ou néglige la dette alimentaire est puni des peines prévues à l'art 144 du Code pénal (55). Le tribunal de police peut prononcer l'interdiction des auberges (56) contre les assistés ou contre les parents auxquels on a dû enlever leurs enfants. En cas de violation de cette interdiction, le tribunal peut ordonner l'internement dans une colonie disciplinaire (Orbe). Les certificats d'indigence servant à quêter sont interdits.

b. Lois connexes.

Règlement du 15 janvier 1889 sur *l'assistance et l'éducation de l'enfance malheureuse et abandonnée.* — L'institution cantonale en faveur de l'enfance malheureuse et abandonnée prend soin de tout mineur vaudois qui, ensuite d'un jugement du Tribunal ou d'un prononcé de la Justice de Paix, aura été soustrait à l'autorité de ses parents. Elle peut

aussi adopter les orphelins pauvres et les enfants malheureux
que les communes ne peuvent assister convenablement. Le
Département reçoit directement, ou par l'intermédiaire des
préfets, les offres des familles qui désirent recevoir en pension des enfants relevant de l'Institution (formulaires spéciaux). Le Département se renseigne exactement. Les placements se font dans la même famille jusqu'au moment où
l'apprentissage des enfants exige un changement. Tout placement fait l'objet d'un contrat prévoyant un mois d'essai
(12). Le prix de pension ne dépasse pas Fr. 15 par mois,
y compris les vêtements ; en revanche les frais de médecin
et les soins médicaux sont à la charge de l'Institution. Les
pensions sont payables par trimestre. Visites de contrôle et
d'inspection. Dénonciation du contrat, trois mois d'avance
(13 à 23). Les enfants à la charge des communes sont
assistés dans les mêmes conditions que ceux adoptés par
l'Etat ; elles sont soumises pour cela au contrôle des préfets
(26).

Règlement du 4 janvier 1907 sur *l'établissement des incurables et des vieillards infirmes.* — Les incurables doivent
être âgés de 20 ans au moins, les vieillards de 65. Le gouvernement décide de l'admission sur la proposition du Département de l'Intérieur ; il fixe le montant de l'allocation. Celui
que sa commune assiste déjà suffisamment n'est pas admis (8).
Les pensionnaires sont soumis à la surveillance du pasteur
de la paroisse du domicile. Ils sont soignés, si possible,
dans leur propre famille, sinon dans d'autres ou dans les
asiles (13). Les pensions trimestrielles, insaisissables et
inaliénables, sont remises au pasteur pour être versées à la
famille.

Loi d'introduction du Code civil suisse (30 novembre
1910). L'art. 63 renvoie aux articles 30 à 34 de la loi
sur l'Assistance et l'enfance malheureuse et abandonnée du
24 août 1888.

Comme les cantons de St Gall, Lucerne et Bâle-ville,
Vaud a sa *loi sur le relèvement des buveurs* (du 27 novembre 1906, loi sur l'internement des alcooliques. — Berne a

réglé la matière dans sa loi sur la police des pauvres du 1er décembre 1912). — Le gouvernement peut ordonner l'internement dans un asile de buveurs sur le vu d'un certificat médical et la proposition du Conseil de santé. On enferme ceux qui sont condamnés à un emprisonnement de moins d'une année ou à une peine conditionnelle, quand le tribunal trouve que l'ivrognerie est la cause du délit ; en outre celui qui enfreint deux fois dans l'année, en dépit des avertissements, l'interdiction des auberges, et celui que sa passion pour les boissons alcooliques conduit à la ruine (les démarches sont faites par le préfet). Celui que ses habitudes d'intempérance rend dangereux pour lui-même et pour les autres peut être enfermé d'office dans un asile d'aliénés (maladies nerveuses), à la demande de la municipalité de la Commune du domicile ou de celle d'origine, du préfet ou du gouvernement. L'internement dans un asile pour buveurs peut être ordonné ensuite d'un certificat du Conseil de santé. Pour l'information, on prévoit l'audience du buveur, des témoins et des experts, puis des considérants pour l'arrêté (3).

Durée minimum, 6 mois, que le gouvernement peut, en tout temps, prolonger ou abréger en raison des certificats produits (6 et 7). Si c'est nécessaire, le juge de paix désigne un tuteur temporaire. L'Etat crée les établissements indispensables, pourvus d'exploitations agricoles et d'ateliers. On peut aussi utiliser les établissements privés. L'Etat peut demander un prix de pension. Le Conseil d'Etat ordonne les mesures nécessaires par voie d'arrêté.

Le canton de Vaud possède une *colonie de travail* pour hommes à Orbe. Règlement du 11 mars 1902. La colonie dépend du Département de Justice et Police. La maison de correction pour femmes se trouve à Rolle. Règlement du 7 avril 1902 (la directrice et la première surveillante sont des diaconesses de St-Loup). Le canton de Vaud, en outre, a une maison de discipline pour garçons aux Croisettes, et une école de réforme, pour garçons également, à Moudon. Ces établissements dépendent aussi du Département de Justice et Police. Règlement du 30 décembre 1902.

c. L'assistance de la ville de Lausanne.

A l'occasion des fêtes pour l'ouverture de la ligne du Simplon, la commune de Lausanne publia, en une édition de luxe, un volume sous ce titre : *Lausanne à travers les âges* (1906). A la page 172, qui traite des institutions philanthropiques, nous lisons ce qui suit : « Nous désirons établir que la plaie de la mendicité qui trouble si fortement le tableau des grandes et petites villes des pays voisins n'existe pas à Lausanne. Cela vient en partie de l'aisance générale qu'on y trouve, de l'instruction donnée aux générations successives, pour l'autre part de la sévérité de la police unie au développement des institutions de bienfaisance et de leurs sages méthodes d'assistance. »

En face de cette affirmation, il faut remarquer que si la bienfaisance privée et la prévoyance sociale sont développées dans la commune de Lausanne, il n'en est pas de même de l'assistance officielle. Aussi, dans la partie de cet ouvrage qui est consacrée à l'assistance légale, nous n'avons que peu de chose à rapporter, contrairement à ce qui nous est arrivé pour les autres villes suisses importantes.

A. Assistance bourgeoise.

Il n'y a pas de règlement spécial, en application de la loi cantonale du 10 août 1888, pour l'assistance dans les limites de la commune urbaine de Lausanne, comme c'est le cas à Zurich, Berne et Bâle.

La commune bourgeoise de Lausanne ne possède pas non plus, ni n'entretient des établissements spécialisés comme hospice des pauvres, orphelinat, asile des vieillards, c'est-à-dire asile bourgeois, établissement de correction et d'autres semblables. Le « Service des secours » forme une section des finances municipales, laquelle administre la Bourse des pauvres de la bourgeoisie. Des secours fixes sont accordés aux assistés permanents, placés pour la plupart dans les établissements convenant à leur état : asile des aliénés à Cery,

orphelinat (établissement privé), asile des vieillards (privé),
asile des sourds-muets, sanatorium de Leysin, etc. ou dans
des familles de la campagne ; en outre, des bons de pain,
6 kilog. par semaine, des secours occasionnels en argent,
des secours réguliers pour le payement des loyers, de fr. 25
à fr. 75 par trimestre, des secours d'apprentissage, des
vêtements, des subsides en cas de maladie (honoraires de
médecin, pharmacie, appareils orthopédiques, bains, salaire
de sage-femme, frais d'hôpital, etc.), le payement des frais
de sépulture, l'assistance aux passants dans l'asile de nuit
(établissement privé), etc.

Les dépenses de l'assistance bourgeoise sont aussi faibles
qu'il est possible ; en 1912, elles s'élevaient à la dixième
partie de celles de l'Assistance bourgeoise de la ville de Zurich,
Fr. 74,042.95. Cela tient essentiellement au fait que la
bourgeoisie lausannoise est extrêmement réduite.

B. Assistance aux habitants.

Il n'y a pas d'institution officielle d'assistance aux habitants non bourgeois de la ville de Lausanne.

Cette assistance est abandonnée à la bienfaisance privée,
que nous n'avons pas à décrire ici ; bornons-nous donc à renvoyer nos lecteurs à la seconde partie de cette œuvre, consacrée plus spécialement à la charité privée organisée.

Le *Bureau central d'assistance*, de fondation récente
créé par un membre de la Commission permanente des institutions suisses d'assistance, M. F. Welti-Heer, d'après le
modèle du Bureau de Zurich, remplit les fonctions d'office de
secours aux habitants, mais sans aucune subvention de la
commune politique de Lausanne, et sans que la municipalité
de cette ville soit représentée dans son bureau. Le Bureau
central d'assistance s'efforce d'arriver à la centralisation des
sociétés de bienfaisance de Lausanne, mais il n'a pas encore
réussi à entraîner la vénérable *Direction charitable des pauvres habitants*, l'œuvre la plus importante et dont les dépenses annuelles sont très élevées.

Ainsi, l'existence de l'assistance lausannoise aux habi-

tants n'est encore qu'en puissance, quelque désir que l'on ait
de la voir venir au jour.

C. Les soins aux malades.

1. La Policlinique universitaire, sous la direction du prof.
   Demiéville ;
2. La Policlinique gynécologique (Prof. Muret et Ros-
   sier) ;
3. La Policlinique ophtalmologique (Prof. Eperon) ;
4. Le Dispensaire antituberculeux de la Policlinique.

La ville de Lausanne soutient cette dernière en vertu
de l'art. 113 de la loi de police des logements (désinfection
des logis où demeurent des tuberculeux), adoptée en 1898.
Depuis 1913, à la réquisition du Dispensaire tuberculeux,
la désinfection se pratique aux frais de la ville, sans enquête
préalable sur la position financière du malade ou du défunt.
Cette dépense portera certainement des fruits excellents pour
la santé publique.

La Direction de la Policlinique dispose d'un fonds de
bienfaisance, où elle puise pour donner à ses malades une
nourriture fortifiante.

5. Le Home de Chailly pour enfants tuberculeux.
6. La station du Bois de Sauvabelin pour séjour de
   convalescence. La journée de la Petite fleur du 1er
   juin 1912 a été organisée en sa faveur.

20. Valais.

a. Principes fondamentaux de la loi du 3 décembre 1898 sur l'Assistance.

Dispositions générales. — L'Assistance publique comprend : a. les secours aux indigents que l'âge, la maladie, les
infirmités, ont rendus incapables de pourvoir convenablement
à leur existence ; b. les secours momentanés aux nécessiteux
valides, manquant temporairement de moyens d'existence ;

c. les soins appropriés aux malades pauvres et aux aliénés, l'entretien des vieillards et des infirmes ; d. l'entretien des enfants malheureux et abandonnés, leur éducation religieuse, le développement de leurs forces morales et physiques et leur instruction professionnelle. Tout en faveur des « ressortissants valaisans ». Les frais de l'assistance intercantonale et internationale (loi fédérale de 1875 et traités) sont à la charge des communes ; ceux consentis en faveur des malades étrangers de passage sont supportés par l'Etat.

Devoirs des parents, des communes et de l'Etat. — Les parents et les alliés jusqu'au huitième degré sont tenus de secourir les indigents de leur famille ; s'ils ne peuvent fournir l'assistance réclamée, celle-ci incombe à la commune d'origine (7). Si l'indigent est bourgeois de plusieurs communes, chacune d'elles contribue à l'assistance selon ses ressources (8). En cas d'urgence ou de contestation, la commune du domicile pourvoit provisoirement à l'assistance ; mais elle a une action en remboursement contre la commune d'origine, laquelle, à son tour peut recourir contre les parents (10). L'entretien des indigents en passage incombe aux communes (11). L'Etat fonde ou soutient les institutions de bienfaisance et d'éducation de l'enfance malheureuse ; il peut encourager les institutions privées (orphelinats, asiles, etc.) poursuivant le même but que l'Assistance légale (12).

Enfance malheureuse et abandonnée. — Les parents et les communes sont tenus de pourvoir à l'éducation des enfants malheureux et abandonnés (infirmes, sourds-muets, aveugles, épileptiques, etc.). L'Etat veille au placement des enfants assistés (instruction primaire, apprentissage professionnel).

Aliénés, incurables et vieillards infirmes. — Parents et communes sont tenus de pourvoir à l'entretien des aliénés, des incurables et des vieillards infirmes, et de les placer, au besoin, dans des établissements spéciaux.

Organisation de l'assistance. — Les autorités d'assistance sont : les comités de bienfaisance, les conseils communaux, les préfets, le Département de l'Intérieur, le Conseil d'Etat. Chaque commune doit posséder un Fonds des pauvres, auquel les bourgeois doivent contribuer (17). Le Conseil communal nomme pour la durée de 4 ans un Comité de bienfaisance composé de 3 à 5 membres. Les femmes peuvent faire partie de ce Comité (20). Le Comité de bienfaisance a les attributions suivantes : établissement de l'état nominatif des assistés ; organisation et surveillance de la répartition des dons en nature et en numéraire ; soins aux malades, placés, selon les cas, dans des établissements appropriés ; sépultures ; surveillance spéciale de l'enfance malheureuse et abandonnée ; surveillance des pauvres ; recherche de travail ; réception des dons en faveur des indigents ; tenue de caisse. Le Comité dénonce au Conseil communal : a. les parents qui négligent l'éducation de leurs enfants ; b. les individus qui, par leur inconduite, s'exposent à tomber dans l'indigence et c. ceux auxquels la fréquentation des cabarets doit être interdite. Il propose au Conseil communal l'échelle de répartition des secours à fournir par les parents et la commune (23)). Le Conseil communal établit définitivement cette échelle si les démarches à l'amiable restent infructueuses et après convocation des parents «par la voie du *Bulletin officiel* et des criées ordinaires de la commune.» Recours au préfet et au Conseil d'Etat. L'art. 25 règle exactement ce qui concerne les contributions des parents et la manière de les fixer. «Les communes ne sont tenues d'accorder des secours aux personnes incapables de pourvoir elles-mêmes à leur existence, éducation ou traitement médical, que lorsque les parents sont impuissants à intervenir dans la proportion fixée à l'art. 25» (26). En cas d'urgence ou de refus (des parents, de la commune), le Département de l'Intérieur prend immédiatement aux frais des communes, les mesures utiles pour l'entretien des pauvres, les soins aux pauvres et l'internement des aliénés dans un asile (29).

Dispositions pénales et diverses. — La mendicité et le vagabondage sont interdits ; les communes qui les tolèrent sont passibles d'amende. Les repas de funérailles sont interdits (34). Les collectes et les loteries dans un intérêt privé, et même en faveur d'œuvres de bienfaisance ou d'utilité publique, sont interdites sans une autorisation du Conseil d'Etat (35). La fréquentation des débits de boissons est interdite aux personnes « à la charge publique », ainsi qu'aux parents dont les enfants sont assistés. Les tenanciers des débits en sont informés par un avis à placarder à l'intérieur de l'établissement (36). Ceux qui, chargés de soigner une personne infirme, malade ou imbécile, un vieillard, un enfant ou tout autre ayant besoin du secours d'autrui, l'auront négligé, sont punis de l'emprisonnement ou d'une amende qui pourra s'élever à Fr. 300, si le défaut de soins a mis en danger la vie de la personne abandonnée ou s'il a nui gravement à sa santé (art. 256 du Code pénal) (37). Les deux tiers des amendes sont versés à la Caisse d'Etat, l'autre tiers revient au dénonciateur. Les débitants de boissons spiritueuses qui servent des consommations à une personne à laquelle la fréquentation des débits est interdite, sont passibles d'une amende de Fr. 2 à 15. Les deux tiers de cette amende sont versés à la Caisse de bienfaisance de la Commune, l'autre tiers appartient au dénonciateur (39).

b. Divers.

Loi d'introduction au Code civil suisse. Ordonnance du Conseil d'Etat du 28 novembre 1911. — Art. 52. Les frais d'entretien de l'enfant sont à la charge des parents ou de l'enfant, ou, à leur défaut, des personnes ou des corporations qui en ont le devoir, selon le droit public cantonal, sous réserve des prescriptions de l'art. 328 du Code civil suisse. Le Bureau de la protection des mineurs décide si les frais doivent être supportés par les parents ou par l'enfant (Recours).

Avis aux autorités communales concernant le placement de malades de l'Assistance publique dans l'Asile d'aliénés du Dr Repond, à Malévoz, près de Monthey (10 septembre 1901). — Art. 3. Le placement des malades de l'Assistance publique se fait par le Conseil d'Etat, qui l'ordonne au prix de revient. — Art. 5. Exceptionnellement, le Conseil d'Etat peut accorder des subsides de Fr. 100 à 200, pris de la dîme de l'alcool ; néanmoins, dans la règle, la commune ou la parenté doit garantir le payement de la pension entière (4). Le Conseil d'Etat est responsable vis-à-vis du Dr Repond du payement.

Selon décret du 29 mars 1912, l'établissement de Malévoz a été racheté et agrandi par le canton. L'Etat verse à l'Assistance publique médicale environ Fr. 20 000 par an.

21. Genève.

a. Introduction.

Genève est un des rares cantons suisses qui ne possèdent pas de loi d'assistance proprement dite, comme Soleure il y a peu de temps encore, et Appenzell (R. E.). Cependant l'assistance y est fort bien ordonnée, puisqu'il est pourvu aux besoins non seulement des Genevois, mais des étrangers au canton. A côté de l'assistance légale, on trouve une riche floraison d'œuvres charitables qui, au moins pour la ville, se rattachant de près ou de loin au Bureau central de Bienfaisance (1 Taconnerie), et sont dirigées en partie par des fonctionnaires de carrière, comme à Bâle et à Zurich, et depuis quelque·temps à Lausanne. Dans un canton frontière comme Genève, presque isolé du reste de la Suisse, inondé d'une façon incroyable par une immigration étrangère (Français et Italiens) formant le 42 %/0 de la population totale, et où les Genevois eux-mêmes tendent à diminuer, malgré une loi et une pratique de naturalisation très libérales, l'assistance aux habitants pauvres doit jouer un rôle important. Effectivement, les dépenses de l'Etat pour les étrangers au canton sont considérables.

C'est l'Assistance publique médicale qui est chargée de ce service, tandis que l'assistance aux bourgeois se fait par les soins de l'Hospice général, non seulement dans la ville, mais dans les 47 communes du canton, lesquelles forment ainsi un cercle unique pour l'Assistance. Il n'y a pas d'institution spéciale pour l'Assistance aux bourgeois citadins, comme par exemple à Bâle ou à Zurich.

Les renseignements qui suivent sont empruntés à une brochure parue à la fin de mars 1913, de la plume de M. Pierre Bordier, président de la Commission administrative de l'Hospice général, et dont la compétence ne saurait être mise en doute.

b. L'Hospice général.

L'Hospice général, dont les bureaux sont logés au N° 7 de la rue des Chaudronniers, a remplacé l'ancien Hôpital de Genève, fondé en 1535. Il a été institué en 1868 par une loi qui a pour but d'unifier l'organisation de l'assistance et la répartition des secours dans toutes les communes du canton.

Cette loi dit entr'autres (art. 7) :

« Les biens de l'Hôpital de Genève, ceux du Bureau de Bienfaisance (ancien), la fondation Tronchin, les fonds des Orphelins, de l'Hospice civil de Carouge et généralement tous les fonds de Charité qui sont aujourd'hui administrés par des communes, sont réunis en une seule masse sous le nom d'Hospice général ». Ses biens restent séparés de ceux de l'Etat. « Les ressources de l'Hospice général sont affectés au soulagement des malades, des vieillards, des orphelins, des infirmes et, en général, des indigents genevois ».

A l'origine les frais de traitement des malades genevois soignés dans les hôpitaux, Maternité et asile des aliénés, incombaient à l'Hospice général. Il en a été déchargé ensuite de la création du Service de l'Assistance publique médicale, institué par la loi du 29 octobre 1898, et qui dépend de l'Etat.

A la tête de l'institution se trouve la Commission administrative qui se compose de 23 membres, dont 7 nommés par le Conseil municipal de la ville de Genève (ou conseil com-

munal), 7 par les Conseils municipaux de la Rive gau-
che, 3 par ceux de la Rive droite, 3 par le Grand Conseil
et 3 par le Conseil d'Etat. Elle est renouvelée tous les
trois ans.

Elle choisit dans son sein un bureau composé de : 1
président, 1 vice-président, 2 secrétaires élus pour un an
et rééligibles, à l'exception du président.

Les fonctions des membres de la Commission se répartissent en deux services distincts : administration et assistance. Pour l'administration, chaque service ou établissement est sous la surveillance d'une Sous-Commission. Pour
l'assistance, la ville et le canton sont divisés en 23 arrondissements, chaque membre de la Commission s'occupant
spécialement de l'un d'eux.

A la tête des services se trouve le Secrétaire général,
qui est chargé de l'exécution des décisions de la Commission,
et, en outre, de la direction générale du personnel, des
établissements, bureaux et magasins. L'Hospice occupe 15
employés et commis de bureau, 6 directeurs et directrices
d'établissements, 18 employés à poste fixe dans ses asiles,
plus du personnel à la journée.

La Commission administrative a deux tâches à remplir :
la gestion des biens et la distribution de secours.

Gestion des biens. — La sous-commission des finances s'occupe de la comptabilité et de la gérance des fonds
et valeurs mobilières ; la sous-commission des immeubles
dirige ce qui a trait aux biens immobiliers, entretien, loca-
tion, achat ou vente de maisons et de terrains ; celle des magasins s'occupe de la réception de vieux vêtements et meubles
pour les assistés, et surtout de l'achat et de la confection de
vêtements et de chaussures. Elle procure du travail à une
quarantaine de femmes indigentes. La sous-commission du
contentieux étudie les questions de droit ou de litige. Fonctionnent en outre la sous-commission de l'asile de la vieillesse
à Anières, celle de l'Asile Magnenat, celle des orphelins,
celle des orphelines, et celle des apprentis.

Toutes l'es questions importantes de gestion sont traitées dans une séance plénière le premier lundi de chaque mois. Là, le bureau et les sous-commissions présentent leurs rapports que suivent les décisions d'administration générale.

Distribution de secours. — Lorsqu'une demande de secours, sous une forme quelconque est adressée à l'Hospice Général, on s'assure avant tout que le solliciteur est bien Genevois, puis un enquêteur procède à l'examen détaillé du cas dont il rend compte par écrit. La demande ainsi annotée est remise au membre de la Commission que cela concerne. Ce commissaire fait une enquête à son tour et rapporte sur le cas, dans une des séances d'assistance qui ont lieu tous les vendredis. Le premier secours accordé est généralement un «Extra» ou somme votée pour une fois.

Ce mode de faire a pour but de ne pas habituer de prime abord l'indigent à compter sur un secours régulier, et à obliger le commissaire à refaire une enquête nouvelle, s'il revient une seconde fois à la charge.

S'il résulte des enquêtes que le cas est intéressant, il est voté un secours mensuel régulier pour 3 ou 6 mois. Si dans la suite, par suite de nouvelles requêtes et de nouveaux renseignements, l'assistance permanente est jugée nécessaire, le secours est voté pour 6 mois ou un an. Mais à chaque fin de terme on exige une nouvelle demande nécessitant une nouvelle enquête. L'examen attentif de chaque cas, qui se trouve ainsi contrôlé au moins une fois par an constitue une sérieuse garantie contre les abus. Pour l'année 1912, il a été procédé à 2400 enquêtes résultant d'autant de demandes, 185 de moins qu'en 1911. Cas nouveaux, 185, sur lesquels 138 furent reconnus comme dignes d'intérêt. 2215 demandes étaient présentées par d'anciens assistés. Des secours extraordinaires ou de durée furent accordés dans 1915 cas ; dans 300 autres, la réponse fut négative ou conclut à un ajournement. Les 2400 demandes donnèrent lieu à 2518 décisions. Le tableau suivant donne une idée de la nature et de la fréquence des décisions.

Accordés :

Secours extraordinaires dans   . . 42 nouveaux cas,
     »   »   »   . . 402 cas anciens,
     »   ,   »   en nature   70 cas,
Vêtements et chaussures dans   . . .   8 cas nouveaux,
     »   »   »   . . . 403 cas anciens,
Secours en argent dans   . . . . . .   45 cas nouveaux,
     »   » après interruption . 130 cas anciens,
Augmentation dans . . . . 117 cas,
Diminution dans . . . . 35 cas,
Maintien dans . . . . 785 cas,
Placement dans   . . . .   43 cas nouveaux,
     »   »   . . . . 91 cas anciens.
                                     ————
                                     2171

Des secours furent refusés ou supprimés dans 300 cas anciens et 47 nouveaux, soit au total 2518. En moyenne 50 cas sont présentés dans chaque séance (52 en 1911). Les secours en argent, au nombre de 1556, se montèrent à Fr 302 000 et se partagent comme suit : somme fixe pour une durée déterminée à 977 assistés dans le canton et à 137 au dehors. Dons extra : 444. Les assistés du dehors sont domiciliés dans les cantons de Berne, Glaris, Neuchâtel, Soleure, Valais, Vaud, Zurich, Bâle et Tessin ; puis à l'étranger : Berlin, Paris, Vienne, Gênes, Naples, etc.

Dans les dons en nature nous trouvons :

23 282 kilog. de pain, soit pour Fr. 791   en 1912 contre 25 960 kilog., soit pour Fr. 8566.60   . Lait : 3274 litres pour Fr. 788.75. Combustible : Fr. 1699.95. Bons de nourriture sur les cuisines populaires de Pécolat, des Eaux Vives et de Plainpalais : Fr. 205. Bons de Travail au Chantier du Pré l'Evêque et à l'Adresse-Office : Fr. 300.—. Vêtements et chaussures du magasin : Fr. 39 233.10. Total : Fr. 50 139,60, contre Fr. 50 257.45 en 1911. Secours en argent et en nature : Fr. 352 093.40, contre Fr. 349 737.30 en 1911.

Chaque assisté a son compte établi, où viennent s'inscrire exactement toutes les entrées et sorties.

Et maintenant examinons le fonctionnement des divers services.

1. Enfants.

Lorsqu'un enfant très jeune, par suite de l'indigence de ses parents ou du décès de l'un des deux ou de tous deux tombe à la charge de l'Hospice, ce dernier le place en pension à la campagne. Moyennant une modeste mensualité, des personnes, dont il faut louer l'abnégation et le bon cœur, reçoivent chez elles, souvent pour de longues années, ces petits déshérités. Elles les suivent et les élèvent, s'intéressant à eux comme s'ils étaient leurs propres enfants. Elles les mettent à l'école du village, leur font suivre le catéchisme et participer à la vie de famille comme aux charges et aux responsabilités qui en découlent. Ce mode d'éducation est excellent et donne de bons résultats.

Les placements se font en majorité dans le canton de Genève, mais cependant quelques enfants sont envoyés dans d'autres cantons et aussi en Savoie, spécialement les nourrissons. Dans des cas spéciaux, relevant à la fois de l'Hospice général et de l'Enfance abandonnée, ou de l'Association pour la Protection de l'Enfance, le placement se fait de concert avec l'une ou l'autre de ces institutions. Le Bureau de l'Enfance abandonnée a un caractère officiel et fonctionne en qualité de *Commission officielle de surveillance de l'Enfance abandonnée de Genève*. Son bureau installé dans une annexe de l'Hôtel de Ville, 39, Grand-Rue, porte depuis le 1er janvier 1913 le nom de *Commission officielle de la Protection des Mineurs*, qui lui est conféré par la loi du 19 octobre 1912. A la fin de 1911, cette commission avait 298 enfants placés à son compte, 151 filles et 147 garçons, dont 249 Suisses et 49 étrangers. 113 de ces enfants étaient placés dans des familles.

Quant à l'*Association pour la protection de l'Enfance*, c'est une société privée régie par un règlement du 11 mai 1893. Elle a pour but de protéger et de surveiller les enfants en danger, abandonnés et déshérités. Elle se partage en deux groupes de 11 dames et 11 messieurs et s'occupe de garçons et de filles, jusqu'à leur 16me année, sans égard à la nationalité et à la confession religieuse. Elle ne prend pas à sa charge la totalité des pensions, se bornant à coopérer avec les parents et les bienfaiteurs, d'autres institutions ou sociétés, la commune d'origine. A la fin de décembre 1912, on lui avait confié 79 enfants, 41 filles et 38 garçons, dont 11 Genevois et 29 Suisses d'autres cantons ; des 39 étrangers, 21 étaient Français, 14 Italiens. La même année, l'Association dépensa Fr. 26 238.40, soit Fr. 19.780 pour pensions, Fr. 317 pour frais d'apprentissage, Fr. 4319 pour vêtements et chaussures etc., Fr. 1357 pour frais d'administration. Elle recueillit Fr. 24 577.40; savoir Fr. 1985 des parents, Fr. 6763 des bienfaiteurs, Fr. 5774 de souscripteurs. Déficit : Fr. 1661. Dès l'âge de 8 à 10 ans, l'Hospice général place ses pupilles dans l'un de ses deux orphelinats. Celui des filles vient d'être transféré à Pinchat (Carouge) dans un bâtiment neuf. Celui des garçons, dont la création remonte à l'année 1853, installé jadis rue de Lausanne, fut transféré en 1900 au Rondeau des Bougeries. Les enfants sont élevés dans la grande maison commune, aussi longtemps qu'ils fréquentent les classes primaires. On cherche, autant que possible, à développer leur instruction et, suivant leurs aptitudes, à préparer les voies pour leur carrière future. Dans ces établissements, spécialement dans celui des jeunes filles, on charge les enfants du nettoyage et de l'entretien des vêtements, ainsi que de la tenue de la maison.

Quand les enfants atteignent l'âge des études secondaires ou de l'apprentissage, l'Hospice général utilise une organisation spéciale. Les orphelines placées à Pinchat y restent pendant leur apprentissage ; mais tous les autres enfants, garçons et filles, sont mis en pension dans des familles, si possible chez leur maître d'apprentissage. Ils suivent les cours pour apprentis dans les écoles spéciales, ou entrent chez des maîtres d'état qui leur enseignent leur métier. La moitié des placements se fait à Genève, l'autre moitié dans les cantons suisses ou même à l'étranger.

La tâche de l'Hospice général pour l'instruction et
l'éducation des enfants n'est pas une sinécure. En 1912
cette institution s'est occupée de 497 enfants, dont 188 petits pensionnaires, 71 orphelines à Varembé (l'ancienne maison), 67 orphelins aux Bougeries, et 171 apprentis et apprenties. Ces enfants sortent de milieux très variés, souvent
viciés moralement et physiquement, accueillis à des âges
très divers et à toutes les époques de l'année. Il faut les mettre au pas, les plier à la discipline, manier également
les malingres et les forts, les bons caractères et les mauvais ;
c'est une œuvre de patience, de bonté et de tact.

L'étude primaire finie, il faut trouver pour chaque enfant une carrière adaptée à ses goûts et à ses aptitudes,
le guider sur une ligne qui peut n'être pas la bonne, l'en
faire changer à temps, s'enquérir de sa conduite à l'atelier et à la maison, suivre son développement professionnel. Cette organisation met à la charge de l'Hospice la
tutelle des enfants orphelins de père et de mère. Si l'un des
parents survit, le nouveau Code Civil suisse lui réserve la
tutelle légale ; mais même dans ce cas l'enfant assisté ou
hospitalisé est sous la tutelle effective de l'institution, ce
qui est excellent. Il serait insupportable, en effet, que des
parents incapables d'élever leur progéniture, vinssent constamment s'interposer dans les efforts que fait l'Hospice pour la
conduire dans la bonne voie. Le rôle éducatif de l'Hospice
général est donc considérable. Prendre un enfant, parfois à l'âge
de quelques mois, pour le conduire jusqu'à vingt ans, en le
pourvoyant d'un bagage suffisant pour continuer seul sa
route est une grande et belle entreprise, la plus intéressante
de l'Hospice, celle à laquelle il voue ses soins les plus attentifs. La récompense est dans les excellents résultats obtenus. Les enfants tiennent souvent la tête de leur classe à
l'école, donnent généralement satisfaction à leurs maîtres d'apprentissage, et, ce qu'il y a de plus important, arrivent
presque tous à se tirer d'affaire au jour de leur majorité.
Nombreux sont les témoignages de reconnaissance qu'ils adressent à l'administration. A voir les succès de l'Hospice

général dans l'éducation des enfants, on ne se douterait guère des points de départ de la plupart d'entr'eux. D'après des statistiques dignes de confiance, on peut calculer que sans lui 80 %/₀ de ces enfants seraient des va-nu-pieds, incapables de remplir utilement leur vie. Ceci est très important au point de vue de l'assistance en général. Il ne faut pas oublier, en effet, que ce sont les sans-métier qui fournissent le plus fort contingent d'assistés des institutions d'assistance.

2. Détails.

A la fin de décembre 1911, il y avait à l'orphelinat 60 garçons ; en 1912 il en sortit 9 et 7 y entrèrent. A la fin de décembre il en restait 58, qui fréquentaient les classes primaires de Chêne-Bougeries. Cette année-là, les dépenses s'élevèrent à Fr. 42 347. Prix de revient de la journée Fr. 1.90 (pour la nourriture seule 79 centimes).

Au 31 décembre 1911 la maison des orphelines comptait 59 jeunes filles ; 12 sont entrées en 1912 et 8 sont sorties ; il en restait donc 63 à la fin de décembre, dont 42 suivaient l'école primaire et 20 étaient apprenties ou fréquentaient l'école secondaire. Dépenses totales : Fr. 27 366, soit Fr. 1.23 par jour et par enfant (54 centimes pour la nourriture seule.

Au 1er janvier 1912, l'Hospice comptait 150 enfants dans son service d'apprentissages, 125 garçons et 25 filles. Dans le cours de l'année il procéda à 21 placements nouveaux et à 25 mutations, soit 46 au total, 30 dans le canton de Genève, 16 dans d'autres cantons. 17 garçons et 2 filles terminèrent leur apprentissage, 20 garçons et 10 filles atteignirent leur majorité. Dans 4 cas, les enfants furent soustraits aux soins de l'Hospice, pour cause d'émigration ou de rentrée au foyer familial. Des 125 qui restaient, 96 étaient apprentis, 31 employés, dont 82 dans le canton et 43 au dehors, 22 chez les parents, 61 dans des familles, 29 chez des maîtres d'apprentissage et 13 dans des écoles spéciales.

Dépenses en 1912: Fr. 77 206.95 ; pensions : Frs 59 640.80, soit Fr. 1.99 par assisté et par jour, ou Fr. 718.75 par an.

3. Secours aux adultes.

L'assistance aux adultes est une des tâches les plus difficiles. Entre 20 et 50 ans, l'homme devrait pouvoir se suffire à lui-même, aussi la Commission est-elle très sévère dans l'examen des requêtes d'adultes. A la suite de maladie ou de chômage momentané, elle accordera un secours exceptionnel, pour logement ou nourriture, ou fournira des bons de travail, mais les secours réguliers sont rares pour les adultes sans charge spéciale, à moins qu'ils ne soient infirmes ou estropiés. Il ne convient pas que l'aide de l'Hospice encourage à la paresse ou à l'inconduite, en facilitant l'existence de fainéants ou de quémandeurs. Il y a cependant une catégorie assez importante de cas où l'Hospice intervient en faveur d'adultes, c'est lorsque des enfants souffrent de l'indigence de leurs parents, ce qui les fait rentrer dans l'assistance aux enfants. Souvent, un des parents étant malade ou décédé, l'autre n'est plus en état d'entretenir sa famille. Une mère ne peut surveiller plusieurs jeunes enfants et gagner entièrement leur vie. Un père ne peut être à l'atelier et s'occuper de bébés de quelques mois. On aide alors, soit par un secours d'argent ou de bons de lait et de pain à la mère, soit par le placement des enfants dans une famille, ou à l'orphelinat, pour décharger le père. Si toutefois l'un des parents peut intervenir financièrement, l'Hospice lui demande toujours un versement mensuel.

L'Hospice général accorde aussi des secours en combustible ou en vêtements, même en meubles ou en lingerie. Il aide également les Genevois hors du canton. Dans ces cas, les sociétés de bienfaisance, les pasteurs, les autorités, les légations et consulats sont d'un précieux secours comme informateurs ou intermédiaires.

La Ville de Genève a chargé l'Hospice de l'examen des

demandes au fonds Rothschild (Fr. 5000 de rente par an), destiné à venir en aide aux familles dont les chefs, à leur mort, ont laissé les leurs dans l'indigence (ville et canton). Ces secours sont distribués aux étrangers aussi bien qu'aux gens du pays. En 1912, 40 demandes ont été examinées. 23 reçurent une réponse favorable.

4. Vieillards.

L'Hospice général donne généralement un modeste secours à domicile au vieillard qui frappe à sa porte. Si le solliciteur n'inspire pas une parfaite confiance, le secours en argent se transforme en payement du loyer au régisseur, en bons de pain, de lait ou de combustible, en don de vêtements. Plus tard, si les forces déclinent encore, le secours est augmenté, ou si le vieillard a généralement vécu à la campagne, il y est mis en pension. On préfère effectivement ne pas le sortir du milieu où il a passé sa vie, dont il a l'habitude, et où il est moins malheureux. Lorsque l'indigent n'est plus capable de gagner ni de faire son ménage, il est admis à l'asile de la Vieillesse, à Anières. Là, les pensionnaires sont logés dans des dortoirs, une aile du bâtiment étant réservée aux hommes, l'autre aux femmes. Il y a quelques années pourtant, l'asile a été agrandi pour recevoir dans de petites chambres, des couples de vieux. On utilise au mieux les aptitudes des pensionnaires : les femmes aident au service de la maison ; les hommes travaillent au jardin, s'occupent aux divers services, entre autres à celui des réparations de toutes sortes. Une petite gratification est accordée pour leurs menus plaisirs à ceux qui veulent travailler. La direction fait observer une stricte discipline ; ceux qui veulent s'y soustraire sont placés ailleurs, en général hors du canton.

D'un immeuble et d'un capital légués par Mlle Magnenat, l'Hospice a fait un asile destiné à recevoir les vieilles dames indigentes, protestantes, de Carouge. Il peut abriter 12 pensionnaires. En 1912, il en avait 10.

L'Hospice général s'efforce donc d'adoucir, dans la mesure du possible, la fin d'existences laborieuses ; mais il est obligé pourtant d'examiner soigneusement chaque cas particulier, et, avant d'admettre à l'assistance les solliciteurs, de chercher à obtenir de parents ou d'amis une participation régulière aux secours, en s'appuyant sur le nouveau Code Civil suisse. Jusqu'ici, néanmoins, l'Hospice n'a pas usé de moyens de droit contre les enfants rénitents, préférant employer la persuasion.

A Anières, on comptait 163 pensionnaires à la fin de 1911. Il en est entré 43 nouveaux en 1912. Pendant la même période 25 en sortirent et 29 moururent, soit 54. Restaient au 31 décembre 152 pensionnaires, dont 95 hommes et 57 femmes. Le prix de la journée complète est de Fr. 1.69, le logement seul Fr. 0.88 $^2/_3$. Total des frais : Fr. 98178.

A la fin de décembre 1912, il y avait 9 femmes à l'asile Magnenat. Frais par jour : Fr. 2.55. Dépenses pour l'année : Fr. 7757.

L'Hospice général participa, en 1912, au payement de la pension de 20 personnes (6 hommes et 14 femmes) à l'Asile des vieillards, au Petit-Saconnex, pour une somme totale de Fr. 4031.70.

En résumé, l'Hospice a subvenu, en 1912, à l'entretien complet de 161 pensionnaires adultes et vieillards, de 206 pensionnaires à l'asile d'Anières, 10 pensionnaires à l'asile Magnenat, et aidé à celui de 20 pensionnaires à l'asile du Petit-Saconnex, soit 397 au total.

Recettes.

L'Hospice général possède actuellement dans le canton de Genève 25 maisons de rapport (Fr. 2 697 717), plus un certain nombre de terrains (Fr. 294 023), dont il cherche à tirer le meilleur parti par des locations. La plus grande partie des terrains proviennent encore de l'ancien Hôpital de Genève, et furent cédés à l'Hospice général à sa fondation.

L'avoir mobilier se compose de titres (Fr. 273 350), de créances hypothécaires (Fr. 520 656) et de dépôts en banque (Fr. 500 000). Son montant varie sans cesse, parce que les déficits annuels sont balancés par sa réalisation, les Commissions administratives s'étant généralement montrées peu favorables aux ventes d'immeubles. Il s'augmente de temps à autres par des valeurs provenant de successions.

L'Hospice gère 15 comptes de Fonds spéciaux, dont certains revenus servent aux dépenses courantes, alors que d'autres doivent être capitalisés (Tronchin, Fr. 13 846 ; Marc Roguet, Fr. 130 000 ; Familles italiennes, Fr. 153 603 ; Orphelins, Fr. 199 163 ; Orphelines, Fr. 164 956 ; Apprentissages, Fr. 3500 ; Asile de la vieillesse, Fr. 7062 ; de l'Etat de Genève pour l'Asile de la vieillesse, Fr. 191 326 ; Magnenat, Fr. 120 001 ; Dunant, Fr. 16 402 ; Widmeier-Morgand, Fr. 168 196 ; Germain, Fr. 110 998 ; Brunswick, Fr. 500 000 ; Maquelin, Fr. 211 415 ; Gomarin, Fr. 100 000). Le capital total des 15 fonds s'élève à Fr. 2 088 930, auquel il faut ajouter le fonds capital de Fr. 2 266 967.14, en tout Fr. 4 646 459.95.

Aux recettes, on voit les loyers pour Fr. 212 962.60 ; les intérêts Fr. 57 509.80 ; les dons Fr. 18 777.60 ; la collecte cantonale Fr. 29 544.30 ; le droit des pauvres Fr. 85 639.75 ; les droits de bourgeoisie Fr. 10 080 ; les remboursements et participations Fr. 51 299.25, etc. Total : Fr. 475 613.70. Total des dépenses : Fr. 599 350.75. Déficit : Fr. 123 737.05.

Des boîtes sont exposées pour la quête dans les salles de mariage, à l'Université et dans d'autres locaux. La collecte cantonale se fait chaque année dès après Pâques. Le droit des pauvres est prélevé d'après un tarif spécial sur les représentations théâtrales et sur les concerts par les soins du Département de Justice et Police en faveur de l'Hospice général. Le tiers des droits de bourgeoisie lui est versé par la Caisse de l'Etat.

L'Hospice reçoit une somme assez forte en remboursements de débiteurs alimentaires, mais surtout en subventions de protecteurs s'intéressant à tel ou tel cas particulier. Il encaisse en outre, chaque année le produit de représentations de toutes sortes, données à son bénéfice, sa part de la dîme de l'alcool, les amendes fédérales et la subvention scolaire.

Le but philanthropique de l'Hospice général, l'autonomie et la neutralité de son administration, lui assurent de nombreuses sympathies. Récemment encore, deux héritages importants lui ont été acquis. Cette sympathie effective est d'ailleurs très nécessaire, les exercices de cette institution soldant toujours en déficit.

Si l'organisation de l'Hospice général de Genève ne peut se comparer à celle de l'Assistance bourgeoise de la ville de Zurich, par exemple, en revanche, elle lui ressemble beaucoup par sa pratique de l'assistance proprement dite ; mieux encore, cette institution peut être mise en parallèle avec les Congregazione di Carità italiennes, fondées en application de la loi Crispi. L'Hospice général exerce l'assistance bourgeoise de la commune de Genève et des 47 autres communes du canton, sans impôt pour les pauvres (impôt direct sur la fortune), comme bureau central, avec tous les caractères juridiques de l'administrateur indépendant.

c. La Protection des mineurs à Genève.

Si nous nous reportons à notre introduction, on verra que la protection de l'enfance devrait être séparée de l'assistance, la jeunesse ne devant pas être en contact permanent avec celle-ci. A Genève, on est encore loin de l'application de ce principe, pourtant reconnu, puisqu'on n'y a pas fait abstraction de l'appel au concours financier du lieu d'origine. Dans notre exposé de l'Assistance bourgeoise centralisée de l'Hospice général, nous avons fait mention d'une coopération prévue des mineurs et de l'Assistance. Ainsi, l'idéal n'est pas encore atteint d'une subvention à la Protection de la jeunesse du point de vue purement biologique et sociologique. D'après l'art. 289 du Code civil suisse, le Droit public désigne qui doit supporter les frais d'entretien et d'éducation si les parents, ni l'enfant, ne le peuvent. Le Droit public genevois paraît donc déclarer que la charge doit être mise sur le canton ou la commune du domicile. Mais avouons que cela ne se pourrait en fait que si la question était réglée en Suisse d'une manière uniforme, et si, par conséquent, chaque canton était assuré de la réciprocité. Autrement, la bourse des pauvres de la commune d'origine serait déchargée injustement aux dépens de la commune du domicile. C'est ainsi que le Droit civil des cantons, c'est-à-dire les lois cantonales d'application du Code civil suisse, a dû prévoir la participation de la Bourse des pauvres du lieu d'origine (Art. 376). Cette territorialité boîteuse de la protection des mineurs est déterminée par l'évolution historique du principe communal suisse et de l'autonomie communale. Le canton de Genève ne pouvait guère s'écarter de la ligne suivie par les autres, et d'autant moins que sa population confédérée est plus forte. Le payement des frais de la protection des mineurs par la caisse seule de l'Etat, en faisant abstraction des remboursements des communes d'origine, serait impraticable sans réciprocité dans un canton si fortement chargé déjà par l'Assistance médicale aux Confédérés.

Le nouveau Droit fédéral a obligé les cantons à l'introduction de nouveautés, à la remise au point d'anciennes lois, à l'élaboration de prescriptions spéciales sur la protection de la jeunesse.

A Genève, le nouveau Code civil suisse (art. 283 et suivants) fit abroger la loi du 28 mai 1898 sur *l'enfance abandonnée*, que remplaça celle du 19 octobre 1912 sur la *Protection des mineurs*, en vigueur depuis le 1er janvier 1913, et l'ordonnance d'application du 22 février 1913. Nous ferons un exposé de la loi spéciale, qui a de grandes analogies avec la loi d'introduction du canton de St-Gall, art. 76 à 85.

Pour seconder les autorités tutélaires, il est créé une commission officielle de 9 membres pour la Protection des mineurs, avec la tâche suivante : Rapport aux autorités sur les cas signalés où des enfants seraient moralement abandonnés ou en danger corporel et intellectuel. Propositions sur la déchéance de la puissance paternelle. Placement d'enfants qui lui sont confiés par les autorités et surveillance constante de ses protégés. Propositions de rapatriement au Conseil d'Etat sur les cas d'étrangers. Elue pour une période de 4 années, la Commission peut désigner des comités locaux pour la seconder. Elle nomme son Bureau et reçoit de l'Etat un directeur et le personnel indispensable. Pour les citoyens genevois, la Commission s'entend avec l'Hospice général en vue du partage des frais d'entretien des enfants. Les frais légaux sont couverts par la dîme de l'alcool, les remboursements de parents, d'enfants, ou des communes d'origine, les dons, les legs, les subsides de l'Etat par voie budgétaire.

Au nom de la Commission, le Directeur ordonne les enquêtes demandées par les autorités, ou exigées par les dénonciations des particuliers. Il présente à la Commission des propositions sur le placement des enfants, la surveillance de leur éducation et de leur instruction professionnelle ; il fonctionne comme tuteur officiel pour les autorités tutélaires et représente la Commission auprès de celles-ci et des tribunaux.

Les comités locaux, où des dames peuvent siéger, sont nommés pour 4 ans. Ils étudient les cas qui leur sont soumis par la Commission, surveillent les établissements hospitaliers et observent les enfants qui leur sont confiés ; ils annoncent au directeur les cas d'abandon parvenus à leur connaissance, rédigent un rapport annuel et tiennent registre de leurs opérations.

Des *Asiles temporaires* sont mis à la disposition de la Commission pour les enfants dont elle prend la charge, et qui fréquentent l'école publique pendant qu'ils y séjournent. Les visites ne sont admises dans ces asiles qu'avec l'autorisation officielle ; la sortie des enfants n'a lieu qu'avec cette même autorisation. Les asiles sont placés sous la juridiction du directeur. Les dénonciations qui parviennent à la Commission sont soumises à l'examen du directeur. Le résultat en est soumis à la Commission qui décide de l'entrée en matière. Les mesures suivantes sont à sa disposition : avertissements, mise sous surveillance, propositions aux autorités sur l'enlèvement des enfants ou le retrait de la puissance paternelle, renvoi au Conseil d'Etat pour le rapatriement, renvoi au procureur général (juge pénal). En cas d'urgence, le directeur peut enlever les enfants aux parents indignes, quitte à faire ratifier cette mesure après coup par la Commission.

Les enfants retirés aux parents par l'autorité tutélaire sont placés provisoirement, puis définitivement par le directeur, conformément aux décisions de la Commission. Il peut requérir pour cela l'aide de la police cantonale. Les enfants placés doivent être visités au moins deux fois par an. Un compte est ouvert pour chacun d'eux. Les frais d'éducation sont considérés comme des avances consenties. La Commission est chargée d'en rechercher le remboursement par les parents, les autorités d'assistance obligées, par le protégé lui-même s'il arrive jamais au bien-être. Cependant elle peut renoncer à l'action contre le protégé en bonne voie, aux fins de favoriser l'heureux développement de sa carrière. S'il s'agit d'enfants genevois, l'Hospice général est invité au partage des frais. Les enfants suisses d'autres cantons sont renvoyés à leur commune, à moins que celle-ci n'assure le remboursement des frais. Les enfants étrangers sont rapatriés par le Département de Justice et Police, conformément aux traités en vigueur, à moins qu'une société philanthropique genevoise ne se charge des frais. Les parents étrangers qui contreviennent aux dispositions de l'art. 283 du Code civil suisse s'exposent à l'expulsion. La Commission doit diriger un regard vigilant sur les enfants vagabonds, sur ceux qui font l'école buissonnière ou entrent en conflit avec la police ; elle avertit les parents négligents en les menaçant de l'autorité tutélaire.

d. L'Assistance publique médicale.

Fondé en 1856, l'*Hôpital cantonal* fut agrandi en 1877 par l'adjonction d'une Maternité qui possède son propre bâtiment. Il reçoit les malades pauvres ressortissants d'autres cantons et de l'étranger. Depuis 1860 l'*Asile des vieillards* du Petit Saconnex ouvre ses portes aux Suisses d'autres cantons âgés de 60 ans au moins. Pour l'Asile des aliénés (Bel Air), la règle de l'Hôpital lui est appliquée.

Une loi du 21 novembre 1900 sur *l'Assistance publique médicale* est sortie de celle du 29 octobre 1898 sur l'Assistance publique, réunissant sous la direction d'un secrétariat général, dépendant du Département militaire, l'Hôpital cantonal, la Maternité, l'Asile de Loex pour maladies chroniques (hommes), l'Hospice des convalescents (Rothschild) séparé à cette occasion de l'Hospice général, l'Asile des aliénés, les policliniques ouvertes à tous les indigents pour consultations et soins à domicile. Malgré le secrétariat général, chacun de ces établissements conserve sa commission spéciale, nommée par le Grand Conseil et par le Conseil d'Etat. Le Département de Justice et Police n'est pas non plus étranger à l'assistance publique aux habitants, car il est chargé de distribuer les secours d'urgence, de rapatrier et de donner des viatiques. C'est également lui qui rembourse les pensions des malades étrangers au canton, au moyen d'une somme annuelle budgétaire. Dans le tableau des *ressources* nous relevons le cinquième du produit de la taxe sur les chiens, le tiers du produit des naturalisations, la taxe d'hôpital, une collecte annuelle, etc. De la loi réglant la matière, nous extrayons les renseignements qui suivent :

Le Secrétariat général de l'Assistance publique médicale procède aux enquêtes sur la situation économique des personnes à la charge de l'Assistance. Naturellement cette institution est créée en faveur des Genevois en tout premier lieu et non pas seulement des étrangers au canton. Un malade n'est reçu dans un des établissements hospitaliers au compte de l'Assistance que sur le vu d'un bulletin d'entrée du Département (militaire). L'assistance aux Confédérés nécessiteux a lieu conformément aux prescriptions de la loi fédérale de 1875. Les malades et blessés étrangers ne sont admis que s'ils sont pourvus d'un permis de séjour ou d'établissement (loi du 14 octobre 1904), le premier valable une année, le deuxième pour une durée indéfinie. Les femmes enceintes admises à la Maternité pour leurs couches doivent avoir séjourné au moins trois mois à Genève. Pour les personnes en service, la loi rappelle le devoir de l'employeur, tel que le définit l'art. 341 du Code fédéral des obligations.

Les médecins des policliniques de la ville et des arrondissements suburbains visitent les malades à domicile ; les pansements, remèdes, bains, sont fournis gratuitement en cas d'indigence constatée. Le Département de l'Instruction publique est compétent pour les branches de ce service en relation avec l'Université (Faculté de médecine). Les domiciliés et les personnes en séjour payent la taxe d'hôpital dont le produit revient à l'Assistance publique médicale, aussi bien que les Genevois eux-mêmes (loi du 21 septembre 1901).

Dans les dispositions sur le traitement médical et les soins aux malades étrangers au canton de Genève, nous ne voyons pas la condition d'intransportabilité, laquelle devrait être, au point de vue du droit, le critère de l'admission dans un établissement hospitalier, ni celle de la durée du secours. C'est ce qui explique l'importance des dépenses faites par l'Assistance publique à Genève, en faveur des étrangers au canton. En 1907, par exemple, le Département de Justice et Police paya pour eux à l'Hôpital, à la Maternité, etc. Fr. 368 380, à l'Asile des aliénés Fr. 24 646, à la Policlinique Fr. 9284, pour secours directs, rapatriements, viatiques, etc., Fr. 12 762. Rien d'étonnant par conséquent à voir les Genevois eux-mêmes critiquer cette assistance et demander qu'on se limite aux prestations fixées par la loi fédérale et les traités d'établissement. L'extension de cette assistance aux malades, aux frais du canton, provient en partie de la prédilection des cliniques universitaires pour les cas intéressants. Quoi qu'il en soit, on doit approuver ceux qui dénoncent comme un abus le fait que des gens absolument étrangers à Genève, arrivent inopinément, s'accordent un semblant de résidence pour profiter de la bienfaisance du pays, qui devient ainsi la victime de sa renommée. La charge est devenue trop lourde, même en admettant que l'afflux étranger permette aux entrepreneurs de travaux d'avoir aisément la main d'œuvre nécessaire. Demander à la Confédération une part du payement des frais de cette assistance médicale aux étrangers ne paraît pas hors de propos ; plus équitable encore serait une revision des traités avec la France. Il est vrai que celle-ci n'a aucun intérêt au changement de la situation actuelle, où Genève fait pour les Français ce qui est possible, et plus encore, sans y être obligée et sans que les Genevois en France jouissent des mêmes avantages. Genève est si bien exploitée que « tout individu victime d'un accident dans la contrée étrangère qui nous entoure, dit M. A. Achard (*L'Assistance et la question des étrangers à Genève, 1911*) est amené à l'Hôpital.

Il paraît même que des malades ont été portés clandestinement et abandonnés sur le territoire genevois et que l'Hôpital les soigne depuis des années sans avoir aucun recours quant aux frais qu'ils occasionnent. En fait, les départements français limitrophes du Canton se déchargent sur l'Etat de Genève d'une notable partie du coût de leur assistance médicale.»

c. Dispositions de Police.

Le système des mesures de police n'est pas du tout développé dans le canton de Genève. Comme Soleure, Genève devra faire grand emploi des possibilités garanties par les art. 370 et 406 du Code civil suisse, aux fins de remplacer ce qui lui manque en moyens de coercition, en attendant le secours du Code pénal fédéral impatiemment attendu.

Dans le *Code pénal genevois* du 21 octobre 1874 nous trouvons, à l'art. 289, cette disposition qu'un enfant qui se soustrait au placement ordonné pour lui peut être puni d'une année de prison, de même que le père et la mère, abstraction faite d'ailleurs, du payement des frais à la charge du coupable. L'art. 290 dit que les parents qui abandonnent sans ressources un enfant, pour se soustraire à leurs obligations, sont punis d'un emprisonnement qui ne peut être inférieur à trois mois. En outre la déchéance de la puissance paternelle est prononcée pour une période qui peut aller à 10 années. Si l'action précitée a eu pour conséquence la mort de la victime ou un dommage durable dans son corps et dans sa santé, le coupable est puni d'un emprisonnement qui n'est pas inférieur à trois mois et peut se prolonger jusqu'à 10 ans. D'après l'art. 291, celui qui laisse dans le besoin femme et enfants, alors qu'il serait en mesure de les entretenir, est puni d'une semaine à un an de prison. En même temps il peut être déchu de sa puissance paternelle. Celui qui maltraite un enfant au-dessous de 12 ans, outrepasse son droit de correction vis-à-vis d'enfants qui lui sont confiés, et leur cause ainsi un dommage dans leur corps et leur santé, est puni d'emprisonnement de 18 jours à une année, les dispositions de l'art. 260 d'ailleurs réservées. Le cas échéant, la puissance paternelle peut être enlevée au coupable pour une période de une à cinq années.

La déchéance de la puissance paternelle est affaire du tribunal. La loi du 28 mai 1898 sur l'Enfance abandonnée (art. 3 et 14) se réfère à l'article cité plus haut pour la négligence scandaleuse, les mauvais traitements, l'exploitation, l'entraînement à la misère de mineurs de la part de ceux qui détiennent la puissance paternelle ou parentale.

f. Divers.

Loi du 28 septembre 1898 sur l'internement dans une maison de correction. En vigueur depuis le 1er janvier 1899.

Cette peine complémentaire a pour but le relèvement moral par l'habitude du travail régulier rémunéré dans des établissements spéciaux distincts du pénitencier. Séparation des sexes. En place d'une peine privative de la liberté, le tribunal peut interner dans ces maisons et pour une durée de six mois à trois ans, ceux qui se sont rendus coupables des délits suivants :

a. contre la moralité, b. négligence des devoirs de famille, c. mendicité et vagabondage, ainsi que l'ivrognerie causant un scandale public, s'il y a eu auparavant une condamnation prononcée en conformité des prescriptions légales, d. alcoolisme, paresse et dissipation ayant conduit à des actes criminels, e. actions criminelles contre les personnes mineures (4 et 5). Celui qui fut interné pour une année au moins ne peut l'être de nouveau sitôt après. Les peines complémentaires habituelles peuvent être prononcées avec l'internement (expulsion, retrait des droits civils, déchéance de la puissance paternelle). Récidive. Réhabilitation. Placement dans un établissement hors du canton. Haute surveillance du gouvernement.

Concernant l'assistance judiciaire, l'art. 143 de la loi d'organisation judiciaire du 15 juin 1891 trouve ici son application : « Les avocats inscrits au tableau sont tenus, lorsqu'ils en sont requis par le président d'un tribunal, de représenter gratuitement une partie indigente et de plaider pour elle, soit en matière civile, soit en matière pénale.

« Les avocats ainsi désignés ne pourront jamais refuser leur ministère sans justifier d'un légitime motif d'excuse.

« En matière civile, le président du Tribunal appréciera les titres que la partie peut avoir à invoquer le bénéfice de la présente disposition. Dans ce cas, les déboursés sont payés par l'Etat sur le vu d'une note taxée par le président.

B. Cantons ayant admis partiellement le principe territorial.

1. Berne.

a. Principes fondamentaux de la loi d'assistance.

Loi du 28 novembre 1897 sur l'assistance publique et l'établissement, en application des art. 68, § 2, 80 et 91 de la Constitution cantonale. Remplace la loi du 1er juillet 1857.

Assistance. — L'Etat des pauvres d'une commune municipale comprend tous les Bernois pauvres domiciliés sur son territoire. Deux catégories d'indigents. Les pauvres qui ont besoin de secours permanents, savoir : les orphelins sans fortune et les enfants abandonnés jusqu'à leur sortie de l'école ; les adultes dénués de ressources, dépourvus, en outre, des facultés physiques ou intellectuelles qui les mettraient en état de gagner leur vie. Ceux qui n'ont besoin de secours que d'une manière temporaire : les adultes dont les revenus ou les gains sont momentanément insuffisants ; les enfants.

Assistés permanents. — Les enfants doivent recevoir une éducation chrétienne et fréquenter assidûment l'école ; en dehors des heures de classe, être surveillés, entraînés au travail et préparés à l'exercice d'une profession ; ceux qui se distinguent, placés dans des établissements spéciaux. Les personnes ayant dépassé l'âge de l'école, atteintes d'affections congénitales qui les empêchent de gagner leur vie, sont assistées de telle manière qu'elles puissent trouver des occupations en rapport avec leurs forces et leurs aptitudes ; elles sont surveillées et reçoivent les soins que réclame leur état. Les personnes qui, par suite des infirmités de l'âge ou de maladies incurables, ont besoin d'assistance permanente, reçoivent les soins appropriés à leur état ; on cherche à les occuper encore, selon leurs forces. Les pauvres sont mis en pension ou secourus à domicile. Les enfants fréquentant l'école sont répartis, moyennant indemnité, entre les gens aisés et les propriétaires des immeubles dte la commune. Les gens plus âgés sont entretenus et soignés dans un hospice communal.

Ressources. — Subsides des membres de la famille. L'autorité d'assistance les réclame d'abord amiablement. Recours au préfet et au Conseil exécutif (gouvernement), (16). Contribution des biens de bourgeoisie. Les communes bourgeoises qui exerçaient elles-mêmes l'assistance de leurs ressortissants avant l'entrée en vigueur de la loi, peuvent conserver cette assistance indépendamment de l'assistance exercée par la commune municipale, si elles fournissent la preuve qu'elles

·sont en état de pourvoir convenablement à l'entretien de tous leurs pauvres domiciliés dans la commune ou au dehors (19). Contribution des fonds des pauvres dont l'administration appartient au Conseil municipal. Sont ajoutés au capital ·de dotation du fonds des pauvres : les legs et dons, les indemnités à payer par les pères d'enfants illégitimes, les finances d'admission à la bourgeoisie (34). Remboursement ·des dépenses faites depuis la treizième année de l'assisté (36). Si les ressources énumérées ne suffisent pas pour faire face aux dépenses de l'assistance permanente, l'Etat couvre 60 à 70 % du déficit. Le taux des pensions à payer par les communes pour leurs pauvres dans les établissements de l'Etat, est fixé par l'Etat lui-même (39). Pour les adultes placés ailleurs que dans des établissements, le Conseil exécutif fixe chaque année le prix moyen de pension (41).

Assistance temporaire. — Elle a pour but : a. de prévenir le paupérisme par tous les moyens moraux, financiers et disciplinaires qui sont à sa disposition ; b. de pourvoir à l'entretien et à la surveillance des enfants ayant besoin d'assistance, particulièrement de ceux en bas âge ; c. d'aider par des secours et des conseils, les personnes momentanément dans le besoin, et de leur fournir l'occasion de se relever économiquement et moralement par leurs propres efforts ; d. d'aider autant que possible les malades nécessiteux et les femmes en couches ; e. de pourvoir à l'assistance des personnes devenues incapables de travail ou indigentes dans le courant de l'année, jusqu'au moment où elles sont portées sur l'état des assistés permanents ; f. travailler à l'abolition de la mendicité (44). Une caisse de secours est créée dans chaque commune pour coopérer avec la charité privée. Caisse pour l'assistance des malades (46). Fonds de l'assistance temporaire et fonds des malades (47). Ressources des caisses de secours et des caisses de malades : a. intérêts des fonds d'assistance et de malades ; b. legs et dons ; c. contributions volontaires ; d. revenus de fondations ; e. amendes ; f. restitutions ; g. contributions des familles ; h. contributions des communes ; i. subsides de l'Etat (40 à 50 % pour les adultes,

60 à 70 °/₀ pour les enfants). Le Conseil exécutif peut ordonner des collectes générales dans les églises à la suite de catastrophes contre lesquelles aucune assurance n'est possible
(55).

Assistance des Bernois domiciliés hors du canton. —
Les Bernois pauvres domiciliés hors du canton, mais sur
le territoire de la Confédération, et dont la commune d'origine
exerce l'assistance municipale, sont assistés pendant deux
ans après leur départ du canton par la caisse de secours
de leur dernier domicile et pour autant que les secours du
canton ou de la commune où ils résident sont insuffisants
(art. 45 de la Const. féd.). Si la commune qui doit fournir
l'assistance fait preuve de négligence dans l'accomplissement de ses devoirs, la Direction de l'Assistance publique
peut, après un avertissement infructueux, accorder les secours
aux frais de cette commune. En cas d'urgence, elle le peut
même sans avertissement préalable. Rapatriement aux frais
de la commune et, s'il le faut, par ordre de la Direction
cantonale (caisse de secours). Ces dispositions s'appliquent
aux cas où le permis d'établissement est retiré par un autre
canton pour cause d'indigence permanente (56).

Devoirs de l'État. — « Les Bernois pauvres qui sont
domiciliés hors du canton, mais sur le territoire de la Confédération, et dont la commune exerce l'assistance municipale, seront portés sur le rôle des assistés de l'administration centrale, si leur séjour hors du canton a duré plus
de deux ans sans interruption, à partir de l'époque où ils
l'ont quitté, et si les secours à eux délivrés par le canton ou
la commune où ils ont désormais leur séjour sont insuffisants, sans qu'on ait à rechercher s'ils ont été assistés ou non,
avant l'expiration des deux ans, par leur commune de domicile ; mais cependant 1° à condition que ces personnes, lorsqu'elles ont quitté le canton, n'aient pas été à la charge de
l'assistance ou n'aient pas eu notoirement besoin de secours,
qui leur aient été accordés ensuite et, 2° à condition que
leur départ n'ait pas été provoqué par l'autorité communale,

ou par des parents habitant la commune, dans l'intention d'échapper à l'obligation de leur fournir des secours », art. 57 (Texte français).

L'assistance extérieure est à la charge de l'Etat, qui peut ordonner le rapatriement. Celui-ci a lieu, règle générale, dans la dernière commune de domicile, éventuellement dans celle d'origine, ou dans une précédente commune de domicile, aux frais de l'Etat. Ces dispositions sont applicables aux cas de rapatriement de police. Internement dans les maisons de travail par l'Etat et les communes. Les Bernois hors de leur canton, coupables de contravention à la loi de police des pauvres, sont soumis à la juridiction du juge de leur lieu d'origine.

Autorités communales d'assistance. — L'assistance permanente s'exerce dans les communes ; elle est dirigée par les Conseils municipaux. L'assistance temporaire est exercée par la direction de la Caisse de secours. L'assistance des pauvres domiciliés hors du canton incombe aux mêmes autorités, « en tant qu'il doit y être pourvu par les communes ».

Autorités de district. — Assemblées de district, inspecteurs de l'assistance publique, préfets.

Autorités centrales. — a. La Commission cantonale de l'assistance publique, forte de douze membres, est nommée par le Conseil exécutif ; elle est présidée par le Directeur de l'assistance (conseiller d'Etat). Cette commission fonctionne comme autorité élective de surveillance et de renseignements ; elle voue une attention particulière au développement de l'assistance volontaire, à la recherche des causes de paupérisme et des moyens de le combattre. b. La direction de l'assistance publique qui donne les ordres et les instructions nécessaires, statue définitivement, surveille la marche des établissements de l'Etat, pourvoit à l'assistance extérieure et nomme des inspecteurs provisoires. c. Le Conseil exécutif qui exerce la haute surveillance et la direction supérieure (75).

L'Etat pourvoit à la création des hôpitaux, hospices, maisons d'éducation, de discipline et de travail, soit en se chargeant lui-même de les fonder et entretenir, soit en subventionnant ceux des districts, communes, corporations ou particuliers. Il accorde des subsides aux communes obérées qui satisfont exactement aux prescriptions légales. Il peut percevoir un impôt spécial destiné à couvrir les déficits de l'assistance, jusqu'à concurrence du quart de l'impôt direct. Nul n'a le droit d'intenter une action pour réclamer des secours (81). Est réputé assisté : celui qui est inscrit sur un état des assistés d'une manière permanente ; celui qui n'a pas opéré les restitutions auxquelles il était tenu ; celui qui a reçu des secours temporaires et a été condamné en application de la loi sur la police des pauvres, jusqu'à remboursement complet (82). Les adultes assistés temporairement, ou d'une façon permanente, peuvent être assimilés aux personnes sous tutelle par décision du Conseil exécutif. Des femmes peuvent être appelées à la surveillance des assistés du sexe féminin, en particulier des jeunes filles placées dans des établissements ou ailleurs (84).

Mesures destinées à combattre les causes de l'indigence. — Protection de l'enfance. Les obligations des pouvoirs publics ne cessent pas envers les enfants assistés au moment où ceux-ci disparaissent des états de l'assistance. L'aide qui leur est accordée est surtout morale ; mais, si cela est nécessaire, les secours pécuniaires leur sont donnés dans la mesure où les circonstances l'exigent. Si un enfant au-dessous de 16 ans est moralement abandonné, s'il manifeste des inclinations vicieuses, ou si sa situation exige qu'il soit placé dans une famille, ou reçu dans un établissement d'éducation ou de discipline, le Conseil exécutif prend une de ces mesures, sur la proposition de la Direction de l'assistance publique, et règle en même temps la question du retrait de la puissance paternelle. Ces mesures ne sont pas valables au delà de la majorité du protégé. L'enfant est passible de peines correctionnelles, dès ses 15 ans révolus, (placement dans une famille ou dans une maison de discipline). Des bourses sont délivrées chaque année à des jeunes garçons ou jeunes filles pauvres pour l'apprentissage de métiers, en particulier pour en faire de bons ouvriers agricoles. Contributions à des pauvres qui vont s'établir hors de leur commune, versées par la caisse d'assistance temporaire, et lorsqu'on peut admettre qu'il en résultera une amélioration de leur situation économique (92).

Etablissement, séjour et domicile de secours. — Ces questions sont du ressort de la police générale. Tout Bernois vivant dans le canton doit avoir un domicile de police dans une commune bernoise (96). Ce domicile détermine le ressort en matière d'assistance (domicile d'assistance). Conditions : avoir un permis d'établissement ; résidence de plus de 30 jours dans une commune, ce qui entraîne l'établissement. Le domicile de police est constaté par le registre des domiciles. De l'inscrptiion au registre date le domicile. Celui qui demeure dans sa commune d'origine n'a pas d'inscription à demander ; son domicile est par le fait dans cette commune. Il en est de même pour celui qui, ne possédant pas de domicile de police dans le canton, refuse d'en acquérir un ou ne se trouve pas dans les conditions requises pour l'acquérir. L'inscription sur le registre des domiciles ne peut être refusée à aucun ressortissant d'une commune qui exerce l'assistance bourgeoise, s'il possède des papiers de légitimation. Renvoi de la commune réglé par l'art. 45 de la Constitution fédérale. Refus d'établissement réglé par le même article. Si dans les deux années depuis le dépôt des papiers le requérant se trouve dans un besoin permanent de secours, l'obligation de l'assistance incombe à la commune du précédent domicile. En d'autres termes, l'assistance se pratique au lieu du présent domicile, mais elle est remboursée par la commune du précédent domicile, à moins que celle-ci ne veuille se charger elle-même de l'assistance. La Direction cantonale d'assistance décide en dernier ressort de l'admission sur les états d'assistance. Nul indigent, inscrit d'une manière permanente sur l'état d'une commune, ne peut être transporté, ou renvoyé dans une autre commune, pour y être assisté. L'acte d'origine est délivré dans les formes prescrites par le Concordat fédéral (Prescriptions fédérales du 16 mars 1885). En matière d'assistance l'acte d'origine n'est valable entre les communes qui exercent l'assistance municipale conformément à la loi, que sous réserve des dispositions de cette loi et de la réciprocité qu'elle garantit*. En conséquence, l'acte d'origine doit mentionner la commune de domicile du titulaire sous peine de nullité. Cet acte n'est remis au titulaire par le préposé à la police des domiciles qu'après inscription du certificat de domicile (107). Cha-

---

* Une fois toute l'administration remise à la commune municipale, et celle-ci demeurant chargée de l'assistance complète ainsi que du service des tutelles, presque toutes les fonctions de droit public qui dépendaient jadis, en beaucoup d'endroits, de la commune bourgeoise, sont réunies dans sa main. Dès lors, il est à peine nécessaire de rappeler que le domicile de police, qui détermine le domicile de secours, a une beaucoup plus grande importance que l'acte d'origine. Pour caractériser cette situation, il suffit de rappeler le § 107 de la loi du 28 novembre 1897, d'après lequel l'acte d'origine doit être complété par un certificat du préposé à la police des domiciles pour tout ressortissant d'une commune exerçant l'assistance municipale. L'acte d'origine seul n'a plus aujourd'hui de valeur que s'il est établi par une commune chargée de sa propre assistance et de ses tutelles.

En dehors de ces conditions, la bourgeoisie communale n'a de signification en droit public que comme base du droit de cité cantonal. C'est en cette fonction qu'il est expressément consacré par l'art. 65 de la Constitude 1893. Abstraction faite des exceptions en matière d'assistance et de tutelles, on lui trouvera difficilement un sens plus étendu.

Les communes qui n'exercent plus l'assistance et n'administrent plus les tutelles doivent évidemment renoncer à un droit. Elle ne peuvent plus donner d'acte d'origine possédant une valeur de droit public. En revanche, il leur reste l'admission à la jouissance des revenus communaux, ce qui constitue un avantage matériel en tant que la somme d'achat tombe dans sa caisse et non dans celle de la commune municipale. Elles peuvent choisir l'objet par lequel cet argent sera dépensé.

Rien n'est changé pour les communes bourgeoises exerçant l'assistance et l'autorité tutélaire. Comme elles ne sont pas encore aussi étrangères à la vie publique que les autres, on devra leur assurer une situation privilégiée; on peut même parfaitement penser que, dans certains cas, comme ceux de tutelle, l'acquisition d'une bourgeoisie urbaine, par exemple celle de Berne, peut être extrêmement désirable. Dans les communes mixtes, l'assemblée bourgeoisiale ne peut pas conférer le droit de cité, mais uniquement donner son suffrage pour l'admission aux répartitions. Au reste, leur organisation reste la même.

(Dr Geiser).

cun est libre de séjourner pendant 30 jours dans une autre commune que celle de son domicile ; néanmoins ceux qui tombent à la charge de la bienfaisance publique peuvent être renvoyés et, au besoin, reconduits dans la commune de leur précédent domicile, ou, s'ils n'avaient point de domicile de police, à leur commune d'origine (108). Justification du domicile. Lorsqu'un ressortissant bernois va séjourner ou s'établir hors du canton, il conserve pendant deux ans, à compter du jour de son départ, son précédent domicile de secours. S'il revient au bout des deux ans, il faut distinguer entre le retour libre et le rapatriement. Dans le premier cas il acquiert domicile. Si, pendant les deux années qui suivent le dépôt de ses papiers, il vient à avoir besoin d'assistance permanente, la commune du domicile fournit les secours, mais aux frais de l'Etat (assistance extérieure, art. 113). Les communes doivent recevoir les personnes qui leur sont conduites, en exécution d'ordres de l'autorité, et leur fournir provisoirement les secours nécessaires ; le droit de recours leur est toutefois garanti. Il est interdit à toute personne et à toute autorité de chercher par des moyens quelconques à éluder la loi ; si des manœuvres de ce genre sont pratiquées, leurs effets sont nuls. Est notamment interdite toute intervention ayant pour but d'obliger illégalement des personnes possédant droit de domicile dans la commune, soit en exerçant sur elles une contrainte morale, soit en leur fournissant des subsides, à aller se fixer dans une autre commune ou hors du canton, comme aussi toute intervention ayant pour but d'empêcher une personne de trouver un logement dans la commune où elle a légalement le droit de prendre domicile (amendes, autres pénalités, 117).

b. Principes fondamentaux
de la loi sur la police des pauvres
et les établissements de buveurs et de discipline.

Loi du 1er décembre 1912 remplaçant la loi du 14 avril 1858 sur la police des pauvres et le § 62 de la loi d'assistance. En vigueur depuis le 1er juillet 1913. — Les §§ 1 à 26 traitent des dispositions disciplinaires concernant la mendicité, le vagabondage, la paresse, la dissipation, l'ivrognerie, la négligence dans le payement de la dette alimentaire, par suite d'une vie désordonnée, le mauvais emploi des secours, puis de l'organisation et des établissements de discipline. Les §§ 27 à 50 contiennent des dispositions sur les infractions à la loi de police : mendicité éhontée, corporations de mendiants et de vagabonds, excitation au jeu et à l'ivrognerie, abandon malicieux (33), négligence (34) et mauvais traitements (35) dont les enfants et personnes en pension seraient les victimes, abus de la puissance disciplinaire, négligence malicieuse (37) du devoir d'entretien, interdiction des collectes, autorités pénales, punition (maison de travail), procédure pénale. «Celui qui, méchamment, ne remplit pas les obligations imposées par la loi ou par convention écrite, ou par décision juridique ou administrative touchant l'assistance ou la dette alimentaire, ou qui ne paye pas la part imposée, est passible de la prison», art. 37. — Les ressortissants bernois qui se rendraient coupables, hors du canton, d'infraction à l'une des dispositions de la loi de police des pauvres, prévues aux art. 32 à 37, seront poursuivis et punis dans le canton. Si le domicile fait défaut, le juge de la commune d'origine est compétent, sinon celui du lieu du dernier domicile. Les traités et concordats sont réservés.

Etablissements pour l'hospitalisation des pauvres et le relèvement des buveurs. — L'Etat crée un établissement hospitalier spécial pour des adultes dont les facultés de travail sont amoindries ou incomplètes, et qui ne peuvent être soignés autrement à cause de leur caractère. Le placement a lieu par voie administrative et doit contribuer à décharger les autres établissements d'éléments mauvais, provocateurs de troubles, et au reléguement d'incapables, pour une durée minimum de six mois. Les maisons de discipline reçoivent des adultes valides, mais paresseux ou licencieux, des mineurs moralement déchus, des personnes valides compromettant la sûreté publique. L'internement se fait par voie administrative, la première fois pour une année, en cas de récidive pour deux ans (libération conditionnelle). Sont internés : 1. les jeunes gens de 16 à 20 ans qui se révoltent contre l'autorité des parents, des tuteurs, des patrons, contre les autorités de surveillance, en dépit des mesures disciplinaires ordonnées, ou qui sont moralement déchus ; 2. ceux qui s'adonnent à la fainéantise, à la boisson, à une vie déréglée, qui causent ainsi un scandale public, exposant au danger de la ruine matérielle et morale, eux-mêmes et leurs proches ; 3. les parents et les nourriciers, qui, malgré les avertissements, négligent leurs devoirs vis-à-vis des enfants, etc. ; 4. les personnes à responsabilité limitée qui menacent à un haut degré la sûreté publique ; 7. les personnes condamnées à réitérées fois et chez lesquelles on ne constate aucune amélioration ; 8. existences nomades (interdiction de l'auberge), le retrait de la puissance paternelle est liée à l'internement (72). Travaux agricoles. Les frais sont payés par la commune, par la famille. Exceptionnellement, admission gratuite. L'internement des ivrognes dans une maison de discipline peut être, le cas échéant, transformé en un placement de même durée dans une maison pour le relèvement des buveurs, et cela par voie administrative (caisse communale de secours). Retrait des papiers d'origine (81). Interdiction des certificats d'indigence servant à la mendicité (82). Collectes de bienfaisance (83). Bureau de travail (84).

Ordonnance d'exécution du 25 février 1913 de la loi sur la police des pauvres (du 1er décembre 1912). En vigueur depuis le 1er juillet 1913. — Les autorités municipales, comme les bourgeoisiales, ont, en tout état de cause, le droit d'avertissement et d'internement (2). L'autorité disciplinaire est exercée par le président du conseil municipal ou par un membre de ce conseil délégué à cet effet (5). Agent de police (3, 6). Assignation. Comparution (7, 8, 9). Interrogatoire (10, 11). Les dénonciations des autorités d'assistance et des employés de police de l'Etat et des communes sont admises pleinement jusqu'à preuve du contraire (12).

Arrêts, amendes. Concordat sur l'assistance judiciaire approuvé le 23 août 1912 par le Conseil fédéral, conclu entre les cantons de Lucerne, Uri, Schwitz, les deux Unterwald, Glaris, Zoug, Bâle-Campagne, les deux Appenzell, St-Gall, Argovie, Vaud, Neuchâtel Soleure, Berne, Zurich (15). Les locaux d'arrêts doivent être dans de bonnes conditions d'hygiène et de sûreté. On doit veiller à la séparation des sexes et à celle des adultes et des jeunes gens (19). Transport des mendiants et des vagabonds (23, 24). Frais (25, 26). Expulsion de police des mendiants et vagabonds étrangers au canton (27).

c. Lois connexes.

Loi sur les communes (du 6 décembre 1852)
(en revision)

§ 1. Le droit de cité communal est le fondement du droit de cité cantonal. Personne ne peut être citéyen du canton sans être bourgeois d'une commune bernoise et vice versa, nul ne peut être bourgeois d'une commune sans être citoyen du canton. § 10. En tant que l'assistance n'est pas exercée au moyen des revenus d'un fonds des pauvres, elle repose sur le principe de la bienfaisance privée et a conséquemment un caractère territorial. § 11. L'assistance aux habitants doit être, dans la mesure du possible, laissée aux sociétés privées de bienfaisance. Les autorités communales ont pour devoir de favoriser la création de sociétés de ce genre, de les soutenir dans leur activité et de prendre leur place en attendant. Commissions spéciales d'assistance et de fonds de secours. § 12. L'assistance municipale s'exerce en faveur de tous les citoyens bernois domiciliés dans le district d'assistance. § 13. Là où existent des biens des pauvres, les intéressés en jouissent conformément aux règles de la fondation. Devoir d'assistance limité aux ressortissants domiciliés en Suisse. Extension au dehors dans le cas seulement où il y aurait un excédent. § 14. Création de fonds municipaux des pauvres.

Loi d'application du Code civil suisse (du 28 mai 1911). — L'art. 26 renvoie aux dispositions de la loi d'assistance sur les soins aux enfants ne figurant plus au tableau des pauvres et le traitement des enfants en danger, vicieux ou moralement abandonnés (28. Assistance bourgeoisiale).

Décret concernant les frais de l'assistance médicale des ressortissants pauvres d'autres cantons etc. (§ 124 de la loi sur l'assistance du 26 avril 1898). — Les soins nécessaires doivent être donnés aux ressortissants pauvres d'autres cantons ou d'États concordataires, qu'ils soient de passage, en séjour ou domiciliés, en tant qu'ils n'ont pas les moyens de payer le médecin ni les médicaments, qu'ils n'ont pas droit aux secours suffisants d'une caisse de secours en cas de maladie ou d'accident, ou enfin qu'ils ne peuvent être transportés dans leur commune d'origine, c'est-à-dire rapatriés sans danger pour leur santé ou pour celle de tierces personnes (§ 1). Tous les frais provenant de ces soins sont supportés par l'État (§ 2).

Décret du 26 avril 1898 concernant l'inspecteur cantonal d'assistance. (§ 74 de la loi sur l'assistance). L'inspecteur est sous la surveillance de la Direction cantonale qui lui donne sa tâche et ses instructions. D'office il est secrétaire de la Commission cantonale, avec voix consultative (6). La durée de ses fonctions est de 4 ans, son siège fixé à Berne (7). Ses fonctions tendent à l'amélioration de l'assistance, à la disparition des abus et des inconvénients constatés ; l'inspecteur est chargé de veiller à la bonne marche de l'assistance dans le canton et au dehors. Visites aux assistés. « Il cherche au domicile des personnes assistées hors du canton des correspondants de confiance et, si c'est nécessaire, conclut avec les autorités compétentes du lieu, sous réserve de ratification de la Direction de l'assistance, des arrangements utiles » (art. 5, al. 2).

Décret du 30 août 1898 concernant l'exécution des dispositions sur l'établissement, le séjour et le domicile de se-

cours des ressortissants du canton (§ 118 de la loi sur l'assistance). — L'inscription au registre du domicile. Sont inscrits au registre bourgeoisial du domicile : a. les bourgeois qui ont laissé leur commune d'origine pour élire domicile ailleurs, en tant qu'ils ne furent pas inscrits auparavant ; b. les bourgeois ayant un domicile au dehors, qui rentrent dans leur commune d'origine et y élisent domicile ; c. les bourgeois domiciliés dans une autre commune du canton, mais où leur droit était périmé en raison d'un séjour de plus de deux années consécutives hors du canton ; d. les bourgeois du lieu, séjournant hors du canton, qui n'ont de domicile de secours dans aucune autre commune bernoise et pour lesquels, cependant, il faut en déterminer un (commune d'origine devenue commune de domicile, § 101 de la loi sur l'assistance). Pour tous les autres, comme pour les bourgeois ayant de droit leur domicile de police dans leur commune et qui sont allés au loin, le rôle des bourgeois sert de registre des domiciles. Sont inscrits au registre municipal des domiciles : les ressortissants du canton bourgeois d'une autre commune qui ont établi leur résidence dans la commune et doivent y acquérir leur domicile (6). Ces autorités communales sont tenues d'indiquer à l'acte d'origine si elles exercent l'assistance bourgeoisiale (9). Le domicile de police peut être refusé si les papiers nécessaires pour le changement de domicile sont incomplets ou évidemment inexacts. Si les papiers exigés ne sont pas déposés dans les 40 jours, une sommation est envoyée avec menace d'emprisonnement (20 jours) (14). Si le domicilié veut changer de résidence et retirer ses papiers, ceux-ci lui sont rendus contre le permis d'établissement (reçu). La sortie des papiers est inscrite à sa date dans le registre des domiciles ; quand l'annonce de l'inscription du nouveau domicile arrive, la radiation est opérée (15). Si l'avis n'en est pas donné dans les 60 jours, des recherches de police sont ordonnées (18). Séjour temporaire, certificat de domicile (§ 109 de la loi sur l'assistance) (28 et suiv.).

Ordonnance réglant les ressources financières et la comptabilité de l'Assistance publique, du 23 décembre 1898.

Les ressources pour l'Assistance permanente sont les suivantes : subsides des familles, des biens de bourgeoisie, de ceux de la commune municipale, de l'Etat, des communes, les restitutions (1).

Les ressources pour l'assistance temporaire : subsides des familles, des caisses de secours, de l'Etat et des communes, les restitutions (42, 43).

Décret concernant les secours aux passants nécessiteux (27 décembre 1898). — Toute l'institution dépend de la Direction cantonale et du comité cantonal présidé par le Directeur de l'Assistance (5). L'Etat participe aux frais de l'assistance aux passants à raison de 50 $^0/_0$ des dépenses nettes (§ 53 de la loi), déduction faite des subsides volontaires ; en outre, il paye les frais d'administration du comité cantonal (12). Berne est membre de l'Union intercantonale.

Ordonnance du 26 décembre 1900 concernant les maisons d'éducation de l'Etat (§ 75 et 88 de la loi sur l'assistance).

Maisons pour garçons : Landorf, Aarwangen, Cerlier, Sonvilier ; maisons pour filles : Kehrsatz, Brüttelen, de 8 à 16 ans (§ 54 de la loi sur l'instruction primaire). Les admissions sont prononcées par le Conseil exécutif. Prix de pension, Fr. 150 à 400. Système des familles. On ne peut attribuer plus de 18 enfants à une famille, maîtres ou régentes (8). Ecole de l'établissement (10). Nous citerons encore ce qui suit de cet important document : les maisons d'éducation pour garçons et filles (établissements de secours ou de sauvetage) ont pour but de discipliner les enfants vicieux ou moralement abandonnés, et d'en faire des êtres utiles.

Ne sont admis que les enfants ayant atteint leur huitième année, mais pas encore la seizième, s'ils sont sous le coup d'une condamnation judiciaire, s'ils ont commis un acte passible des tribunaux avant leur quinzième année, s'ils sont moralement en danger, vicieux ou abandonnés, en sorte qu'ils aient besoin d'être placés, au jugement des parents.

ou des autorités compétentes. L'admission a lieu par arrêté du Conseil exécutif, sur la proposition de la Direction de l'Assistance. Le gouvernement fixe le prix de pension entre 150 et 400 francs ; réduction possible. L'entrée se fait sans escorte de police (6). Dans la règle, l'internement dure jusqu'au moment où se termine la fréquentation obligatoire de l'école. Traitement individuel au sein de la famille constituée. Préparation au travail domestique, permettant d'avoir les notions indispensables sur les besoins et la tenue d'une maison. Le travail de jardinage et des champs est organisé d'après les forces et les capacités des enfants d'une part, les besoins de l'établissement d'autre part. Ateliers pour les garçons qu'on habitue au travail régulier (11). Punitions. Commission de surveillance. De l'argent de la pension, Fr. 20 sont déposés au fonds de l'établissement pour rendre possible l'apprentissage professionnel des élèves à leur sortie, ou le faciliter. Patronage en vue de l'octroi de bourses (14).

Ordonnance sur les bourses d'apprentissage (18 juillet 1904). — A noter : La bourse octroyée par l'Etat se monte dans la règle, à la moitié des frais d'apprentissage, en tant que l'autre moitié est couverte par la bienfaisance publique et privée (5). Le versement ne s'effectue généralement qu'à la fin de l'apprentissage et sur le vu d'un certificat de bon travail. Patronage (7). La direction cantonale accorde des subsides particuliers sur demande pour la fréquentation de cours agricoles d'hiver, techniques et spéciaux, de cours de cuisine, de tenue de ménage, de jardinage, pour la participation à d'autres institutions visant à la formation de bons ouvriers agricoles et de domestiques entendues (14). Il est recommandé aux autorités d'assistance de travailler à l'acquisition de nouvelles forces agricoles par le placement judicieux, en temps utile, de leurs jeunes protégés (éveiller un intérêt vif et persistant pour ce travail) (15).

Fonds de secours pour les établissements de malades et de pauvres (Décret du 1er décembre 1904). — Ce fonds sert à subventionner les institutions permanentes d'assistance aux malades et aux indigents, qu'elles dépendent de l'Etat, des communes ou des particuliers. Son capital ne doit pas être réduit au-dessous de Fr. 500 000.

Décret du 26 février 1903 *concernant les soins aux adolescents ne figurant plus sur l'état d'assistance en suite de leur licenciement de l'école* (§§ 86 et 87 de la loi sur l'assistance). — Les enfants radiés du tableau des assistés, ensuite de leur licenciement de l'école, restent aux soins de la Prévoyance publique jusqu'à leur 18me année révolue, éventuellement jusqu'à leur 20me année. La Prévoyance a pour but de favoriser le bien moral, intellectuel et physique des adolescents licenciés, de diriger ceux-ci vers un travail approprié, de les mettre ainsi en situation de gagner honorablement leur vie et de les faire devenir conséquemment des membres utiles de la société. Elle intervient donc pour le choix d'une profession, pour celui de places convenables en vue de l'apprentissage, du service de maison et du travail. Elaboration de contrats d'apprentissage, surveillance. Les dépenses sont à la charge de la commune du domicile et de l'état qui paye le 60 %. Patronages, autorités de secours. Puissance paternelle de la commune du domicile sur les orphelins pauvres. Si les parents vivent, les autorités d'assistance ne retiennent la puissance paternelle qu'au cas où celle-ci aurait été enlevée.

Subsides extraordinaires de l'Etat à certaines communes plus particulièrement chargées par leur service d'assistance. Décret du 30 novembre 1904 (§ 77 de la loi sur l'assistance). Une somme annuelle de Fr. 200 000 est portée dans ce but au budget. Différentes classes pour les subsides :

I. 40 — 80 Cts. par Frs. 1000 d'impositions, 70 % subside de l'Etat.
II. 80—120 » » » 1000 » 80 % » »
III. 120—160 » » » 1000 » 90 % » »
IV. — —160 » » » 1000 » 100 % » »

Tableau des communes pratiquant l'assistance bourgeoise
(13 mai 1913).

Districts.   *Communes.*

Aarberg . . . . (2) . . Aarberg et Niederried ;

Districts.		*Communes.*
Berne	(14) .	. 13 abbayes de la ville de Berne, assistance bourgeoise générale de la ville de Berne
Bienne	(4) .	. Bienne, Boujean, Evilard, Vigneules ;
Buren	(6) .	. Arch, Buren, Diessbach, Monménil, Perles et Reiben ;
Berthoud . . .	(1) .	. Berthoud ;
Courtelary . . .	(11) .	. Corgémont, Cormoret, Cortébert, Courtelary, La Heutte, St-Imier, Orvin, Péry, Plagne, Sonceboz et Villeret ;
Delémont . . .	(3) .	. Delémont, Le Lœwenbourg et Undervelier ;
Konolfingen . .	(1) .	. Kiesen ;
Laufon	(2) .	. Laufon-ville et Laufon-banlieue ;
Moûtier	(11) .	. Bévilard, Châtillon, Courrendlin, Court, Grand-val, Malleray, Perrefitte, Pontenet, Reconvilier, Sorvilier et Tavannes ;
Nidau	(4) .	. Bühl, Epsach, Nidau et Safnern ;
Porrentruy . . .	(1) .	. Porrentruy ;
Bas Simmenthal .	(1) .	. Reutigen ;
Thoune	(1) .	. Thoune ;
Wangen . . .	(1) .	. Wangen.
Total (62)		

d. Le patronage des détenus libérés.

En 1899 déjà, la commission cantonale des prisons se demanda s'il ne serait pas expédient d'organiser officiellement le patronage des détenus libérés. En 1907, la loi sur la libération conditionnelle entra en vigueur. La même année une commission spéciale fut constituée pour le patronage des détenus libérés. Le 6 février 1911 parut le décret sur le patronage, lequel prévoyait le choix d'un fonctionnaire particulier. Celui-ci fut élu le 1er avril 1911. Le patronage officiel est prévu pour les libérés conditionnels, comme pour les condamnés à une peine conditionnelle et les détenus libérés définitivement. Le patronage cantonal est entre les mains d'une commission à laquelle sont adjoints pour les séances, le procureur général, les directeurs des établissements pénitenciers et le fonctionnaire du patronage. En 1912 et 1913, le président était le chancelier d'Etat Kistler, et le fonctionnaire spécial M. A. Lutz. (Comp. le 1er rapport annuel pour 1912.)

o. Décret du 3 février 1910 concernant les mesures contre la tuberculose.

Les affections tuberculeuses doivent être dénoncées, en tant qu'elles sont vraiment dangereuses pour l'entourage. Chaque médecin est tenu d'annoncer aux autorités communales les cas où les rapports du malade ou de son entourage avec d'autres personnes sont dangereux à un haut degré. Il s'agit ici tout particulièrement des malades se trouvant dans des établissements publics ou privés, hôtels, pensions, auberges, asiles de nuit, fabriques, ateliers, écoles, crèches ; ou encore de malades dans une situation économique défavorable, dans des conditions défectueuses d'hygiène, dans des locaux surpeuplés, où les mesures de protection en faveur des tiers ne peuvent être prises. En outre, en tout état de cause, dans les cas de déménagement et de mort. Dans les cas suspects, les directeurs ou propriétaires d'établissements ou d'asiles, les fabricants, les chefs de famille ou les autorités communales, sont tenus d'appeler le médecin. § 1. Désinfection officielle en cas de mort ou de déménagement d'un malade, le plus tôt possible après l'avis du médecin (mobilier, vêtements, literie). Cette disposition s'applique aussi aux établissements de cures, aux hôtels, etc. La protection de l'entourage du malade incombe aux autorités communales, qui agissent à la demande du médecin (2). Contrôle facultatif du personnel des établissements hospitaliers, de la vente des denrées et des hôtelleries, des personnes auxquelles des enfants sont confiés, s'il y a quelque soupçon de maladie contagieuse et à la demande des autorités communales (§ 3). Crachoirs (4). Organisation du service communal de désinfection par des personnes au courant (5). Ce service est gratuit pour les indigents ; pour les autres, payé selon tarif établi. Subsides de l'Etat aux communes trop chargées. Les frais de désinfection ne sont pas portés au compte d'assistance des indigents. Rapport communal annuel à la Direction de santé. L'institut bactériologique universitaire s'occupe des analyses. L'Etat en paye les frais pour les indigents

(6). Les communes peuvent créer des bureaux d'hygiène, interdire l'habitation des logements malsains (recours au Conseil exécutif) (7). Amendes, compétences Fr. 1 à 200 (8). Crédit de l'Etat, Fr. 100 000 par an (9).

f. L'assistance de la ville de Berne.

A. Secours aux bourgeois qui ne sont pas membres des abbayes.

Le règlement du 3 juin 1889 sur l'organisation, les droits et les devoirs de la commission de bourgeoisie, fait loi. Ce règlement a été élaboré en application des art. 5, 6 et 9 du supplément au règlement du 7 novembre 1888 sur l'organisation des communes bourgeoises.

Le terrain d'action de la commission embrasse les services de tutelle et d'assistance pour tous les bourgeois de la ville de Berne, qui ne sont pas membres d'une abbaye. La commission se compose d'un président, élu sur la proposition de la commission d'organisation du Conseil de bourgeoisie renforcé et choisi dans le sein du conseil de bourgeoisie, et de 4 à 6 membres nommés par ce conseil. Durée des fonctions, six années. Les fonctionnaires suivants siègent dans la commission : le secrétaire, l'élémosinaire *, qui est en même temps le tuteur d'office, dont les fonctions durent six années et qui est nommé par la commission de bourgeoisie renforcée (3). Sur la proposition de la commission de bourgeoisie, l'administration des biens des pauvres bourgeois est confiée, par le conseil de bourgeoisie, à un agant d'affaires ou à un fonctionnaire de la commission. Le capital de fondation (Fr. 300 000 au 1er janvier 1889, et à la fin de 1912 Fr. 903 000) s'augmente des sommes versées pour l'achat de participation aux biens des pauvres par des bourgeois non membres des abbayes, ainsi que des dons. Il ne peut être réduit (8). Les sommes dépassant le capital de fondation peuvent être employées pour l'assistance. Si le revenu du capital

---

* Ou distributeur de secours.

ne suffit pas pour les secours aux bourgeois non membres des abbayes et pour les subventions aux caisses d'assis-tance de celles-ci, le déficit est couvert chaque année par la caisse centrale de la bourgeoisie (9). Les biens de bourgeoisie servent subsidiairement de fonds de réserve pour l'assistance des abbayes. Si l'une de celles-ci sollicite une subvention, elle doit s'annoncer au plus tard avant la fin d'août, et déclarer, en produisant ses comptes à la commission de bourgeoisie, ainsi que l'état des pauvres, que tout le revenu des biens, déduction faite des frais nécessaires d'administration, ne suffit pas à l'exercice d'une assistance rationnelle. C'est le conseil de bourgeoisie qui décide (10). La commission de bourgeoisie surveille l'administration des biens (11). L'administrateur des biens des pauvres dépose ses comptes au plus tard à la fin de février ; la commission de bourgeoisie les revise et les transmet à la commission des finances. La commission de bourgeoisie fait fonction d'autorité tutélaire pour tous les bourgeois non membres d'une abbaye ; en cette qualité elle dépend de la Chambre supérieure des tutelles de la ville de Berne, et doit suivre les prescriptions de l'ordonnance tutélaire pour le canton de Berne (actuellement le Code civil suisse). L'élémosinaire est en même temps le tuteur officiel et, comme tel, doit être reconnu par la Chambre supérieure des tutelles. Il exerce les droits et les devoirs de tuteur et de curateur vis-à-vis des contribuables (assistés) qui n'ont pas de tuteur (18). La commission de bourgeoisie est autorité légale d'assistance pour tous les bourgeois de la ville de Berne non membres d'une abbaye ; en cette qualité elle est tenue de suivre les lois et ordonnances sur l'assistance. C'est l'élémosinaire qui est chargé de distribuer les secours en son nom et sous son contrôle (24). Nul indigent n'a le droit de réclamer des secours par voie de justice (loi sur l'assistance § 52). L'assistance est temporaire ou permanente. Sont assistés d'une façon permanente : les orphelins sans fortune et, généralement, les enfants abandonnés jusqu'à leur sortie de l'école ; les adultes pauvres, tout à fait dénués et incapables de gagner leur vie par leur travail. Sont secourus temporairement : les adultes dont les revenus ou le produit du travail ne suffisent pas momentanément pour l'achat des objets nécessaires à la vie ; les enfants qui ne sont pas touchés par les dispositions précédentes (22). Pour les cas urgents, le président a une compétence de Fr. 100 pour chacun d'eux, l'élémosinaire de Fr. 50 ; mais dans la règle, toutes les décisions importantes dépendent de la commission : secours, choix d'une profession, contrats d'apprentissage. Les enfants nécessiteux sont placés dans des asiles ou dans des familles honnêtes. Aux seuls parents qui offrent de solides garanties d'éducateurs, on accorde les subsides indispensables pour élever leurs enfants au foyer familial. Chaque enfant doit faire l'apprentissage d'une profession utile (24). Le nécessaire est fait en faveur des adultes pauvres pour que des soins correspondant à leur état physique et intellectuel leur soient accordés à la maison, dans des familles étrangères ou dans des asiles. On tient compte ici des forces qui restent à l'assisté et qu'il doit mettre en œuvre le mieux possible, en vue d'éviter l'oisiveté, l'insouciance et l'orgueil. Autant que faire se peut, les secours en argent sont versés à des tiers pour pensions, loyer, etc., et le moins possible directemnt à l'assisté (25). Les assistés malades sont, dans la règle, dirigés sur l'Hôpital bourgeois. La Commission règle les secours médicaux à domicile et, dans certains cas, ordonne les soins nécessaires. Elle veille à ce que les parents responsables de la dette alimentaire remplissent leur devoir, ainsi qu'au remboursement des secours accordés dans les cas prévus par la loi, et auquel la commission peut renoncer si elle le juge convenable. La renonciation au remboursement de secours dépassant Fr. 1000, pour une seule famille, est soumise à l'approbation du Conseil de bourgeoisie. Le remboursement de l'assistance accordée pour les enfants avant leur 17me année ne peut être réclamé d'eux (27). Pour les adultes, les secours passagers faisant exception, ils doivent être renvoyés à leurs propres biens avant le commencement de l'assistance. Par contre, l'avoir modeste d'enfants ou de veuves avec enfants ne doit pas être touché ; cependant le revenu peut servir au placement des jeunes et une partie du capital tout au moins à leur développement et à leur instruction professionnelle (28). Les assistés sont tenus de se soumettre volontairement aux mesures des autorités d'assistance, sous peine de voir la commission suspendre l'octroi des secours. La loi du 1er décembre 1912 (en vigueur depuis le 1er juillet 1913) sur la police des pauvres est applicable aux défaillants. Tableau ou état des assistés. Les secours accordés aux enfants avant leur 17me année sont inscrits au compte de leur père, pendant la vie de celui-ci, au nom de l'enfant ultérieurement (30). Etablissement des comptes (31).

Ce règlement représente en miniature une loi ou une ordonnance sur l'assistance bourgeoise, et ses dispositions rappellent en tout celles des législations des cantons qui exercent encore cette même assistance. La commission de bourgeoisie de la ville de Berne a publié également une série d'instructions pour l'élémosinaire (du 13 février 1911) auxquelles nous empruntons ce qui suit : L'élémosinaire a la surveillance immédiate des pauvres qui lui sont confiés. Il reçoit les demandes de secours, les examine et rédige son rapport. Il surveille les personnes et les familles assistées et informe la commission des changements qui surviennent. Il doit visiter de temps à autre les assistés, se rendre compte de leurs circonstances particulières, les conseiller et les rendre attentifs aux erreurs dans leur manière de vivre. L'élémosinaire invite les parents aisés des assistés à verser pour eux une contribution volontaire. En cas de refus, il fait rapport à la commission de bourgeoisie. Celle-ci prend alors les mesures légales nécessaires (loi sur l'assistance 14 et 51, Code civil 328) pour obliger les rénitents (art. 7, al. 6). Les personnes inscrites sur le tableau des assistés permanents qui, ensuite d'héritage de donation ou d'autre façon, arrivent à la fortune doivent restituer les secours qui leur sont accordés depuis leur 18me année. Pour les enfants assistés d'une manière permanente, le devoir de restitution est imposé à ceux qui auraient eu l'obligation de leur entretien. Les subsides de parents sont soutraits de la somme totale (loi sur l'assistance, 36). Si de tels faits viennent à sa connaissance, l'élémosinaire prend les mesures utiles en vue du remboursement (8). Dans la règle, ce fonctionnaire est chargé d'administrer les fortunes ne dépassant pas Fr. 5000 des tutelles et curatelles. A l'égard des assistés placés sous tutelle, il exerce, en vertu du § 36 de la loi sur l'assistance, les droits et les devoirs du tuteur (14).

Le service d'assistance de la commission de bourgeoisie a très heureusement, comme en font foi les procès-verbaux, un caractère prophylactique fortement accentué. Il fait beaucoup pour maintenir ou sauver les positions sociales mises en danger par la faute des hommes ou des circonstances, pour projeter la lumière sur les situations embrouillées ; il le fait non seulement en versant des sommes importantes, mais par une influence personnelle intense, par des conseils et des directions. Nous remarquons ici avec satisfaction la manière sûre, consciente, avec laquelle le fonctionnaire de carrière applique la méthode moderne du traitement individuel des cas, en combinant l'action de l'argent et de sa personnalité. Quelques exemples trouveront ici leur place : a. Une veuve avec des enfants tombée en faillite. Rachat du mobilier et d'une assurance sur la vie, dont les primes seront payées pendant plusieurs années. Payement du loyer. Acquisition du mobilier d'une chambre destinée à la sous-location, la propriété de l'Assistance réservée. Secours en argent pour la tenue du ménage.

b. Jeune homme peu fortuné, orphelin. Octroi d'une bourse pour la fréquentation du gymnase et de l'Université.

c. Garçon, demi orphelin, sortant d'un mauvais milieu. Mis en pension chez des particuliers. Séjour à la campagne pour le fortifier. Médecin.

d. Fille, demi orpheline, d'un milieu honorable. Bourse pour l'Université etc.

1912. Trois adultes secourus d'une manière permanente avec une somme d'environ Fr. 3300, ainsi que 11 enfants

pour lesquels on a dépensé Fr. 2300. Secours temporaires
à 13 adultes, se montant à Fr. 3400. Remboursements :
zéro. Subsides de parents : Fr. 200.

B. L'assistance des XIII abbayes.

Voici la liste des XIII abbayes :

I. Le singe,	fonds des pauvres Fr.	131,182 (fin 1911).		
II. Le chardon,	»	»	302,054	»
III. Les marchands,	»	»	388,498	»
IV. Les bouchers,	»	»	435,885	»
V. Les lions,	»	»	371,515	»
VI. Le maure,	»	»	461,451	»
VII. Les artisans,	»	»	615,654	»
VIII. Les boulangers,	»	»	570,612	»
IX. Les bateliers,	»	»	118,087	»
X. Les maréchaux,	»	»	903,853	»
XI. Les cordonniers,	»	»	267,410	»
XII. Les tisserands,	»	»	163,288	»
XIII. Les charpentiers,	»	»	399,641	»

Nous n'avons pas l'intention d'exposer en détail l'assistance de chacune des abbayes. Une seule nous suffira, à
titre d'exemple, celle du *Maure*. Nous extrayons ce qui
suit de son règlement de 1913 :

L'abbaye du Maure est une des corporations bourgeoises de la ville de Berne et, en même temps, une des
XIII sections de la commune bourgeoise chargées de l'administration des tutelles * et de l'assistance légale de ses pauvres. Elle se compose des bourgeois et bourgeoises ayant
droit de membre de l'abbaye du Maure. Ce droit est acquis
par le fait d'une descendance légitime, par mariage avec un
bourgeois, membre de l'abbaye, ensuite de légitimation par mariage subséquent (C. C. S. 258), en suite de légitimation par
autorité de justice (C. C. S. 260), en suite de déclaration de

---

* Dans le sens de l'art. 28 de la loi bernoise d'application du Code
civil suisse.

paternité (C. C. S. 323), (324) (l'enfant illégitime restant à une bourgeoise membre de l'abbaye), en suite de retour à l'état précédent (réception en suite de décision officielle, achat, donation). La direction de l'assistance est entre les mains du Comité.

Parmi les fonctionnaires de l'abbaye, on compte l'élémosinaire en même temps vice-président de la corporation et du comité. Ces fonctionnaires doivent demeurer à Berne ou dans les environs. *L'élémosinaire* est l'administrateur responsable des biens des pauvres, ainsi que du fonds pour l'éducation et les bourses (caution de Fr. 10 000). C'est lui qui sert d'intermédiaire entre la corporation et le comité d'une part, entre elle et tous les membres de l'abbaye ayant besoin d'assistance de l'autre. Il expose les demandes de ceux-ci au Comité et, le cas échéant, remet ce qu'il faut aux indigents, suivant instructions, pour loyers, vêtements, denrées, éducation, etc. Les secours de Fr. 30 pour un cas spécial sont dans sa compétence, sous réserve de rapport ultérieur. Etat des secours à accorder. Le greffier (juriste) tient le contrôle des actes d'origine et des tutelles. Le *tuteur officiel* s'occupe des tutelles pour lesquelles aucun autre tuteur ne fut désigné, et des curatelles des enfants illégitimes. Les *biens des pauvres* se composent de tous les capitaux et propriétés qui leur sont attribués. Ressources : intérêts du capital et loyers, restitutions, par des ventes de participation, dons, legs. Dépenses : Assistance régulière et extraordinaire, frais d'administration, traitements de l'élémosinaire et du tuteur officiel. Tutelles. Le comité fait office d'autorité tutélaire pour tous les membres de la corporation habitant le canton de Berne et qui ne seraient pas sous tutelle privée au sens de l'art. 362 du Code civil suisse (conseil de famille). La même autorité est exercée par lui sur les mineurs à l'étranger (convention de la Haye des 12 juin 1902 et 15 septembre 1905). Pour tout ce qui concerne ce service il est subordonné à la Chambre supérieure des orphelins et doit suivre les prescriptions des art. 360 et 456 du Code civil suisse.

De l'Assistance. — Le Comité est l'autorité légale d'assistance ; il applique en cette qualité la loi sur l'assistance et celle sur la police des pauvres. L'assistance se subdivise en permanente et temporaire. Dans la séance régulière de décembre, le Comité donne ses instructions à l'élémosinaire sur l'emploi judicieux des secours accordés aux pauvres portés sur le rôle. Ce fonctionnaire fait rapport pour chaque cas. L'assistance doit être exercée de manière à éveiller ou maintenir chez les membres de la corporation le sens de la tenue du ménage et de l'application au travail. Une attention particulière est dirigée sur l'éducation morale et chrétienne de la jeunesse. Les mesures légales de répression sont employées contre les assistés légers, dépravés ou prodigues. Le choix des pensions, écoles, maîtres et maîtresses d'apprentissage, fait l'objet des plus grands soins. On regarde ici moins aux frais qu'aux exemples .offerts à l'enfant d'une vie vraiment morale et chrétienne, de travail et d'économie, à la possibilité d'acquérir les qualités indispensables à leur profession et à toute leur carrière. Si leur situation financière le permet plus tard, tous les assistés sont tenus au remboursement de ce qui fut dépensé pour leur instruction et leur éducation, depuis leur 19me année révolue. Les parents sont responsables pour les enfants. Les subsides de parents sont soustraits du total. Devoir d'assistance des parents. Art. 328 du Code civil ; lois sur l'assistance et sur la police des pauvres.

Ce règlement est entré en vigueur depuis le jour où le Conseil exécutif lui donna son approbation, abrogeant ainsi les statuts du 18 janvier 1854 et toutes les dispositions contraires votées auparavant par l'assemblée générale des électeurs de l'abbaye.

C. L'assistance municipale

Règlement pour l'assistance de la ville de Berne, daté du 1er juillet 1910, approuvé le 5 novembre 1910 par la Direction cantonale d'assistance.

Dispositions générales. — L'assistance municipale de la ville de Berne n'aide, dans la règle, que les pauvres ayant leur domicile de secours sur le territoire de la commune, c'est-à-dire ceux qui y résident effectivement. Sont exceptés les bourgeois et les étrangers au canton, ainsi que les personnes ayant un certificat de domicile pour la localité. L'assistance *permanente* est exercée envers les orphelins sans fortune et, d'une manière générale, les enfants dénués jusqu'à leur sortie de l'école ; envers les adultes indigents, sans moyens. d'existence, et que leur faiblesse intellectuelle ou physique empêche de jamais acquérir. On secourt *temporairement:* les adultes auxquels les moyens de se procurer les objets indispensables à la vie font momentanément défaut, les enfants qui ne seront pas constamment sans ressources. L'administration des deux branches d'activité est divisée (4). L'indigent incapable de travailler et nécessiteux est secouru par la ville, s'il sollicite l'assistance, quand personn· d'autre n'a l'obligation de lui venir en aide et que la bienfaisance privée l'ignore (5). Le valide peut être secouru jusqu'au moment où son gain suffit à ses besoins, s'il est prouvé qu'il a fait ce qui est en son pouvoir pour trouver du travail (6). La mendicité, la paresse, une vie licencieuse, la mauvaise éducation donnée aux enfants, entrent particulièrement en ligne de compte dans le jugement porté sur le solliciteur (7). « Les organes de l'assistance municipale doivent lier partie le plus possible avec la bienfaisance privée pour une action commune et riche en bons résultats». Ils doivent entrer en relations avec les protecteurs et les œuvres ou sociétés diverses, ensorte que les secours soient demandés au bon endroit et distribués dans une mesure convenable, que les différentes tâches se répartissent le mieux possible (8). La bienfaisance privée peut naturellement assister les étrangers au canton (société de secours de la ville de Berne, paroisses). *Organes:* 1. la direction de l'assistance municipale (et son état major de fonctionnaires) ; la commission municipale d'assistance ; 3. les bureaux de district (président de district, élémosinaire, dames patronesses). Le distributeur de secours ou élémosinaire s'adresse au président, celui-ci à la direction et vice-versa. La *direction* fait à la commission d'assistance les communications nécessaires. Elle dirige et surveille toute l'assistance et les asiles qui dépendent d'elle (asile temporaire, asile Neuhaus près de Mensingen, crèches communales, Matte, Wyler, Ausserholligen, maison de vacances à Grasbourg sur la Singine, asile des pauvres de Kühlewil). Elle prend toutes les mesures favorisant la vie, l'éducation et le développement des enfants nécessiteux, ainsi que l'assistance ou le placement des adultes indigents. La *Commission d'assistance* s'occupe des questions d'organisation, désigne les districts d'assistance, examine et approuve en première instance les comptes annuels et les budgets, discute les questions qui lui sont soumises par la direction. Districts d'assistance, avec un président à la tête d'un nombre suffisant de patrons et de dames patronesses, (comité ou bureau de district). Le président nomme la commission d'assistance, laquelle à son tour désigne les patrons sur la proposition du président. Le suppléant du président du comité est nommé par le comité et choisi dans son sein. La durée du service officiel des hommes est fixée à deux ans ; pour les dames, le service est honorifique. Le sérieux et la bienveillance doivent être les caractéristiques du travail du comité. Le débutant est formé par la Direction d'assistance.

Président de district et patron ou distributeur de secours. — Le président de district dirige et contrôle l'assistance de son district et fait des visites ; il préside les délibérations du comité et exécute ses décisions. Il exerce une surveillance constante sur tous les pauvres de son district (16). Le président n'a qu'une compétence limitée pour l'octroi des secours. Règle générale, les décisions ou propositions partent du comité. La commission d'assistance répond directement aux requêtes qui lui sont adressées. Examen rapide et soigneux des cas. Négligences ou irrégularités dans le service des patrons. Surveillance du président (19). Le contrôle immédiat sur les pauvres qui lui sont confiés est exercé par le patron. C'est lui qui reçoit leurs demandes de secours, en examine le bien fondé et les présente au comité ; il surveille les familles et les personnes isolées qui lui sont confiées ;

il informe le président des changements qui surviennent dans les circonstances de travail des assistés, et de tout ce qui peut être utile au comité pour juger de leur situation. Si une demande de secours est déposée et paraît justifiée au premier abord, le solliciteur est envoyé au bureau d'assistance, qui remplit un formulaire, l'estampille après contrôle, le remet à l'intéressé, lequel le présente au président de district. Le préposé au registre des domiciles certifie le domicile sur le formulaire, qu'on annexe, ainsi complété, au dossier du solliciteur. Les formulaires dépourvus du timbre de la direction d'assistance n'ont aucune valeur (21). Le patron étudie la demande de plus près, réunit toutes les données permettant une proposition raisonnée au Comité. Le solliciteur lui-même est entendu d'abord sur ses circonstances particulières et les motifs de sa demande, puis sur les secours qu'il peut recevoir d'autre part, sa parenté, la possibilité d'un remboursement, ses rapports avec les caisses d'assurance en cas de maladie, le meilleur emploi de l'assistance demandée. Suit la vérification, puis la présentation d'un certificat médical, une visite à domicile, les renseignements sur la conduite, etc (22). Le rapport est déposé à la première séance du comité, qui prend la suite du traitement et désigne, s'il le faut, un de ses membres comme patron. Dans les cas urgents le président peut prendre une décision, conjointement avec le patron et sur la proposition de celui-ci (23). Le dossier est soumis chaque année à revision. Il est remis au patron qui y consigne ses observations et les secours accordés (24). Visites de contrôle du patron à domicile (25). Informations au comité ou à la direction (26—27). Suppléant du patron (28). L'assisté change-t-il de district, un nouveau patron est désigné pour lui par la direction d'assistance.

Comité de district. — Ses séances ont lieu suivant les besoins. Le procès verbal est tenu par un des membres élu comme secrétaire et aide du président, et auquel on épargne le travail de patronage. Les membres présentent leurs rapports à tour de rôle sur les cas du jour. On peut faire paraître les solliciteurs qui sont entendus par le comité ; on les autorise à se faire représenter. La décision prise est communiquée aussitôt ou par l'entremise du patron (32). Les propositions tendant à une intervention des autorités sont envoyées à la direction avec les pièces à l'appui. Le comité peut accorder un secours en argent, dont l'importance et la répétition sont décidées par la direction, selon préavis de la commission de district. Pour l'assistance ultérieure, le comité remet une demande écrite, motivée, à la direction, qui décide du genre et de l'importance des secours. S'il y a quelque apparence qu'une assistance ou un placement permanents seront nécessaires, le comité en informe la direction, après avoir pris les mesures provisoires jugées nécessaires ; la direction à son tour, décide de la mesure dans laquelle cette assistance permanente doit être accordée. Le bureau prépare les bons pour le président, qui les remet au patron et celui-ci aux intéressés (34).

Assistance. — L'assistance est faite sous forme d'argent, de garanties de loyer etc., de denrées, de combustible, de vêtements, de secours médicaux, de médicaments ou d'hospitalisation ; l'assistance permanente peut se faire par placement dans les familles, les asiles de pauvres ou les maisons d'incurables. Les secours en argent sont en général versés chaque mois, mais aussi une fois pour toutes. Dans les cas où quelque doute subsiste, des secours en nature sont substitués aux secours en argent. L'argent du loyer est remis au loueur. Bons mensuels pour la nourriture, combustible en hiver. Vêtements aux pensionnaires, mais aussi au passant. Tarif des dons en nature (40).

Assistance aux malades, aux accouchées, hôpital. — Les médecins des pauvres sont payés d'après le tarif de la commission d'assistance. Le choix du médecin est libre, celui de la pharmacie également. Le changement dans le cours de l'année n'est pas admis (41). Un bon est remis par le président sur une carte de malade. Cette carte est annexée au compte. Le médecin envoie le patient à une pharmacie avec un formulaire spécial (42). Les cartes se rapportent à une personne seule et non pas à une famille. La direction d'assistance prend les mesures nécessaires pour les secours aux femmes en

couches, sur la proposition du comité ou du président ; le
même mode de procéder est fixé pour les malades, les aliénés
ou pour la fourniture d'appareils orthopédiques. La commission donne des instructions aux patrons, interprète les ordonnances, etc.

Dispositions d'application, votées le 10 mars 1911 par
la commission d'assistance. — Les présidents de district
sont autorisés à remettre un secours de Fr. 20 à une personne
ou famille dans le cours de l'année civile (3). Les comités
de district peuvent donner, dans les mêmes circonstances,
deux secours de Fr. 20 au maximum. S'il s'agit de personnes
pour qui les secours furent fixés par la direction d'assistance, les comités ne peuvent en ajouter d'extraordinaires
sans en référer à la direction. Des recommandations tendant
au don de vêtements ne sont prises en considération qu'une
fois dans l'année pour la même personne (6). La direction
donne les ordres nécessaires à l'achat d'appareils orthopédiques
ou de lunettes, sur la proposition des comités (7). Les bons
ne sont pas envoyés aux assistés par la poste. Ils sont préparés
pour le mois courant et transmis personnellement par le
patron. Celui-ci touche l'argent à la caisse et se fait donner
quittance par l'assisté sur le carnet de secours. Le patron
répartit aussi l'argent entre l'assisté et le loueur, également
sans passer par la poste (8). Les mois d'hiver sont comptés
d'octobre à mars. On accorde du bois pour la cuisine, des
briquettes pour le chauffage, mais pas les deux en même
temps (9). Soins aux malades, hôpital (10). Délibérations
à propos du choix d'une profession, des contrats d'apprentissage et des demandes de bourses (11).

2. Appenzell (R. I.).

a. D'après la constitution du 24 novembre 1872, art. 16,
l'Etat exerce la haute surveillance sur l'Assistance, laquelle
est faite d'une façon indépendante par les districts de la
campagne et par Oberegg. Il a le droit d'intervenir dans les
affaires des communes. Le canton comprend six districts :

Appenzell, Schwende, Rüte, Schlatt-Haslen, Gonten, Oberegg. Le boursier des pauvres, qui dirige le service cantonal de surveillance, est membre du gouvernement. Les grands conseillers élus par l'assemblée de district forment le conseil de district (un grand conseiller par 250 habitants). Les deux premiers élus sont les capitaines chargés de la présidence. Le soin de l'assistance est confié aux capitaines et aux conseillers, sous une direction centralisée dans les districts campagnards de l'intérieur.

b. Un *règlement sur l'assistance* a été voté le 18 novembre 1897 par le Grand Conseil. L'assistance des personnes en séjour dans le pays est en principe l'affaire des districts de domicile. Celui d'Oberegg conduit son assistance en pleine liberté en faveur de ses ressortissants dans le district et au dehors. Les caisses des pauvres des districts campagnards soumettent leurs comptes annuels au gouvernement, qui leur verse ses subsides en échange par le boursier des pauvres. Le bureau du boursier, ou la commission centrale d'assistance, secourt directement les ressortissants des districts campagnards résidant au dehors, à domicile ou par le placement dans les établissements hospitaliers. Par contre l'assistance aux nécessiteux de cette partie du pays se fait par le district où l'indigence est constatée. Les pauvres qui rentrent du dehors, ou en ont été rapatriés, acquièrent leur domicile de secours au lieu de leur nouvelle résidence. L'Etat et le district supportent conjointement les frais de l'assistance médicale, dans les districts campagnards de l'intérieur, ceux d'entretien dans les asiles de relèvement, de sauvetage, d'aliénés, en tant que ni l'assisté ni ses parents ne sont en mesure d'y pourvoir. L'exécution des décisions est l'affaire de l'Etat. Le placement de pauvres ou d'orphelins dans des asiles ou des orphelinats, par les districts, est soumis à l'approbation du boursier des pauvres. Les admissions dans l'hôpital sont ordonnées par les bureaux officiels. Les frais occasionnés par le décès et la sépulture, dans les districts campagnards, sont remboursés au district du domicile par la caisse de l'Etat. La réciprocité existe entre Oberegg et les districts campagnards de l'intérieur, pour l'assistance aux malades intransportables, et leur inhumation (13). La moitié des frais causés par l'application de la loi fédérale de 1875 sont remboursés aux districts par l'Etat. Il en est de même pour les cas où les soins sont donnés en vertu des traités internationaux. Les assistances de district traduisent devant le juge pénal les parents oublieux de leurs devoirs, dont les enfants, par suite, ont besoin de secours. Devoir de restitution (16). Les plaintes de personnes insuffisamment assistées sont liquidées par le boursier des pauvres, ou transmises par lui à l'instance supérieure de surveillance (17). L'élément territorial de l'assistance appenzelloise se trouve dans ce fait que, d'après l'art. 6 de l'Ordonnance, les secours aux indigents des districts campagnards sont donnés par celui d'entr'eux où la pauvreté se produisit, et aussi longtemps qu'elle demeure, même après le changement de domicile s'il y a lieu. « Si l'indigent se fixe en dehors des districts campagnards de l'intérieur, c'est l'Etat qui doit l'assister ; y revient-il après une absence de deux années, c'est le district du nouveau domicile qui prend sa succession, tandis que si l'absence a été moins longue, l'assistance est reprise par celui des districts qui en avait le devoir avant le départ.»

La *maison de travail* d'Appenzell ayant été incendiée le 26 avril 1912, l'Etat place les personnes à corriger dans des établissements hors du canton, comme Bitzi et Kalchrain. Ces placements ont pour but : de remettre au travail sous discipline les personnes adonnées à la paresse et à un genre de vie déréglé, et de les habituer, si possible, à une activité régulière. Les époux et les pères de famille oublieux de leurs devoirs, et en scandale aux autres, sont placés par le gouvernement dans un de ces établissements pour un temps indéterminé (les filles de joie également). Ne sont pas admis : les sourds-muets, les personnes atteintes de maladies contagieuses, ou qui ont un besoin constant de soins médicaux (Dispositions réglementaires du 3 août 1888).

c. Citons ici l'art. 34 de la loi d'application du Code civil suisse (30 avril 1911) : Le retrait de la puissance paternelle est opéré par les autorités tutélaires, suivant la procédure de la mise sous tutelle. S'il le faut, elles demandent un rapport à qui le peut donner sur l'état mental des parents, ou la situation physique et morale des enfants. Les frais sont à la charge de la caisse des pauvres, si les parents sont sans ressources, sous réserve des prescriptions de l'art. 328 du Code civil suisse : devoir d'assistance des parents.

d. *Ordonnance de police* pour le canton d'Appenzell (R. I.) du 18—19 janvier 1894. Les dispositions suivantes sont prises pour les secours aux passants et voyageurs pauvres :

La « passade » n'est autorisée, pour les professionnels des voyages, qu'auprès des personnes de même métier. La mendicité est sévèrement défendue. Les secours en nature sont introduits pour la combattre. 2. Livret de voyage, livret de secours, etc. 3. Les frais de l'assistance aux passants se répartissent comme suit :

a. l'Etat en paie le 30 % prélevé sur la dîme de l'alcool;
b. le district d'Appenzell   paie le   . .   40 % ;
c.   »   de Schwende   »   »   . .   10 % ;
d.   »   de Rûte   »   »   . .   10 % ;
e.   »   de Gonsen   »   »   . .   7 $\frac{1}{2}$ % ;
f.   »   de Schlatt-Haslen   »   »   . .   2 $\frac{1}{2}$ %.

Les districts peuvent prélever leur part sur la caisse du district, ou encore désigner des cercles d'intéressés et frapper les propriétaires de maisons, dans l'intérieur de ces cercles, d'une taxe de police de 50 centimes à Fr. 1, suivant l'importance des services que leur rend l'institution. Listes de membres. Surveillance par le conseil de district d'Appenzell, lequel publie chaque année un rapport et les comptes. Haute surveillance de l'Etat.

Art. 24, al. 4. Les compagnons en voyage, porteurs de papiers réguliers, sont envoyés aux stations d'assistance aux passants pour être logés et nourris.

Ordonnance du 9 avril 1889 concernant l'application de la loi fédérale sur la responsabilité civile.

Art. 4. Le bienfait de l'assistance judiciaire est accordé
aux personnes nécessiteuses, déposant une plainte en vertu de
la loi fédérale du 26 avril 1887, sur l'extension de la responsabilité civile, de celle du 25 juin 1881 sur la responsabilité des fabricants, de celle du 1er juillet 1875 sur
la responsabilité des entreprises de transports, en cas de mort
ou de blessures, si d'ailleurs un examen préalable montre
le bien fondé de cette plainte. Le demandeur est exonéré du
cautionnement, des frais de timbre et de justice. La désignation du défenseur gratuit est faite par le landammann en
charge dans les districts campagnards de l'intérieur, par le
capitaine en charge à Oberegg ; il est choisi parmi les juges
du tribunal de première instance qui doit juger le procès. Le
défenseur désigné suit l'affaire, s'il le faut, jusqu'à l'instance
supérieure. Dans les contestations de cette nature, l'ajournement de l'assignation n'est autorisé que dans les cas les
plus graves.

3. Tessin.

a. Histoire parlementaire de la législation d'assistance.

L'histoire de la loi sur l'assistance du canton du Tessin s'est développée d'une manière peu logique. Les traits
que nous en notons peuvent servir à nous orienter dans
le dédale.

L'art. 3 de la constitution cantonale parle de la caisse
communale des pauvres, à laquelle les citoyens du canton
qui ne sont pas membres d'un « Patriciat » (« Allmend »)
paient annuellement de Fr. 6 à 50 pour acquérir le droit
de suffrage. L'art. 4 stipule clairement le droit au secours
du bourgeois complet (patriziati). La loi spéciale prévue à
l'art. 3 n'est pas élaborée. Néanmoins, il n'y a pas de doute
sur la volonté du législateur, qui a maintenu le principe du
devoir d'assistance de la commune d'origine (ensuite d'achat
ou de naissance). Commune d'origine et patriciat sont deux
termes de droit équivalents (1803). En 1804, et de nouveau

en 1819, le Conseil d'Etat arrêta que «les mendiants du canton, qui peuvent donner la preuve de leur droit de cité dans une commune du canton, doivent être reconduits à cette commune, où ils seront entretenus aux frais de la municipalité ou de la charité privée» (patente de mendicité, comme en Italie !). «Les mendiants de cette catégorie ne sont toutefois pas autorisés à quémander hors de cette commune, sous peine d'arrêts de police et de rapatriement». Plus tard, en 1832, tout en maintenant les prescriptions citées, on ajouta que, si les mendiants patentés étaient capables de travailler, ils devaient être occupés selon leurs forces. En 1854, la patente fut abolie par l'art. 73 de la nouvelle loi sur l'organisation des communes. Dès ce moment, les communes furent tenues d'interdire la mendicité d'une façon générale, donc aussi celle de leurs bourgeois dans la commune, et de prendre des mesures de répression. Une autre obligation leur fut imposée l'année suivante, celle de soigner les malades étrangers à la commune, mais citoyens du canton (assistance publique médicale). En même temps on interdit le tour de rôle pour l'assistance aux indigents, et on inscrivit au Code civil le devoir d'assistance des parents.

D'après la brochure du Dr R. Rossi, publiée en 1896, les principes de droit public, en matière d'assistance, furent les suivants dans le canton du Tessin jusqu'en 1904 :

1. Le devoir d'assistance incombe à la commune dont on est ressortissant, que ce soit par origine ou par achat. S'il y a contestation sur le droit de bourgeoisie du solliciteur, la commune du dernier domicile accorde les secours nécessaires, sous réserve du remboursement par la commune finalement désignée comme lieu d'origine.

2. La commune d'origine est tenue à l'assistance, même s'il y a des parents appelés à répondre de la dette alimentaire, mais sous réserve du droit d'en réclamer le remboursement à ceux-ci, comme de saisir la part de l'assisté aux répartitions communales.

3. La commune d'origine peut refuser d'envoyer des

secours à ses ressortissants domiciliés hors de ses limites ou du canton. Dans ce cas la commune du domicile a le droit de renvoyer l'indigent sans délai à sa commune d'origine.

4. L'assistance est accordée en argent ou en nature. Le tour de rôle est interdit pour le placement de nécessiteux.

5. Les solliciteurs sont dirigés vers la municipalité de leur commune présumée.

6. La municipalité décide des secours et de leur importance. Le Conseil communal n'est pas consulté.

7. La durée de l'assistance est mesurée à la durée du besoin. Dans le cas où l'assisté se livrerait à l'oisiveté ou au dérèglement, les secours peuvent être réduits ou suspendus.

8. La commune du domicile doit ses soins aux malades intransportables d'une autre commune du canton, sous réserve de l'avis immédiatement donné à la commune d'origine, qui est tenue au remboursement. En cas de contestation, le Conseil d'Etat tranche la question par une procédure sommaire.

9. L'assistance aux citoyens suisses d'autres cantons et aux étrangers dépend de la commune du domicile, éventuellement de la commune du séjour au moment où la nécessité s'en fit sentir, jusqu'au jour du rapatriement.

10. Les préfets et le Conseil d'Etat exercent la surveillance sur la façon de procéder des communes dans le domaine de l'assistance. S'il s'élève des plaintes sur le refus ou l'insuffisance de secours, ils décident après une procédure sommaire. Dans les cas parvenus à leur connaissance, ils interviennent d'office.

En ce qui touche l'assistance aux malades, il faut remarquer ce qui suit. Le territoire du canton est divisé en 57 cercles de 1500 à 3000 âmes. Un médecin patenté est désigné comme médecin de cercle, pour une période de quatre années, par l'assemblée des communes. Il doit soigner gratuitement tous les malades du cercle qui s'adressent à lui, quelque soit leur résidence, leur origine, leur nationalité, ou leur situation économique (riche et pauvre). Les honoraires se montent à Fr. 1500 au minimum. L'Etat y ajoute Fr. 250 pour l'exécution des prescriptions de police sanitaire. Il peut accorder un autre supplément de Fr. 350 dans les contrées peu peuplées, ou dépourvues de voies de communication. Les communes doivent verser de Fr. 0.60 à 1.— par tête de population (1870).

Depuis l'année 1874 et jusqu'en 1904, les discussions se renouvelèrent sans cesse, dans le sein du Grand Conseil, sur la loi d'assistance et sur le principe qui en forme la base. Elles avaient été provoquées par le dépôt d'un projet de loi spéciale sur l'assistance (7 avril 1874). Les auteurs de la motion, MM. Respini et Soldati, se distinguèrent dans ces débats.

Un projet de loi fut déposé en 1896, par lequel l'assistance était remise à la commune d'origine, à défaut de parents en mesure d'aider, mais toujours avec la collaboration de la commune du domicile, dans certains cas, et celle de l'Etat.

Dans la loi actuelle, le principe territorial l'a finalement emporté. Depuis 1904, le Tessin appartient aux cantons qui ont organisé leur assistance dans ses traits principaux, d'après le principe de l'assistance au domicile, tout en laissant à la commune d'origine, comme à Neuchâtel, ses compétences de droit public en matière d'assistance.

b. Principes fondamentaux du droit en matière d'assistance.

Jusqu'en 1904, le Tessin faisait partie des cantons qui se passent de loi sur l'assistance, comme ceux d'Argovie, d'Appenzell (R. E.), de Soleure et de Genève. C'est le 21 mars 1904 que la loi cantonale du 26 janvier 1903 est entrée en vigueur (Legge e Rigolamento sulla pubblica Assistenza). La loi admet que le droit de cité peut se perdre en matière d'assistance, accueillant ainsi l'idée du principe de bourgeoisie, corrigé par une intrusion de la pratique territoriale. L'assistance publique est une affaire communale, sous le contrôle de l'Etat.

Dans la règle, le devoir d'assistance du citoyen tessinois incombe à la commune d'origine ; mais après 20 années d'établissement dans la commune du domicile, il se transmet à celle-ci. On ne compte pas dans ces 20 années : a. le séjour dans cette commune avant l'obtention du droit de cité tessinois ; b. le séjour dans une autre commune que celle d'origine, pendant lequel des secours furent accordés par cette dernière. Si l'indigent abandonne la commune après un séjour de 20 années, cette commune reste domicile de secours pendant deux années encore, mais les secours peuvent être liés à la condition du retour dans la commune. La commune du domicile secourt, pendant les 15 premiers jours de soudaine détresse, un Tessinois d'une autre localité, sans droit de recours à la commune d'origine. Si le besoin dure après ces quinze jours, la municipalité du domicile en donne avis à la commune à laquelle incombe le devoir d'assistance. Dès lors celle-ci doit pourvoir au nécessaire directement ou indirectement. La commune d'origine est tenue de venir en aide à ses ressortissants pauvres résidant au loin ; mais elle peut aussi ordonner le retour à la commune, si l'assistance dure trop longtemps, ou pour toute autre raison. L'assistance publique est accordée aux quatre catégories suivantes de nécessiteux : 1. Orphelins et enfants abandonnés ; 2. vieillards faibles et incapables de travailler ; 3. malades pauvres ; 4. dénués. En ce qui concerne les enfants, il faut veiller avant tout à les faire devenir habiles dans une profession en rapport avec leurs capacités. Les ressources proviennent des subsides de parents, du produit des fonds et fondations. Impôt communal. La part des besogneux aux répartitions communales sert à couvrir l'assistance. La municipalité fonctionne comme organe d'assistance ; c'est elle qui prononce en première instance pour les subsides de parents et les restitutions. Instances supérieures de recours : le Département de l'Intérieur et le Conseil d'Etat. L'assistance intercantonale et internationale dépend de l'Etat (loi fédérale de 1875 et traités). Pour les cas de ce genre, la municipalité fait rapport au Département de l'Intérieur.

Nous empruntons les particularités suivantes au *Regolamento sull'Assistenza pubblica*, du 27 mai 1904 : l'assistance publique n'intervient qu'à défaut de parents capables de payer la dette alimentaire (Code civil suisse 328 et s.). L'assistance des Tessinois pauvres domiciliés hors du canton dépend de la commune d'origine. Les communes doivent tenir un registre exact des domiciles (amende jusque à Fr. 20 pour chaque membre de la municipalité). Le retrait ou le refus d'établissement sont réglés naturellement par l'art. 45, al. 4 de la Constitution fédérale. L'établissement peut être aussi refusé ou retiré, quand le changement de domicile s'est produit à la suite de machinations ayant pour but un dégrèvement de la commune du précédent domicile. Les décisions des municipalités dans ce domaine sont soumises à l'approbation du Département de l'Intérieur. L'assistance d'étrangers au canton est aux frais de l'Etat, des communes, etc., quand il s'agit de gens tolérés. L'exercice de l'assistance est affaire de la commune du domicile. Si cette commune informe immédiatement le Département de l'Intérieur de l'état de fait, en ajoutant l'acte d'origine, le permis d'établissement, le certificat d'indigence, le certificat médical, ainsi qu'un rapport sur les mesures ultérieures probables, l'Etat rembourse les premiers frais ; il s'abstient dans le cas contraire.

On met une grande importance au mode de procéder vis-à-vis des enfants. L'assistance par tour de rôle et la mise aux enchères (au moins exigeant) sont sévèrement interdites. L'assistance publique doit être en rapport avec les besoins et peut consister en offre de travail. Les municipalités sont responsables de la bonne tenue du registre de leurs ressortissants secourus par d'autres communes, et dont une copie est remise au Département de l'Intérieur.

Hôpital cantonal de Mendrisio. — L'admission de Tessinois secourus au moyen du fonds des pauvres est gratuite suivant règlement du 25 janvier 1904 ; celle de malades soignés aux frais de l'Etat est réduite de moitié, ainsi que celle de malades appartenant à une famille ne possédant pas plus de Fr. 3000 (ou Fr. 500 de rente). On demande un certificat médical, une pièce de l'état civil, un certificat d'indigence de la commune du domicile, et la garantie de l'Etat pour les étrangers au canton. En cas d'accident grave, de danger de mort, les formalités sont suspendues. Les incurables ne sont pas gardés.

Du règlement sur la police des pauvres, il faut citer : la commune et les autorités cantonales sont tenues d'appliquer les dispositions du Code pénal contre les parents en défaut, quand ils laissent dans le besoin ceux qu'ils devraient assister. Les autorités communales prennent les mesures nécessaires pour la répression de la mendicité et du vagabondage. Les mendiants et vagabonds d'autres communes y sont reconduits par la police ou livrés à la police cantonale.

c. Lois connexes.

Loi d'application du Code civil suisse (du 18 avril 1911). — Art. 39. Le placement ordonné en vertu de l'art. 284 du Code civil se fait dans des familles recommandables ou dans des établissements spéciaux. Si les parents ou les enfants ne sont pas en mesure d'en payer les frais, ceux-ci sont supportés par la commune responsable, sous réserve de son droit de recours sur les parents tenus à l'assistance (328, C. C. S.).

En ce qui concerne l'assistance judiciaire, la loi cantonale de procédure judiciaire déclare sous Titre XI :

Art. 520. L'assistance judiciaire est accordée aux personnes donnant la preuve qu'elles n'ont pas les moyens de soutenir le procès.

Art. 521. Elle peut être sollicitée à chaque moment du procès, par une demande motivée au tribunal, écrite sur papier libre.

Art. 522. Elle est refusée si le procès n'offre aucune probabilité d'issue favorable au pétitionnaire.

Art. 523. Il n'y a pas de recours contre la réponse favorable du tribunal. Cependant, l'octroi de l'assistance peut être suspendu en tout temps, même d'office. Le Conseil d'Etat est informé de l'octroi et du retrait de l'assistance judiciaire.

Art. 524. L'octroi de l'assistance a pour conséquence l'exonération des frais de justice et de timbre, ainsi que la défense gratuite, sous réserve du recours contre la partie adverse, et la couverture par l'Etat, des frais de procédure pour l'appel des témoins accordés à l'assisté.

Art. 525. Le bienfait de l'assistance judiciaire n'exonère pas du payement de l'indemnité accordée par le tribunal à la partie adverse. Si cette assistance a été accordée au demandeur le défendeur est aussi exonéré des frais, jusqu'au jugement définitif prononcé contre lui.

Art. 526. Le favorisé l'emporte-t-il, ou devient-il d'une autre manière capable de payer, il doit rembourser à l'Etat les dépenses qu'il aurait eu à supporter en tout état de cause.

4. Neuchâtel.

a. Remarque préliminaire.

Le principe bourgeoisial l'a emporté à Neuchâtel, jusqu'en 1889. Ayant vieilli il dut faire place au principe territorial. La même situation se retrouve dans maint autre canton, où au lieu de prendre des mesures radicales, on se contente de palliatifs. A Neuchâtel comme ailleurs, le passage de l'un à l'autre s'est effectué sur la base du remboursement par l'Etat des quatre cinquièmes des dépenses communales, calculées d'après la moyenne des dix dernières années, avant l'entrée en vigueur du nouveau droit (environ Fr. 200 000 par an).

b. Principes fondamentaux de la loi sur l'assistance.

Loi sur l'assistance publique et sur la protection de l'enfance malheureuse (23 mars 1889), en application de l'art. 68 revisé de la Constitution cantonale, et des art. 49 et 58 de la loi sur les communes, du 5 mars 1888.

Assistance des Neuchâtelois domiciliés dans le canton. — Toute commune assiste, sous la surveillance de l'Etat, ses ressortissants qui habitent sur son territoire, dans les conditions énoncées aux art. 13 à 16 de la loi, «et, par réciprocité, les ressortissants des autres communes du canton domiciliés dans le ressort communal». Le domicile de secours dans une commune est acquis à un Neuchâtelois aussitôt qu'il a rempli les formalités prescrites pour le permis d'établissement. «Une commune ne peut imposer d'autres formalités ou d'autres conditions de délai à un ressortissant neuchâtelois qui fixe son domicile dans le ressort communal, ni lui refuser ce domicile parce qu'il aurait reçu des secours de la charité publique ou privée, ou parce qu'il n'aurait pas des moyens suffisants d'existence, s'il n'est pas en même temps hors d'état de travailler». Exceptionnellement, une commune peut faire application de l'art. 45, al. 4, de la Constitution fédérale et refuser le domicile à un assisté neuchâtelois, s'il est établi qu'il est hors d'état de travailler, et qu'il est tombé d'une manière permanente à la charge de la bienfaisance publique, dans la commune de son domicile ; qu'il n'opère pas librement et volontairement son changement de domicile, mais qu'il y est contraint par des ordres ou menaces de l'autorité communale ou de ses agents, ou incité par des dons, avantages, promesses, tels que le payement ou la garantie de son loyer (4). Toute décision d'un conseil communal refusant le domicile à un assisté neuchâtelois doit être communiquée au Département de l'Intérieur, qui la confirme, s'il y a lieu (5). Dans ce cas il peut néanmoins, en tenant compte de la situation personnelle et des circonstances de famille de l'assisté, décider que celui-ci conservera son nouveau domicile, mais que les secours continueront à lui être fournis par la commune du précédent domicile (6). Les personnes internées dans des établissements de détention, de santé ou de bienfaisance, placées dans des familles ou mises en apprentissage, restent à la charge de la commune qui les a placées (7).

Assistance des Neuchâtelois domiciliés hors du canton. — L'assistance des Neuchâtelois indigents, domiciliés hors du canton, est à la charge de la commune d'origine, qui (dans

la règle) n'est pas tenue d'envoyer des secours au dehors, mais
bles bourgeoisies. Décision du Département de l'Intérieur (11
ble bourgeoisie. Décision du Département de l'Intérieur (11
— 1 2). *Modes et limites de l'assistance*, qui ne peut jamais
être réclamée par voie judiciaire (13). Sont assistés : a..
les enfants pauvres, orphelins, abandonnés ou négligés ; b.
les autres indigents que l'âge, les maladies ou les infirmités
rendent incapables de travailler, si d'ailleurs la parenté est
dans l'impossibilité de pourvoir à leur entretien (15). Les
communes peuvent accorder des secours aux familles et
aux personnes tombées momentanément dans le besoin, par
suite d'accident ou de circonstances indépendantes de leur
volonté (16). L'assistance est refusée aux indigents qui s'adonnent à l'ivrognerie, ou refusent un travail en rapport avec
leurs forces, à ceux qui dissipent les secours accordés à leurs
familles. Les peines prévues pour violation des devoirs de familles leur sont appliquées, ainsi qu'à ceux qui tombent à
la charge de la commune par leur propre faute (18). Les enfants sont placés dans des familles honnêtes ou dans des
établissements et mis en apprentissage. Les vieillards et
les infirmes sont placés dans des familles ou dans des
hospices. Les malades, les convalescents, les aliénés et les
incurables sont placés dans des établissements spéciaux. Contrôle et inspections. La commune procure du travail, fournit des vivres et des vêtements, paye des loyers, se charge
des frais d'entretien et d'apprentissage des enfants, et, s'il
le faut, délivre des allocations sous contrôle (22). Les placements aux enchères sont interdits, ainsi que l'établissement de certificats d'indigence pouvant servir à mendier.
Les pensions et indemnités sont incessibles et insaisissables.

Assistance due par les parents. — Les communes n'accordent l'assistance qu'à défaut de parents en situation de
fournir les aliments. S'il y en a, elles réclament amiablement leur concours, et, en cas de refus, les défèrent aux
tribunaux (28). Les frais d'éducation et d'apprentissage ne
peuvent être réclamés à ceux qui en furent les bénéficiaires
(31).

Ressources. — Revenu des fonds communaux, donations, legs, successions, prestations des parents, remboursements, collectes, taxes sur les spectacles, concerts, exercices et jeux forains, revenu disponible du Fonds des ressortissants, Fonds cantonal de réserve et de secours (39).

Administration. — Les conseils communaux sont chargés de pourvoir à l'assistance des pauvres neuchâtelois, par l'organe d'une commission spéciale d'assistance. S'il le juge préférable, le Conseil général peut instituer une commission générale d'assistance composée de la commission spéciale et des délégués de l'Eglise nationale, des autres églises et des diverses sociétés ou institutions de prévoyance et de bienfaisance. La commission centrale, ainsi constituée, déploie une activité qui rappelle, dans ses traits principaux, celle de la grande commission de la ville de St-Gall. Elle peut fonctionner comme autorité tutélaire et de protection pour les enfants abandonnés ou maltraités (41 — 42). La commission est partagée en deux sections, dont l'une s'occupe plus spécialement de l'assistance aux Neuchâtelois, l'autre de l'assistance générale des indigents domiciliés dans la commune (43). Le Département de l'Intérieur a le contrôle de l'assistance, par l'organe des préfets ou de délégués spéciaux, qui veillent particulièrement à la bonne exécution des mesures en faveur de la jeunesse (45).

c. Protection de l'Enfance.

L'Etat et les communes ont le devoir de protéger les enfants, matériellement ou moralement abandonnés, ou maltaités, en première ligne ceux que la loi désigne. Sur l'initiative de la charité privée, les dispositions légales peuvent s'appliquer toutefois à un enfant quelconque habitant le canton. L'enfant ou le mineur matériellement abandonné est celui qui n'a ni parents, ni tuteur, ni amis qui puissent s'occuper de lui. Est assimilé au mineur, matériellement abandonné, celui qui, par suite de la maladie, de l'incapacité physique ou intellectuelle des parents, de leur détention ou de leur condamnation, se trouve sans asile ni moyens d'existence.

« L'enfant ou le mineur moralement abandonné ou maltraité est celui que ses parents laissent volontairement, ou par suite de circonstances indépendantes de leur volonté, sans surveillance et sans secours, ou dans un état habituel de vagabondage ou de mendicité, ou dont ils compromettent la santé, la sécurité ou la moralité par des sévices ou de mauvais traitements, par des habitudes d'ivrognerie, ou par une inconduite ou une immoralité notoires, ou celui dont les parents ont été condamnés comme auteurs ou complices d'un crime ou d'un délit commis sur sa personne » (49). Tout mineur de moins de seize ans, trouvé en état d'abandon matériel, est remis, par les soins de la préfecture, à l'autorité communale, ou confié provisoirement à la garde d'un établissement public ou privé de bienfaisance. Le préfet en avise aussitôt l'autorité tutélaire du domicile de l'enfant, laquelle statue définitivement sur le sort de l'enfant et décide qui exercera sur lui les droits de la puissance paternelle. Les établissements publics ou privés de bienfaisance, orphelinats, patronages ou particuliers qui recueillent un enfant matériellement abandonné sont tenus d'en informer aussitôt l'autorité tutélaire qui peut leur déférer la garde et la tutelle de l'enfant. Si les parents réclament celui-ci, l'autorité tutélaire décide de la suite à donner. L'enfant peut être rendu si les causes qui ont provoqué son abandon ont cessé d'agir ; toutefois les parents doivent rembourser la dépense faite pour lui, s'ils sont en état de le faire. Les autorités communales ont le devoir d'intervenir pour que les parents indignes soient privés de la garde et de la tutelle de leurs enfants. Lorsqu'un mineur placé sous la protection d'une commune, d'une institution ou de particuliers se conduit mal, ou manifeste une inclination vicieuse, l'autorité tutélaire peut décider son transfert dans un établissement de réforme, s'il le faut jusqu'à sa majorité.

d. Déchéance de la puissance paternelle.

Sont déchus, de plein droit, de la puissance paternelle les père et mère condamnés comme auteurs ou complices d'un crime commis sur la personne d'un ou de plusieurs de leurs enfants, ou commis par ceux-ci ; les père et mère condamnés une deuxième fois comme auteurs ou complices de délits commis sur la personne d'un ou de plusieurs de leurs enfants (art. 146 du Code pénal). Dans ces cas là, le procureur général avise aussitôt l'autorité tutélaire du domicile des parents, pour décider qui exercera la tutelle. Si le père est seul déchu de ses droits, l'autorité tutélaire décide si la tutelle peut être conservée à la mère en tout ou en partie. Pendant la procédure, le juge d'instruction peut ordonner des mesures provisoires de protection en faveur des enfants. La déchéance laisse subsister l'obligation, pour les parents, de payer les frais d'entretien et d'éducation de leurs enfants, et vice-versa, pour les enfants, celle de fournir des aliments à leurs parents. Peuvent être déchus, en tout ou en partie, de la puissance paternelle : les père et mère condamnés comme auteurs ou complices d'un crime, ou condamnés pour adultère, excitation de mineurs à la débauche, outrage public à la pudeur, exposition et abandon d'enfant, prostitution (la mère), pour récidive de vol, d'escroquerie, de mendicité et de vagabondage, pour violation des devoirs de famille ; ceux qui, en dehors de toute condamnation, négligent leurs devoirs de surveillance, laissent leurs enfants mendier ou vagabonder ; ceux dont l'inconduite notoire ou les sévices sont de nature à compromettre la santé, la sécurité ou la moralité de leurs enfants ; ceux qui s'adonnent habituellement à l'ivrognerie, de manière à compromettre le bien-être de leur famille. La déchéance peut être prononcée à la demande de la mère, s'il s'agit du père, d'un parent, d'un conseil communal, d'une commission scolaire, d'un établissement officiel de charité, du Conseil d'Etat ou du Ministère public. L'action en déchéance est introduite par une demande motivée, devant l'autorité tutélaire du domicile des père et mère, ou de leur dernier domicile dans le canton, s'ils demeurent au dehors. Auparavant l'autorité tutélaire aura ouvert une enquête et entendu les parents et les témoins utiles. Le jugement qui prononce la déchéance doit en dé-

terminer la durée, fixer, s'il y a lieu, le montant de la pension payée par les parents, désigner la personne chargée
d'exercer la tutelle. Si les enfants ont des biens personnels,
la tutelle est administrée conformément aux art. 282 et 3
du Code civil neuchâtelois. Si la déchéance est prononcée contre le père, l'autorité tutélaire examine dans quelle mesure
la puissance paternelle peut être attribuée à la mère. Le
jugement de déchéance est transmis dans les sept jours,
avec le procès verbal d'enquête, au Tribunal cantonal, qui
confirme ou réforme, après supplément d'enquête, si c'est
nécessaire. Pendant ce temps, l'autorité tutélaire peut ordonner
les mesures provisoires jugées utiles pour les enfants. L'autorité tutélaire peut retirer, en tout temps, la tutelle au tuteur qui ne remplit pas convenablement ses obligations.
Les parents qui ne payent pas intégralement et régulièrement
le montant de la pension de leurs enfants, ceux qui tentent
de les soustraire à l'autorité du tuteur, ou cherchent à en-
traver cette autorité, peuvent être punis des peines prévues
pour violation des devoirs de famille. Après une année de déchéance, les parents sont admis à se faire restituer tout ou
partie des droits qui leur furent enlevés. La réhabilitation
obtenue, conformément au Code de procédure pénale, fait cesser les effets de la déchéance. Le tuteur, sauf contre-ordre
de l'autorité tutélaire, gère les biens et capitaux qui échoient
à son pupille pendant la durée de la tutelle, et qui sont ap-
pliqués à couvrir les frais d'entretien, d'éducation et d'apprentissage de l'enfant. Si l'enfant vient à décéder avant sa
sortie de tutelle, et qu'aucun héritier ne se présente pour re-
cueillir sa succession, celle-ci appartiendra au Fonds cantonal de réserve et de secours. Au reste les dépenses de la
commune doivent être préalablement remboursées.

c. Divers.

*Assistance des non neuchâtelois et des indigents en pas-
sage.* — Cette assistance est du ressort de la commune,
conjointement avec la charité privée. Les frais sont mis à
la charge du budget de la police locale.

Remarques. — D'après l'arrêté du 18 septembre 1888 (loi sur les communes du 5 mars 1888), tout citoyen suisse majeur ayant vécu dix ans dans le canton de Neuchâtel, à le droit de demander son admission gratuite à la bourgeoisie de la commune où il a résidé, pendant cinq années, d'une façon ininterrompue.

Le canton ne possède pas de maison de travail et de correction.

f. L'assistance de la ville de Neuchâtel.

La ville de Neuchâtel est administrée par un conseil municipal de dix membres, qui se répartissent entre autant de dicastères. Le quatrième est celui de l'assistance (ordonnance communale du 6 avril 1908, art. 88). Toutes les affaires qui rentrent dans le cadre de la loi cantonale sur l'assistance publique lui sont attribuées selon l'art. 120. Ce sont : a. L'assistance des citoyens du canton domiciliés dans la commune ; b. celle des ressortissants de la commune domiciliés hors du canton, même en cas de rapatriement ; c. l'administration des hôpitaux et orphelinats de la ville ; d. la protection de l'enfance ; e. l'administration des fondations en faveur de l'assistance (comptabilité et rapports séparés).

Le directeur de l'assistance préside la commission d'assistance de neuf membres, qui se réunit régulièrement chaque mois ; il préside aussi la commission spéciale de trois à cinq membres, pour l'hôpital, avec séances trimestrielles, puis celle de neuf membres pour la maison des orphelins. Les hôpitaux reçoivent tout d'abord les citoyens du canton domiciliés dans la commune, ensuite les étrangers au canton domiciliés dans la ville, enfin ceux qui résident au dehors. L'orphelinat reçoit gratuitement comme élèves, premièrement les ressortissants pauvres de la commune de Neuchâtel, secondement les ressortissants d'autres communes du canton résidant à Neuchâtel. S'il y a de la place, des pensionnaires peuvent être admis. Fonds spécial des orphelins (section des finances). Ecole dans l'établissement.

C. Essais de révision.

Introduction.

Il n'est pas étonnant, que dans différents cantons suisses, des efforts aient été faits pour arriver à une revision des lois sur l'assistance. Une partie de ces lois antédiluviennes ont vieilli de telle sorte, ensuite de l'évolution économique et sociale des dernières années et de la transformation qui s'est opérée dans les esprits, que ces efforts paraissent non seulement compréhensibles et justifiés, mais encore inévitables. Le vieux principe de la commune d'origine, lui aussi, a été ébranlé jusqu'en ses fondements, par le fait qu'aujourd'hui le 30 % à peine des habitants d'une commune sont encore bourgeois de cette commune. Rien donc de plus naturel que l'idée du passage de ce principe à celui qu'on nomme *territorial*.

Effectivement, nous remarquons que les essais de revision, c'est-à-dire ceux qui ont été cristallisés dans des projets clairs et précis — et il ne saurait être question que de ceux-ci — abandonnent sans exception le terrain de l'assistance par la commune d'origine, ou l'affaiblissent à tout le moins, par des concessions étendues au principe territorial.

Grâce à l'existence d'un organe technique central, l'*Armenpfleger*, qui remplit aussi la fonction de feuille des avis officiels des conférences des institutions suisses d'assistance, nous sommes en mesure d'esquisser à grands traits les manifestations les plus remarquables de cet ordre.

1. Zurich.

La loi sur l'assistance du canton de Zurich date du 28 juin 1853. Des essais de remise au point ont été souvent tentés, par exemple en 1869, à l'occasion de la revision constitutionnelle. Typique également fut l'initiative Hedinger, visant à l'introduction du système territorial. Elle émanait de la Ligue des paysans, poursuivait essentiellement des intérêts agraires, et avait pour but de punir les villes de leur attraction économique et de l'émigration des campagnes, en déchargeant les assistances rurales. Elle aboutit à un très curieux projet, motivé d'une manière fort originale en une première rédaction, le 11 avril 1892, et sous sa forme définitive, le 30 juin 1899. Il ne trouva pas grâce devant le Grand Conseil, qui l'écarta le 30 octobre 1899. Cependant le gouvernement fut invité à examiner de quelle manière et dans quelles proportions les communes rurales, fortement chargées par l'assistance, pourraient être aidées efficacement, jusqu'à la mise en vigueur d'une nouvelle loi. En réponse, le Conseil d'Etat proposa, le 9 juin 1900, pour l'année courante, une subvention d'Etat de Fr. 280 000 aux assistances communales. Dans la règle, aucune commune ne devait prélever un impôt pour les pauvres dépassant 1 ½ %/oo sur la fortune. L'équilibre financier devait être ainsi rétabli par l'Etat et au moyen des ressources de l'Etat. Mais le gouvernement ne pouvait se borner à l'étude du côté financier de la question ; on l'avait chargé de faire un rapport et des propositions sur la question constitutionnelle et légale d'une remise à l'Etat de toute l'assistance. Le Conseiller d'Etat Lutz, directeur de l'assistance, qui avait fait de la question une étude approfondie, proposa diverses solutions : création d'Unions d'assistance, prélèvement de l'impôt pour les pauvres sur les non bourgeois, facilités accordées pour les naturalisations, encouragements à la création de Bureaux libres de bienfaisance, d'un caractère local. Il en vint finalement à préconiser une procédure prudente, une revision par étapes et degrés, ceci pour des raisons de tactique. La discussion, devenue plutôt chaude en 1906, sur l'initiative du pasteur A. Wild, tourna de plus en plus vers l'examen de la question financière : multiplier les ressources, équilibrer les charges. On admit que les villes étaient chargées extraordinairement, mais qu'elles l'étaient avec justice, puisqu'elles avaient le bénéfice économique de l'immigration campagnarde. La Direction de l'Intérieur élabora un projet de loi sur le prélèvement d'un impôt d'état pour les pauvres, de $^1/_4$ $^0/_{00}$ au maximum, sur la fortune et le revenu, selon décision du Grand Conseil. Le produit sert à dégrever les communes trop chargées. Le premier essai en fut fait en 1908. C'est un commencement d'assistance aux frais de l'Etat, d'où pourrait sortir une assistance cantonale.

Récemment, la Direction de l'assistance a soumis à une commission d'experts un projet du 1er juin 1911, basé sur le principe territorial. Les étrangers au canton sont soumis à l'impôt pour les pauvres, aux fins d'allégement des caisses communales d'assistance.

§ 6. Le devoir d'assistance d'une commune est temporaire ou définitif. A. Le devoir définitif existe : 1. vis-à-vis de tous les citoyens du canton ayant leur domicile de secours dans la commune ; 2. vis-à-vis de tous les bourgeois de la commune qui n'ont pas de domicile de secours. B. L'assistance temporaire est due : 1. aux ressortissants du canton résidant dans la localité et dont la situation n'est pas encore établie en ce qui touche l'assistance définitive ; 2. aux ressortissants du canton présents dans la localité, mais dont l'assistance définitive dépend d'une autre commune, dans les cas énumérés au § 21 de la loi, soit du compte d'une autre commune ayant devoir d'assistance définitive ; 3. aux bourgeois de la commune fixés hors du canton, aussi longtemps qu'un domicile de secours n'est pas établi pour eux. L'assistance temporaire est faite au compte de la commune obligée en dernier ressort, et dans les proportions que fixe la loi.

§ 8. Tout ressortissant du canton qui, dès sa majorité, a vécu pendant une année sans interruption dans une commune, y acquiert son domicile de secours, s'il n'a pas été, pendant ce temps-là, assisté officiellement.

§ 10. Le domicile de secours se perd par une interruption de résidence supérieure à une année, et par l'acquisition d'un autre domicile de secours.

§ 55 b. Les communes qui doivent prélever un impôt pour les pauvres, dépassant le 1 $^0/_{00}$, après déduction des subsides de parents, du produit des biens des pauvres et des remboursements des caisses publiques, reçoivent de l'Etat des subsides en rapport avec l'importance du supplément d'impôt nécessaire et de l'ensemble de l'imposition pour l'assistance, d'après une échelle dont les quatre degrés suivent : 6 à 8 $^0/_{00}$, 8 à 10 $^0/_{00}$, au-dessus de 10 $^0/_{00}$, au-dessous de 6 $^0/_{00}$.

Pour le reste, le projet reprend toutes les dispositions non démodées de l'ancienne loi de 1853, excellente en elle-même, se bornant à en moderniser la rédaction et les termes (mai 1913).

Comme il n'est pas certain que le canton de Zurich ne revienne encore à l'assistance par l'Etat, il faut citer brièvement le projet modèle déposé en 1909 par M. le pasteur A. Wild :

§ 4. L'Etat supporte tous les frais d'assistance pour les ressortissants du canton. Il sécularise les biens communaux des pauvres, fait d'eux une seule masse avec le Fonds cantonal des pauvres, prélève, sur tous les habitants, un impôt pour les pauvres, en même temps que l'impôt d'Etat (5). La caisse communale de secours assiste tous les ressortissants du canton domiciliés dans le ressort communal, y compris les ressortissants de la commune, ainsi que les Suisses d'autres cantons et les étrangers, avec la coopération de leur lieu d'origine (9). Cinq inspecteurs cantonaux d'assistance, séances trimestrielles sous la présidence du Directeur de l'assistance, assemblées des autorités communales d'assistance. L'Etat crée et exploite les établissements hospitaliers nécessaires. Internement des alcooliques. Peines disciplinaires prononcées aussi contre les étrangers au canton (57).

(Comp.: « Das zürcherische Armenwesen. Rückblick und Ausblick ». Publié par la Direction cantonale de l'assistance, Wädenswil 1907).

Autorisés par M. le Conseiller d'Etat Lutz, directeur de l'assistance cantonale du canton de Zurich, nous sommes en mesure d'exposer ce qui suit au sujet d'un projet de loi (de la Direction zuricoise) concernant l'assistance (15 avril

1913), projet que le Conseil d'Etat n'avait pas encore discuté le 3 août 1913 (78 paragraphes).

a. Les communes d'assistance sont formées par l'ensemble des ressortissants du canton domiciliés sur le territoire de la commune politique ou municipale.

b. Le devoir d'assistance de la commune est définitif à l'égard de tous les ressortissants du canton ayant leur domicile de secours dans cette commune, de tous les ressortissants de la commune manquant de domicile de secours ; il est temporaire vis-à-vis des ressortissants du canton présents dans la localité et dont la dépendance, au point de vue des secours, n'est pas encore établie, de ceux qui dépendent en fin de compte d'une autre commune, enfin des ressortissants de la commune résidant hors du canton, et dont le domicile de secours n'est pas déterminé. Les secours temporaires se donnent au compte de la commune chargée définitivement de l'assistance. Le citoyen du canton acquiert le domicile de secours par une résidence ininterrompue d'une année, et en tant qu'il n'aura pas été assisté pendant cette période. Le domicile de secours se perd par une interruption de résidence de plus d'une année, mais à la condition qu'il n'y ait pas eu d'assistance accordée dans l'intervalle. La recherche de la commune obligée définitivement à l'assistance ne doit pas retarder la mise en œuvre des mesures nécessaires en faveur du pauvre. Devoir d'intermédiaire du lieu du domicile, devoir d'user de cet intermédiaire. Instances de recours en cas de contestation : I. Conseil de district ; II Direction cantonale.

c. *Assistance des étrangers au canton.* — Les fonctionnaires d'assistance sont tenus de s'intéresser aux ressortissants nécessiteux d'autres cantons et de l'étranger, et de les aider de la façon la mieux appropriée à leur état. Avec l'autorisation de la Direction cantonale, ils peuvent remettre cette tâche à un bureau local de bienfaisance (privé). Le Conseil d'Etat, sous réserve de l'approbation du Grand Conseil, peut conclure avec d'autres cantons des concordats ayant pour objet l'assistance des indigents étrangers au canton.

d. *Objet, étendue et mode d'assistance.* — Celui qui ne dispose pas des moyens de procurer à lui-même et aux siens les choses indispensables à la vie, et ne peut les acquérir avec la meilleure volonté est assisté dans la mesure où le permet la loi. La mendicité et l'établissement de certificats d'indigence en vue de la mendicité sont interdits. Examen des circonstances particulières du solliciteur. Surveillance des assistés. Activité personnelle des assistés. Interdiction des auberges. Rapatriement. Assistance à domicile et dans les établissements. Soins dans les familles. Asiles.

e. *Assistance des parents; restitutions, dons.* Code civil suisse, 328 et 329. — Plainte introduite selon le § 16 de la loi d'application. D'office, si c'est nécessaire, les tribunaux doivent instruire sur les faits signalés. Si la plainte de l'Assistance n'est pas reçue, la caisse d'Etat paye les frais. La situation économique d'un assisté s'est-elle améliorée à ce point qu'on puisse lui réclamer, sans injustice, tout ou partie des secours accordés, il est obligé au remboursement. Limite d'âge, 18 ans. Il y a prescription si l'assistance date de 15 ans en arrière, y compris l'année courante. Le remboursement est exigible en entier de la succession. L'inventaire officiel est permis. N'entrent en compte, comme intérêts moratoires, que les intérêts de créances justifiées en droit. Devoir d'aide mutuelle des communes par échange de renseignements. Si l'assistance publique fait le bilan d'une famille à secourir, elle ne met pas en ligne de compte les dons de la charité privée.

f. *Ressources.* — Les frais de l'assistance aux ressortissants du canton sont payés par les subsides de parents, le produit des biens des pauvres, les impôts, les subventions de l'Etat et les remboursements des caisses publiques. Un supplément de 10 %, à l'impôt d'Etat sur les successions est prélevé en faveur des caisses communales d'assistance. Subventions de l'Etat. Subsides spéciaux de l'Etat pour l'amélioration de l'éducation de la jeunesse, la bonne marche des établissements communaux et de district, pour les sociétés privées de bienfaisance dont les statuts ont reçu l'approbation de la Direction cantonale d'assistance.

g. Autorités d'assistance. — Chaque commune élit une commission d'assistance d'au moins cinq membres. Les femmes sont éligibles. Devoirs. Surveillance du conseil de préfecture. Procès verbaux spéciaux de celui-ci pour les affaires d'assistance. Un ou plusieurs rapporteurs sur ces affaires, choisis en dehors des membres du conseil de préfecture (ou de district). Haute surveillance du Conseil d'Etat.

h. Dispositions disciplinaires et pénales. — Admonestations, avertissements, arrêts, peine de police pour désobéissance, internement dans une maison officielle de correction. Applicable aux défaillants au devoir d'assistance, ainsi qu'aux mendiants, aux filles publiques, aux vagabonds. Amendes pour les aubergistes (défense de fréquentation des débits), pour ceux qui donnent des certificats d'indigence destinés à la mendicité. Les pénalités sont applicables aux étrangers au canton. Amendes jusqu'à Fr. 1000 pour les communes qui renvoient leurs pauvres, etc. Les collectes ne peuvent se faire sans autorisation officielle.

2. Lucerne.

La loi d'assistance du canton de Lucerne date du 21 novembre 1889. En particulier dans les chapitres se rapportant à l'assistance aux malades, elle incline fortement vers le système territorial. Dès l'année 1901, des plaintes se firent entendre de la part de l'Etat, sur les abus qui s'étaient introduits par rapport aux bons de médicaments établis par les communes. Celles-ci, en effet, ne sont pas intéressées à l'économie dans ce domaine, l'Etat les ayant déchargées de tout souci. Le 31 mai 1909, le Grand Conseil du canton de Lucerne prit en considération une motion du député Fischer de Grosswangen, tendant à une revision de la loi sur l'assistance dans le sens de l'introduction du principe territorial.

En mai 1912, le Chef du Département des communes, M. le conseiller d'Etat Oswald, déposa un nouveau projet de loi, lequel, entre autres nouveautés, statuait: 1. l'introduction du principe territorial ; 2. le transfert des biens communaux de bourgeoisie à la commune municipale ; 3. une forte participation de l'Etat aux charges de l'assistance.

Il est clair que l'application stricte du principe territorial dans le domaine des tutelles proclamé par le Code civil suisse, devait avoir sa répercussion dans l'exercice de l'assistance, les administrations des deux services étant en relations étroites. Le citoyen jouit à son domicile des bienfaits de l'Etat. La commune d'origine ne retire pas d'avantages de son travail et des impôts. Il n'y a guère d'objections à faire au principe que le besogneux doit être assisté où il donna ses années de travail. En outre, il faut admettre que la commune d'origine, tenue d'envoyer des secours au dehors, souffre d'une forte augmentation des charges d'assistance, consentie en faveur de personnes peut-être inconnues, et dans des circonstances telles, qu'un contrôle efficace sur l'emploi des secours accordés est impossible. Il s'ensuit que l'assistant changeant, le transfert des biens des pauvres à la commune municipale, à laquelle revient le devoir d'assistance, sous l'empire du principe territorial, est pleinement justifié. Il est à remarquer néanmoins que la nue propriété de ces biens ne lui est pas acquise, mais seulement l'administration et les revenus. Dans la plupart des communes du canton, les conseils municipaux exercent d'ailleurs les fonctions de conseils de bourgeoisie pour l'assistance. Au XVIme siècle déjà, l'assistance dépendait des communes municipales ; la séparation des biens des pauvres ne se fit qu'ultérieurement.

L'augmentation de la participation de l'Etat aux frais de l'assistance est très sensible. L'Etat se charge des honoraires des médecins des pauvres, de l'assistance des ressortissants du canton domiciliés au dehors, de l'assistance médicale aux malades étrangers au canton, dans la mesure où le déterminent les traités et la loi fédérale (§ 8). Il accorde des subventions (9) à l'asile des sourds-muets, pour la création d'hospices et d'orphelinats, d'un asile des aveugles, d'asiles pour enfants pauvres, aux communes prélevant un impôt de plus de 7 %/00, dont la moitié est employée à l'assistance. Pour y pourvoir, l'Etat dispose du produit de la caisse cantonale d'assistance, d'une partie du boni de la Banque cantonale, du produit des taxes de naturalisation, du 10 au 20 %/0 de la dîme de l'alcool, de donations et de legs, de subsides de la caisse de l'Etat (31).

Les points suivants méritent aussi une mention : § 1. But de l'assistance. L'assistance légale a pour but de: rechercher les causes de l'indigence et leur suppression, par l'octroi des secours les plus nécessaires aux pauvres dans les cas de détresse temporaire ou permanente. § 5. La commune municipale assiste : les bourgeois de la commune qui y sont domiciliés, les ressortissants d'autres communes du canton établis depuis trois années au moins, les ressortissants du lieu établis depuis moins de trois ans dans une autre commune, les enfants trouvés qui lui furent incorporés (C.C.S. 330). § 7. Les ressortissants d'autres communes du canton qui sont établis depuis moins de trois ans, sont assistés par le domicile, aux frais du précédent domicile de trois années, éventuellement de la commune municipale du lieu d'origine avisée et sous réserve de recours au Conseil d'Etat (différends en matière de domicile de secours). § 10. Les secours doivent être accordés sans délai. § 11. Aucune famille no sera dispersée sans nécessité et sans motifs impérieux. Dans la loi en vigueur de 1889, le § 68 * fait un devoir à l'autorité communale de disperser une famille : 1. quand les parents assistés officiellement en vue de leur faciliter l'éducation de leurs enfants emploient les secours dans un autre but ; 2. si les parents font un usage abusif de l'autorité paternelle ou s'adonnent à la prodigalité. La dispersion de la famille est un moyen de terreur bien connu de la pratique lucernoise d'assistance, favorable à la caisse des pauvres, ménagère de ses deniers dans l'assistance extra cantonale, mais onéreuse pour les finances des cantons ou des communes

---

* D'après l'art. 25, al. 4, le Conseil communal peut en tout temps disperser les membres d'une famille indigente pour traiter ceux-ci individuellement.

de domicile plus humains. A remarquer aussi le § 13. Le
besoin d'assistance d'un citoyen du canton n'est pas un motif suffisant pour lui retirer ou lui refuser son permis d'établissement. § 26. La loi du 7 mars 1910 est applicable
pour le placement d'alcooliques assistés. § 27. Contrôle par
l'Etat des hospices de pauvres. § 40. Le droit de réclamer
les frais d'assistance est prescrit après 20 années. § 43.
Le conseil municipal est chargé aussi de l'administration
des secours militaires (organisation militaire du 12 avril
1907, art. 22 à 26). Instructions aux œuvres de bienfaisance privée, aux fins de travail commun d'après un plan
déterminé. Fixation des subsides de parents et restitutions.
§ 45. Le Département des communes est chargé de l'assistance
des ressortissants du canton, domiciliés au dehors, et de celle
des étrangers, comme aussi des rapports avec les autorités
d'assistance d'autres cantons et de l'étranger. C'est une disposition très heureuse. § 51. La bienfaisance privée peut
proposer aux autorités compétentes, en vue d'une assistance
bien ordonnée, les mêmes mesures que celles que l'on at-
tend de l'assistance légale. La puissance paternelle peut
lui être attribuée aussi sur les enfants pauvres (illégitimes).
§ 53. Les autorités communales agissant contrairement aux
dispositions de la loi, et en particulier, favorisant un changement de domicile, dans l'intention de se soustraire à l'obligation d'assistance, sont frappées d'amende... § 55. Les
dispositions pénales sont applicables aux étrangers au canton, qui, malicieusement, se soustraient à leur devoir (dette
alimentaire du père vis-à-vis de l'enfant illégitime, etc.).

Le projet tient compte des vues modernes humanitaires,
sans d'ailleurs tomber dans une faiblesse fâcheuse. Son développement est un modèle de logique, son style et sa forme
sont remarquables.

3. Schaffhouse.

La loi d'assistance de Schaffhouse date du 14 mars
1851. Le conseiller d'Etat Rahm, dans une brochure de

1905, la stigmatisait comme une machine vieillie et inutilisable. « Des dispositions comme celles-ci : toute assistance doit être refusée sans autre aux paresseux et aux déréglés, l'assisté adulte est en tout état de cause placé dans une situation inférieure à celle de l'ouvrier libre non assisté, l'interdiction de l'auberge est prononcée dans tous les cas d'assistance, le conseil municipal a par lui-même le droit de disperser une famille assistée, les parents, dont les enfants ont besoin de secours, sont inscrits eux-mêmes sur la liste des assistés, toutes les dispositions de cet ordre, disons-nous, sont dures et inhumaines, et on ne peut s'y soumettre aujourd'hui. » La loi de 1892 sur les communes, régla donc les compétences de la commune municipale à côté de celles de la commune bourgeoise, à Schaffhouse, comme ailleurs, le mouvement de la population ayant brisé le monopole de la commune bourgeoise * qui a dû faire place à la commune municipale. Les art. 147 à 162 de la loi sur les communes traitent de l'assistance. La commune municipale est chargée de la distribution des secours aux non bourgeois, elle doit ouvrir une infirmerie pour cas urgents, créer des caisses-maladie obligatoires. L'Etat s'occupe des malades et des hôpitaux de magistrale façon, ce qu'il faut reconnaître. Sur l'initiative du Dr Waldvogel, un de ses membres, le conseil d'Etat a adopté, le 1er septembre 1909, un projet de loi sur la réglementation de l'assistance par l'Etat.

Ce projet est digne d'attention en ce qu'il prévoit l'assistance par l'Etat dans sa forme pure. Le message s'exprime en ces termes : L'assistance par l'Etat réunit tous les avantages des principes territorial et bourgeoisial, en évitant ce qui les rend difficilement applicables. Voici ses avantages : l'assisté reste tranquillement où il est ; les allées et venues d'indigents n'ont plus lieu de se faire ; l'action d'une autorité d'assistance extra cantonale est écartée ; les cas d'assistance sont examinés sans retard et les charges

---

* Neuhausen compte un huitième de bourgeois dans sa population, Schaffhouse un quart, Stein un tiers, Thayngen la moitié.

peuvent être réparties équitablement. L'administration directe de l'assistance se fait comme devant par la commune.

L'Etat crée un Fonds cantonal d'assistance pour le payement des frais. Le déficit est couvert par l'impôt. Le Fonds cantonal d'assistance et les biens communaux des pauvres qui lui sont attribués sont sécularisés. Le Fonds touche les taxes de naturalisation, ainsi que la part de la Confédération pour les secours militaires (trois quarts). Chaque commune municipale élit une commission d'assistance de trois à neuf membres (femmes, représentants des assistances paroissiales et des œuvres de bienfaisance) ; le président est choisi parmi les municipaux. Les traitements sont payés à parts égales par la commune municipale et par l'Etat. La surveillance est exercée par le Département des communes et plus haut par le Conseil d'Etat (instances de recours). Conjointement avec les autorités tutélaires, il est pourvu au soin des mineurs. Placement dans les familles, au besoin dans des établissements (les enfants seulement). Assistance spéciale par les soins du Département de l'Instruction publique. Les adultes valides ne sont assistés que si l'on ne peut leur procurer du travail. Asiles pour adultes. Maisons de santé et soins à domicile. Asiles pour le relèvement des buveurs. Assurances. Dispositions de police.

Le projet est animé d'un esprit humanitaire très encourageant. L'avenir montrera si une assistance d'Etat peut fonctionner dans un petit canton, organisé en vue de l'unité, par l'organe exécutif d'une commission communale, sans commissaires cantonaux, sans inspecteurs fonctionnaires de carrière, ou, d'une façon générale, avec des moyens qui ne mettent pas les finances de l'Etat à une épreuve trop rude.

4. Argovie.

Il y a eu cent ans, le 17 mai 1804, que fut mise en vigueur la loi argovienne sur l'assistance, loi notoirement insuffisante. En 1849 déjà, le Conseil d'Etat soumit au Grand Conseil un projet de revision qui fut rejeté ; mais la constitution cantonale de 1862 postula une nouvelle loi sur l'assistance (art. 31), qui devait être élaborée à bref délai. L'année suivante, l'article relatif à l'assistance fut revisé ; l'art. 82 déclara que l'assistance est affaire de la commune d'origine avec la coopération de l'Etat, et que la loi règlerait l'organisation de l'assistance et la marche des asiles de pauvres. En 1875 donc, un projet du Conseil d'Etat fut adopté par le Grand Conseil, qui, d'ailleurs, refusa d'admettre le principe territorial. Dans son Message explicatif au peuple, le Conseil d'Etat célébra les bontés de l'assistance privée, et déclara que l'intention du gouvernement était de faire passer, peu à peu, toute l'assistance entre les mains des œuvres privées de bienfaisance. Les électeurs ne se laissèrent pas séduire et, le 9 juillet 1876, ils rejetèrent la loi. La crainte du souverain récalcitrant paralysa dès lors toute tentative de revision. Peut-être se souvient-on qu'à la même époque, le conseiller fédéral Dubs avait aussi l'idée de remettre l'assistance à la bienfaisance privée. En Argovie, aujourd'hui, la marche des idées modernes a fait pénétrer assez loin la pensée d'une réglementation de l'assistance par une loi fédérale.

Néanmoins, un projet qui a déjà passé i'épreuve d'une première lecture, est déposé devant la commission cantonale d'assistance. Ce projet prévoit l'assistance de la commune municipale subventionnée par la commune d'origine et par l'Etat. La commune d'origine paye les deux tiers, celle du domicile l'autre tiers, mais c'est elle qui décide de l'étendue des secours. L'assistance a la charge des bourgeois comme celle des domiciliés. On espère en obtenir la cessation des renvois d'indigents, et obtenir que les mêmes principes soient mis en œuvre plus tard, dans l'assistance intercantonale, par le moyen de concordats. L'assistance des bourgeois fixés au dehors est à la charge de l'Etat, comme dans le nouveau projet lucernois. Par les rapports des bureaux de bienfaisance de Bâle et de Zurich, on sait à quelles plaintes donnent lieu les différences qui existent dans les pratiques d'assistance des communes argoviennes.

Ces différences proviennent de ce fait que les lacunes de
la loi laissent libre jeu à l'arbitraire des communes. La remise à l'Etat de l'assistance extra cantonale assurera une
assistance rapide et uniforme des Argoviens au dehors, abstraction faite des Fr. 100 000 qui seront demandés annuellement aux communes. Celles-ci gardent l'assistance in-
terne. Le rapatriement ne peut être demandé, conformément
au principe admis par la Conférence des Directeurs d'assistance, qu'autant que l'indigent est assuré d'un meilleur
traitement dans sa commune d'origine qu'au lieu de son domicile. Le rapatriement doit être ordonné par l'inspecteur
d'assistance du domicile. La commune bourgeoise est chargée de tous les secours à ses ressortissants pauvres, domiciliés dans son ressort. L'assistance du lieu du domicile
(et non pas le conseil communal) pourvoit à ses frais à
l'administration et au contrôle de tous les cas de secours.
L'impôt pour les pauvres est perçu de tous les habitants,
en sorte que, ici encore, domine le principe territorial.
L'impôt doit fournir environ le 25 % des dépenses. Les
communes trop chargées sont subventionnées par l'Etat, à
qui incombe le soin de créer les asiles nécessaires. Le principal ouvrier de la revision argovienne est M. le conseiller
national Hunziker, de Zofingue.

D. Le projet de concordat des directeurs canto-naux d'assistance et la motion Lutz et consorts.

Les résultats statistiques de l'enquête ordonnée par le
Conseil fédéral sur l'assistance intercantonale, ensuite de
la motion Lutz et consorts, serviront de base à toute l'action
législative de la Confédération, dans un domaine laissé jusqu'ici aux cantons. L'enquête faite en 1913 porte sur les
années 1911 et 1912.

La motion Lutz, du 22 juin 1910, fut prise en considération le 29 mars 1911 par le Conseil national. Elle demandait une enquête sur ces deux points : 1. Combien y a-
il de personnes secourues par l'assistance publique en Suisse

qui n'habitent pas leur canton d'origine ? 2. A combien se montent les dépenses faites, pendant les deux années, pour l'assistance intercantonale ? En outre, elle invitait le Conseil fédéral à étudier cette question : l'humanité n'exige-t-elle pas une règlementation, par la législation fédérale, de l'assistance des citoyens suisses indigents habitant la Suisse, mais non leur canton d'origine, en ce sens que l'assistance intercantonale, grâce à une revision de l'art. 48 de la Constitution fédérale, puisse se faire par la coopération de la Confédération, des cantons d'origine et du domicile, d'une manière qui réponde aux exigences humanitaires. Pour les règlements de comptes, le système des compensations devait être prévu. (*Armenpfleger* X, No 3, pp. 18, 27 et 8.)

Il faudra du temps jusqu'à ce que l'on voie les résultats de cette étude et une action effective de l'autorité fédérale. Ce que nous dirons, ici, des démarches tentées en vue de la conclusion d'un concordat sur l'assistance intercantonale au domicile, ne vise néanmoins, d'aucune façon, à mettre obstacle au développement normal des idées contenues dans la motion Lutz, ni même à les aborder par un côté quelconque.

La Vme Conférence des institutions suisses d'assistance réunie à Berne le 31 mai 1910, et à laquelle quatorze départements cantonaux s'étaient fait représenter, entendit un rapport du conseiller municipal Naegeli, de Zurich, sur l'assistance intercantonale. A la suite de ce rapport, elle chargea sa commission permanente de faire un rapport et des propositions sur la question suivante : quel changement faudrait-il apporter à la Constitution fédérale pour remplacer par le principe de l'assistance au domicile, celui de l'assistance par la commune d'origine des Suisses nécessiteux habitant le pays ?

La commission permanente, qui se mit sérieusement à l'œuvre, dut se convaincre bientôt que des travaux préparatoires importants étaient indispensables. Laissée à elle-même, et sans la collaboration des autorités fédérales et d'experts, il lui était impossible de se procurer les données statistiques absolument nécessaires.

Entre temps, M. le Dr E. Leupold, adjoint du Département fédéral de police, approuvé par le conseiller fédéral Brenner, chef du département, avait proposé à la Commission permanente de préparer un projet de Concordat. La même idée était exprimée à cette époque dans plusieurs réponses des Directions cantonales, auxquelles la Commission permanente s'était adressée, au nom de la IIIᵐᵉ conférence des directeurs cantonaux d'assistance, en vue d'amener une amélioration de l'assistance intercantonale (Zurich, 27 février 1909).

Conformément au vœu qui lui en était exprimé, la Commission permanente se mit à l'œuvre en élaborant le texte d'un Concordat sur l'assistance au domicile, des citoyens suisses nécessiteux établis dans un autre canton que celui d'origine. La Commission soumit son projet à la IVᵐᵉ Conférence des directeurs cantonaux, réunie à Zurich le 15 mai 1911. Des travaux préparatoires de valeur de M. le Dr Leupold et de M. le pasteur Wild, avaient été utilisés. Cependant, il était basé surtout sur un travail de M. le conseiller municipal Naegeli, de Zurich. Le texte en avait été fixé le 6 février 1911 par la Commission permanente. Ce n'est pas à dire que celle-ci trouvât dans le Concordat la panacée pour l'assistance intercantonale. Son idéal est bien plutôt la réglementation fédérale dans le sens du système territorial, c'est-à-dire une loi fédérale sur le domicile de secours.

Mais, comme le conseil fédéral unanime estimait irréalisable, pour le moment, le projet d'une loi fédérale sur l'assistance au domicile ; comme, d'autre part, il se montrait sympathique à l'idée d'un concordat pour améliorer l'assistance intercantonale, la Commission prit le parti de renoncer à poursuivre le projet de création d'un domicile fédéral de secours.

En revanche, M. le conseiller national Lutz, de Zurich, approuvant cette démarche, le projet de concordat fut soumis, le 15 mai 1911, à la IVᵐᵉ Conférence des directeurs cantonaux d'assistance, laquelle décida d'inviter les Directions cantonales à présenter leurs observations dans une nouvelle Conférence chargée de l'examen détaillé du projet. Les directeurs se réunirent donc à Olten, le 20 mai 1912 (Vme Conférence), où la Commission permanente présenta son rapport sur les réponses des cantons, en l'accompagnant d'un nouveau projet qui tenait compte des observations faites. Cette Vme Conférence discuta le projet à fond ; elle institua une commission spéciale, chargée de fixer le texte, et qui s'acquitta rapidement de son mandat. Aussi, le président de la Conférence, M. le conseiller d'Etat Wullschleger (Bâle), put-il bientôt présenter le texte épuré au Directeur du département fédéral de l'Intérieur, M. Perrier, en priant celui-ci de convoquer, le plus tôt possible, une conférence des gouvernements cantonaux, dans le but de discuter la question du Concordat. Le Conseil fédéral répondit au désir qui lui était exprimé, en demandant aux cantons s'ils donneraient leur adhésion à un concordat. A la fin de février 1913, les cantons suivants s'étaient déclarés prêts à répondre à la convocation d'une conférence et à prendre part à la discussion du projet de la Vme Conférence des Directerus cantonaux : Berne, Lucerne, Schaffhouse, Soleure, Bâle-Ville, Argovie, Obwald, Tessin, ainsi huit Etats. Avaient décliné : Zurich, Schwitz, Zoug, Bâle-Campagne, les deux Appenzell, Thurgovie, Vaud, Valais, soit dix Etats. De St-Gall, Uri, Glaris, Fribourg, Neuchâtel, Genève, Nidwald, soit sept Etats, les réponses n'étaient pas encore parvenues.

A la base du projet de Concordat sur l'assistance au domicile des Suisses nécessiteux transportables, établis hors de leur canton d'origine, se trouvent les dispositions que voici :

L'art. 1 assure à l'étranger au canton l'assistance du domicile et de la commune d'origine, dont la répartition entre les deux se fait d'après une échelle qui tient compte de la durée du séjour *. Les frais d'entretien permanent dans un établissement hospitalier sont en majeure partie

---

* Dans le nouveau projet de 1915, cette échelle est remplacée par le partage égal entre les communes du domicile et d'origine *(Trad.)*

(80 %) à la charge du canton d'origine, ceux de l'assistance aux passants sont payés entièrement par le canton du séjour. Si l'établissement n'a duré que quelques mois, le canton du domicile réduit ses prestations au 10 %; pour un établissement de 1 à 10 années, il les élève au 20 %, au 40 % pour 11 à 20 années de résidence, au 60 % pour une durée supérieure encore. Le canton d'origine paye le solde.

L'art. 3 soumet l'assisté aux dispositions légales du canton de l'établissement. Sont réservées l'extradition et les poursuites de justice, réglées par le droit fédéral. Les autorités d'assistance du domicile règlent le mode et l'étendue des secours, d'accord avec celles du lieu d'origine.

Les art. 7 et 8 formulent les précautions à prendre par les autorités d'assistance, quelles qu'elles soient, même dans les cantons où le système territorial est en vigueur, contre les demandes injustifiées des communes, précautions sanctionnées par l'art. 45 de la Constitution fédérale (Rapatriements, Rappel d'indigents). Une commission intercantonale est prévue pour prononcer dans les différends qui pourraient s'élever entre cantons concordataires (art. 9 et 10) *. Le Concordat entrera en vigueur dès que six cantons y auront adhéré, dont quatre doivent avoir une population de 100 000 âmes au moins.

Ainsi, le Concordat pourrait être conclu, les huit cantons qui ont donné leur assentiment comprenant plus de quatre Etats qui remplissent cette condition. Il est surprenant que des cantons comme ceux de Genève, Vaud, Neuchâtel, Zurich, refusent d'y adhérer. La raison pourtant en est simple. Ces cantons-là sont par excellence, des cantons à forte immigration, et leurs finances seraient largement mises à contribution, pour l'assistance des habitants étrangers, s'ils étaient liés par une convention. Aujourd'hui déjà ils sont, les uns et les autres, très chargés, et ils ne peuvent retrouver la contre-partie au dehors. C'est ainsi que Zurich

---

* Cette commission est supprimée par le nouveau projet de 1915 *(Trad.)*

n'a qu'une faible assitance extra cantonale, tandis que Berne en a une fort importante (Fr. 619 000 en 1910). L'adhésion des cantons en cause ne pourrait se faire qu'ensuite de compensations accordées par la Confédération, à quoi l'on ne peut songer aujourd'hui. L'entrée de Bâle-Ville, par contre, s'expliquerait par le fait que l'assistance des domiciliés étrangers au canton s'y pratique depuis longtemps, dans le sens des propositions du Concordat, notamment pour l'hospitalisation des vieillards (voir sous Bâle-Ville).

Le 25 juillet 1913, le Conseil fédéral décida de ne pas répondre à la demande, qui lui était adressée par la Vme Conférence des directeurs cantonaux d'assistance et par la Commission permanente des institutions suisses d'assistance publique et privée, tendant à la convocation d'une conférence des cantons pour discuter le projet de concordat. Il estimait, 1. que la majorité des cantons* ayant refusé de participer à une conférence de cet ordre, l'étendue du territoire où pouvait se réaliser l'idée du concordat devenait trop restreinte, et que la peine prise pour arriver à une entente ne se justifiait plus ;

2. qu'un concordat, même conclu par des cantons qui se déclaraient disposés à l'accepter, n'assurait d'aucune façon l'évolution normale et heureuse de l'assistance intercantonale, puisque leur assentiment ne pouvait les lier d'une façon durable ;

3. que, grâce à la motion Lutz (postulat 724), la question d'une législation fédérale, règlant l'assistance intercantonale, est pendante devant le Conseil fédéral depuis 1911, et qu'il paraît nécessaire, à celui-ci de trouver la solution, avant d'entamer des pourparlers au sujet d'une nouvelle proposition qui risque de mettre une pierre d'achoppement sur sa route.

Cette décision fut prise sur la proposition de M. le con-

---

* S'étaient déclarés prêts à répondre à l'invitation : Berne, Lucerne, Schwitz, Obwald, Zoug, Soleure. Bâle-Ville, Schaffhouse, St-Gall, Grisons, Argovie et Tessin. Les autres, avec une population supérieure de 292,037 habitants, avaient refusé.

seiller fédéral Forrer, avec l'assentiment de M. le conseiller fédéral Calonder.

La Commission permanente exprima l'opinion, comme la Vme Conférence des Directeurs cantonaux d'ailleurs, que le but évident des efforts de tous devait être l'élaboration d'une loi fédérale sur le domicile fédéral de secours ; mais que le Concordat n'en était pas moins un instrument de valeur, plus aisément acquis, qui permettrait de se rapprocher du but final. Au printemps de 1912 encore, le Conseil fédéral partageait complètement cette manière de voir, déclarant de plus que le projet de Concordat était le seul réalisable en ce moment. C'est précisément cette déclaration du Conseil fédéral qui encouragea la Conférence des directeurs et la Commission permanente, à poursuivre sans hésitation leur travail, en vue du Concordat intercantonal.

Depuis lors, l'idée d'une réglementation au moyen d'une loi fédérale paraissant l'emporter tout-à-fait dans le sein du Conseil fédéral, cette conversion fut saluée comme très favorable, l'opinion de la Commission permanente ayant toujours été que la réglementation fédérale était la meilleure des solutions. Sur la proposition de M. le conseiller d'Etat et conseiller national Lutz, la IVme Conférence des Directeurs cantonaux d'assistance (Zurich, 15 mai 1911) avait même décidé d'inviter le Conseil fédéral à vouer toute son attention à la question d'une réglementation de l'assistance au moyen d'une loi fédérale.

Si l'on jette un coup d'œil sur l'énorme dossier des lois et ordonnances cantonales sur l'assistance, on ne peut s'empêcher de penser — abstraction faite de la justification historique relative de cet état de choses, — que le beau mot de diversité dans l'unité n'est ici qu'un euphémisme. Etat de choses vraiment regrettable, et dont il faut souhaiter la prompte disparition, sous la poussée d'un droit fédéral réglant l'assistance sur la base du système territorial. Ni la revision partielle du droit cantonal en train à St-Gall, à Zoug, en Thurgovie, même à Berne, ni un concordat comme celui dont il a été fait mention plus haut, ne suffisent pour améliorer sensiblement la regrettable situation créée par la diversité des dispositions légales de chaque canton. La science législative est aujourd'hui si développée que, s'il il y a dans les particularités locales quelque chose de digne d'attention, on n'aurait aucune peine à le faire entrer dans une loi sur l'assistance applicable à la Suisse entière. On ne voit pas quel bien peut sortir du fait qu'on passe d'un droit à un autre pour avoir marché quelques kilo-mètres, surtout si l'on se souvient que la majorité des ci-toyens n'habitent ni leur canton ni leur commune d'origine, et sont soustraits en conséquence au droit de ceux-ci.

Espérons que les résultats de l'enquête actuelle sur l'assistance intercantonale seront, pour nos législateurs fé-déraux, un aiguillon puissant, les excitant à une prompte action. Au reste, les résultats statistiques ne s'écarteront pas beaucoup de ceux qui furent indiqués par la Commission permanente à la Conférence des directeurs cantonaux, au cours de ses travaux préliminaires, pour le projet de Con-cordat. Les cantons les plus chargés par l'assistance des Suisses d'autres régions pourraient bien être Zurich, Ge-nève, Neuchâtel, St-Gall, Bâle-Ville, Soleure, soit les can-tons possédant des centres industriels développés, et dont la force d'attraction s'exerce puissamment sur un terri-toire étendu. Quant aux cantons où l'agriculture est en-core prépondérante, comme Berne, Bâle-Campagne, Argovie, Thurgovie, Vaud, Lucerne, Schwitz, ils peuvent être con-sidérés comme étant ici au-dessous de la moyenne.

On peut conclure qu'un système de compensations éta-bli par la Confédération en faveur des cantons industriels les plus chargés, serait une bonne préparation à une législa-tion fédérale sur l'assistance, sans rien changer, pour le mo-ment à l'assistance traditionnelle, si l'on veut travailler à une amélioration quelconque de l'assistance intercantonale.

Les revisions cantonales tendent généralement à décharger les communes aux dépens de l'Etat. Il sera presqu'impos-sible à celui-ci de se soustraire aux obligations résultant de l'évolution dans ce domaine. D'autre part, s'il ne veut

pas se charger absolument de l'assistance curative, il peut s'en
tirer à son honneur en se chargeant d'exploiter et de développer toute la floraison variée des asiles et des établissements hospitaliers.

Les cantons à villes populeuses, en particulier, ne se ti-
reront pas d'affaire autrement. Il est de fait que, règle générale, les espérances de travail rémunérateur d'une part,
l'assistance relativement facile à obtenir de l'énorme variété
d'œuvres de bienfaisance dans les grandes villes et les centres industriels d'autre part, exercent constamment sur les
habitants des campagnes, des villages et des petites villes,
une attraction considérable. Parmi les immigrés, beaucoup
sont des gens de valeur économique minime, et qui, précisément à cause de cette infériorité, sont presque constamment
à la limite de l'indigence. Le moindre incident fâcheux leur
fait perdre l'équilibre et les jette dans les bras de la bienfaisance publique. Les centres industriels et les grandes
villes se peuplent de plus en plus de ces demi nécessiteux,
à situation instable, et c'est dans leur sein que doit se con-
centrer le lourd fardeau de l'assistance. Notre législation
sur la liberté d'établissement ne permet pas de mettre obstacle
au développement de cet état de choses. En revanche, le
passage à l'assistance dans des établissements publics, pourrait avoir une influence heureuse en refrénant l'immigration, en donnant un cours régulier à l'assistance, en contraste avec la manière habituelle, séduisante et facile, des
secours presque incontrôlables versés de la main à la
main. Il est indéniable que le traitement dans des asiles
donne aux assistés infiniment plus au point de vue éducatif
(comp. *Armenpfleger*, VIII, p. 99).

VII.

LA PRATIQUE DE L'ASSISTANCE LÉGALE DANS SES SIMILITUDES ET SES DIVERSITÉS ESSENTIELLES

Introduction.

La plupart des lois cantonales d'assistance de la Suisse alémanique datent de la sixième décade du XIXme siècle. Quelques unes furent revisées au cours des années 1880 à 1890. Abstraction faite de particularités, comme celles de la loi fribourgeoise, qui stipule une assistance publique facultative, ou celles de la loi thurgovienne établissant l'assistance confessionnelle, on peut dire que toutes ces lois, en tant qu'elles postulent le principe bourgeoisial, s'accordent en ce qui touche les débiteurs de l'assistance et les catégories d'assistés. Ajoutons que les lois, basées sur le principe territorial, ne présentent pas, sur ces points importants, de divergences essentielles avec les précédentes, et qu'elles ne le pourraient. Il est vrai que le débiteur est différent, suivant que la loi repose sur le principe territorial ou sur le bourgeoisial, mais les motifs d'assistance et les états d'indigence qui la justifient n'en sont pas affectés.

Au reste, si cela pouvait avoir un sens au point de vue historique, il serait aisé d'élaborer une loi normale sur la base de l'assistance par la commune bourgeoise, au moyen du matériel legislatif à disposition. Mais l'avenir n'apportera pas une loi de cette nature applicable à la Suisse entière : la législation fédérale ne pourra que déterminer le domicile (fédéral) de secours. Les temps d'ailleurs ne sont pas encore mûrs pour la mise en vigueur d'une loi pareille, qui mettrait l'assistance au compte de la Confédération seule, ou des cantons seuls, ou des cantons et de la Confédération conjointement. La Confédération manque encore des compétences constitutionnelles. Puis, il n'y a pas, dans ce moment, de but historique à l'élaboration d'une loi fédérale. On fera bien, en tout état de cause, d'attendre que les matériaux fournis par les résultats statistiques de l'enquête sur l'assistance intercantonale aient été travaillées et élaborées ; il en sortira certainement une notion claire de la portée financière d'une loi fédérale sur le domicile de secours.

En ce qui concerne la législation romande, on peut relever le fait que les cantons de Vaud et de Neuchâtel s'appliquent surtout à l'assistance de la jeunesse, ce que fait Genève également, mais sans loi. Le Tessin ne se fait remarquer par rien de particulier, et le Valais a moins une assistance publique qu'une organisation de l'assistance par les parents.

A. Les rapports essentiels.

1. Vues et principes fondamentaux.

Dans les cantons où les lois d'assistance ont vieilli, sans cesser pour cela d'être appliquées, comme à Zurich et à St-Gall, il a fallu, sous l'influence des vues modernes humanitaires, servies par une presse vigilante, accommoder des dispositions démodées aux circonstances sociales actuelles, en faisant plier la lettre aux nécessités du jour. Tout cela, naturellement, dans les limites des possibilités financières auxquelles l'élasticité manque totalement. Non pas que la pauvreté ait une tendance à croître, et que les chiffres dénoncent une courbe ascendante du paupérisme ; mais les sollicitations sont devenues plus exigentes dans les limites des possibilités légales et des obligations, ensuite des besoins accrus et de la moindre puissance d'achat de l'unité monétaire.

Il est de toute évidence, si nous en croyons les relations épistolaires entre les grandes villes et les communes rurales quelles qu'elles soient, que les vues des personnalités exerçant l'assistance, des comités notamment, ne diffèrent que du plus au moins. L'esprit de parcimonie plane sur nos campagnes, qui savent parfaitement se faire une auréole d'économie et d'entente des intérêts communaux au moyen de matériaux à bon marché. Un esprit mesquin, tel que la politique de cantonnement, ne pouvait manquer d'engendrer ! On remarque partout au travail l'hypocrisie de l'homme satisfait de lui-même, ou les brutalités du petit propriétaire terrien. Les préjugés contre les villes troublent facilement chez ceux-ci le sens du droit devant les demandes de secours le mieux justifiées.

Sur toute la ligne se manifeste une attitude haineuse d'incompréhension et de passivité vis-à-vis de l'assistance externe, attitude qui trahit par elle-même la crise dont souffre l'assistance bourgeoisiale. Ce n'est pas au moyen de restrictions que l'on rétablira des relations équitables entre les bourgeois domiciliés dans leur commune d'origine et payant l'impôt, et les bourgeois indigents fixés au dehors, mais seulement en passant résolument à l'assistance au domicile.

Dans l'esprit des directeurs d'assistance reste aussi quelque chose de l'antique légende que tout solliciteur est par le fait une canaille. Il suffit à leurs yeux d'habiter la ville pour être suspect. Qu'il vienne dans la cité une députation de la campagne pour se rendre compte de la situation vraie du solliciteur, et qu'elle voie des rideaux aux fenêtres du malheureux, son sort est scellé : au village, l'honorable conseil, se basant sur le rapport d'un de ses membres, qui, lui, n'a pas de rideaux dans sa maison, déclare ne pouvoir répondre à la demande de secours et accompagne son refus d'une verte semonce.

Le manque de connaissances et de compréhension économiques, en dehors de leurs circonstances journalières, conduit les hommes responsables à agiter, sans cesse, l'épouvantail de leur morale locale et à brandir la verge, avec une satisfaction à peine déguisée.

L'assistance, pour les bienfaiteurs de cet ordre, se résume presque toujours dans une réponse affirmative ou négative à la demande de secours, et dans ce principe que le solliciteur doit être placé, sur l'échelle de la vie matérielle, à un degré inférieur à celui où se tiennent les non solliciteurs, parmi lesquels il faut compter les membres distingués de la commission d'assistance.

Ce caractère étant celui de la plupart des assistances communales campagnardes et de celles qui, bien qu'urbaines, acceptent leurs vues, c'est lui qui imprime à l'ensemble sa teinte grise, à peine modifiée, ici et là, par les interventions de l'instance supérieure (gouvernement), pour corriger les décisions des autorités de commune*.

Dans certaines villes, où l'on craint moins qu'ailleurs de voir les ressources financières s'épuiser, on peut distinguer un esprit plus libre, se dégageant de ses tristes liens, bien qu'avec circonspection. Les bonnes intentions de nos assistances urbaines, bourgeoises ou municipales, ne parviennent pourtant pas à transformer dans un sens plus favorable

*) Tableau des cantons au point de vue de la compétence du Conseil d'Etat pour améliorer les dispositions des autorités communales en matière d'assistance.

Cantons	compétent	non	compétent	Observations
1 Zurich	compétent			
2 Berne	»			Territorial
3 Lucerne	»			
4 Uri	»			
5 Schwitz		non	compétent	
6a Obwald		»	»	
6b Nidwald		»	»	
7 Glaris	»			
8 Zoug		»	»	
9 Fribourg		»	»	
10 Soleure	»			
11a Bâle-Ville	»			
11b Bâle-Campagne	»			
12 Schaffhouse		»	»	
13a Appenzell (R. E.)		»	»	
13b Appenzell (R. I.)	»			Territorial
14 St-Gall	»			
15 Grisons	»			
16 Argovie	»			
17 Thurgovie	»			
18 Tessin	»			Territorial
19 Vaud	»			
20 Valais		»	»	
21 Neuchâtel	»			Territorial
22 Genève		»	»	
Total	16	9		4

la moyenne de l'assistance, étroite, grondeuse, tissée de mauvais vouloir.

2. Organes et technique.

Abstraction faite de quelques assistances urbaines, qui travaillent avec des secrétaires et inspecteurs de carrière, la masse des commissaires d'assistance agissant sous la direction des autorités communales, est faite de laïcs bénévoles rétribués selon leur tâche. Dans la plupart des cantons il en est ainsi. De plus en plus les dames y sont invitées à prendre part aux délibérations et à l'activité des commissaires, et les ecclésiastiques y exercent une influence parfois prépondérante (Fribourg).

L'homme important c'est le commissaire, un membre de l'autorité d'assistance. Il l'est par le fait qu'on lui confie le service d'enquête et d'information. Or, le fonctionnaire de carrière a lui-même une peine extrême à se faire une opinion claire et motivée sur la situation réelle de certaines personnes, et d'en donner un rapport précis dont il puisse prendre toute la responsabilité. Il ne doit jamais oublier que l'état des choses et sa situation juridique lui octroient les compétences nécessaires pour influencer le sort de beaucoup de gens. Cela peut avoir des conséquences heureuses ou malheureuses. Le sentiment de ses compétences, c'est-à-dire d'un certain pouvoir, ne doit jamais troubler cet autre sentiment, qu'il lui faut posséder, de sa responsabilité dans le développement de carrières d'hommes.

On peut dire que, chez nous, les personnes qui travaillent dans l'assistance sont de caractère honorable et pleines de bon vouloir ; mais il faut ajouter que les connaissances techniques sont réduites au minimum chez la plupart, ce qui les met dans un état d'infériorité notoire pour l'accomplissement de leur tâche. Ici encore, la morale communale ou la règle paysanne doit remplacer ce qui manque en pouvoir et savoir techniques.

Des moyens sûrs de diagnostic et d'information font-ils défaut aux autorités d'assistance, les secours techniques pour le contrôle et la surveillance leur manquent encore plus.

Et pourtant ceux-ci sont indispensables pour le succès d'une cure morale et matérielle.

Reconnaissons les difficultés inhérentes à l'exercice de l'assistance, au milieu des circonstances économiques modernes, compliquées et instables, en raison de la dureté de la lutte pour l'existence, et nous comprendrons que notre assistance, particulièrement celle qui se fa à distance par des pratiques primitives et des organes antédiluviens, n'est qu'un essai tenté avec des moyens impropres.

3. Succès et revers.

Si notre assistance communale accomplit un travail insuffisant dans notre économie nationale, en dépit des dépenses importantes consenties, et des bonnes volontés indéniables, si ses insuccès sont patents, cela tient avant tout aux déficits signalés plus haut. L'organisation de l'assistance communale et les connaissances techniques absentes font qu'il n'y a pas de rapport entre l'action de ce service et les besoins révélés par la science moderne. Or, les miracles no s'accomplissent pas à notre désir. A la seule action de l'assistance privée, de la bienfaisance organisée, et au hasard, nous sommes redevables du fait que l'assistance communale, avec ses moyens d'assistance vieux-jeu et réactionnaires ne soit pas pire encore qu'elle ne l'est. Cela doit être fortement souligné. Mais, si la bienfaisance privée a apporté son aide à l'assistance légale des communes, routinière et banqueroutière, ce n'est pas par esprit de fraternelle collaboration et dans le but de prolonger la vie d'un organisme condamné, mais à cause de la nécessité, et en vue de la préservation de nos populations urbaines. Il n'est pas possible d'expulser les malheureux habitants de nos villes, abandonnés et maudits par leurs communes d'origine, comme gens dangereux pour la sûreté publique (Const. féd. art. 70). Au vrai, ils le sont, mais inconsciemment, forcés par les circonstances, et parce que leur commune les laisse à eux-mêmes par manque de compréhension et de pouvoir. Que peut faire la localité du domicile, sinon mettre la main à la bourse, suppléer l'assistance légale, communale ou cantonale, et agir d'une manière générale suivant les coutumes du lieu? Si la ville du domicile y manquait, l'ordre ferait promptement place à un véritable état d'anarchie, commençant par la mendicité et l'insécurité pour finir dans une sorte de «Commune»!

4. *Tendances évolutives et perfectionnements.*

On n'en est plus aujourd'hui à laisser à la commune limitée le service des approvisionnements ou de l'éclairage, ou tout autre ayant une importance publique. Le moment s'approche également où l'économie politique trouvera finalement que l'Assistance, qui exige un coûteux appareil financier, technique et scientifique, en d'autres termes les services de spécialistes et un organisme administratif puissant, ce qui dépasse de beaucoup les moyens dont les communes disposent, devra subir une transformation. La voie possible du salut se trouvera certainement dans la formation de fédérations territoriales, possédant des stations centrales de secours, qui fonctionnent sous la haute surveillance de l'Etat et avec son aide financière. Ces stations auraient tout le personnel et les moyens d'action qu'exigent nos connaissances actuelles, dans les domaines de l'économie politique et sociale et de la médecine ; elles seraient, en tout temps, prêtes à répondre aux besoins urgents.

Il est plus que probable que l'assistance centralisée par l'Etat, sur la base territoriale, forme provisoirement le point culminant de la tendance évolutive dont nous parlons.

De fait, l'assistance communale à distance est devenue, à tous les points de vue, un phénomène tellement anormal et pitoyable, dans l'administration publique, que sa suppression n'est plus qu'une affaire de temps. L'obstination bornée des communes à maintenir cette assistance, qui peut être qualifiée de gaspillage, et n'a aucun résultat effectif, ne peut s'expliquer que par la faiblesse de la classe victime, les *pauvres*. Cette classe ne représente pas un facteur important et ne peut mettre aucune force en mouvement, comme telle autre, exerçant une action prépondérante dans la communauté. Sans cela, il y a longtemps qu'on aurait remédié à cette situation intolérable. Il est regrettable qu'ici les partis politiques avancés se dérobent, estimant la question épineuse. On devrait attendre de l'Etat une initiative dans ce domaine ; mais à la décharge des membres de gouvernement et des chefs de département, il faut dire qu'ils sont généralement si surchargés par de vrais travaux d'employés, que, eussent-ils le talent et le désir de gouverner, leur tâche journalière les en empêcherait.

B. Différences.

Dans la diversité des lois cantonales d'assistance on en distingue aisément un grand nombre qui ont une origine historique, économique, politique ou religieuse et ne proviennent pas uniquement des circonstances locales ou de temps. De longtemps la matière ne manquera pas ici pour les dissertations. Mais, pour notre but particulier, elle demeure négligeable. Ces différences ne sont pas d'une grande portée, et, à les exposer en détail, on ne tirerait pas des indications très précieuses pour le développement d'une meilleure assistance. Nous constatons, par exemple, que les différentes lois étendent plus ou moins le devoir de restitution des enfants pour l'assistance reçue, et lui prescrivent une limite d'âge qui n'est pas la même partout. Nous remarquons particulièrement des diversités importantes dans la désignation des sources de revenus, puis dans la manière d'ordonner les responsabilités financières des parents, etc.

Pour une nouvelle loi d'assistance uniforme, ces particularités sont néanmoins sans conséquence, la législation fédérale ne pouvant se baser sur le principe de l'assistance par le lieu d'origine. Quant à une loi reposant sur le principe territorial, il faudra trouver, pour l'édifier, de nouvelles formules, radicalement différentes des anciennes, des ressources dont on ne trouvera pas le modèle dans les circonstances mesquines du droit cantonal. Faire mention de ces choses uniquement pour mémoire, n'a aucun charme pour nous.

1. Différences de nature historique et économique.

On en trouve dans les lois cantonales en assez grand nombre, et d'importance. Elles méritent qu'on s'y arrête autant qu'aux différences d'ordre politique et religieux, la législation devant toujours tenir compte de ces impondérables. Négliger les nuances de cette nature serait une faute dans l'élaboration de la législation fédérale, et on s'en apercevrait bientôt à ses conséquences désagréables.

Il est clair que les lois de Bâle-Campagne et celles de Bâle-Ville doivent différer, comme celles de Zurich et de Glaris, où existent les *Tagwen*, des corporations spéciales, produits historiques du sol glaronais. Que le canton de Thurgovie et sa loi d'assistance confessionnelle ait une place à part dans la série, rien de plus naturel. Si nous disons que les lois de Zurich, de Schaffhouse, de Schwitz et, d'une façon générale, celles des cantons du Nord-est se ressemblent, nous n'en sommes pas étonnés, puisqu'elles virent toutes le jour à une époque où le développement industriel et commercial actuel était à ses débuts, et où les différences économiques considérables de l'heure présente ne se faisaient pas encore remarquer.

Le canton des Grisons reste isolé avec sa loi d'assistance, comme il sied à un pays dont les voies historiques furent uniques. L'Argovie, qui s'est dirigée surtout d'après Zurich, n'a pas de loi d'assistance proprement dite. Celle qui est sur le chantier fait naturellement des concessions au courant territorial. En 1897, Berne cédant à la pression s'est rendu et a construit sur le terrain de l'assistance au domicile, entraînant Neuchâtel à son exemple. Tous deux ont passé au domicile de secours en modernisant leurs législations. Soleure a une loi nouvelle intéressante, mais édifiée encore sur le vieux sol de la bourgeoisie. Lucerne a organisé depuis longtemps son assistance médicale d'après le principe territorial, et a l'intention de passer avec armes et bagages dans son camp, comme l'a fait le Tessin en 1904, en un temps où ce canton n'avait pas encore de loi d'assistance spéciale. Les cantons primitifs s'appuient à Lucerne, mais sans avoir jugé bon jusqu'ici d'établir une assistance publique médicale. Les cantons romands n'offrent rien de remarquable dans leurs lois d'assistance. Fribourg n'a qu'une loi, historiquement compréhensible, sur l'assistance des parents, ce qui ne peut étonner dans un canton où l'évolution démocratique et l'autonomie communale sont dans un stadium de complet arrêt. Valais a imité Fribourg peu ou prou. Genève et sa Cour de charité, l'Hospice général, n'entrent pas en ligne de compte. Vaud a une loi sur l'éducation des enfants pauvres, élaborée sous l'influence et à l'exemple de la bienfaisance privée, et qui n'offre que peu de points intéressants à notre point de vue centralisateur.

Plus s'effectuera l'industrialisation de la Suisse, et plus aussi se réduiront les différences de nos législations cantonales. Il n'en restera guère que deux, savoir celles qui découlent de la situation des cantons agricoles d'un côté, et des cantons industriels de l'autre. Les premiers manifestent une forte tendance au système territorial, à seule fin de se décharger de leurs obligations d'assistance sur les centres industriels, vers lesquels leur émigration se dirige. Les derniers l'accepteront, mais en développant le plus possible les mesures de précaution contre l'immigration d'indésirables. Il en sortira un compromis, c'est-à-dire que la balance entre le lieu d'origine et la commune du domicile, à laquelle le travailleur appartient économiquement, devra être faite par la Confédération. seule capable d'offrir une base de compensation assez large et suffisante.

2. Différences politiques.

Malgré le caractère démocratique, qui est généralement celui de nos lois d'assistance, il est à remarquer qu'elles protègent peu les citoyens suisses indigents contre le bon plaisir des autorités. C'est tout récemment, en 1911, que, même dans le canton progressiste de Zurich, les assistés permanents furent maintenus dans leurs droits politiques, à moins qu'ils ne fussent tombés dans la pauvreté notoire par leur propre faute. Glaris déclare aussi que le fait d'appliquer à quelqu'un le droit de l'assistance n'implique pas un désavantage politique (1904)*.

Un seul coup d'œil sur le tableau ci-dessous montre combien serait nécessaire la loi fédérale sur l'exercice des droits politiques des citoyens suisses, prévue par l'art. 66 (comp. 47) de la Constitution fédérale, et qui n'existe encore qu'en espérance (en 1916 !).

---

*) Le tableau suivant donnera une idée des conséquences dans nos cantons de l'inscription au registre des assistés :

1. **Soleure.** Constitution du canton de Soleure, du 23 octobre 1887 (revisée le 1er mars 1910). Sont exclus du droit de suffrage : 2. Ceux qui sont secourus par l'assistance publique.

2. **Bâle-Campagne.** Constitution cantonale du 4 avril 1892, § 3 : 5 c, Sont exclus du droit de suffrage ceux qui tombent d'une manière permanente à la charge de leur commune d'origine.

3. **Berne.** Constitution cantonale du 4 juin 1893, art. 4, al. 3. Sont exclus du droit de suffrage ceux qui sont assistés aux termes de la loi. Sont considérés comme assistés (art. 4, al. 3, de la Const. cant.) : 1 celui qui est inscrit d'une manière permanente sur l'état d'assistance ; 2. celui qui étant tenu au remboursement des frais d'assistance d'après le § 36 (devoir de restitution) ne s'est pas acquitté de sa dette ; 3. celui qui est entretenu des deniers publics et a encouru en même temps une condamnation pour contravention à la loi de police des pauvres, jusqu'au complet remboursement de tout. § 82 de la loi du 28 novembre 1897 sur l'assistance et l'établissement. Comparer avec la loi du 29 octobre 1899 sur les votations populaires et sur les élections.

4. **Appenzell (R. I.)** L'inscription au registre des assistés n'a pas de conséquence sur la situation civique ; le droit de suffrage n'en est pas touché.

5. **St. Gall.** Constitution cantonale du 16 novembre 1890. Art. 38. Sont exclus du droit de suffrage : b) ceux qui sont assistés au sens où la loi le détermine pour chaque cas.

6. **Thurgovie.** D'après l'art. 7 de la Constitution cantonale du 28 fév. 1869 les assistés sont exclus du droit de suffrage et de l'éligibilité aux fonctions publiques aussi longtemps que dure l'assistance.

7. **Grisons.** L'assisté ne peut être exclu du droit de suffrage pour les votations cantonales et communales.

8. **Appenzell (R. E.).** L'assistance (même permanente) n'a pas de conséquence au point de vue des droits civiques.

9. **Bâle-Ville.** Les assistés ne perdent pas leur droit de suffrage.

10. **Lucerne.** Constitution cantonale de 1875 et du 23 mai 1906. § 27. Sont exclus du droit de suffrage : ceux qui, leur 20e année révolue, furent assistés directement, ou dans leurs femmes et leurs enfants, et n'ont pas restitué les secours accordés.

11. **Neuchâtel.** L'assistance n'a pas de suites en ce qui touche le droit de vote.

12. **Zurich.** Constitution de l'Etat de Zurich, 18. avril 1869 et 2 avril 1911. Art. 18. Le droit de suffrage et l'éligibilité sont suspendus: d. si quelqu'un est assisté des deniers publics et tant que dure l'assistance, excepté dans les cas où l'état d'indigence ne provient pas de la faute de l'assisté.

13. **Argovie.** Constitution cantonale du 23 avril 1885. Art. 13. Sous réserve des dispositions de la Constitution fédérale, sont exclus du droit de suffrage: d. ceux qui, à partir de leur 20e année, ont reçu l'assistance de leur commune d'origine pour eux-mêmes ou pour leur famille. Cette exclusion prend fin dès le remboursement des sommes accordées, mais toutefois pas avant qu'une année se soit écoulée depuis l'octroi des derniers secours.

14. **Glaris.** L'assistance permanente par la commune d'origine est sans conséquence au point de vue de l'exercice des droits politiques.

15. **Schaffhouse.** Constitution cantonale du 24 mars 1876. Art. 5. Est exclu du droit de suffrage: c. l'assisté recevant des secours d'une manière permanente, et tant que dure l'assistance, si un jugement de l'autorité compétente le déclare responsable de son état d'indigence.

16. **Schwitz.** Constitution de l'Etat des 23 octobre 1898 et 11 mars 1900. § 70. Sont exclus du droit de suffrage: c. les assistés qui reçoivent les secours d'un établissement public d'assistance.

17. **Obwald.** Constitution cantonale du 27 avril 1902. Art. 21. Sont exclus du droit de suffrage et de l'éligibilité: Ceux qui sont assistés d'une manière permanente, et dont l'indigence fut la conséquence de leur vie déréglée. Sur ce dernier point, le conseil bourgeoisial décide, sous réserve de recours au Conseil d'Etat.

18. **Zoug.** Constitution cantonale du 31 janvier 1894. Art. 27. Sont exclus du droit de suffrage: c. les assistés secourus d'une manière permanente, et tant que dure l'assistance (ne rentrent pas dans cette catégorie ceux dont l'indigence fut provoquée par un malheur immérité, ni ceux qui sont aidés pour la fréquentation d'écoles, l'apprentissage ou le perfectionnement dans un art ou un métier).

19. **Tessin.** D'après la loi tessinoise, est exclu du droit de suffrage: 1. celui qui, depuis une année, est assisté par la caisse communale ou par un établissement public.

20. **Vaud.** L'assistance n'a pas de conséquences restrictives en ce qui concerne l'exercice des droits politiques.

21. **Nidwald.** Constitution cantonale du 27 avril 1913. Art. 41. Sont exclus du droit de suffrage: c. les assistés secourus, eux-mêmes ou leur famille, d'une façon permanente.

22. **Valais.** Lois du 23 mai 1908 concernant les élections et votations (art, 108, al. 2, de la constitution cantonale). Art. 5. Sont exclus de l'exercice des droits politiques et conséquemment biffés du registre des électeurs:

Naturellement, nous nous plaçons ici au point de vue moderne de la littérature scientifique sur l'assistance publique, d'après laquelle le besoin d'assistance d'un citoyen ne peut exercer d'influence sur l'exercice de ses droits politiques, ce fait n'entraînant pas logiquement de telles conséquences. L'introduction d'un élément nouveau, celui de la responsabilité, n'a d'autre résultat que de rendre plus malheureuses les conclusions qu'on en tire. Au vrai, on trouvera difficilement une personne consciente qui veuille se charger de découvrir, dans chaque cas particulier, la responsabilité de l'état d'indigence. Il en résulte que le rôle de cet élément-là est parfaitement illusoire. Le sage législateur doit le prévoir et renoncer conséquemment aux artifices de ce genre. Toutes les dispositions cantonales se répartissent en trois catégories :
1. Celle qui ne connaît pas les restrictions au droit de suffrage (Bâle-Ville, les deux Appenzell, Grisons, Neuchâtel, Glaris, Vaud, Genève, soit 8 cantons) ;

2. Celle qui déclare applicable, sous une forme plus ou moins pratique, le critère de la responsabilité (Schaffhouse et Zurich, soit 2 cantons) ;

3. Celle qui déclare simplement, comme conséquence de l'assistance permanente, l'exclusion du droit de suffrage (les 15 autres cantons).

La pratique de l'assistance montre, d'une manière très claire, si les partis progressistes l'emportent dans un canton,

---

tous ceux qui, depuis plus d'une année, sont tombés à la charge de l'assistence publique.

23. **Genève.** Loi du 3 mars 1906 sur les votations et les élections, revisée les 26 septembre 1908 et 12 juin 1909, art. 16 : Ne peuvent figurer sur le tableau des électeurs, etc. Il n'existe pas de disposition spéciale concernant l'exclusion du droit de suffrage des citoyens secourus par l'assistance publique.

24. **Fribourg.** Constitution, art. 26. al. 6. Sont exclus de l'exercice des droits politiques : ceux qui, pendant l'année qui a précédé l'élection, ont été eux-mêmes ou leur famille, secourus régulièrement des deniers publics.

25. **Uri.** Constitution cantonale du 6 mai 1888, art. 23. Sont exclus du droit de suffrages : ceux qui sont secourus régulièrement par l'assistance communale.

ou si ce sont les puissances conservatrices et réactionnaires qui gouvernent.

C'est surtout des autorités communales engagées directement dans l'action que dépend la tendance de l'assistance, compréhension des exigences sociales, ou emploi des mesures répressives de police. Les égards dus à l'opinion publique ne sont naturellement pas les mêmes, selon que l'une ou l'autre des puissances en lutte l'emporte. Ce qui, par exemple, serait impossible dans une ville où la presse politique s'emparerait de l'affaire pour la passer au crible de la critique, en empêcher le renouvellement ou y apporter le remède efficace est accepté, même sanctionné, dans un milieu rural réactionnaire.

Ces circonstances étant données, on comprend en quelque mesure la répugnance manifestée mille fois de certaines gens à demander les secours de l'assistance publique de leur commune d'origine. Il est au reste certain que le départ d'indigents de diverses localités, dont la pratique de l'assistance est loin d'être humaine et démocratique, est favorisé ou provoqué par leurs autorités. Quand donc les districts agricoles se plaignent de l'émigration et de l'attraction des villes tentaculaires, parcequ'ils ressentent durement le défaut de main d'œuvre à bon marché, il faut qu'ils se souviennent que, dans le domaine de l'assistance aussi, «l'air de la ville rend libre».

La pratique des expulsions et des rapatriements pour cause d'indigence dépend de même, dans une large mesure, des constellations politiques. Certains principes politiques empêchent de donner la main légèrement aux mesures de rapatriement, et le cas peut advenir où des considérations politiques empêchant, dans un endroit, l'exécution de ces mesures de rapatriement, préserve une autre commune, d'idées et de sens politiques différents, d'une grosse charge d'assistance.

3. Influences religieuses.

Ce ne sont pas précisément des idées religieuses, mais plutôt ecclésiastiques, qui exercent leur influence dans le développement de la pratique de l'assistance d'une manière générale et dans certains cas particuliers. Il est vrai qu'elles restent à l'arrière-plan. Sauf dans les lois d'assistance des cantons de Fribourg, de Thurgovie et de Bâle-Campagne (Argovie), on ne trouve guère, dans le texte légal, de précisions sur les compétences des ecclésiastiques. Les législations cantonales sont, pour la plupart, résolument laïques.

Cependant l'influence de l'Eglise est très sensible dans les relations intercantonales en vue de l'assistance. On peut remarquer notamment, et avec une désagréable surprise, que l'Eglise catholique admet un traitement des indigents beaucoup plus dur que ne le font les autres Eglises, et qu'elle subordonne les secours, et d'une manière très visible, à l'observance de pratiques religieuses. Les autres Eglises se tiennent davantage dans l'attitude indispensable de neutralité. En revanche, la coopération de la charité confessionnelle catholique se fait remarquer, d'une manière avantageuse, dans la protection légale de l'enfance et de la jeunesse, grâce à l'excellence de ses asiles.

4. Influence de la culture générale.

On conçoit que le niveau général de la civilisation exerce sa part d'influence sur la pratique de l'assistance, et il s'en suit que cette pratique change avec les différences de niveau. Si celui-ci atteint un degré plus élevé, dans les agglomérations urbaines, et en particulier dans les grandes villes, l'assistance en tire un avantage pour la pratique. Dans les districts agricoles écartés ou dans les contrées alpestres éloignées du grand courant, il est naturel qu'on se montre réfractaire aux idées modifiant l'exercice de l'assistance traditionnelle.

Dans les cercles de spécialistes, il est une maxime dont la vérité est reconnue, à savoir qu'une loi vieillie, et même mauvaise, n'empêche pas l'exercice d'une bonne assistance, si elle est faite par des hommes de bonne *volonté* et de volonté *bonne*. Mais la bonne volonté ne suffit pas. La comple-

xité des conditions juridiques et économiques d'existence,
qui rendent la lutte difficile même à l'homme bien renté,
fait du combattant dénué, et sans autre force que celle du
travail journalier, le jouet des circonstances et du hasard.
Il s'en suit que, pour traiter les questions d'assistance, un savoir particulier et une intelligence lucide sont nécessaires
à côté du bon vouloir. Où ils font défaut, la pratique de
l'assistance tombe dans l'empirisme. Personne ne prétendra
que la bonne volonté manque dans les cercles campagnards
toujours en contact avec l'économie rurale, et travaillant
à la production des denrées brutes, ou qu'elle est un monopole
des villes. Mais précisément parceque la plupart des pauvres
des communes agricoles, où ils ne trouvent plus de gain suffisant, sont rassemblés dans les villes et leurs faubourgs, les
autorités d'assistance de ces communes, qui manquent des connaissances nécessaires sur le jeu des forces économiques et
leurs exigences sont impuissantes, avec la meilleure volonté
du monde à remplir leur tâche d'une manière satisfaisante.

Du niveau de la culture générale dépend aussi la manière dont l'Etat conçoit sa tâche et intervient dans l'assistance, soit pour la subventionner, soit pour l'administrer.
Sur ce dernier point, il peut, par exemple, améliorer considérablement, dans le sens libéral, la pratique des communes,
qui gravite presqu'uniquement autour de la question des frais.
Nous remarquons que partout où l'Etat agit comme puissance
morale, pondératrice, dans le domaine de l'assistance, con-
sidérant celle-ci comme une branche importante et délicate
de l'administration publique, sa pratique s'en ressent d'une
manière avantageuse et la place d'emblée à un degré supérieur.

Si l'Etat veut faire honneur à sa mission civilisatrice
en matière d'assistance, il devra, en face de l'impuissance des
bourgeoisies à l'exercice d'une assistance extérieure digne
de notre époque, en venir à cette conclusion : que seule l'assistance par le lieu du domicile est capable d'accomplir
la tâche, et, qu'en dernière analyse, le seul système rationnel doit être et sera *l'Assistance par l'Etat sur la base
territoriale.*

Que les déficits de l'assistance des communes ne soient pas *encore* devenus insupportables, que tout ce qui, dans cette assistance légale est contraire à la culture, n'ait pas fait éclater une révolution, cela tient avant tout à l'action lénifiante de la bienfaisance privée. Celle-ci rétablit en quelque mesure l'équilibre, empêche que l'on aille aux extrêmes, accomplit une mission civilisatrice, qui devrait être celle de l'assistance légale, et pour laquelle on ne saurait lui montrer trop de reconnaissance.

Nous terminons l'exposé de l'état actuel de l'assistance légale en Suisse par quelques mots sur son avenir.

Si nous réussissons à garantir notre intégrité nationale par une solution énergique de la *question des étrangers,* celle de *l'assistance* restera comme l'une des « questions patriotiques » de premier ordre. En dépit des difficultés que présente l'unification de l'assistance par voie législative, il faudra bien arriver à la réaliser. Notre politique a commis l'erreur fatale de considérer l'assistance comme une simple affaire communale, devant rester éternellement d'importance secondaire, et qui n'était pas digne d'être traitée par la législation fédérale. Cette faute, néanmoins, peut être réparée, à la condition que la question des étrangers soit résolue d'une façon satisfaisante. Les compétences nécessaires doivent être reconnues à la Confédération pour régler la situation de droit des indigents suisses et étrangers. Or, elle ne le pourra qu'en élaborant une loi fédérale sur le domicile de secours des Suisses et des étrangers. Mais, pour cela, il faut d'abord supprimer la souveraineté des communes et la majesté cantonale dans ce domaine. Cela même ne suffira, pas sans la coopération financière de la Confédération, dans une proportion très forte. Jusque là, tel ou tel canton suisse passera dans le camp territorial, peut-être à l'assistance au domicile par l'Etat. D'autres s'uniront par concordat aux fins de rendre plus supportable l'assistance de la commune d'origine.

Puisse la législation trouver dans ces pages, pour sa tâche future, des exemples positifs et négatifs, des indications ou des suggestions qui le dirigent sur la voie qu'il convient à notre patrie de suivre dorénavant.

DÉPENSES DE L'ASSISTANCE LÉGALE

Généralités.

Sous ce titre nous entendons ici les dépenses faites par l'assistance légale, dans l'intérêt des pauvres (selon les définitions légales du Droit cantonal), pour les cas particuliers.

Exprimées en valeurs monétaires, ces dépenses sont immédiatement comparables. Toute autorité d'assistance sait que le traitement individuel des cas exige l'application d'une modalité : secours en argent, en nature, ou combinaison des deux. Les premiers sont naturellement les plus simples pour les fonctionnaires, les plus pratiques, puis, généralement, les mieux appréciés par les assistés eux-mêmes. Ils supposent, de la part du distributeur, un sentiment d'estime réelle pour son protégé. Cependant il ne faudrait pas mésestimer la valeur économique du secours en nature, ni évaluer trop haut le pouvoir éducatif du secours en argent. Le don en nature répond mieux aux intentions du distributeur, qui vient par lui directement en aide à l'indigent (par exemple le lait pour les enfants, tandis que l'argent risque d'être transformé en alcool ou en tabac). Le secours en nature, comme une paire de souliers, représente une durée moyenne déterminée. L'argent ne peut s'estimer à cet égard avec la même sûreté. Incontestablement, le système des secours en nature exerce une action moralisante, en contraste avec les résultats des dons d'argent. La nationalisation des terrains à bâtir, comme résultat d'une bonne politique sociale, déchargerait l'assistance dans une très large mesure, les loyers (nature !) constituant un gros *item* dans ces dépenses.

Nous n'avons pas à écrire une histoire du paupérisme

en Suisse, ni un manuel d'assistance pratique. Néanmoins, nous devons encore aborder quelques points d'intérêt général.

Il est clair que les caisses d'assistance sont devenues tout-à-fait insuffisantes et le seront toujours plus, par suite de l'augmentation des dépenses. Le principal ressort des essais de revision se trouvera donc là. En effet, si les dépenses ont augmenté, ce n'est pas uniquement en raison de la moins value de l'argent, de la diminution de son pouvoir d'achat, du taux de l'intérêt, mais, en une grande mesure, de l'appréciation de ce qui constitue pour nous la pauvreté. Au contraire de ce qui se passe à la campagne, où l'homme cultive le sol pour ses propres besoins, la pauvreté guette à la ville le travailleur réduit à ses seuls bras, sans aucune possession terrienne, sans produits du sol, jouet de circonstances indépendantes de sa volonté, entre les jours de fiévreuse activité et ceux de chômage trop fréquents. Mais les premiers ne sont jamais si productifs pour l'ouvrier dépourvu de rentes, qu'il puisse, avec la meilleure volonté, faire des réserves pour les jours maigres. Le chômage et le demi chômage, qui dépendent de la production industrielle, réglée en vue du seul profit et sans égard pour les besoins des ouvriers, entraînent après eux une possibilité, ou plutôt une probabilité très forte d'indigence pour les individus, en sorte qu'une augmentation des dépenses d'assistance est absolument inévitable. Et il en sera ainsi aussi longtemps que des mesures de politique sociale de grande envergure ne seront pas prises contre le chômage, et que ce qui en demeurera ne sera pas soustrait aux compétences de l'assistance publique pour être traité directement.

Il est certain que plus il y a d'assistés, plus les autorités d'assistance travaillent en leur faveur avec humanité et libéralité. Ceci ne signifie pas que, d'une manière générale, l'assistance secoure suffisamment les indigents, ni que la pauvreté n'existe pas chez nous. Peut-être pourrait-on soutenir au contraire que l'indigence est générale.

Si nous rappelons qu'entre la ville et la campagne il existe une différence considérable dans les sommes dépensées, pour les diverses catégories de besoins, par exemple pour les loyers, il ne sera pas nécessaire de nous arrêter à le prouver.

Que les frais d'administration des établissements hospitaliers se montent souvent à des totaux inquiétants est de toute évidence ; mais il n'est pas moins certain que l'on ne peut se passer de ces asiles pour quelques catégories d'assistés, par exemple les vieillards, puisqu'on ne peut trouver en nombre suffisant des familles honorables qui se chargent de leur assurer un foyer, sans compter que les soins familiaux doivent être réservés aux enfants et à la jeunesse, et que le gaspillage en est interdit.

Faut-il parler de l'influence d'une pratique judiciaire conséquente sur les dépenses de l'assistance ? On sait qu'elles en sont les suites heureuses dans la recherche des débiteurs alimentaires, et tout particulièrement dans l'énergique poursuite des parents illégitimes par les autorités tutélaires.

2. Il est de fait que les dépenses de l'assistance légale en Suisse sont importantes. Cela s'explique aisément en rappelant que notre économie nationale s'est rapidement industrialisée (toute « l'industrie des étrangers » comprise), que l'économie rurale n'a plus d'importance véritable que dans un petit nombre de cantons (Berne, Fribourg, Thurgovie, Bâle-Campagne), que le coût de l'existence s'est élevé conséquemment dans une forte proportion. Il ne faut pas non plus perdre de vue que l'attraction des villes est puissante, que les communes campagnardes ont parfois la plus grosse partie de leurs assistés dans les agglomérations urbaines, où les loyers, beaucoup trop chers pour les salaires d'ouvriers, engloutissent parfois jusqu'au 50 % des quinzaines. La pauvreté urbaine revient ainsi plus cher à la commune bourgeoise, et le temps approche à grands pas, où l'assistance de la campagne dans la ville sera devenue complètement impossible. A l'heure actuelle déjà, elle n'est praticable qu'avec l'aide des Bureaux de bienfaisance subventionnés par les caisses des communes municipales dans les grands centres. Ce ne sont pas seulement les communes qui se ressentent durement de cet état de choses. L'Etat lui-

même n'est pas épargné, là notamment où il est chargé, en tout ou partie, de l'assistance médicale des étrangers. On sait que les dépenses de ce chef sont hors de toute proportion avec ce qui se fait à l'étranger pour nos propres ressortissants et avec la puissance financière des cantons. Rien d'ailleurs de plus compréhensible, puisque le 16 % de notre population est formée d'étrangers, qui en composent dans les grandes villes le 35 %, le 40 % et au-delà. De même, les dépenses des cantons à forte attraction pour les Confédérés immigrés de cette catégorie, par exemple Zurich, Bâle, Genève, Neuchâtel, St-Gall, etc., sont très importantes.

3. Comme le but de ce Manuel de l'assistance légale n'est pas de donner ici une statistique exacte et complète de la partie financière, telle que ne manqueront pas de nous la donner les enquêtes ordonnées ensuite du dépôt de la motion Lutz, dont il a été parlé plus haut, et qu'il ne saurait être question que d'une simple orientation, d'après les données principales sur la matière, nous prions nos lecteurs de ne pas prêter aux tableaux qui suivent une autre valeur que celle que nous leur attribuons. Nous ne les accompagnons d'aucun commentaire, car nulle part plus que sur le terrain de l'assistance il ne faut mettre de circonspection à conclure des chiffres présentés. C'est l'ensemble de ce qui précède, qui doit faire le commentaire de ces tableaux statistiques. Celui donc, qui voudrait y recourir, sans s'être au préalable assimilé le contenu du volume, commettrait une faute et n'arriverait qu'à des résultats peu satisfaisants. Néanmoins ces tableaux peuvent prétendre, dans le sens de l'exposé complet de la question, à une valeur relative, et nous n'hésitons pas à les faire suivre.

TABLEAUX STATISTIQUES

A. Dispositions des tableaux.

Comme les résultats de l'enquête ordonnée ensuite du dépôt de la motion Lutz, pour les années 1911 et 12, ne sont pas encore publiés ; que, d'autre part, les chiffres du recensement fédéral de 1910 sont maintenant fixés, nous avons dû choisir cette année-là pour notre exposé statistique. Tous les chiffres se rapportent donc à l'année 1910.

Il est très regrettable, comme l'écrit l'adjoint au bureau fédéral de statistique, que nous manquions d'une statistique officielle de l'assistance suisse, les indications qui suivent devant être forcément incomplètes, comme toutes celles fournies ailleurs. Etant données les différences qui existent entre les cantons, on ne peut s'en tirer par les moyens ordinaires : interpolations ou analogies. Les rapports des Directions cantonales d'assistance renferment, sans exception, des communications très intéressantes, mais souvent les indications statistiques, nombre des assistés et des secours, y font précisément défaut. Nous n'avons aucun désir de présenter des chiffres qui ne disent rien par eux-mêmes. Mais nous avouons que l'impuissance où nous sommes de terminer l'exposé de l'assistance suisse en 1913 par un tableau exact de l'action financière de cette assistance nous est très pénible.

Les tableaux que nous avons conçus et qui ont reçu l'approbation des Directions cantonales d'assistance, donnent d'abord les éléments de la population de chaque territoire cantonal, puis le nombre des assistés des diverses catégories d'habitants (y compris l'assistance externe), enfin le chiffre des dépenses correspondantes. En d'autres termes, les chiffres du tableau montrent la population totale, le pourcentage des assistés et le total des dépenses faites pour l'assistance cantonale, intercantonale et internationale, autant au moins que les renseignements reçus nous le disent.

Nous savons parfaitement que nos chiffres sont très approximatifs et ne peuvent fournir des données précises sur les dépenses de l'assistance publique en faveur des indigents. Mais nous sommes au moins certains que nos tableaux posent les questions qui nous sont indispensables du point de vue de l'économie nationale et de la politique suisse. Quoiqu'il en soit, la statistique complète de l'assistance demeure un postulat pressant de la statistique administrative fédérale.

Voici enfin le cadre de nos tableaux :

Canton . . .				
1910	**Ressortissants du canton**		**Confédérés**	**Etrangers**
	Dans le canton	Hors du canton	Dans le canton	Dans le canton
1	2a	2b	3	4
Population				
Assistés				
Dépenses Fr. . . .				

TABLEAU DES CANTONS
B. Assistance par le lieu d'origine.

1. Zurich.

1910 1	Ressortissants du canton		Confédérés	Etrangers
	Dans le canton 2a	Hors du canton 2b	Dans le canton 3	Dans le canton 4
Population . . .	269,365	57,172	132,094	102,456
Assistés	11,374	1,318	1,800	1,500
Dépenses Fr.. . .	2,274,433	213,394	122,854	122,860

2. Lucerne.

1910 1	Ressortissants du canton		Confédérés	Etrangers
	Dans le canton 2a	Hors du canton 2b	Dans le canton 3	Dans le canton 4
Population . . .	125,683	41,533	29,742	11,798
Assistés	7,837	2,500	764	151
Dépenses Fr.. . .	930,000	85,000	20,000	7,000

3. Uri.

1910 1	Ressortissants du canton		Confédérés	Etrangers
	Dans le canton 2a	Hors du canton 2b	Dans le canton 3	Dans le canton 4
Population . . .	16,610	5,114	3,925.	1,548
Assistés	850	80	1	
Dépenses Fr.. . .	98,687	4,815	94 $^1/_2$	env. 500

4. Schwitz.

1910 1	Ressortissants du canton		Confédérés	Etrangers
	Dans le canton 2a	Hors du canton 2b	Dans le canton 3	Dans le canton 4
Population . . .	44,175	19,139	10,271	3,982
Assistés	969			
Dépenses Fr.. . .	408,000			env. 1000

5. Obwald.

1910 1	Ressortissants du canton		Confédérés	Etrangers
	Dans le canton 2a	Hors du canton 2b	Dans le canton 3	Dans le canton 4
Population . . .	13,090	3,387	3,260	811
Assistés	705	31	35	6
Dépenses Fr.. . .	81,107.89	1,230.20	140	100

6. Nidwald.

1910 1	Ressortissants du canton		Confédérés	Etrangers
	Dans le canton 2a	Hors du canton 2b	Dans le canton 3	Dans le canton 4
Population . . .	10,408	5,536	2,626	754
Assistés				
Dépenses Fr.. . .				env. 50

7. Glaris.

1910 1	Ressortissants du canton		Confédérés	Etrangers
	Dans le canton 2a	Hors du canton 2b	Dans le canton 3	Dans le canton 4
Population	23,747	12,416	6,774	2,795
Assistés	849	303	6	22
Dépenses Fr. . . .	49,750.80	19,703.50	249.	1,198.55

8. Zoug.

1910 1	Ressortissants du canton		Confédérés	Etrangers
	Dans le canton 2a	Hors du canton 2b	Dans le canton 3	Dans le canton 4
Population . . .	13,547	7,074	11,556	3,053
Assistés	982			
Dépenses Fr. . . .	13,196			env. 1,500

9. Fribourg.

1910 1	Ressortissants du canton		Confédérés	Etrangers
	Dans le canton 2a	Hors du canton 2b	Dans le canton 3	Dans le canton 4
Population . . .	112,262	23,714	20,092	7,300
Assistés	7,155	629	34	48
Dépenses Fr. . . .	791,929	48,123	1,566	821

10. Soleure.

1910 1	Ressortissants du canton		Confédérés	Etrangers
	Dans le canton 2a	Hors du canton 2b	Dans le canton 3	Dans le canton 4
Population	70,230	29,327	39,580	7,230
Assistés	2,427			
Dépenses Fr.. . . .	326,147			env. 1700

11. Bâle-Ville.

1910 1	Ressortissants du canton		Confédérés	Etrangers
	Dans le canton 2a	Hors du canton 2b	Dans le canton 3	Dans le canton 4
Population	45,177	8,981	39,640	51,101
Assistés	316	77	922	566
Dépenses Fr.. . . .	100,391	17,074	127,399	73,941

12. Bâle-Campagne.

1910 1	Ressortissants du canton		Confédérés	Etrangers
	Dans le canton 2a	Hors du canton 2b	Dans le canton 3	Dans le canton 4
Population	45,783	20,892	19,893	10,812
Assistés				
Dépenses Fr.. . . .	291,140			env. 3,000

13. Schaffhouse.

1910	Ressortissants du canton		Confédérés	Etrangers
	Dans le canton 2a	Hors du canton 2b	Dans le canton 3	Dans le canton 4
1				
Population . . .	26,387	18,760	8,953	10,757
Assistés				
Dépenses Fr.. . .				env. 1,200

14. Appenzell (R.-E.)

1910	Ressortissants du canton		Confédérés	Etrangers
	Dans le canton 2a	Hors du canton 2b	Dans le canton 3	Dans le canton 4
1				
Population . . .	37,957	22,265	16,031	3,985
Assistés	846	455	21 cas	5 cas
Dépenses Fr.. . .	110,215.54	54,949.37	207.48	79.70

15. St-Gall.

1910	Ressortissants du canton		Confédérés	Etrangers
	Dans le canton 2a	Hors du canton 2b	Dans le canton 3	Dans le canton 3
1				
Population . . .	173,406	49,475	76,319	53,171
Assistés	3,517[1])	956		
Dépenses Fr.. . .	225673.89[2])	64,549.10		env. 40,000

[1]) Dont Fr. 1,575 versés dans la commune d'origine elle-même et Fr. 1,942 hors de la commune, mais dans le canton.

[2]) Dont Fr. 100,296.97 pour les assistés dans la commune d'origine, et Fr. 125,386.92 pour les assistés hors de leur commune, mais dans le canton.

16. Grisons.

1910	Ressortissants du canton		Confédérés	Etrangers
1	Dans le canton 2a	Hors du canton 2b	Dans le canton 3	Dans le canton 4
Population . . .	83,332	12,266	13,646	20,091
Assistés				
Dépenses Fr.. . .				env. 5,000

17. Argovie.

1910	Ressortissants du canton		Confédérés	Etrangers
1	Dans le canton 2a	Hors du canton 2b	Dans le canton 3	Dans le canton 4
Population . . .	177,028	95,402	35,371	18,235
Assistés	9,984		39	144
Dépenses Fr.. . .	1,363,306.53		1,099.03	4,057.70

18. Thurgovie.

1910	Ressortissants du canton		Confédérés	Etrangers
1	Dans le canton 2a	Hors du canton 2b	Dans le canton 3	Dans le canton 4
Population . . .	71,497	49,993	37,756	25,664
Assistés	2,919	1,957	136	331
Dépenses Fr.. . .	303,088	219,579	2,499	11,227

19. Vaud.

1910	Ressortissants du canton		Confédérés	Etrangers
1	Dans le canton 2a	Hors du canton 2b	Dans le canton 3	Dans le canton 4
Population	197,842	36,011	74,031	45,584
Assistés				
Dépenses Fr.. . . .	1,298,246	144,189		env. 80,000

20. Valais.

1910	Ressortissants du canton		Confédérés	Etrangers
1	Dans le canton 2a	Hors du canton 2b	Dans le canton 3	Dans le canton 4
Population	108,652	9,134	5,409	14,320
Assistés				
Dépenses Fr.. . . .	95,361.36			559.90

21. Genève.

1910	Ressortissants du canton		Confédérés	Etrangers
1	Dans le canton 2a	Hors du canton 2b	Dans le canton 3	Dans le canton 4
Population	49,440	4,924	42,855	62,611
Assistés	Hospice Général 2,275	262	Assistance publ. médicale Jours: 29,776	Jours: 51,732
Dépenses Fr.. . . .	464,890.45	47,800.—	122,826	228,080

C. Assistance au domicile.

1. Berne.				
1910	**Ressortissants du canton**		**Confédérés**	**Etrangers**
	Dans le canton 2a	Hors du canton 2b	Dans le canton 3	Dans le canton 4
1				
Population . . .	543,254	189,471	67,570	35,053
Assistés	26,355	4,160*)	275	335
Dépenses Fr.. . .	3,455,914	618,960*)	16,016	16,014

*) Remarque:

Les frais de l'assistance extérieure se partagent entre les Bernois assistés hors de leur canton et de la Suisse, les Bernois rapatriés et les *vieux Bernois* vivant dans le Jura (83 cas et Fr. 15,597.65). Le chiffre 4160 ne représente pas des personnes, mais des cas. Le nombre de personnes doit être au moins 4 fois supérieur.

2. Appenzell (R.-I.)				
1910	**Ressortissants du canton**		**Confédérés**	**Etrangers**
	Dans le canton 2a	Hors du canton 2b	Dans le canton 3	Dans le canton 4
1				
Population . . .	12,401	7,467	1,795	463
Assistés	env. 150	env. 135	env. 12	env. 5
Dépenses Fr.. . .	12,654	18,480	env. 400	env. 100
District intérieur. .	11,650—17,070			
Oberegg	1,001— 1,410			

3. Tessin.

1910 1	Ressortissants du canton		Confédérés	Etrangers
	Dans le canton 2a	Hors du canton 2b	Dans le canton 3	Dans le canton 4
Population . . .	106,938	12,000	5,245	43,983
Assistés	1,059			
Dépenses Fr.. . .	207,621		[env. 7,000] [env. 8,000] 14,979	

4. Neuchâtel.

1910 1	Ressortissants du canton		Con'édérés	Etrangers
	Dans le canton 2a	Hors du canton 2b	Dans le canton 3	Dans le canton 4
Population . . .	61,532	20,056	57,075	14,454
Assistés				
Dépenses Fr.. . .	715,064.57 *)			env. 6,000

*) Cette somme est loin de représenter toutes les dépenses du canton de Neuchâtel pour l'assistance.

TABLE ANALYTIQUE

(Les chiffres se rapportent aux pages).

www.ingramcontent.com/pod-product-compliance
Ingram Content Group UK Ltd.
Pitfield, Milton Keynes, MK11 3LW, UK
UKHW021914070726
13614UKWH00001B/29